憎悪から和解へ

地域紛争を考える

峯　陽一
畑中　幸子
〔編著〕

京都大学学術出版会

憎悪から和解へ
地域紛争を考える

◎目　次◎

第1部　難民の世紀

憎悪から和解へ

地域紛争を考える

序章　大量難民、地域紛争、グローバル資本主義の時代

峯　陽一

はじめに

二一世紀の戸口に立って、来し方を振り返ってみる。私たちは、過ぎ去った時代からどのような遺産を受け継いでいるのだろうか。

ソヴィエト連邦の崩壊とともに、地上に搾取なき千年王国を築こうとする夢は勢いを失ってしまった。植民地支配から脱した途上国の多くは、平和に生きる権利を民衆に保証することができないまま、国内の紛争や近隣の国々との縄張り争いに際限なく資源を浪費してきた。三度目の世界大戦こそ回避することができているものの、これまで地球の各地で戦火が絶えることはなく、軍事技術は極端に肥大化している。世界を結びつける情報ネットワークの進化にもかかわらず、宗教や言語、文化や生活習慣を異にする人々は、今なお憎悪の暴発に足をすくわれ続けている。急速な環境汚染は各地で人々の日常生活にまで深刻な脅威を与えるようになった。グローバルな資本主義は、ライバルの自滅にもかかわらず、かえってその不安定性を白日の下にさらしている。「成長のアジア」に昔日の勢いはない……。

このように考えていくと、どれも気が滅入るようなことばかりだ。しかし、過度にペシミストになる必要はあるまい。歴史をつくる人間の営みが常にそうであったように、この時代にあっても、人々は苦難を乗り越える努力を放棄してはいないからである。紛争に終止符を打ち、富と貧困の格差を縮め、異なる背景をもつ人々が豊かに共存できる社会を建設しようとする試みは、民衆レベルでも、国家の指導者レベルでも、国際機関のレベルでも繰り返されているし、その成果も多少は蓄積されてきている。私たちも、さしあたり「地域研究」という枠組みに依拠しながら、そのような成果の蓄積を踏まえ、あるいは検討することを通じて、壊れかけた羅針盤を修理し、新世紀の航海の見取り図を手に入れようとする努力に、少しでも貢献できないものだろうか——本書の基礎となった共同研究の問題意識は、そこにあった。

共同研究の具体的な成り立ちについては、「あとがき」をご参照いただきたい。この序章では、本書の基調をなす〈人の移動〉、〈地域紛争〉、〈多民族国家〉という三大テーマに照らし、各章の論点を順を追って跡づけながら、本書が全体として目指すものの骨格を浮き彫りにしていくことにしよう。読者の方々が各章の中身を直接吟味されるにあたり、この序章が案内役としてお役に立てば、執筆者の目論見は達成されたことになる。

一　難民の世紀

出発点は〈人の移動〉である。電子マネーとインターネットの時代になっても、その担い手が人間であることは変わらない。情報や貨幣と違い、生身の人間の移動には物理的な制約がある。その一方で、人間は移動せずに商品や貨幣だけが無制限に移動するような世界を想定できないことも、また事実である。人はそれぞれの具体的な個人史を背負い、集団は集団の歴史的記憶を背負い、移動する。自らを外的世界に開放し、新しい人間を迎え入れることに成功した社会は、過去の自分たちとは異質な要素の参入のおかげで、多様性と強靭さを手に入れることができるかもしれない。こうした開放的な社会を築き上げていくことは、これまでに多くの人々が抱き続けてきた甘美な夢——アメリカ合衆国をはじめとする移民国家が部分的に実現してきた夢——である。

人の移動が自発的かつ平和的であれば、何の問題もないだろう。だが、人類の歴史における大規模な人の移動は、たいていの場合、移動させる者が行使する暴力と、移動させられる者が抱く喪失感を伴っていたというのが真実ではあるまいか。ディアスポラの悲劇は、第二次世界大戦を境として世界中に一気に拡散した。均質な「国民」を求める情念が疫病のように広がる現代において、強制された人の移動、すなわち「難民の大量発生」と呼ばれる現象は、ますます多くの人々を巻き込むようになっている。本書の第一部「難民の世紀」が扱っているのが、まさにこの現象である。

第一章は、ヨーロッパのバルト難民問題とアジアのインドシナ難民問題をとりあげつつ、代表的な移民国家であるアメリカとオーストラリアにおける両移民の受け入れの歴史的展開について論じていく。考察の対象となる時間と空間を周到にずらし、そして重ね合わせることで、問題の広がりを効果的に浮き彫りにする論考である。学術研究における難民たちは、えてして、人道援助や制度の適用を待つ可哀想な犠牲者、すなわち顔のない受動的な存在として描かれることが多かった。しかし、ここでの難民たちは、逆境のなかで自分たちの空間を切り拓いていこうとする「主体」にほかならない。冷戦時代であれポスト冷戦時代であれ、強制された人の移動という現象は生身の人間の運命を大きく変えてしまうものであることを、私たちは肝に銘じておく必要がある。すべての議論の出発点として、本章で示されたこの視点を共有しておきたい。

第二章は、この第一章と対をなすものとして読まれなければならない。バルト難民やインドシナ難民がいわば「古典的」な難民であるのに対して、庇護を受けられない大量難民の出現は、比較的新しい現象である。同時代の流れに戸惑っているのは、当事者の難民と受け入れ社会の人々だけではない。現場や国際機関の実務家もまた、難民問題の実状をふまえた適切な制度的枠組みが整備されていないことを自覚しているのである。ここでの「一時的保護」をめぐる問題提起は、国際法の最先端の論点に真正面から切り込むものである。本章では、大量難民の一時的保護にあたり、国連機関、地域機構、そして個々の国々が効果的に協力しあうことの意義が明らかにされる。さらに、インドシナ、ボスニアをめぐる事例研究は、大量難民の存在そのものが新たな地域紛争の火種になりかねないという構図を指摘することで、次の第二部へと問題意識をつなげていく。

二　憎悪から和解へ

さて、二〇世紀後半に大量難民を生み出した最大の原因は何か。それこそが二番目のテーマ〈地域紛争〉にほかならない。地域紛争にはさまざまな形態がありうるが、大戦には至らないものの複数の主権国家を巻き込んだ地域的な武力衝突、あるいは近隣諸国に重大な安全保障上の影響を与える特定国の内戦状態、およびこれらの事態を引き起こすことが懸念される物理的な緊張状態を、ここでは地域紛争と規定しておこう。政治や経済、文化や歴史的背景が複雑にからみあった個別の紛争の原因については、アジアであれ、アフリカであれ、ラテンアメリカであれ、それぞれの地域の専門家たちが優れた「解剖学的所見」を提示してきた。だが、病の診断は、治癒と予防に役立てられるのでなければ、知的好奇心を満たす以上の意味をもちえない。近年の国際政治論や平和研究の世界において

「予防外交」という用語が広く使われはじめたのも、この点に関係している。

他方、三番目のテーマである〈多民族国家〉という言葉には、避けるべき事態としての〈地域紛争〉とは対照的に、肯定的な響きがある。さまざまな人種や民族が共存する多民族国家は、その存在自体が国際公共財である。外的世界に開かれた平和的多民族国家は難民を生み出さず、難民を受け入れる。集団の永続的な和解の契約の上に立つ多民族国家は、各地の地域紛争を防止し終息させる国際的な努力のなかで、強力な道徳的存在感を示すはずである。

しかし、そのような規範的国家としての多民族国家は、純粋な形では現実に存在したことがない。ポスト冷戦時代のヘゲモニー国家たるアメリカ合衆国は、規範的多民族国家のプロトタイプとしての特徴を備えてはいるものの、内部に対しても外部に対しても平和的な国家というには程遠い。アメリカ国民を構成する種々の人種・エスニック集団は、歴史的な努力の蓄積にもかかわらず、いまだに対等な信頼関係を築き上げることができないでいる。その一方、アメリカ合衆国の外部では、この国の強烈な軍事的・経済的・文化的存在感は愛憎半ばする反応を引き出しており、中東世界でも、旧ソ連でも、東アジアでも、アフリカでも、局地的に深刻な反米感情が醸成されてきている。現在のアメリカ経済の栄華も、永遠に続くものではなかろう。二一世紀のアメリカ合衆国は、ロシアとはまた違った意味で、世界の不安定化要因のひとつに転化するかもしれない。

第一部の「難民の世紀」の論考は、〈人の移動〉というテーマを軸としながら、大量難民問題の源泉としての〈地域紛争〉、そして難民受け入れの努力の果てに構想される〈多民族国家〉にも光を当てていく作業であった。本書の残りの部分では、〈地域紛争〉と〈多民族国家〉という一対のテーマをめぐって執筆された諸論文を、少し別の角度から編集し直して、第二部と第三部に配している。すなわち、第二部には地域の固有性から出発するミクロな論考を収め、第三部には、アメリカが主導するグローバルな秩序の力と揺らぎに光を当てるマクロな論考を収めたのである。

本節では、第二部の概略を紹介しよう。「憎悪から和解へ」と題された第二部の諸論考は、地域紛争の泥沼化を抑制する現場からの知恵について、多面的な角度から論じたものである。事例研究の対象である南アフリカ、エルサルバドル、北アイルランドは、いずれも長期の紛争を経験しながら、二〇世紀末に劇的な解決をみた代表的なケースであり、地域的なイニシアチブによる紛争処理の具体的な教訓を学ぶには格好の素材だと考えられる。といっても、これらの地域における「紛争処理」は、さらなる犠牲に歯止めがかかったというだけのことであって、対立の芽が完全に取り除かれたと即断することはできない。この第二部の三つの論文もまた、相互に深く関連し、相補う視点を提供している。

第三章は、言語、宗教、文化、習慣を異にする集団間の平和的な共存を可能にする制度的工夫のひとつとして、多極共存型の統治体制の有効性に注目する。考察の対象は東南アジアから西アフリカへと広がり、後半で南アフリカへと収斂していく。アパルトヘイトの国南アフリカが新たな民主主義体制に移行するにあたり、暫定憲法で比例代表制や連立政府の規定が盛り込まれたことは、決定的に重要な意味を有していた。南アフリカにおける多人種・多民族国家の理想は、危うい力の均衡の上に成立しているにすぎない。だが、抑圧者（少数派）と被抑圧者（多数派）が、恐怖感と憎悪をさしあたり棚上げにして新体制の舵取りに力をあわせていこうとする際に、パワー・シェアリング（権力共有）の取り決めは、避けられない経過措置だったと考えることができる。本章の末尾では、独裁から民主主義への移行期における選挙制度の選択という問題の重要性が指摘される。

第四章は、この南アフリカと、中米エルサルバドルにおける移行のケースを対照させながら、社会に深刻な傷を刻印した人権侵害行為を処理する制度的枠組みの有効性について論じたものである。徹底した真相究明および被害者への補償と引き替えに、人権侵害の加害者を免責するという方式は、罪を犯した者は罰せられるという原則に反するものであるが、ひとつの社会が過去の傷口を覆ってとにもかくにも紛争状態から脱出しようとするときには、現実的な選択肢にもなりうる。しかし、どちらの国でも被害者への補償は有効に機能していないし、弱者が受けた精神的傷が癒されたわけでもない。また、第二章の難民法をめぐる議論と響きあう論点だが、ここにおいても、国際法と現場の論理が合致しないという構図が見られる。過去の赤裸々な人権侵害行為に正面から向き合いながら、いかにして地域的な安定を図っていくか——これは中南米やアフリカのみならず、私たちの足下の日本の戦後補償問題においても問われ続けている課題である。

第五章は、地域紛争が途上国だけの問題ではないことを示している。ここでは一九九八年の北アイルランド和平合意が、七〇年代からの紛争と交渉の錯綜する流れのなかに位置づけられている。北アイルランド現代史のクロノロジカルな整理を通じて、この地においてもまた、植民地主義の歴史の総決算、パワー・シェアリングの制度的有効性、そして、過去の歴史的傷を癒す恒久的な和平の展望が問われていることが浮き彫りになっている。本章の末尾では、敵対する諸勢力の和解・共存・共生は結局のところ民衆に課せられた課題であると喝破されているが、そこには歴史家の鋭い目が光っているといってよい。具体的な「場」へと馴化されないかぎり、いかなる規範的な制度も、固有の歴史を有する社会に根付くことはないからである。

三　安全保障とグローバル資本主義

第一部と第二部は、緊急の大量難民問題および長期化する地域紛争を有効に解決するための指針と教訓を、さまざまな留保つきではあるが、現場の論理と歴史性を重視しながら導き出そうとする考察であった。地域が具体的になればなるほど、問題解決のための努力には切実さが伴う。もちろん、難民の一時的保護および定住・帰還をめざす制度的枠組みにせよ、妥協にもとづくパワー・シェアリングの実現にせよ、人権侵害の真相を究明する特別委員会の活動にせよ、どのひとつをとっても紛争を処理する万能の特効薬だと考えることはできない。しかし、示し合わせたわけでもないのに多くの執筆者たちが使った「一時的な」「暫定的な」「緊急避難的な」という形容詞には、問題の深刻さの認識とともに、創造的な工夫次第では最悪の破局は避けられるのではないかという希望が読みとれる。

それに対して、第三部「安全保障とグローバル資本主義」は、紛争処理の土俵を提供するはずのグローバルな環境が恐るべき不安定さと予測不可能性に満ちているという、逆説的な事態を扱っている。平和を希求する国際社会が地域紛争の暴走を防ぐというのが、一般に理解されている構図であろう。しかし、現実は必ずしもそうなってはいないのである。米軍のソマリア介入に典型的に示されたように、外的勢力の傲慢な「善意の介入」が紛争の火に油を注ぐこともありうる。そして、東西対立の消滅後に地球を徘徊するようになった「グローバル化」と呼ばれる怪物は、南と北の対立をいっそう深刻化させながら、世界の各地に紛争の時限爆弾を埋め込み続けている。

ここで無視できないのが、アメリカというファクターである。地域紛争の平和的解決を主導するにせよ、その筋道をねじ曲げるにせよ、アメリカ合衆国は、国際社会において飛び抜けて巨大な存在であり続けている。ポスト冷戦時代の世界では、電子マネーや情報がいっそう加速度を増して流通し、ミサイルが宣戦布告もなく敵地に遠隔操作でつぎつぎと撃ち込まれていく。こうした動きの最強の司令塔は、欧州でも日本でもなく、途上国のどこかでもなく、依然として北アメリカである。アメリカ合衆国は多くの人種・民族が共存する国家であり、世界をひとつに結びつける「グローバル・スタンダード」の総本山であるが、それ以外の場所から猛烈な反発と憧れを同時に引き出す両義的な存在でもある。アメリカ研究者でなくとも、北アメリカ世界の魅力と危うさに真正面から向き合う必要を感じている者は多いことだろう。

第六章は、地域紛争に対するアメリカの戦略的対応策の変化そのものを正面から論じたものである。本章は、湾岸戦争、旧ユーゴスラビア紛争、ソマリア紛争を例に取りつつ、地域紛争へのアメリカの介入の様態のぶれを整理し、さらに移ろいやすい世論の動向を加味しながら、平和維持活動にかかわる米国の最新路線PDD二五への収斂のプロセスを手際よく整理している。ポスト冷戦時代の地域紛争に介入するにあたり、アメリカの全般的な対応は良くいえば慎重、悪くいえば中途半端なものであり、たまに全面的な介入という選択肢が追求された場合には思わぬ反作用を引き起こすことが多かった。個々のケースへの介入が事後的にみて建設的だったことはあるにしても、アメリカの介入の動機が抽象的な「世界平和」の実現であったことなど、まずなかったといえる。多国間協力による平和維持・平和強制活動の場合でも、アメリカの国益を重視する視点は冷徹に貫かれている。

第七章は、この第六章の結論を引き継ぎながら、冷戦思考の呪縛から逃れられないリアリスト的思考を容赦なく批判する。そして、ポスト冷戦時代の地域紛争の性格をめぐる鳥瞰図的な議論をふまえ、アジア太平洋の地域紛争と日米安保の「再定義」という私たちの足下の問題へと真正面から切り込んでいく。地域紛争とは対岸の火事などではなく、まさに私たち自身の問題なのであって、ここでは日米安保と北朝鮮および中国との関係がクローズアップされる。国益が正面に出ざるをえない軍事的な日米同盟の強化のかわりに、アジアに軸足を置いた多国間の信頼醸成を図るべきだという政策的オルターナティブの提案は、無責任に「危機」を扇動する潮流に対する批判として痛烈で、理性的で、かつ説得力あるものである。なお、強権的な国家は、ときとしてその暴力性と尊大さゆえに「脆弱な」国家になりうる。この点を認識しておくことは、本章の議論と本書第二部の諸章の結論の橋渡しをするうえで、重要であろう。

第八章は、経済のグローバル化が政治や社会に対して複雑な波紋を投げかけ、その反作用がまた経済の動きの速度と性格に影響を与えていくという螺旋的なプロセスを、ポレミックに論じようとするものである。経済のグローバル化は国家の役割を減退させると信じられているが、事態はもっと複雑怪奇である。本書の諸章の考察が、何らかの意味で「国民国家とは何か」という二〇世紀最大の問いのひとつにかかわるものであったことを想起しておこう。「親米グローバリスト」と「反米トラディショナリスト」の対立も実は空虚なフィクションにすぎないのだが、この争点が政治化し物質的な力を備えていくプロセスそのものが、地球の各地での「南北格差」の拡大と並んで、グローバル化の帰結のひとつなのかもしれない。本章の、そして本書の議論は、頻発する地域紛争の根源にある「貧困」というテーマに接近し、再び生身の人間の具体性というテーマに立ち返ることで、最終的に締めくくられる。

おわりに

固有の歴史的状況のもとで引き起こされる地域紛争は、アジア世界でも、アフリカ世界でも、アメリカ世界でも、ヨーロッパ世界でも、結局のところ地域的なイニシアチブにもとづいて解決されていくしかない。といっても、それぞれが直面する困難は互いに無関係ではないのだから、特定の地域で経験されてきた教訓は、相互に学習可能な形で蓄積されていくべきである。さらに、局地的なイニシアチブがより大きな成果を上げるためには、現場の議論が国際的なレジームの再編プロセスに矛盾なく反映されていくことが望ましい。私たちはグローバリゼーションの時代を生きている。国境を越える自由な貿易と商業の発展は、独裁を時代遅れにし、諸国民の情念を平和的にコントロールするのに貢献するだろう――一八世紀のモンテスキューはそう期待したが、現実には、自由貿易の発展と諸国民の平和のあいだに単線的な因果律が存在してきたわけではない。だが、モノや貨幣だけでなく、情報と生身の人間もダイナミックに移動する時代を迎えた今、国境を越えた市民社会の協働の余地も急速に拡大しつつあるというのは、私たちを勇気づける確かな事実である。

第二次世界大戦後に本格的に取り組まれるようになった地域研究には、もともとアメリカ生まれの「戦略研究」という側面があった。その意味で地域研究は、ある種の「いかがわしさ」を帯びて誕生したといえるだろう。そうであるならば、大学や研究機関の独立性が強ければ強いほど、そこに籍を置く地域研究者は、政策立案主体とダイレクトには結びつかないことによって、かえって長期的な未来を見据えた自由で斬新なビジョンを提案することができる位置にいるということもできる。

しかし、だからといって、象牙の塔の研究者は超然として現実の「解釈」にいそしんでおればよいというわけではなかろう。静観的なアカデミズムの殻を打ち破り、あえて「解決策」を提示できるような実践的な政策研究を組織することも、ときには必要である。未来が鮮明な像を結ばない不安に満ちた時代だからこそ、強力な個性をもつ研究者が学際的な地域研究の原点に立ち戻り、粒選りの研究成果を共同で世に問うていくことの重要性は、いっそう増しているのではないだろうか。

本書で扱われているテーマは、「地域紛争論」としては必ずしも包括的なものではない。たとえば、ポスト冷戦時代の地域紛争の重要な源泉のひとつとして、宗教的情念の暴発という領域——とりわけ種々の「原理主義」をめぐる諸問題——は明示的な考察に値すると思われるが、これについては、今回は何人かの論者が必要な限りで触れるにとどまった。だが、教科書的な網羅性を追求しなかった分だけ、各章の執筆者たちは自分の得意とする専門領域に軸足を置き、具体的な現場から発せられる永続的な和平への切実な希求に思いを寄せながら、十全に自説を開陳できたようにも思われる。この序章は、これらの個性的な研究の成果が共鳴し、ぶつかりあう諸論点を整理しながら、錯綜する紛争に満ちた世界に接近するためのひとつの見取り図を描こうと試みたものである。その試みがどこまで成功しているかは、これから各章を読み進めていかれる読者の方々のご判断にゆだねたい。

並行する諸研究に対して、この共同研究が多少なりとも刺激的な切り口を提供することができているとしたら、私たちとしてはこの上ない喜びである。

第1部
難民の世紀

扉写真：南シナ海のボートピープル
（ベトナム難民）
（提供：UNHCR/B.Boyer）

第1章　難民

——バルト難民からインドシナ難民へ

畑中幸子

はじめに

二〇世紀に入ってから戦争と革命がその副産物として大量の難民を生み出し、二〇世紀は「難民の世紀」となった。人類史では戦争・迫害・差別が古くからの解消すべき課題であり、難民は絶えることのない問題である。二〇世紀に入ると、難民自身が直面する問題に変化はないが、難民問題の全般的な構図に変化が起こっている。難民数の激増、頻発する武力紛争における難民緊急事態の蔓延、内戦の長期化による難民の長期流浪、庇護国で永住できる機会の減少などである。

第二次世界大戦前をみても、ロシア革命により白系ロシア人が海外に流出し、オスマントルコの崩壊によりアルメニア人難民が生まれ、中国大陸から辛亥革命により大量の人々が国外へ流出した。大戦中にはユダヤ人難民、ヨーロッパ難民、特にソ連占領地域から膨大な難民が流出した。大量のヨーロッパ難民のなかにはバルト三国――エストニア・ラトビア・リトアニア――の人々が含まれていた。大戦下の赤軍の進撃やソビエト体制から逃げてきた人々や、ナチスドイツ軍が占領した地域で強制労働に徴用され、ドイツに連行されてきた人々であった。故国の居住地から追われたり、逃げざるをえなかった人々はDisplaced Persons、略してDPと呼ばれた。それは、ソ連赤軍の占領地区となった東ドイツから逃げてきた数千のドイツ人難民Refugeesとの混同をさけるためであった。

戦火の消えたヨーロッパでは、ヒットラー第三帝国の廃墟やオーストリア、イタリアにあったナチスの強制収容所、強制労働者キャンプに約八〇〇万人のDP、つまり戦争難民がいることが連合国軍により報告された(1)。大戦後はパレスチナ難民、中国革命による中国人の大陸からの大量流出、ハンガリー難民、キューバ難民、インドシナ難民と続く。

ところで、極東の島国である日本では、地理的・文化的環境から、国境を越えて逃れてくる難民は限られていた。初めての経験はロシア革命が起きたときである。時の日本政府は白系ロシア人難民に対して一時上陸・入国を許可したものの、彼らが日本本土で庇護を得ることを認めず、第三国へ送り出そうとするだけであった。日本人にとって、以後の難民問題はすべて海外の出来事で、ましてや難民の定住受け入れについて日本が直接関わりをもつことはなかった。政府をはじめ国民は難民問題に関心も薄く、問題自体に不感症であったといえる。日本人はアフリカ、アジア大陸など海を越えた遠い国の出来事として、難民に同情することはあっても、庇護の責任認識には欠けていた。

一九七五年、ベトナム戦争でサイゴン陥落後に大量のベトナム難民が漂流中、外国船に救助され日本の港に上陸した。「ボートピープル」と呼ばれた人々であった。日本政府が難民条約加入にふみきれないでいるうちに難民が上陸してきたのである。以来、日本に上陸したボートピープルの人数は、年によって増減があるものの、かなりの数にのぼった。日本におけるインドシナ難民については多くの人々がすでに論じているので、彼らの受け入れ、定住に積極的に動いたアメリカとオーストラリアを、この小論文では取り上げたい。また、バルト難民についてもアメリカとオーストラリアを取り上げることとする。この両国は移民によって築かれた国である。そこでの難民とホスト民族集団の関係、異文化の衝突、定住国社会での適応、難民のもつエスニック・アイデンティティなどについて考察することにしたい。

本章はあくまで、バルト難民およびインドシナ難民の受け入れと、定着状況の分析を主とした事例研究である。本章でとりあげた第二次世界大戦の国家間の戦争による難民と冷戦下の代理戦争であったベトナム・インドシナ戦争の難民は、国際的に受け皿を得て落ち着いた。しかし、大戦から半世紀後の難民は、外国の軍隊が介入することはあっても、基本的には国内の紛争により流出した難民である。前者と、二一世紀にその解決が持ち込まれた長期にわたる大量難民とでは、同列において論じることは難しい。冷戦構造が崩壊した後も残っていた種火が内戦型地域紛争へエスカレートし、難民が流出したケースが多い。とどまるところを知らない地域紛争に対する国際社会の対応も変わってきている。

一　第二次大戦下のヨーロッパ難民——バルト難民の発生

二〇世紀に入ってからのヨーロッパにおける大量の難民発生といえば、まずは第二次世界大戦時のヨーロッパ難民をあげることができる。大戦時にヨーロッパでは一〇〇〇万人近い難民が生まれた。国連は、救済と帰還のための管理機関として国連救済復興機関（United Nations Relief and Rehabilitation Administration：UNRRA）という特別組織を設立し、難民の保護にあたった。一九四七年、その機能は国際難民組織（International Refugee Organization：IRO）に移された。

一九四五年五—六月、ドイツにいた膨大な数の難民のためのキャンプがアメリカ、イギリス、フランスの占領地区に建設され始めた。原則として、難民たちはこれらのキャンプから故国へ帰還することになっていた。ロシア人、フランス人、オランダ人、ベルギー人、デンマーク人たちは喜んで本国送還に応じた。しかし、ソ連が占領している故国から逃げてきた難民の大部分は、かなりの圧力がかけられたにもかかわらず送還を拒否した。これらの人々のなかに、バルト三国のエストニア・ラトビア・リトアニアと東ポーランド・ウクライナの人々がいた。バルト三国の難民は、大戦前夜から大戦中にかけてソ連のジェノサイドから逃れてきた人々であった。多くはなかったが、ソ連占領の経験がなかった国の出身者たちは、帰還についてなんら懸念を抱かなかった。幹線道路は故国へ帰ろうとする大勢の難民で溢れた。一九四五年末までに約五五〇万人が帰還した。(2)

一九四七年にはまだ約一〇〇万人の戦争難民、あるいは政治難民がドイツ国内に留まっていた。難民キャンプにいる人々は、衣・食・住に加えて医療の援助を受けるだけでなく、そこで移住への手掛かりを得た。しかし、ある人々は連合国の敵に進んで協力したという理由で援助を受けられなかった。というのも、難民キャンプは連合国占領軍当局とUNRRAによって任命された役人たちの手中にあったからである。難民の資格をえられなかった人々は、多くのドイツ人失業者に混じって仕事を探す羽目となった。

西側の報道により、難民たちは連合国の占領地帯が英・米・ソ・仏の四地帯に分けられることを知り、多くの人々が安全のためアメリカ占領地帯に殺到した。UNRRAのキャンプの収容者は、普通は一民族か、それ以外では関係のある民族どうしに限られた。たとえばバルト三国は一単位とされ、エストニア、ラトビア、リトアニアからの難民がしばしば同じキャンプで顔を合わせていた。難民たちは、元ドイツ軍兵舎、ナチスの強制収容所、労働者のために建てられたバラック等に住むことになった。フランス地区に限って、難民はときにはナチスの兵隊が占拠していた個人のアパートを使用することが許された。

ドイツへ集団で逃れてきたバルト三国の人々は、難民として認定された人だけで約二〇万四〇〇〇人にのぼった。(3)バルト難民のなかには大勢の専門家や高等教育を受けた人々――学者、医師、弁護士、上級官吏、技術者、ホワイトカラー、芸術家、学生などがいた。キャンプでは児童の教育のみならず、種々の文化活動が活発に展開され、一九四六―四九年の短期間であったが、戦争で学業を中断した学生を対象に三国合同でハンブルグとピンネベルグにバルト大学が創設された。大学を運営できるほど、教授たちが国を脱出していたのである。

バルト難民はドイツに四つの波で流入した。(1)一九四一年、バルト三国から大量の一般市民がシベリアへ追放されたため、まだ逮捕されていなかったインテリゲンチャのほとんどが国境を越えた。生活を支えるために多くの者が仕事についた。このことは「難民資格」認定で後に問題となった。彼らはドイツの戦争体制への一助として分類されてしまったからである。戦争が終わったとき彼らは協力を否定したが、自らドイツ経済のなかに入り自活しようとした人々である。(2)バルト三国からの難民の第二波は独ソ協定に従ったもので、ドイツ系の人々とドイツに居住していたバルト系の人々との交換によるものであった。プロテスタント信者を名乗る人、ドイツ系の姓をもつ人、先祖の一人か二人がドイツ人であったことを証明する書類を提出できる人々は、一九四一年初めにドイツへ移動できた。書類を偽造することが難しくなかったため、この手段で真のバルト人たち数千人が「本国帰還」の仮面の下でソ連体制から逃れることに成功した。第一波でドイツへ入った人々と同様、彼らは申し込まれたどんな仕事にもつき、ドイツでの保護を自ら期待しなかった人々である。(3)ドイツ占領時代には、たびたび数千人単位で人々が映画館、劇場、あるいは教会に寄せ集められ、労働のためドイツへ無理矢理に連行された。彼らが第三の波である。(4)第四波の人々は、勝利したソ連軍が彼らの国のドアステップに再び現われたとき、退却していくドイツ軍に続き、ドイツへなだれ込んできた人々である。

ドイツ降伏に続く数ヵ月間に、計り知れない問題が発生した。数百万の難民に衣・食・住・医療をはじめ法的保護を与えねばならなかった。その仕事は連合国軍とUNRRAにより実施された。戦後間もない頃、まだドイツへの憎しみが残っていたとき、ドイツへの協力責任の問題が難民キャンプを激しく揺り動かした。嘲笑、ときには殴り合い、拘置所入りにまで発展した。(4) ドイツになんらかの協力をした人々のあいだにはさまざまな葛藤があった。独ソの戦いに巻き込まれたバルト三国では、武装した敵に出会った無防備な人々は、協力する以外に選択のないことがしばしばであった。ドイツへの協力はさまざまな意味をもっていた。ソビエトはバルト国家のジェノサイドを図り、国の指導者のほとんどを殺害したり、シベリアへ流刑していた。このような状況下で、バルト国家の人々はドイツ軍を解放者として歓迎した。市民は母国解放のためドイツ軍に協力しようとした。

一方、アメリカの占領地帯でナチスドイツに協力したケースにとりわけ厳しい目が向けられたのは、ユダヤ人逮捕への協力であった。リトアニアには約一五万近いユダヤ人が住んでいたが、その大部分はドイツ軍が進攻してきたときに殺害されたり、ポーランドへ移送されたりした。筆者の調査中に、ユダヤ人の逮捕に協力したリトアニア人もかなりいたことを知った。ドイツがバルト三国を占領する前に、ユダヤ人はソ連に協力していた。ユダヤ人共産党員は一九四一年の大量市民のシベリア追放のリスト作成に協力したり、市民のあらゆる状況をソ連に通報していた。リトアニアではKGB（国家保安委員会）の四〇パーセントがユダヤ人共産党員であったことからも察せられる。リトアニア人のユダヤ人に対する憎しみは、この大戦中に生まれたもので、それまでは良き隣人であった。

難民キャンプでは当初かなりの混乱が起きたが、人々はキャンプの生活に馴染むや、まず学校教育、続いて文化活動を始めだした。ドイツのキャンプでは一九四四—四五年のあいだ、学校なしの生活が続いたが、これが子供に与えた影響を親たちは懸念していた。まずポーランド人が青空教室を、次にラトビア人がキャンプの建物の一角を使用して初等教育を始めた。リトアニアもエストニアも続いた。教科書は謄写版刷やタイプした小冊子が普通であったが、それとて限りがあり、ノートもない児童たちは暗記で学んだ。二年後には状況が改善され、移動図書館もキャンプからキャンプへ巡回するようになった。世界中の同胞の支援があった。

難民キャンプの学校では経済的な階層のみならず、カソリック、プロテスタント、オーソドックスといったあらゆる宗教の児童が一堂に学んだ。言語の違いから各民族ごとに学校教育が行なわれた。仮の一教室から、その数も少しずつ増やされていった。中学校も七〇〇教室以上生まれた。アメリカ占領地区では、五歳から一六歳の子供の九〇パーセントが学校に通学することになった。専門学校として特殊学校も生まれた。リトアニア人はフレンスベルグで海事専門学校を、エストニア人はルーベックの近くで農業専門学校を開校した。青年の将来が真剣に考えられたのであった。また青年のために多くの文化、スポーツ活動が組織された。とりわけバルト三国からの難民には大勢の大学教授、演劇関係者、音楽家など多くの分野の専門家がいた。ハナウのキャンプではドイツの元乗馬学校を譲り受け、二階建ての観客席をもつ劇場が建設された。

生活面では、キャンプで必要な物は難民自身でリサイクルを行ない、不自由をしのいだ。文化的な生活がスケールは小さいながらも難民たちの上に訪れ、キャンプに明るさが増した。なにはともあれ、難民による大学が現われたことを特記したい。

ソ連のバルト三国占領によって、約三〇万人のエストニア人、ラトビア人、リトアニア人が母国から去った。彼らのなかには数百人の大学教授ら研究者と数千人の学生がいた。彼らは西側の民主主義の保護下で精神的な自由を求め続けた。約二〇〇〇人の学生がドイツの大学で受講が認められた。やがて発足したバルト大学には一〇〇〇—

一二〇〇人の学生が入学した(5)。「バルト大学」はソ連がその名称に異議を申し立てたため、途中から「研究センター」と呼ばれたが、バルト三国の学生たちに民主的な高等教育を進めていく主役となった。亡命中に大学を組織するというアイディアは連合軍がドイツを占領した後のものだった。イギリス外務省やドイツ駐在のイギリス政府関係筋の善意と多くの援助によって、大学は一九四六年一月にその活動を組織することができた。教授陣は二〇〇人余り、学生は約一二〇〇人であった。宿舎がないことや他の理由で、バルト三国の一五〇人余りの教授、一五〇〇人以上の学生が、志望しながらも参加することができなかった。バルト大学に入学するのは難関であったという。バルト大学は難民キャンプにおける活気ある知的、文化的活動の中心として古今東西を通じて例のない奇跡に近いものを作りあげたのであった。

二　バルト難民移住への扉

一九四七年に戦争難民の移住計画が動き出した。いよいよ移住への扉が開かれるとなるや、本国帰還促進派遣団（National Repatriation Mission：ＮＲＭ）の難民キャンプ訪問が許可された。ソ連の派遣団はバルト三国の人々に面談を申し入れたが、何時間待っても無駄であった。バルト三国の人々をソ連邦共和国に帰還させようとするソビエト当局の試みは、完全に失敗に終わった(6)。一九四七年の夏に冷戦が始まると、難民キャンプの行政官は、バルト難民に彼らが母国の解放を待つのは無駄であることを示唆した。

難民の再定住への扉を開けた最初の国はイギリスであった。一九四六年一〇月、イギリスは試験的にバルト出身の若い女性一〇〇人を病院の付き添いに募集した。続いて一九四七―四九年にバルト三国から約八万二〇〇〇人の難民を受け入れた。(7) イギリスは大戦の戦勝国とはいえ、国土はドイツ軍の空襲を受けて疲弊しており、復興に追われながらもヨーロッパ難民に対して積極的な支援を惜しまなかった。イギリスは初めから国際的支援においてもイニシアティブをとった。

一九四七年、アメリカ、オーストラリア、カナダ、ヴェネズエラは国際難民組織（IRO）を通して難民受入れを名乗り出た。難民たちにとってアメリカは移民の国、自由の国というイメージが強かった。誰もがアメリカへの移住を望んだ。アメリカにとって、ノルディックの容貌で教育もあり、文化レベルの高いバルト難民は最も望ましいグループであった。一九四八年に公布された新たな法律で有効ビザの四〇パーセントがバルト難民に発行された。(8)

難民受け入れに立候補したオーストラリアはアメリカに次ぐ大規模な難民受入れ国となり、約一八万人が一四七回にわたりオーストラリアへ上陸した。(9) それまでオーストラリアは英語を母国語とする国以外からの移民は奨励しておらず、多文化社会の経験がほとんどなかった。新しい移民政策の下で非英語国民の難民を受け入れ、これをきっかけに国家の新しい構築が始まったのである。

ヨーロッパにおける一〇〇万人以上の戦争難民は、四年半の間に一一三ヵ国に移住した。移住に関する深刻な問題のひとつは、受け入れ国が常に求めるのは若くて健康な労働者であり、インテリゲンチャではなかったということである。ベルギーは鉱夫に限り戦争難民を受け入れた。フランスはIROが活動し始めた初めの二年間に、六ヵ月ごとに難民を一万人近く受け入れた。スエーデンの場合、バルト三国の難民は海を渡り直接入国しているためIROの統計に入らなかった。スエーデンの公式統計によると、バルト難民は約三万人となっている。戦争難民の移住の数については、後になって資格を認められた人や個人的にスポンサーを立てて海を渡った人々がいるため、どの時点でという註が付されねばならない。表1‐1の数字は一九四九年六月三〇日現在で、バルト三国の難民が移住した国とその人数である。

一九五〇年七月一日以来、難民キャンプはドイツ政府の管理下に移された。受け入れ国の移住基準を満たさず、老人・虚弱者・その他の理由でドイツに留まらねばならない人々がでてきた。一九五一年四月二五日に公布された「ドイツ連邦でのホームレスの外国人の法的身分に関する法」により、残された難民はドイツ人と同様に権利も特権も享受することになった。非常に人道的なこの法律は、ドイツ人に対する憎悪の気持ちを難民たちから取り除くのに成功したのであった。

一九五一年にはヨーロッパ人の移住のための政府間委員会が設立され、これがヨーロッパ人移民を支援することになった。IROによる一九五二年一月一日の最後の難民センサスには、一七万七〇〇〇人の名が記載されていた。そのうちの約半分の人々がドイツやオーストリア経済のなかで雇用されていた。[10] なぜ多くの人がどこの国にも受け入れられなかったのか。高齢者・身体障害者・結核病歴のある者・犯罪歴のある者、そしてキャンプでの生活でモラルの低い人々が残されていたという。

表1-1　バルト難民の移住国
(1949年6月30日現在)

移住国	人数
イスラエル	121,861
イギリス	82,262
アメリカ	68,677
カナダ	66,256
オーストラリア	54,079
フランス	35,031
アルゼンチン	26,968
ベルギー	22,054
ブラジル	19,865
ヴェネズエラ	12,101
その他	38,882

出典： John A. Swettenbam, *The Tragedy of the Baltic States*, p. 190

他方、これらの不利な立場にあった難民にノルウェー、ベルギー、アメリカ、スエーデンらが救済の手を差し伸べた。一九五七年、フェーレンワルドに最後に残っていたキャンプが閉鎖された。[11] ドイツに残った人々は、投票権を除いて法的にはドイツ人と平等であった。そして五年後に市民権が認められた。

アメリカへの移住

大西洋を渡ってアメリカへ移住した親族・縁者をもった難民は、同じアメリカへの移住の可能性を探った。アメリカでは民族別の年間割当て数が一九二四年の移民法で決められていたが、西ヨーロッパおよび北ヨーロッパの人々は有利であった。アメリカは一九四七年、IROを通して難民受け入れを名乗りでたが、当初は難民にとってアメリカ移住の条件は厳しかった。移住の実現は、親族など保証人になりうる人がいるかどうか、あるいは一定の所持金をもっているかどうかにかかっていた。一九四八年、新しい法令が施行され、戦争難民に門戸が広がった。

バルト国家のなかでも、リトアニア人の場合はすでに一九二四年までに大量の移民がアメリカに上陸していた。一九四〇年にはリトアニア系アメリカ人の人口は約四〇万人に及んでいた。しかし、第二次大戦中に祖国から脱出した人々の多くは中産階級以上であり、アメリカに直接の親族や縁故をもつ人が少なかった。後になって間接に保証人を得たり、カソリック教会組織の助力を得て入国した。

アメリカには、一九四七年七月までにバルト三国から約六万九〇〇〇人の難民が移住していた。これらの人々は大戦前の移民と異なり、インテリゲンチャである。彼らは生活の再建も早く、社会的活動に参加するのに時間はかからなかった。彼らは上陸後、拡散し、その土地でのアメリカ・ホスト社会に容易に溶け込んだ。教育を受けていたこの新移民は、落ち着くや身分相応の仕事につき、社会的地位を得た。大戦前の移民と異なる点である。

シカゴで筆者は戦争難民、つまり新移民と呼ばれていたリトアニア系アメリカ人にインタヴューを行なった。彼らの多くが、「アメリカは働けば十分暮らせる住みやすい国である」と口を揃えていう。彼らがアメリカに上陸したとき、全国的にすでにネットワークをもつリトアニアン・コミュニティが、故国を占領しているソ連共産主義政権から逃れてきた同胞の世話をよくし、助けた。新移民は政治難民で、一銭もなく、なかには多額の借金をしてきた人々もいた。しかし、二〇年後に八〇パーセントの人々が自身の財産をもったり、家族のメンバーが財産をもつことができたという。

新移民は生活の基盤を得るやベンドロームネ(ユニティの意)を組織し、文化活動を始めた。これは故国のロシア化を懸念し、リトアニア語の保存、文化の伝承を目的とする団体であり、後になってメンバーが政治・経済方面で活躍を始めた。第二次大戦前のリトアニア移民のあいだでは、文化活動や社会活動の多くがカソリックの教区の活動として進められていたが、新移民の多くは教区との関わりがみられない。

ヨーロッパ人であり白人であることから、新移民は他のエスニック・グループやホスト社会との葛藤はなかった。だが新旧移民、つまり戦前と戦後の移民のあいだに少なからず葛藤があった。一般的にいえることは、教育や社会的背景が大きく違っていたことであろう。両者が衝突することはないが、お互いに距離をおいているという。彼らのあいだではエスニック・アイデンティティも異なった。戦前の移住者は二世・三世の代で、すっかりアメリカ人になっており、心情的にはリトアニアに関心をもつが、前リトアニア共和国の誕生時に現われたような民族意識は、決して一九九一年の新生リトアニアに対してはみられなかった。一方、戦後に移住した「政治難民」の意識が強い新移民は、ソ連邦に併合された故国から心情的に離れることができなかった。

一九一六年から一八年にかけてリトアニア系アメリカ人の統一政治集団として活躍したリトアニア民族評議会(U.S. Lithuanian National Council)に代わって、ベンドロームネが政治的に動きだした。独立後のリトアニア政府は元共産党のリトアニア民主労働党に率いられていたため、ベンドロームネはリトアニア政府との摩擦が大きかった。新移民は共産党に対して徹底的に反発しており、その点においても第二次大戦以前の移民と大きく異なる。独立後、経済再建を目指す大統領アルギルダス・ブラザウスカス(Algirdas Brazauskas)元共産党書記長はリトアニア系アメリカ人からの財政援助を期待したが、反応は鈍かった。リトアニアン・コミュニティの中核には共産主義者に拒否反応を示した新移民がいたからである。

今日、新移民は定年で第一線から退いているが、アメリカ社会では学者、芸術家、実業家に限らずあらゆる分野で活躍してきた。アメリカではバルト難民は人種差別の対象にもならず、過去の経歴をいかすことができた。一九九八年一月四日、リトアニア共和国大統領に選ばれたヴァルダス・アダムクス（Valdas Adamkus）氏は戦争難民出身で、元アメリカ政府の高官であった。ブラザウスカス大統領からアダムクス大統領に交替するや、海外のリトアニア人は、成功者に限らず故国のために積極的な貢献をしようと考え始めている。

オーストラリアへの移住

アメリカに次いで多くのバルト難民が集団で移住した国は、オーストラリアであった。上陸した約一八万人の難民のなかには、約三万五〇〇〇人のバルト三国からの難民が含まれていた。最初の難民は、一九四七年一一月、米軍の輸送船ジェネラル・ハインツェルマン号で西オーストラリアのフレマントルに到着した。それまで多文化社会の経験がほとんどなかったオーストラリアにとって、これは画期的な事件であった。オーストラリアがＩＲＯに対し難民受け入れ合意書に署名したのは、直接の労働力の需要から生まれたものではなく、何よりも第二次大戦時に日本軍の爆撃で辛酸をなめたため、国家としての存続に対する危惧と緊急性から行なわれたものであった。したがってこの新しい移民政策は、過去の移民政策とは著しく異なっていた。当時、オーストラリアの人口は七五〇万人にすぎなかった。

新しい移民政策は、ほとんど未知の、あるいはまったく未経験のソースから大量の移民の導入をはかるものだった。白人の募集がベースであり、「若くて、ブロンド」の移民として最初のグループにバルト難民が選ばれたという。[12] 新しい移民政策はまず国家の存続に対する危惧から展開されたとはいえ、一方ではオーストラリアの現実的な労働力の需要は高まっていた。

新しい移民政策の下で非英語国民である難民を受け入れるため、政府は選考派遣団（Selection Mission）をドイツとオーストリアへ送った。オーストラリアの選考基準はゆるやかなものであったが、「独裁者から逃れてきた人で、健康で、二年間、オーストラリアのいかなる場所でもいかなる仕事でも働く」という条件があった。難民が生み出された歴史的、政治的背景から、彼らが労働力の需要を充たすことはあまり期待できなかった。なかでも、バルト三国の移民は教育程度の高い難民集団であり、単純な労働者としては不向きであった。

オーストラリアは難民一人につき一〇ポンドを支給し、移住後の仕事と住居を保証した。新しい移民は、政府の指定する場所で二年間労働する義務があった。学者、芸術家、医師、弁護士、上級官吏、技術者、ホワイトカラー、学生といった前歴は一切考慮されずに、炭鉱、農場、セメント工場、鉄工所、鉄道工事、病院、ホテルなどへ送られた。平均的なオーストラリア人は英国人の価値観やビヘイビアには慣れていたが、英国以外のヨーロッパ人とは初めて知りあうことになった。新しい移民政策の下でオーストラリアへ到着した大勢の人々について、一般のオーストラリア人は何も知らなかったのである。一方、難民の側も、母国から最も離れている移住国オーストラリアに対して、荒涼とした砂漠の国、英国囚人の子孫の住む土地という程度のイメージしかもたなかった。だが、彼らには移住国を選択する余地はなかった。若い国、開発途上の土地は、彼らに経済上のチャンスを提供するのではないかという夢を抱かせた。

到着してみれば現実はきびしく、都市から離れた所で馴れない労働に耐えねばならなかった。アメリカと異なって彼らを受け入れ、支援してくれる同国人のコミュニティもなく、彼ら自身が初めてコミュニティを設立した。契約労働と居住地から自由になったバルトの難民たちは、地方から都市に移動した。上陸後二年が経過し、英語を話すようになった彼らは、彼らのもつ資格、能力、理想にかなった仕事や、より良い機会を求めた。二年間の労働義務ではイギリス系移民と区別され、作業場に行くときのバスもちがっていたという。

オーストラリアでは、いつの時代でもイギリス系移民が優先されてきた。同じ資格、能力があっても、バルト出身者には些細なところでもハンディキャップが伴った。オーストラリアへ移住したバルトの難民たちがオーストラリア社会に同化せず、エスニック・アイデンティティを強固に維持したのも、このような背景があったことを無視できない。この点もアメリカへ移住した人々との違いである。あるリトアニア人は、リトアニア系アメリカ人の大多数はリトアニアの独立時代を経験していないが、オーストラリアへ来たリトアニア人は独立時代にリトアニア語で教育を受けており、リトアニアに対する感情が戦前に移住したリトアニア系アメリカ人とは異なることを強調した。

男性の場合は仕事の行き先に選択の自由はなかったが、婦女子は居住地の希望がかなえられた。教育を受けた者にとって、職場は決して愉快なものではなかった。しかし、不安定なキャンプ生活をしてきただけに、逆境に馴れてくるとホッとし、誰の口からも不満は出なかったという。二年の労働義務であったが、一年後に職を選ぶことができた人々もいた。しかし、言葉の問題で仕事は非常に限られた。リトアニアからきた難民はポートランド語、ドイツ語、ロシア語が話せたため、高級ホテルで掃除婦から通訳に昇格した者もいた。

難民たちが母国で得た資格は、アメリカとは異なり、オーストラリアでは何一つ認められなかったため、多くの者が大学に入り再び資格をとることを考えた。そのため、多くのバルト難民は二つの仕事について昼夜働いた。当時、オーストラリアでは大学は少なく、どの職場でも大学卒業者は多くなかった。人文・社会系では大学に入り、夜に働くことができた。働きながら大学へ入るということは医学部では無理であった。本国で医師免許をもってい た人も医学部へ編入しなければならなかった。幸いにオーストラリアの医師免許を得ても、彼らの多くが、当時のオーストラリアが国連信託統治領として行政を行なっていたパプアニューギニアの病院で働く羽目となった。難民たちがドイツで得た大学入学許可証は認められたが、母国の大学卒業証書は認められなかった。だが、大学からお金を借りることができ、卒業して仕事についてから返済していく制度が利用できた。一九六八年になって、高等学校の卒業証明をもってこれなかった人も大学に志願できるようになった。

やがて都市ごとにエスニック・ハウスが建設され、図書室、エスニック・レストラン、集会場、言語教室が設けられた。筆者はアデレードのリトアニアン・ハウスを訪れた。ハウスの目的はリトアニアの言語・文化を育て、母国で人権のために戦っている人々を助け、独立を再び得るための地下組織を支援することであった。リトアニアン・コミュニティは存在するが、メンバーシップは自由であった。母国への救援活動以外は、足並みを揃えて事にあたることもなかった。したがって後に移住してきたギリシャ人やイタリア人のように連帯意識の下に組織をつくることもない。近隣のオーストラリア人との交際にも深入りしなかった。難民一世にとってハウスは憩いの場でもあった。彼らは民族意識が強く、「オーストラリア人になりたくない」世代であった。ソ連占領下の故国へ帰ることを拒んだ政治難民であった彼らは、自分たちは政治的信念の犠牲者であって、食べるための出稼ぎ移民でない、という自覚が強く、オーストラリア人に対する劣等感はみじんもなかった。また、後年に大勢移住してきたヨーロッパ移民たちと混同されることを好まなかった。

第二次大戦後にアメリカに移住したリトアニア人と、オーストラリアへ移住したリトアニア人とでは、エスニック・アイデンティティが異なっている。オーストラリアへ移住したリトアニア人一世たちは、半世紀近く経た今日でも別個のエスニック・アイデンティティを維持している。彼らはラトビア人、エストニア人コミュニィと連絡を密にし、運命共同体として連帯を保っていた。

政治難民や亡命者が珍しくない上、一九世紀半ば以来、大量のリトアニア移民を受け入れてきたアメリカと、英語圏以外の国から集団移民を初めて受け入れたオーストラリアとでは、リトアニア移民をはじめ、バルト難民への対応が異なるのは当然といえる。プラグマテックに動いているアメリカ社会に同化したリトアニア人難民も、オーストラリアへ移住したリトアニア人難民一世も、故国への関心を断ち切れずにいることに、エスニシティの根強さを感じさせられるのである。

三　インドシナ難民の行方

インドシナ難民は、第二次世界大戦後のフランスの植民地解放プロセスの失敗と、共産主義勢力の拡大を阻止しようとするアメリカの意図と武力介入によるベトナム戦争によって、もたらされたものである。インドシナ難民の特徴はインドシナ三国共通であるが、長い歳月のあいだ、難民化しやすい性質が徐々に培われてきた。ベトナムでは政治弾圧と経済不況があいまって、一五年間にわたりボートピープルが流出し続けた。国連難民高等弁務官事務所（United Nations High Commissioner for Refugees：ＵＮＨＣＲ）の難民白書（一九九三年）によると、一九九二年末までにベトナムから八三万五〇〇〇人、ラオスから三六万人、カンボジアから二四万人の難民が流出している。難民・経済移民の別を問わず、同じ民族集団や同国人がすでに定住していることが、流出した人々の目的地を決めるひとつの目安となっている。

一九五四年のジュネーブ協定後、ベトナムでは北の社会主義経済体制の確立とともに、フランスや日本軍に協力した人々ら約八〇万人が亡命した[13]。これがインドシナからの人々の最初の流出であった。一九七五年にベトナム戦争でサイゴンが陥落するや、親米反共の南ベトナム政府要人たち、および米軍で働いていたベトナム人の幹部ら約一三万人を対象として、米軍による移送が始まった。彼らは大型ヘリコプターでグァム島の米軍基地へ、そこからカリフォルニアの臨時キャンプへ送られた。その頃、東北タイに数万人のベトナム人が流入した。彼らはいち早くタイ社会に同化した。一九七五年二月から三月にかけて飢餓に迫られたラオス難民がタイ国境にたどりつき、続いてカンボジア人がプノンペン政府の崩壊でタイ国境にたどりついた。海岸線の長いベトナムでは、海を越えて近隣の国々へ多くの人々が脱出を図った。「ボートピープル」として脱出を図った難民のなかでは、一九八〇年前半まではは華僑が圧倒的に多く、八〇年代後半からはベトナム人が多くなってきた[14]。ベトナム戦争が終わってベトナム人待望の民族統一が果たされ、それからある一定の時期を経て大量難民の発生をみたという点が、論議をよんだ。これは、新しく始まった民族形成と自立的な経済発展の失敗の現われとみられている。人々の流出の直接の動機は、「新経済地区」への強制的移送と、そこでの生活苦であった[15]。

ジュネーブ協定以降、サイゴン陥落までの約二〇年間に、南ベトナムでは戦乱のため約一〇〇〇万人が自分の村を離れていた。彼らは難民化して都市へ集まっていた。この時点でベトナムの伝統的な経済社会は崩壊していた。この都市難民の「新経済地区」への強制的移住政策による定住が、うまく進まなかったのである。ベトナム難民の特徴として、難民のなかに大量の中国系ベトナム人＝華僑が含まれていたことが指摘される。彼らは一般のベトナム人と異なり海外のどこかで頼れる受け皿をもっていたという特殊事情が、大量の難民を生み出したともみられる[16]。

一九七五年以来の大量難民流出に対して、一九七九年に最初のインドシナ難民国際会議が開催され、東南アジアの最初の庇護国（マレーシア、タイ、インドネシア、フィリピン、香港）に到着したボートピープルは一時上陸を許可されること、そして、その後は第三国に定住させることが決められた。それから数年間に約七〇万人が西側諸国に第三国定住した。一方、ボートピープルに終止符をうつため、一九七九年、UNHCRはベトナムからの合法的移住の可能性を開いた。それは不法出国者が海上で生命をおとす数を減らす努力のひとつとして打ち出された合法出国計画であった。この計画によって、安全で公的に許可された移住ルートが開かれた。UNHCRの人道的配慮と、社会主義建設上の阻害要因となる「不良分子」を排除しようとするベトナム政府側の政策がうまく合致したがゆえに、合意が実現したともみられている(17)。

UNHCRは、ベトナムからの出国希望者に対する出国上の便宜の供与を、当人がまだベトナム国内にいるときから開始することができた。これは例外的な措置である。一九七九年以来、「合法出国」措置がとられているにもかかわらずボートピープルがあとを絶たなかった理由のひとつとして、ベトナム内外の華僑による「人間移送」組織の存在が推測されている。これは一世紀以上前、つまり清国が鎖国していたとき以来、東南アジア各地に存在した同種の組織を継承しているものと想像されている(18)。

東アジア、東南アジアへのボートピープルの到着数は一九七九年がピークで、九二年に実質上停止した。一方、合法出国は一九七九年に始まり、ピークは九一年から九二年である。一九八〇年代前半に、ボートピープルの数は安定した。しかし、第三国定住国はすべてのボートピープルを無制限に受け入れ続けることに難色を示し始めた。一方、各地のキャンプでは、制限の厳しくなった再定住基準に満たない難民が増えていった。だが、一時庇護を受けるキャンプの難民総数そのものは次第に減っていった。

一九八九年には、ベトナムからの不法出国が突然急増したため、状況は大きく変化した。キャンプのボートピープルは一九八六年のはじめには三万六九四人であったが、八九年のはじめには六万五三四九人にはね上がった。この不法出国民は、ベトナムにおける人権状況の悪化ではなく、経済的要因で出国していることが明らかになってきた。難民と認定されないような人々が高い率で不法に出国し始めたのである。一九八六年六月、第二回インドシナ難民国際会議が招集され、この問題のための包括的行動計画が採択された。ボートピープルはすべて一時庇護国での一時上陸を許可されるが、その後、難民資格を審査されることになった。なかでも注目されるのは、ベトナム国内で難民化を防ぐ「大衆情報キャンペーン」を行なったことである。これはベトナム国民に包括行動計画の内容を知らせ、難民資格がなくても西側諸国に自動的に再定住できるという誤った考えで生命を危険にさらす航海に出ることのないようにするものであった[19]。

ベトナムで大衆情報キャンペーンが実施され、ベトナムへの自主帰還が開始されるや、不法出国者の数は大幅に減少した。ベトナム政府の保証が尊重されていた。一九九一年、ボートピープルの多くが、三六〇米ドルの帰還手当てが欲しいというだけでベトナムを出国していることが明らかになった。同年九月二七日以降、一時庇護国に到着したすべてのボートピープルに対し、手当ての給付が中止された。このことがベトナム国内で大衆情報プログラムを通じて伝えられると、その数は激減し、同年の末までにボートピープルの出国は実質上停止した。一九九二年中に一時庇護国に到着したボートピープルはわずか五八人、一九九三年五月までに到着した数は七五人であった。一方、第三国定住の見込みのないまま難民キャンプに留まっていた人々の多くが帰還を選んだ。一九九三年五月三一日までに四万一八〇一人のベトナム人が自主帰還し、六二三人が香港からベトナムに向けて送還された[20]。一九九五年には、七五年以来ベトナムを出国した八四万人にのぼる難民と庇護希望者のほぼ全員が、彼らの苦難の時代に終止符をうったのである。

アメリカでの定住

一九七五年にアメリカに上陸したエリートに属するベトナム人は、技術や教育があったため、アメリカの中産階級に入ることができた。たとえば、英語を流暢に話す南ベトナム政府の高官やサイゴンの医大を卒業している人々らは経済的に安定しているし、成功のチャンスをもっていた。[21] だが、彼らはインドシナ難民のなかでは一握りである。一方、ベトナム軍人や役人の技術はアメリカ経済にはほとんど適応しなかった。アメリカの都市部の経済構造の現状では、中産階級に入るためにはベトナム難民の能力には限界があった。

一九七八年以降に到着した難民は、ほとんどが職業技術もなければ訓練も受けていない上、英語に関する知識も皆無であった。アメリカに上陸したベトナム人の到着時の平均年齢は一九―二〇歳であった。[22] 定住後のインドシナ難民の生活の向上は遅々としていた。毎年、全国に住むベトナム人を対象として、任意抽出法により労働力への参加、雇用、福祉の利用などを問い合わせる電話調査が行なわれてきた。[23] 難民の受け入れについては、多くのキャンプをはじめ受け入れた州での調査がなされたが、定住後の集中的な追跡調査は行なわれていない。難民支援を続けたのは民間団体である。

連邦政府は難民の定住地を分散させる政策をとった。しかし現実には、家族との再会や同じ民族の居住地への移動などによって、難民はいくつかの州に集中しがちであった。入国帰化局・外国人登録報告（一九七六―七七年）によると、ベトナム難民の場合、カリフォルニア州とテキサス州に集中している。

あるレポートによると、アメリカに上陸した難民の一〇年後では、四〇万人の難民の五〇パーセント、四万三〇

○○家族が社会福祉、つまり生活保護に全面的に依存している。[24] 福祉依存の選択は生計へのひとつの手段であって、「貧困」に対するオルタナティブではない。彼らにとって自活することは困難であった。一九八五年のアメリカ全体の失業率七パーセントに対し、インドシナ難民のそれは一七パーセントである。[25] 一九八〇年代半ばから、ベトナム人の雇用、労働力参加の割合が改善の方向に向かう傾向がみられた。しかし、ベトナム人雇用率の上昇は平均賃金やサラリーの増加とは並行しなかった。大多数のベトナム人は貧困レベルに近い収入で生計をたて続けていた。ベトナム人の職業パターンは低水準の仕事、製造業に集中していたが、パートタイムなど不安定なものが多く、昇格や恩恵を得る機会も限られていた。彼らはアメリカの経済構造の末端に組み込まれていたといえる。アメリカの労働組合が難民の定住計画の目的を理解し、難民の利用できる訓練計画に対して積極的に参加することが必要であった。このような状況下でベトナム難民の地下経済への関わりが増加し、貧困が原因で若者が犯罪増加に加担し始めた。[26]

インドシナ難民に共通していることに、現在の職業的身分が以前の身分よりも下落していることがある。たとえば難民のうち祖国でホワイトカラーであった人々は五七パーセントであるが、アメリカでは三〇パーセント弱である。[27] ベトナム人は中国人、韓国人とはちがって、技術的、金銭的、国際的なつながりもなかった。このような人々に対して救援の手をさしのべたアメリカ市民は少なくなかった。彼らを救援活動に駆り立てたものとして、アメリカ社会のなかに深く根を張っていたいくつかの力が考えられる。ひとつはアメリカの移民精神である。アメリカがこんにちまで強力でありえたのは、成功への新しい夢と新しい活力をもちこんでくる移民の不断の流入であった。そのような社会でベトナム難民救援は人道上の義務のように思われたのである。あるアメリカ人たちは、キリスト教徒として行動を起こさねばならないという深い精神的義務を感じていた。

全般的にいえることだが、インドシナ難民の場合、先に述べたバルト難民のようにホスト社会に入ることはなかった。一九七八年以後アメリカに上陸したインドシナ難民の教育程度が低いのも、戦乱で国内避難民になっていた人が多かったからである。

ベトナム人の経済問題は、アメリカでの生活への集団適応としては解決に向かっているという見方もできる。カリフォルニア州はベトナミーズ・コミュニティとして、ベトナム国外で最大の定住地域となった。ベトナム人たちはアメリカ移民法で権利を得るや直接の親族を呼び寄せ、すでに在米のアジア系移民のなかで四番目の民族集団となっている。(28) 定住で落ち着いた多くのベトナム人は家族の絆を強め始めている。経済的、歴史的な要因は、移民集団の適応にとってきわめて重要である。一方、文化的要因は移民たちの成功に一役かう。また、定住した社会の社会経済的機会の構造も彼らの運命に深く関わっている。より良い仕事と社会奉仕がより幅広いスケールになることが、経済的に不利な立場にある難民を救うことになるのである。文化的にうまく適応する集団は、不利な立場に打ち勝つことができ、また経済的成功を成し遂げられる。ベトナミーズ・コミュニティのなかで情報を流通させ、互いに金銭的、および精神的に支えあうといった社会的絆を強めながら、ベトナム難民はアメリカの市民社会に根付いていった。一方、難民間のネットワークを通して多くの人々が個別に仕事を得ている。特に多いのは家事手伝い、自動車修理、運搬関係の仕事で、これらは口こみで親族、友人、隣人に紹介されている。(29) ベトナム人のなかに多数の中国系ベトナム人がいることから、やがてベトナミーズ・コミュニティは、経済的に成功している華僑社会に近付いていくのではないかと思う。

一方、一九八九年に包括的行動計画（Comprehensive Plan of Action：CPA）が効力を発した頃から九七年末にかけて、あちこちから一〇万九〇〇〇人以上のベトナム難民が帰国している。アメリカ政府はこのプログラムに関心を寄せて、アメリカからベトナムへの帰国希望者に面接し、再び帰米する可能性を与えた。[30]

オーストラリアでの定住

一九七二年、オーストラリアではウイットラム労働党政権のもとで法的に白豪主義が否定され、人種差別的な政策は禁止されるに至った。ウイットラム政権下の難民政策は、サイゴン陥落以前に発生した難民とサイゴン陥落以降の難民に対して政策立案を行なうものであった。当初は、難民受け入れの賛成論と反対論が激しく揺れ動いた。前者はベトナム参戦支持派の保守グループで急進的人道主義者であった。後者はベトナム参戦を批判してきた反戦グループで、労働党であった。大量のアジア人の受け入れにあたっては、高度な政治的判断が要求されることになった。インドシナ難民の救済には、東南アジア地域協力や途上国協力といった外交問題が立ちはだかっていたからである。

オーストラリアがインドシナ難民に関わったのは、ベトナム南北統一後の一九七七年末から八一年にかけての「ボートピープル」大量発生期と、八八年以降の経済難民発生期である。フレーザー政権（一九七五—八三年）になり、ボートピープルの受け入れ拡大で難民が急増した。一九七六年には、タイから一三五〇人が難民の家族再会プログラムの趣旨に沿ってオーストラリアに到着した。一方、オーストラリアそのものを目的地としたボートピープルが急増し、オーストラリアは難民問題へ深く関与せざるをえなくなった。七六年の後半には南北ベトナムの統一とベトナムによるカンボジア侵攻というインドシナ情勢の変化により、三度大量難民が発生した。オーストラリアにとって、北岸のダーウィン付近に漂着したボートピールは難民受け入れ基準の枠外に突然現われた難民であった。ボートピープルはオーストラリアの北海岸の数ヵ所に船を接岸させた。難民が自力でオーストラリア本土へ到着したのはベトナム難民が初めてであり、漂着した難民船は一九八一年までに五四隻に達し、二〇八一人が記録された[31]。

オーストラリアは、日本を除けば、ボートピープルが自力で航行し到着できる唯一の先進国である。東南アジア諸国はオーストラリアの難民政策を利己的と批判し、難民船がオーストラリアへ回航するよう、つとめて燃料や食料を供給することでオーストラリア航路を可能にさせ、東南アジア諸国の負担を軽減した[32]。オーストラリア政府は一九八二年三月、ベトナム政府との間で「合法出国プログラム」に関する「了解覚書」に調印し、同年一月に第一陣のベトナム人がこの制度を利用してオーストラリアへ入国・定住した[33]。オーストラリアでは、インドシナ難民の流入時期には失業者も増大しており、低成長時代であった。それにもかかわらず、オーストラリアは国民一人当たりの受け入れ数としては最大のインドシナ難民を受け入れたのである（表1-2）。一方で難民のあまりの多さに反移民、反アジア人の声が出て、政府に対する批判が高まったのも事実である。

難民の上陸に対して各州でインドシナ協会が設立され、移民センターがインドシナ難民の大多数にとってのファースト・ホームとなった。センターには独身者は三ヵ月、夫婦は六ヵ月、家族集団は一二ヵ月滞在することができた。ベトナミーズ・コミュニティができると、難民たちのセンター滞在の平均期間が減った。センターを比較的早く離れる理由は、住居をもつ親族や友人を頼る方が生活費もかからず、雇用にもありつきやすかったからである。センターでの食生活も彼らに合わなかった。難民への情報はベトナム人福祉団体および支援団体を通して正式に伝えられたが、コミュニティを通した方が、非公式ではあるがより容易に、より早く人々に伝わった。英語学習の機会は主だった都市にあるコミュニティ・センターで容易に得られるようになり、難民センターでの英語学習はもはや中心でなくなった。

定住したベトナム人たちによって設立されたベトナミーズ・コミュニティが成長すると、政府は補助金を出し、到着した難民の世話を依頼した。一九八一年には難民家族はコミュニティに直接引き取られるようになった。ベトナム生まれの人々にとって、言語と文化の違いからくる問題は多く、同国人から手ほどきを受けるのがオーストラリア社会へのより良い適応への道であると政府は判断したのである。

難民たちは一時的に郊外の工場地区に住居を求め、住宅委員会に申請した。やがて定着したベトナム人は、都市で勤務先や子供の学校に近い場所に家を買い、都市圏で生活することを望んだ。どこの国でも低所得者が暮らしやすいのは都市である。一九八一年にはインドシナ難民の九五パーセントがオーストラリアの一二の町の中心部に居住した。オーストラリア人の人口の六三パーセントが町に住んでいることからみれば、その比率は高い。(34) ベトナム人が集中している地域はメルボルンのリッチモンド、シドニーのカブラマタなどであり、多くが商売に従事している。

表1-2 インドシナ難民の最終移住地 (1975-1984年6月)

移住国	人数
オーストラリア[a)]	88,969
カナダ	92,323
フランス	96,204
西ドイツ	22,439
日本	3,298
イギリス	16,450
アメリカ合衆国[b)]	547,655
その他[c)]	60,292

注：a） 移民省の推定では88,112人。
b） 1975年到着約13万人は含まれていない。
c） 1978年から中国へのベトナム難民約26万人は含まれていない。
出典：関根政美「マルチカルチュラル・オーストラリア」(1991年)

ベトナム人たちのオーストラリアでの最初の就職者の四分の一は、ベトナムの元役人、専門家、商人、および西側の会社に雇用されていた人々であった。難民は皆、半熟練労働者か、不熟練労働者に分類された。難民のなかでは、ベトナムで家内工業に従事していた人々、農民、漁民などの割合が増していった。(35) 一九七五年にベトナムの政府が変わると、商業や交易に従事していた人々がかなり難民と化していった。全体としては、一九七五―八二年にベトナムから到着した人々の六四パーセントが不熟練労働者、一七パーセントが半熟練労働者、専門職は三パーセント以下であった。一九八五年までに、さらに専門職の比率が下がる一方、半熟練労働者が増加した(36)。いずれの職業にかぎらず、オーストラリア社会に溶け込もうと望む大多数の人々が市民権を申請した。

ベトナム人は、伝統的には拡大家族が経済・社会生活の核である。大部分の難民にとって、オーストラリアへの移住は個々の家族の崩壊を意味し、彼らの家族単位を変容させた。難民キャンプにしろ、ベトナム国内にしろ、離散した大家族のメンバーとの再会が彼らにとっての最優先事であった。それは最初の難民が到着して一〇年たっても、すべての人の目的であった。伝統的な家族援助が欠けてしまったベトナム人は、相互扶助のため非公式なネットワークを発展させてきた。この自立ネットワークは、ベトナム人に職、公共事業、オーストラリアの習慣について情報を広めるという点で、オーストラリア社会でかなり独立して活動してきた。政府や地域サービス（雇用センター、法律相談所、福祉事務所）の利用も常に非公式なネットワークを通したものであった。友人や親族に依存するケースは時が経つにつれ減少したが、非公式なネットワークだけは大部分のベトナム人にとって重要な支援母体であり、ベトナミーズ・コミュニティ内でも重要な社会的資源であった。

一方、オーストラリア政府もベトナミーズ・コミュニティの活動を評価し、オーストラリア社会にその利点を説明した(37)。ベトナム人社会では拡大家族がメンバーの福祉に責任をもっており、コミュニティ・ベースでのボランティアワークが、オーストラリアにもうまく適応したのである。一九七〇年代の終わりには、コミュニティの活動は福祉、法律、教育関係にわたるほか、新移民の定住についても保証人になったり、個人的な相談に乗るまでに広がった。組織や活動の広がりは、コミュニティが直面する問題の解決には「民族協会が一役買うべきだ」とする政府の期待にも応えるものであった。

いくつかのベトナム人組織は、コミュニティのために働いている人の給料、言語教室、ニューズレターの印刷などにも、州や市から財政援助を受けた。財政援助やアドバイスは教会や慈善団体からも得られた。ベトナム協会の激増は、すでに非公式なネットワークの広がりであきらかになった自力本願の力量を示している。一九八一年にはベトナム組織評議会がシドニーで結成され、これはほとんどのベトナム協会に対して傘の役割を果たした。組織間での調整や協力を進めるほか、政府との交渉をスムースに進める目的もあった。一九八四年には一四のインドシナ組織が存在し、そのほとんどがシドニーとメルボルンに本部をおいていた。これらの組織は当初から定住の基本的問題——住居、経済的援助、法律相談、政府への仲介、雇用、スポンサーシップ——に対処するだけでなく、東南アジアのキャンプにいる難民の利益まで擁護した。近年では個人、家族のカウンセリングもコミュニティ組織の重要な福祉の仕事となっている。

先に述べたバルト難民は個人主義のヨーロッパ社会の人々であり、家族主義のベトナム難民とは非常に異なっている。教育程度も高いバルト難民の場合、オーストラリアへ移住後の生活が異なるのも当然である。アメリカに移住したベトナム難民と比較すると、オーストラリアへ移住したベトナム難民の方が連帯感が強く、母国との往来も盛んである。彼らは自力で生活を再建するとともに、オーストラリア社会への同化を強く望んでいる。

おわりに

本章ではヨーロッパ難民であるバルト難民とインドシナ難民を中心に、アメリカ・オーストラリア両国での受け入れ、定着の状況をみてきた。難民の今日的状況からでは想像しがたいほど、バルト難民にもインドシナ難民にも国際社会から温かいまなざしが向けられていた。半世紀前には、大戦後の疲弊にもかかわらず、ヨーロッパ各国がヨーロッパ難民に対して支援の手を差しのべた。東西冷戦が始まると、共産圏からの難民に西側諸国は同情し、難民はヨーロピアン・コミュニテイのなかで保護されたといえる。ヨーロッパにおける戦争難民の発生、難民の保護、難民の移住への支援は、後にも先にも他地域では決してみられないものである。他方、インドシナ難民をみると、それは二〇世紀で最も複雑な、そして費用のかかった難民計画のひとつであった。インドシナ難民に対してアメリカ、オーストラリア、中国のみならずヨーロッパ諸国も救援にのりだし、人道的な措置により多くの難民が命を救われた。インドシナ難民国際会議を通じ、インドシナから流出する者はほぼ自動的に国際的保護の対象とされ、周辺国における一時庇護を経て西側への再定住を約束された。ポスト冷戦下の地域紛争によって流出している難民と比較すると、恵まれた措置である。

アルメニア、アゼルバイジャン、ブータン、ミャンマー、エチオピア、グルジア、イラク、スリランカ、スーダン、旧ユーゴスラビア、中国らで、この一〇年のあいだ、民族紛争が頻発している。紛争当事国での民族間の緊張、あるいは部族間の対立・武力紛争が、難民流出の根本原因になっている。アフリカの場合、何世紀も前からあった部族間の反目、憎しみが、冷戦構造が崩壊し、冷戦の立役者の抑制がなくなるや表面化し、突如として部族政治に戻ってしまったのである。アフリカの多くの国で大統領は国家元首というより部族のリーダーとしてみられている。一方、リーダーの方も超大国の対立を利用して外部の支援をとりつけていた。過去三〇年以上、部族間の戦争、分離運動、飢餓により数十万単位という正確な数がわからないほどの難民が、自国から他国へ国境を越え逃避せざるをえなくなった。

アフリカ内での国境は彼らにとってさして問題ではなかった。自由に移動できたのである。実際、一九九二年までアフリカ諸国は難民に対して国境を閉ざしたことは滅多になかったという。しかし、難民の大半を引き受けているのは最貧国である。タンザニアは数十年にわたりアフリカ全土から難民を受け入れてきた。ニエレレ大統領は難民に対する人道的政策によりＵＮＨＣＲからナンセン・メダルを受賞した。[38] 内戦が容易に解決しないルワンダからのとどまることのない難民の流入、そして、それが引き起こす政治、経済、社会の変化が、タンザニアの庇護政策を変更させる引き金となった。一九九五年、タンザニアは遂に国境閉鎖という方針転換を行なった。[39]

部族によっては絶滅に近いものもあるであろう。ポスト冷戦下で超大国の支援が激減すれば、紛争は下火になり鎮静化することが考えられたが、この見通しは甘かった。というのも、冷戦時代に国際社会が見通せなかった部族間の根の深い対立や問題があったからである。[40] しかも、武器が大国から止むことなく流入し、武力紛争はエスカレートしたのである。最近の事例では政治権力を奪おうとする集団が活発に動き、紛争のスケールを大きくしている場合が多い。

部族社会におけるリーダーシップを、独立の際に主権国家に移譲できなかったその理由を究明しなければ、和解や調停への道は遠いといえる。部族間の戦闘、強盗行為の継続の前に、和平プロセスおよび治安に対して国連軍および国連平和維持活動はほとんど影響力をもたなくなった。紛争下の部族を政治的に和解させるには、国際社会の援助の下で、アフリカ統一機構（Organization of African Unity：ＯＡＵ）に期待するしかないであろう。

地域紛争における難民数の激増、難民状況の長期化に言及するとき、アフガン難民にふれないわけにはいかない。アフガニスタンの紛争は一九七九年のソ連軍の介入にさかのぼるが、冷戦期の最後の、最悪の代理戦争であった。アメリカのベトナム戦争での敗北と同様、ソ連軍もアフガニスタンの内紛に介入した末、敗北という同じ道をたどった。ソ連軍が撤退した後、ＵＮＨＣＲの指導で難民の帰還が始められたが、内戦の激化でその多くは国内避難民となったり、再び国境を越えて戦禍を逃れた。アフガン難民の大部分はイランとパキスタンに逃れた。この両国は同じくイスラム教徒であり、イスラムの庇護の伝統に支えられ、大変な経済的・社会的負担を余儀なくされるにもかかわらず、国境を開放してアフガン難民を受け入れた。

一九八九年、ソ連軍の撤退時には難民数はピークに達していたが、徐々に帰還し、一九九七年には約二七〇万人に減少した。難民は戦闘の行なわれていない東部と南部へ帰還した。アフガニスタンでは予想外の大規模な人口移動が起きたのである。アフガニスタンの内戦は権力の奪い合いである。大国から流入している武器がアフガニスタンの派閥間の戦闘を果てしなく継続させている。かつての東西文明の交流や交易の道は、武器の流入ルートになっている。武器流入を阻止することの困難さがうかがえるのである。

一九七五年には国際社会に対し援助や保護を求める難民の数は二四〇万人であったが、九五年には、その数は六倍に達している。UNHCRの一九九七―九八年難民白書の統計によれば、難民数は合計で一三二〇万人となっている。それに加えて援助対象者としての国内避難民が二五〇〇―三〇〇〇万人に達している。なかでもアフリカ、アジアが突出しており、植民地解放後の独立国の苦悩がうかがえるのである。難民および国内避難民の増加にしたがって、UNHCRの組織も活動も、発足当初では考えられないほど拡大されていった。

一九九〇年代に入り、国内武力紛争は三九ヵ所で起きていたが、一九九五年末には一四ヵ所にまで減ったことは、国連をはじめ国際機関の努力に負うところが大きい。紛争が終結した国々においては国内避難民と難民は同時期に帰還し、同じ地域社会に定住することが多い。

なぜ、こうも大量の難民が出るのか。世界の難民発生の原因としては政治的なもの、宗教的なもの、民族的なもの、経済的なもの、生態学的なものが考えられてきた。難民が移民や出稼ぎの場合と異なる点は、「恐怖と欠乏」

が介在し、「国を捨てる」気持ちが強いことである。[41]

東西冷戦時代には民族間の緊張は国外勢力の干渉を招いていた。インドシナ、アフガニスタンがその代表である。また、単一の民族集団が占領する地域をひとつの政治体制に併合しようとする領土回復主義が、「アフリカの角」や旧ユーゴスラビアのように難民流出を伴う紛争の主たる原因となってきた。[42] 一九九三年七月には、旧ユーゴスラビア全体で三六〇万人の難民が出ている。この国の国内紛争も国外に大量の難民の流出を引き起こしたばかりか、国内においても夥しい人々に移動を強いた。

ポスト冷戦下で、激増する地域紛争のほか、国内避難民などがかつてなかったスケールで地球の至るところで発生している。それが長期化する事例は、アフガン難民、パレスチナ難民、ルワンダ難民にみられる。これらの難民の大部分は、政治的迫害というよりも内戦型紛争の犠牲者である。本章で取りあげたバルト難民やインドシナ難民との大きな違いである。こんにち、世界にみられる紛争のほとんどが、国家間の紛争ではなく国内の内戦型紛争である。民族間、あるいは部族間の大喧嘩であり、権力闘争である。彼らが武器に不自由しないというのが、紛争解決にとって深刻な問題である。というのも、多くの武力紛争は武器の入手の容易さによって続けられ、拍車をかけられているからである。現代の大半の紛争で使用されている武器は、製造や輸送が非常に簡単なため、管理は困難だという。途上国に売却される兵器の八六パーセントは、国連安保理の常任理事国五ヵ国が製造しているものである。交戦中の国や紛争の危険性のある国に出まわる武器を減らす努力は、ほとんどなされていない。[43] 紛争当事国が国内レベルで武器を放棄し、戦闘中止に入る以外に、平和への道はないであろう。

だが最近では、長引く内戦に対する国際社会の対応にも変化がみられるようになった。一九九〇年代の冷戦構造の崩壊後、世界の最貧国や政情の不安定な国々への大国の軍事的・政治的影響力が弱まり、戦略上の関心が遠のいたのである。一方、半世紀前の難民状況に比較して、世紀末の難民状況に凄惨さがみられることは否定できない。難民の大量化や難民状況の長期化は、もはやＵＮＨＣＲのみでは対処しきれず、ときにはＰＫＯ（国連平和維持活動）のほか、ＵＮＤＰ（国連開発計画）、ＮＧＯ（非政府組織）といった諸団体と協力しつつ活動せざるをえなくなった。国際社会は、誰もが難民の世紀を二〇世紀で終わらせようと望んだ。その努力が実らなかったことは、痛恨のきわみである。この小論文を書いているときでさえ、一般市民の犠牲は止むことがない。平和建設活動に紛争当時国を含めた全世界の国家があたらねば、人類はどうなるのか。こんにちの紛争は、まさにその答えを提示しているのではないだろうか。

注

（1）John A. Swettenbam, *The Tragedy of the Baltic States*, New York : Fredreick A. Praeger, 1975, p. 159.
（2）*ibid.*, p. 160.
（3）S. Suziedelis & J. Jakstas eds., *Encyclopedia Lituanica*, Vol. IV, S. Boston, 1975.
（4）Mark Wyman, *DP : Europe's Displaced Persons, 1945-1951*, Philadelphia : The Balch Institute Press, 1989, p. 179.
（5）*ibid.*, p. 122.
（6）Swettenbam, *op. cit.*, p. 177.
（7）*ibid.*, p. 178.
（8）畑中幸子「リトアニア移民とエスニシティ――アメリカのリトアニアン・コミュニティ」『国際研究』一一号、一九九五年、一五八頁。
（9）畑中幸子「バルト移民とエスニシティ――オーストラリアのリトアニアン・コミュニティ」『思想』一九九二年八月号、五五頁。
（10）Wyman, *op. cit.*, p. 202.

(11) 畑中幸子「ヨーロッパ難民一九四五—一九五一」『国際研究』一四号、一九九八年、四五頁。

(12) 畑中幸子「一九九二年」前掲論文、五五頁。

(13) 安世舟「アジアにおける国民国家形成と難民問題」(国連大学・創価大学アジア研究所共編『難民問題の学際的研究』、一九八六年、所収)、一二六頁。

(14) 栗野鳳「難民大量流出の原因についての一考察」(国連大学・創価大学アジア研究所共編、前掲書、所収)、五四—五九頁。

(15) 安世舟、前掲論文、一二九頁。

(16) 同。

(17) 本間浩「難民問題対応策の可能性と限界」(国連大学・創価大学アジア研究所共編、前掲書、所収)、一五四頁。

(18) 栗野鳳、前掲論文、五四頁。

(19) UNHCR『世界の難民白書一九九三年』読売新聞社、一九九三年、一二七頁。

(20) 同。

(21) Steve Gold & Nazli Kibria, "Vietnamese Refugees and Blocked Mobility", *Asian and Pacific Migration Journal*, Vol. 2, No. 1, 1993, p. 29.

(22) Linda W. Gordon, "Southeast Asian Refugee Migration to the United States", in: J. T. Fawcett et al. eds., *Pacific Bridges: The New Immigration from Asia & The Pacific Islands*, New York: Center for Migration Studies, 1987, p. 161.

(23) *ibid.*, p. 166.

(24) Gold & Kibria, *op. cit.*, p. 30.

(25) *ibid.*, p. 31.

(26) *ibid.*, p. 33.

(27) Gordon, *op. cit.*, p. 168.

(28) Gold & Kibria, *op. cit.*, p. 35.

(29) *ibid.*, p. 45.

（30） *World Refugee Survey 1998, 40th Aniuversary Issue*, U. S. Committee for Refugees, 1998.

（31） 竹田いさみ「オーストラリアの「難民政策」形成とインドシナ難民」（下）『海外事情』十一月号、一九九〇年、一〇四頁。

（32） 同。

（33） 同、一一一頁。

（34） James Jupp ed., *Australian People: An Encyclopedia of the Nation, It's People and Their Origins*, Augus & Robertson Publishres, 1988, p. 835.

（35） *ibid.*, p. 836.

（36） *ibid.*

（37） *ibid.*

（38） 国際的な難民保護・援助制度の生みの親として知られるノルウェー人フリチョフ・ナンセン（一八六一―一九三〇年）にちなんで名付けられたメダルで、国際的に人道救援活動に優れた貢献をした人に難民高等弁務官から授与される。ナンセンは元来、科学者、探検家であったが、一九二〇年に国際連盟が設立されると、最初の事業として南東ヨーロッパとソ連を中心とする二六ヵ国から五〇万人の捕虜の帰還を組織した。国際連盟は一九二一年、ナンセンを初代の難民高等弁務官に任命した。一九二二年、ナンセンは難民や避難民のための活動によってノーベル平和賞を受賞した。二〇世紀の偉大な革新を行なった人道主義者の一人である。

（39） オーガスティン・マヒガ「寛容なタンザニアの変化」『難民』（UNHCR）三号、一九九八年、一四―一五頁。

（40） UNHCR『世界難民白書一九九七―九八年』読売新聞社、一九九七年、二五頁。

（41） 栗野鳳、前掲論文、四九頁。

（42） UNHCR『世界難民白書一九九三年』読売新聞社、一九九三年、二一頁。

（43） ブトロス・ガリ『開発への課題（An Agenda for Development）』国連広報センター、一九九五年、一八頁。

第2章

大量難民への国際的対応

——庇護の限界と「一時的保護」の可能性

滝澤　美佐子

はじめに

二〇世紀は「難民の世紀」とも形容される。一九一七年のロシア革命に伴う大量のロシア難民の流出以来、民族、宗教上の対立を原因とする内戦、内乱などの政治的混乱下、また、そうした事態から誘発された飢餓、貧窮状況下から国外に流出する難民は後をたたず、関係国や国際機関を中心として国際社会全般の対応が求められてきた。ことに、冷戦後の世界では、内戦型地域紛争による一国の重大な政治的混乱のなかから流出するいわゆる「大量難民」(mass-influx of refugees) が、顕著な形で流出、移動した。その数は、一九九二年にピークを迎え、難民・庇護希望者のみで一七三〇万人を数えた。[1] 折しも、「アフリカの角」、スーダン、ルワンダ、バルカン地域、旧ソ連等々において、紛争が続発した結果であった。大量難民は地域紛争の犠牲者そのものであり、国際的対応を不可欠とする国際社会の最大関心事のひとつといえよう。

顧れば戦後五〇年の間に五〇〇〇万人以上の難民が国際的な支援を受けてきた。これには、一九五一年の難民の地位に関する条約(以下、難民条約と略記)をはじめとする国際条約や、国連等の国際機構によって構築された難民保護の国際的制度の果たした役割が大きかった。にもかかわらず、現状では、以下の理由から既存の制度のみによる対応が困難な状況となっている。

第一に、難民の著しい量的変化がある。世界で難民化した人々の数は、一九九七年末現在約二六〇〇万人を数えている。(2) その数は、約二〇年前の四倍にも相当する。第二に、難民の大量化は難民の質的変化をも伴った。すなわち、難民とは認定されないものの、難民と同等の保護を必要とする者の増加も顕著となったのである。(3) 今日、何らかの国際的支援を受けている難民化した人々と、潜在的に支援を必要とする国内において故郷を追われ避難した人々の数をあわせると、五〇〇〇万人にものぼるといわれる。(4)

このような事情から大量の難民流出がおこり、庇護申請が激増し、これまで難民の受け入れ先であった欧州や北米、オセアニア諸国などは、つぎつぎに庇護抑制策を打ち出した。加えて、不法移民の増加が庇護申請手続きの悪用を招き、受け入れ国はますます庇護希望者に対して寛容ではなくなっている。(5) 難民条約の想定した難民の庇護制度は今日、難民問題の現状に対処する仕組みとはなっていないという意味で多くの論者に危機的と評されるに至った。

難民は地域紛争の犠牲者であると同時に、庇護国においては新たな紛争の源になるという皮肉な構図がある。従来から難民受け入れを推進してきた先進諸国においてもなお、難民受け入れに伴う国内の摩擦の問題は不可避であった。難民への支援は、人道主義の美名とは裏腹に、難民のみが直接受ける国内的・国際的援助が社会的不平等感を生み、しばしば地域住民の反発につながった。庇護希望者をこれ以上大量に受け入れることは、当該国にとって大変な負担になることから、警戒姿勢が示されている。

こうした状況のなかで、庇護に至らない、すなわち、難民の地位を認めた上での定住を約束しない「一時的保護

〈temporary protection〉」によって、庇護希望者を一定期間受け入れるという国家実行が見られる。かつての東アジア諸国によるインドシナ難民への対応、旧ユーゴスラビアのボスニア難民の受け入れ、昨今のコソボ難民の大量流出や東チモール難民についても「一時的保護」の措置が取られている。

一時的保護の国家実行は、必ずしも一定しておらず、人道主義に裏打ちされながらも、基本的にその性格は各国の政策判断に任された任意のものである。その政治的便宜としての色彩は、難民条約や国内の法制度により裏打ちされた庇護制度よりもいっそう明瞭である。しかし、一時的保護の国家実行および国際機構の実践から近時の一時的保護概念の形成状況を概観し、一時的保護制度の設定・運用の可能性について考察することは大量難民への効果的な対処を考える上で、ひいては、地域紛争の新たな火種ともなりうる大量難民の帰国の在り方を考える上で、必要かつ急務の作業であろう。

本章では、現下の国際社会における課題である大量難民問題に対して、右に述べた「一時的保護」による対応が従来の庇護制度に比していかなる意味で有効かを考察したい。一時的保護を検討するに先だって、まず、現行の難民条約体制が大量難民の流出との関連でどのような欠陥を備えているのかを明らかにする。次に、庇護申請者の増大と難民認定率の低下、さらには、難民条約の適用を受けないが保護を必要とする事実上の難民の存在について、今日の客観的状況を概観する。それをふまえて、一時的保護に関する国家実行から一時的保護概念の形成状況と争点を概観し、一時的保護が実際になされた若干の事例についてもとりあげて一時的保護の実際上の問題点について触れ、どのような条件で、また、どのような場合に効果的な一時的保護制度の設定、運用が可能であるのかを検討したい。結論として、一時的保護制度の設定により大量難民問題を新たな地域的緊張、紛争を生むことなく収束させるための課題を探りたい。

一　大量難民への対応と難民条約の限界

難民条約によって庇護対象となる人々

一九五一年の難民条約は、庇護対象とする「難民」の定義を初めて打ち出し、その地位の保障を明記したという意味で画期的な条約である。同条約は、当時問題となっていたロシア難民、アルメニア難民、ドイツ難民として他国に避難したユダヤ人など、当時の難民問題に対応しようとしたものであった。しかしながら、今日の難民流出の要因はかつてとは様相を異にし、内戦や政治の混乱、貧困や自然災害など多岐にわたっている。難民条約による難民の定義は、以下に見るように、今日の複雑化した難民問題に照らした場合に相当に限定的である。この点は、かねてから多くの論者によって指摘されてきた点である[6]。

そもそも難民条約は、対象を欧州地域に限定していた。難民条約の対象者として具体的に想定されたのは先に挙げたような革命下のロシアから逃亡するロシア難民等であった。その後、一九六七年の難民の地位に関する議定書（難民議定書）によって、難民条約の地理的・時間的制限が撤廃されたが、定義そのものは難民条約をそのまま踏襲している。

難民条約は難民を次のように定義している。すなわち、難民とは、人種、宗教、国籍もしくは特定の社会集団の構成員であることまたは政治的意見を理由として、迫害を受けるおそれがある十分に理由のある恐怖を有するために本国の外にあり、本国の保護を受けることができずまたは受けることを望まない者、である。この定義に照らして条約や議定書の締約国によって「難民」と認定されることによって、ようやく難民としての庇護を受けることができるのであり、そうした庇護対象者はしばしば「条約難民」もしくは「狭義の難民」と呼ばれる。

この定義において条約難民とされるためには、客観的要因としての「迫害を受けるおそれ」の存在、ならびに、庇護希望者本人の主観的要因としての「十分に理由のある恐怖」の存在の双方が揃わなければならない。前者の「迫害を受けるおそれ」という客観的要件は、人種、宗教、国籍、あるいは特定の社会集団の構成員であることを理由とした迫害か、政治的意見を理由とする迫害に限られている。すなわち、難民条約における難民の定義は、難民となる「理由」の範囲が限定的であるという意味で、狭いものであるといえよう。

アフリカ統一機構（Organization of African Unity：ＯＡＵ）の採択した一九六九年の「アフリカにおける難民問題の特定の側面を規律するアフリカ統一機構条約」（アフリカ難民条約）は、難民条約の定義に加えて、「外部からの侵略、占領、外国の支配または出身国もしくは国籍国の一部もしくは全体における公の秩序を著しく乱す事件のゆえに、出身国または国籍国外に避難所を求めるため常居所地を去ることを余儀なくされた者」も難民の定義に含めている。この背景には、当時、アフリカの諸国が非植民地化の過程にあったことが大きい。すなわち難民条約の定義のみでは、外国国家による侵略を原因とする難民問題には対処できなかったため、難民条約上の迫害の理由以外の要因で国外に流出した者も難民に含めたのである。

ラテンアメリカでは、一九八四年に「カルタヘナ宣言」が採択され、アフリカ難民条約と同様に、五一年の難民条約よりも広く難民の定義が示された。カルタヘナ宣言は条約と異なり法的拘束力はないが、多くのラテンアメリカ諸国において国内立法化され、結果的に地域において難民がより広く定義されることになった。[7] 宣言は、生存や生命を脅かされる内乱等の暴力の犠牲者で国外に流出した者を難民としている。

難民の認定条件を緩和しているアフリカ難民条約についても、カルタヘナ宣言についても、なお、その枠外に出る者の可能性はあり、保護を受けるべき難民を完全に網羅しているとはいいがたい。しかしながら、難民条約が、難民となる「理由」に人種、宗教など個人的な要因をあげて、主観的な難民の定義をする一方で、アフリカ難民条約、カルタヘナ宣言においては、侵略、内乱、人権侵害など、難民個人にその理由を帰すことのできない客観的な要素を取り込んでいる点に注目しておきたい。

国連難民高等弁務官事務所の保護・支援対象の拡大

ＵＮＨＣＲ（Office of the United Nations High Commissioner for Refugees）規程（国連総会決議四二八（Ｖ）の付属書）は、国連難民高等弁務官の任務、権限、組織を規定する基本文書であるが、そこで保護・支援対象となる難民は、時間的・地理的制限の撤廃を除けば難民条約と同様のものである。したがって、ＵＮＨＣＲは、権限上は、庇護希望者のうち、規程の定義にあてはまる難民を国際的保護の対象にしている。ＵＮＨＣＲ規程上、ＵＮＨＣＲの保護・支援対象とされる難民を、「規程上の難民（statute refugee）」もしくは「マンデート難民（mandate refugee）」としている。ここでも、「迫害を受けるおそれ」が要件とされるため、その要件を満たす限りで規定上の難民（すなわち条約難民と同定義の難民）と認められる。上述のように、今日の難民は、武力紛争などの暴力による場合が多いために、ＵＮＨＣＲ規程外でも、難民と同等の保護を必要とする場合が少なくない。一時的保護もＵＮＨＣＲの実践のなかから要請が重ねられてきたことは後述する。

ＵＮＨＣＲは、難民と同等の保護を必要とする者に対しても徐々にその保護と支援を拡大してきた。必要の生じるごとに、ＵＮＨＣＲの上位機関である国連総会や国連事務総長の権限で、ＵＮＨＣＲの権限を拡大してきたのである。確立した国際法として締約国に厳格な義務を課す難民条約とは異なり、国際機構は、決議採択によって比較的容易に権限拡大の合意を得ることができる。UNHCRは、国連総会決議や事務総長の指示の下に容易に保護対象を広げることができたのである。

まず、UNHCRは、保護・支援を行なう難民のカテゴリーを拡大した。一九五〇年代から、UNHCRは、国連総会決議一三八八（XIV）（一九五九年一一月二〇日）の要請に基づき「斡旋難民（good offices refugee）」という新たなカテゴリーを設け、規模の大きい難民の集団を一括して国際的保護の対象として認め、マンデート難民に加えて保護・支援をするに至った。[8] 香港の大陸中国人、コンゴのアンゴラ難民、インドシナ難民がその例である。一九六〇年代からは、特にアフリカにおいて大規模な難民の集団移動を扱って以来使われるようになった、公知的状況下での「推定難民（prima facie refugees）」として、流出した大規模難民をとりあえず集団認定して、UNHCRの関心対象にするというグループアプローチがとられた。[9] その集団認定を基礎にして斡旋難民を「広義の難民」としてマンデート難民に加えて保護対象としたのである。これらの広義の難民を、条約難民として定住保護を前提として国家に庇護を与えるよう要請することは困難である。こうした広義の難民は、条約難民とは異なる扱いで一時的保護が与えられるよう国家に求めるほかはない。

さらに、UNHCRは、国外に逃れた上述の難民のみでなく、居住地を追われて自国内で流民となった国内避難民にも保護・支援対象を拡大した。[10] 近年のイラクやトルコのクルド難民、旧ユーゴスラビア避難民や、ルワンダ＝ブルンジ避難民がその例である。また、近年では、帰還民や被災民も支援の対象とされている。

難民保護体制の構造とその問題点

難民条約（議定書）については、冷戦期における西側諸国の東側共産圏からの難民を庇護する政策的意図を背景としているという、条約そのもののイデオロギー性がしばしば指摘される。[11] 事実、ソ連（当時）、東欧諸国による難民条約（議定書）への批准・加入は、冷戦後にまで持ち越された。難民保護体制の問題は、冷戦後、西側諸国の政治的利益そのものが消滅したことによるという指摘もできよう。しかしながら、条約の起草の意図、時代の制約に加えて、現行の難民条約体制は、今日生じている大量難民への対応について、主に次の三つの問題点を抱えている。

第一に、難民条約（議定書）の締約国による難民認定は個別認定であって、比較的少数の難民個人による申請を想定しており、大量の難民集団に対する対処には適さない。難民認定手続きは、難民条約および議定書の締約国が、それぞれに国内法で定める。後述するように難民認定手続きは各国一様でないものの、いずれも個別認定を基本としている。一般に、難民認定手続きは、一人一人を認定するため、認定に相当の時間を要する。認定には平均して二年を要するともいわれており、大量難民に対する対処には限界が自ずから生ずる体制といえる。UNHCRによるマンデート難民の認定も、同じく個別認定であるため、大量難民に対しては同様の問題が生じるのである。

第二に、難民認定が国家の主権的権限に委ねられたことにより、難民条約・議定書の締約国間、あるいは地域間で、難民認定基準が不統一である。その要因として、まず条約ごとの難民の定義の不統一があげられる。表2-1は主な条約の難民の定義について比較したものである。次に、難民条約（議定書）の締約国間で、難民認定手続きが異なる。条約の締約国として各国は条約上の難民の定義を共有しているものの、解釈・運用の段階で、ある国では難民と認められた者が他の国では難民と認められないということが頻繁に起こる。[12] 難民の認定がゆるやかな国とそうでない国との差は、受け入れる国の負担の格差にもつながる問題である。共通の認定基準の必要性から、一九七九年、UNHCRが「難民認定に関する基準及び手続に関する手引き（以下、難民認定基準ハンドブックと略記す

表2-1　難民の定義の比較

難民となる理由の範囲	難民条約・議定書	アフリカ難民条約	カルタヘナ宣言
• 人種，宗教，国籍，特定の社会集団または政治的意見を理由とした迫害による十分に理由のある恐怖	○	○	○
• 外国または外部からの侵略	―	○	○
• 占領	―	○	―
• 外国の支配	―	○	―
• 公の秩序を著しく乱す出来事	―	○	○
• 暴力の一般化	―	―	○
• 内乱	―	―	○
• 大規模人権侵害	―	―	○

る)[13]」を出し国際的基準を示しているが、統一的使用には至っていない。また、アフリカ難民条約の締約国のあいだでの難民の定義は難民条約・議定書よりも広いため、アフリカ難民条約上の難民が、難民条約・議定書の締約国において難民と認められないという事態が生じる。[14] アフリカ地域とラテンアメリカ地域での難民の定義も二項目を共有するのみである。また、UNHCRは、難民条約締約国によって条約難民と認められた難民については、UNHCRも条約規定上自動的に監督の機能を負うが、UNHCRの認定するマンデート難民は、締約国にとっては国連総会決議の規程に従った認定であるから、条約難民と自動的に見なすことはない。斡旋難民についても同様のことがいえる。このことは、難民の恒久的解決の方法として、第一次庇護国定住、第三国定住がはかられる際の困難を惹起することになる。ある地域で難民とされた者が、他の地域でたんに庇護希望者として滞留するという事態が頻繁に起こるのである。条約難民と認められれば、庇護国においてノン・ルフールマン原則（迫害国への追放および送還の禁止）の適用および旅券の交付など法的な保護を受けられるものの、いかなる国によっても認定がなければ庇護希望者の地位に留まる。

あるいは、ＵＮＨＣＲの国際的保護の下で人道的な保護という程度に扱いが抑えられることになる。

難民の定義に関する基準に加えて、難民認定の手続上も不統一がある。難民条約の規定には、条約難民について「迫害を受けるおそれがあるという十分に理由のある恐怖」という中核的定義がおかれているが、これにより、立証責任が申請者側に過度に課される場合や、申請期間の長短、専門家による支援の有無など、各国により認定手続きの運用状況には差異がある。[15]この点についても、ＵＮＨＣＲの難民認定基準ハンドブックが国際的基準とされることが望ましいが、自国の基準に従って手続きをすすめて審査するという各国の姿勢は基本的には変わっていない。

第三に、国家による難民条約の厳格な運用が指摘できる。第二に掲げた問題点は、難民条約の弾力的運用によって今日の大量難民問題に対しても解釈適用する可能性がのこされている。たとえば、難民が大量化する要因に、多くの場合に人種、宗教を理由とした集団への迫害が見られる。また、迫害は、国家による場合だけでなく、反乱団体、武装集団など、ある住民による集団的暴力が他の集団に攻撃を加えるような場合、国家がそれを黙認するという場合にも成立することは、学説上[16]も国家による運用上[17]も認められている。さらに、難民条約を採択した国連全権会議においては、付属の「最終文書」において、「条約上の難民に該当しないものに対して、条約が規定する待遇を可能な限り与えるに際し、条約を参考とする」よう要請している。[18]にもかかわらず、各国は、条約難民について定められた条件を厳格に適用することで大量難民に対して抑制的に対応している。

庇護の原則は、世界人権宣言[19]の第一四条で、「すべて人は、迫害を免れるため他国に避難することを求め、かつ、避難する権利を享受する」とされ、「庇護を求める権利（right to seek asylum）」が明らかにされた。「領域内庇護宣言[20]」においても、庇護は個人の権利、国家の義務として考えるべきことが示された。しかし、諸国は、この「庇護を求める権利」について、それを積極的に保障する国家の義務を従来から認めてこなかった。世界人権宣言の起草過程においても、権利を「保障する（to be granted）」から、「享受する（enjoy）」と文言が修正されて、個人の庇護は国家の許す範囲内でのみ認められる条件付きのものとされてきたのである。難民条約（議定書）、さらに領域内庇護条約案[21]においても、庇護権の性質を国家の権利とする立場が明確に示されている。しかしながら、難民条約（議定書）の庇護の原則は、難民認定さえ受けられればさまざまな難民への便宜が与えられる。その意味で、難民条約により難民の地位が法的に保障されるということは重要である。その庇護の体制が、今日、必要以上に抑制的に運用されていることも、庇護の危機の一面である。

庇護を抑制する背景には、条約難民の定義に含まれない、経済的な理由による大量の移民問題の阻止もある。不法移民が庇護制度を濫用しているという側面があることは無視できない。しかしながら、大量難民問題を不法移民問題の延長線上に置くことは、問題であるといわねばならない。なぜなら、大量難民問題は、強いられた移動なのであって、そもそもいずれの国からの保護も受けられない人々の問題である点で、不法移民とは決定的に問題の性質が異なるからである。各国は、不法移民と難民とを区別するスキームづくりにこそ腐心するべきで、難民条約の運用を厳格にすることでは問題の解決にはつながらない。

以上に挙げた諸点から、とりわけ、条約難民の枠外にこぼれ落ちた民族紛争や抗争、自然災害や飢饉など極度の貧窮による大量の犠牲者が、条約難民と同等の保護を必要としながら現時点では不確定な地位におかれているという問題が浮き彫りになるのである。

二　地域紛争による大量難民の発生と庇護抑止政策の広がり

冷戦後における難民の大量化現象と地域紛争

冒頭にも述べたように、冷戦後、難民の大量化の現象は冷戦期にもまして顕著である。さらに、難民条約体制の問題性から、条約難民と認定されない庇護希望者が急増することになった。

冷戦期においては、難民の流出原因は、今日なお後遺症を残しているアフガニスタン難民やインドシナ難民、エルサルバドル難民などに見られるように、イデオロギー闘争を背景とする超大国の軍事介入によるものが目立っていた。冷戦後においては、とりわけ、一国内――その多くは多民族国家――における民族や宗教を原因とする追放や暴力に起因して難民が大量化している。[22] すなわち、局地的な地域紛争が難民の大量化を招いているといえる。冷戦後に大量難民流出を伴った地域紛争としては、たとえば、フツ人とツチ人の民族対立に起因する政情不安が続いている中部アフリカの大湖地域、複雑な民族のモザイクを抱えるバルカン地域、共産主義の崩壊を迎えた旧ソ連地域、東欧地域等が挙げられよう。民族を起因とはしないものの、政治や経済の混乱、食糧危機や内乱により政府が実効的支配を失うという現象も冷戦後に特有のものである。エチオピア、スーダン、ソマリア、エリトリアといったアフリカの角地帯がその典型であろう。

多発する局地的地域紛争は、大量難民の流出により、さらに国境を越えて拡散していく。すなわち、紛争の犠牲者たる難民自体がさらなる紛争を発生させるという連鎖が生まれるのである。[23]

その典型例が、中部アフリカの大湖地域諸国である。ルワンダでは、一九九四年四月の大統領搭乗機墜落事件をきっかけに内戦が再燃し、フツ人によるツチ人への大量虐殺事件が起きた。その後、ツチ人主導のゲリラ組織であるルワンダ愛国戦線が進軍し、報復を恐れたフツ人住民が大量の難民となって、周辺国である旧ザイール（現コンゴ民主共和国）、ブルンジ、タンザニアに流出したのである。旧ザイールにおいては、ルワンダ系の元難民、すなわち、ツチ系住民（バニャムレンゲ）がルワンダからのフツ系難民によって襲撃され、居住地を追われるという事態になった。さらに、バニャムレンゲが武装して難民キャンプを襲撃しかつ難民を引き受けたザイール政府にも反抗するという事態になった。[24] ルワンダ難民は、タンザニアにおいても、受け入れた村の人口の三倍を占める事態となり、タンザニア住民の不安を招いた。ブルンジに流出したルワンダ難民は、ブルンジにおける民族的緊張をも高めた。

旧ユーゴスラビアにおいても、同様の問題が惹起された。たとえば、セルビア共和国政府は、クロアチアやボスニア・ヘルツェゴビナから逃れてきたセルビア人をコソボ自治州において再定住させようとしたが、アルバニア系多数派とのあいだの緊張を高めることになった。

大量難民流出は、紛争の転移を抑制する効果も多少は認められる。たとえば、コソボ自治州では、ボスニア紛争の激化から、アルバニア系住民のリーダーが自治と分離独立への要求を緩和させるという行動に出て、緊張が緩和したことがあった。[25] しかしながら、多くの国では、難民流入が脅威として受け止められる。受け入れ国においては大量の食糧の負担、仕事や居住への競争が高まるという意味での実際的な不安がある。また、マレーシアがかつてベトナムからの中国系難民の受け入れを拒んだように、自国の民族構成を壊さないよう、マイノリティーに属するコミュニティーの人々をたとえ難民としてであれ受け入れないという態度はしばしば見られるのである。それは、民族集団間の政治的均衡を崩すという強いおそれからも、文化的アイデンティティを失わせるという実体のない不安からも現われるのである。

各国における庇護抑止傾向

西欧、北米、オーストラリアなど世界で代表的な難民庇護国は、おしなべて、庇護希望者[26]に対する規制政策を打ち出した。

欧州においては、欧州連合（EU）の枠組みと政府間の枠組みの双方を利用して、庇護政策について各国の政策を協調させている。庇護抑止策との関連では、政府間の枠組みが重要である。すなわち、一九九〇年六月に署名され一九九七年に発効した難民地位申請の審査責任国の決定に関する政府間協定（以下、ダブリン条約と略記する）の枠組みである[27]。ダブリン条約は、庇護希望者が欧州諸国で複数の庇護申請を行なうのを防止することを意図しており、各国では、以下に見るような共通の庇護抑制的な施策をつぎつぎに採用した[28]。

まず、多くの国は、庇護申請者の多い国の人々に対して、ビザの取得やパスポートの所持など、必要な書類の携帯を義務づけた[29]。特定国の国民の入国条件としてビザの取得を義務づけるというもので、庇護希望者の入国のさまたげを目的としている。たとえば、ドイツは、ボスニア人、ルワンダ人に対して、また、トーゴの内戦においてそれぞれビザの取得を入国の要件として義務づけた。ビザを取得せずに入国しようとする庇護希望者を輸送した航空会社には、一人あたりで多額の罰金を課すという「航空会社への罰金」も導入された[30]。

さらに、「第一次庇護国」の原則[31]も、欧州の多くの国で採用された。すなわち、庇護申請は最初に庇護を求めて渡った国においてしか認められないという原則である。

また、「安全な出身国[32]」という概念により、迫害がほとんど行なわれていないとみられる国からの庇護希望者を特定し、そうした人々は、難民の地位を申請する理由に欠けるということで、認定手続きを簡略に済ませる方法も採用された。ドイツなど多くの国で採用された方法である。

「安全な第三国」[33]という概念も欧州移民相の協調によって一九九二年に導入された。これは、入国前に、他の安全な国で庇護申請を行なうことができたはずの人々については庇護申請を受理せず、入国を拒否できるというものである。拒否された庇護希望者は当該国に送還され、安全な第三国において庇護申請を行なうことになる。その際、東欧諸国が「安全な第三国」とされることが少なくなく、ドイツなどは東欧諸国と庇護申請者の再入国協定(readmission agreement)を結んで送還を実施している。[34]

さらに、EUに加盟した旧東欧諸国、ポーランド、チェコ、ハンガリーは、欧州の庇護協調策にも加わる必要から、難民条約(議定書)をつぎつぎと批准し、かつ、国内法の起草、採択を始めている。その国内法はいずれも、「安全な第三国」の規定を含む抑制的な庇護法となっている。[35]

そもそも、移民の国であり、難民の受け入れにも積極的であった米国やオーストラリアの庇護政策においても変化が見られる。

米国では、一九九〇年代に入って公海上の庇護希望者の阻止と自国送還を行なった。具体的には、ハイチ出身の庇護希望者に対する措置である。[36]その他、それまで特別の受け入れを行なってきたキューバ人に対して、さらに、アルバニア人に対しても同様の措置がなされた。これに対して、米国の裁判判例は、公海上であっても送還するのは米国の加入した難民議定書にいうノン・ルフールマン原則違反であるという立場と、[37]領域内庇護が原則である以上、領域内からの送還のみを議定書は禁止しているという立場の二つに割れた。[38]さらに、米国は、一九九七年に新たな移民法が発効し、「安全な第三国」の規定を盛り込むとともに、庇護希望者による申請の期限を無期限から一年の期限付きとした[39]。さらに、庇護申請手続きの迅速化（一八〇日以内の決定）、簡略化（裁判所に付託することなく、行政府に送還の決定権を付与する）が進められた。

オーストラリアでは、一九九四年九月から施行された改正一九九二年移民法により、国境で庇護申請をする者は、入国ビザの不所持の場合、自動的に収容されることとなった[40]。

上記のさまざまな抑止策により、庇護希望者が受け入れ拒否をされたことで新たな問題も生じてきた。難民申請審査を通過しなかった庇護希望者が、そのまま当地に滞留し、不法のまま居座るということも少なくなかった。条約難民として当てはまらないものの、庇護希望者が本国に送還されれば生命と安全が脅かされるような状況が客観的に明らかな場合については、「人道的地位」やスウェーデンの「Bステータス」、英国の「残留特別許可」、ドイツの「分担難民」などとして条約難民とは別枠で認定し、送還を行なわないという方針に出るという例も多くでてきた。庇護抑止策を施しながらも、難民に準ずる地位を設け、人道上の配慮から、「事実上の難民（de facto refugee）」もしくは「広義の難民」である人々に対して一定の保護を認めている。しかしながら、これらの措置は、国際条約による地位も国内法における地位も十分に保障されず、明確な基準に基づくものでないため、政治的、経済的、社会的な状況に左右されがちな不安定な措置である。

今日、条約難民や人道的地位を得られない多数の庇護希望者を、少なくとも送還はしないようUNHCRは繰り返し呼びかけており、さらに、避難者を一時的に保護するという仕組みも多くとられてきている。ただし、一時的保護は、難民条約において認定の方法や恒久的解決の方法もなんら規定されていないため、各国や各地域の実行において任意に行なわれているのが実際の姿である。

三　一時的保護概念の模索

条約難民や人道上の地位を決定する際には、やはり個別認定が必要となり、大量の庇護審査を行なう場合には限界が自ずと生じる。そこで、集団認定により、各国が大量難民への対処を行なってきたのが一時的保護（temporary protection）である。諸国における一時的保護の実践をここでは概観しておきたい。

伝統的に、国家は、難民条約上の保護のほかに、大量難民に対する暫定的な保護の必要を原則として認めている。すなわち、一九六七年の領域内庇護宣言第三条三項において、ノン・ルフールマン原則に対する例外の場合にも、暫定的庇護等の方法をとらなければならないことが支持されている。この場合にあたるのが、「人の大量流入における場合のように住民を保護する」必要のある場合である（同第三条一項、二項）。しかしながら、以下にみるように、一時的保護の国家実行は、概して消極的であり、警戒的であるといってよい。

発展途上国における大量難民の一時的居住

今日、内戦など武力紛争の犠牲者の多くは、隣国に一時的に避難している。難民の受け入れがもっとも多い国は紛争と隣り合わせの発展途上国であることが多い。このように一時的措置として多数を受け入れている例に、イランまたはパキスタンにおけるアフガニスタン難民[41]、トルコにおけるイラン難民が挙げられる。また、アフリカの諸国においても広範囲に一時的保護が行なわれている。注目すべきことに、アフリカ難民条約では、第二条五項において一時的居住の規定がなされている。すなわち、「難民が、庇護を付与する国のいずれかにおいて居住の権利を認められなかった場合には、その者は、——中略——最初に難民として出頭した庇護を付与する国において、一時的な居住を許可されることができる」としている。右の場合、「一時的保護」と呼称していないため、本稿ではこのアフリカ難民条約の例を一時的居住として扱っておく。

一九八〇年代にはエチオピア難民四七万五〇〇〇人がソマリアのキャンプに一時的居住をし、さらに七〇万人がキャンプの外に避難した。[42] 自発的帰還が望ましいとされたものの、結果的に避難国での定住が目指された。最近の例では、ルワンダ内戦に伴う難民流出が大量難民流出問題では深刻であった。タンザニアでは、フツ難民二五万人が避難し、ザイールには一二五万人のフツ難民が避難、うち、ゴマ市には四日間で一〇〇万人のフツ難民が埋め尽くしたといわれる。ルワンダ国内には、さらに安全地域が設定され、八五万人が避難した。[43]

一時的居住の場合の難民の扱いは、滞留する難民を見かけ上の難民と一括してみなし、少なくとも送還せず、UNHCRの国際的保護や各国の支援による最低限の人道的扱いを受けるというものである。資格認定が推定(prima facie) 認定であること、受け入れ国における統合ではなく帰還に重きが置かれる点が特徴である。条約上の根拠があるにせよ、アフリカでのこのような一時的居住は、UNHCRなどの人道援助機関の援助や加盟国の協力・負担の分担なくしては対応できない。国際協力原則や、役割分担の原則がアフリカ難民条約の随所に見られるゆえんである。とりわけ、短期間に何万、何十万単位の人が流出するという事態に対しては緊急援助をいかに国際的に提供できるかが問題となる。恒久的解決の方法としては、自発的帰還が目指されるわけだが、帰還を果たすまでに国内情勢の安定化が必須であるために、相当の時間を要することになる。したがって、一時的居住は、暫定的なものであるにしても、数ヵ年にわたるとみるべきである。

さらに、発展途上国における一時的居住の問題は、一般に、推定認定の方法や自発的帰還許可の手続きが不完全ないし不在のために、一時的に受け入れる数も多ければ、強制送還を行なう数もまた多いという点にある。強制送還の数については、たとえば、一時的居住国として代表的であったタンザニアが一九九七年には一万三〇〇〇人をブルンジとルワンダに強制送還し、一転してもっとも強制送還の数が多い国となっている。[44] 一九九八年には、イランからのアフガニスタン難民の強制送還数が三万四〇〇〇人にものぼり、もっとも多い数となっている。[45]

以上から、発展途上国における一時的居住は、見かけの受け入れ人数とは逆に、概して庇護制度を補完しうるだけの制度的成熟をみていないということができよう。

先進諸国における一時的保護措置

一時的保護（temporary protection）という言葉は、旧ユーゴスラビア紛争で二〇〇万人という戦後最大の難民流出を経験した欧州において実践されてから、一九九〇年代に入ってとりわけ使用されるようになった。しかしながら、大量難民への対処としての一時的保護措置は、日本も関係する東南アジア各地のインドシナ難民受け入れの際にすでに議論されている。先進諸国においては、途上国に比べて一時的保護難民の絶対数は少ないものの、審査や手続きの面で多少の整備がなされてきている。各国の実践には細かい点で相違があるものの、庇護制度の枠とは別に、条約難民の枠外で一定の資格を満たす者を一時的措置として保護する点で共通している。ここでは、日本、欧州、米国を順次例にとって、一時的保護措置の概観をしておきたい。

日本では、「出入国管理及び難民認定法」第一八条二①により、日本の港や空港に到着したが本来なら入国が認められない者に対して、上陸の特例として一時庇護上陸許可を定めている。インドシナ難民に対しての本条項の適用については後述するが、本条項の導入の背景には、ＵＮＨＣＲによるインドシナ難民の人道的受け入れの要請と、米国政府による同難民受け入れの諸国への呼びかけがあったといえる。同法によれば、対象者は、条約難民と同様の理由「その他これに準ずる理由により、その生命、身体又は身体の自由を害されるおそれがあった領域から逃れて、本邦に入った者」であり、「その者を一時的に上陸させることが相当であること」としている。認定資格については、「これに準ずる理由」としていることから、戦争、内乱など条約難民の迫害理由よりも広く範囲を定めていると解される。[46] 手続きは、本人による申請により開始され、法務大臣ではなく入国審査官の判断のみで許可が与えられるという簡略なものである。一時庇護上陸申請者は、通常の上陸手続きとは異なり、旅券やビザを取得していなくともよい。人道的見地からの特例措置といえよう。施行規則一八条四項により、最長一八〇日間の滞在が認められる。上陸期間中は、住居、行動範囲、職業活動に一定の条件が必要に応じて付与されることになる。

欧州においては、一九八〇年代半ばから、当時の欧州共同体加盟国一二ヵ国により庇護政策に関して調整と調和が目指されてきた。加盟国政府間の枠組みに加えて、今日では、ＥＵとして、一時的保護の共通スキームが模索されている。欧州における旧ユーゴスラビア難民に対する一時的保護の経験は、後述のように、実務的な観点から各国が措置を決めており、一時的保護についての共通基準を設ける性質のものではなかったし、むしろ、そうした協調に欧州各国は積極的ではなかったともいえよう。しかし、旧ユーゴスラビアの経験を契機に、欧州ではＥＵとして条約難民以外の難民と同等の立場に置かれた人々の一時的保護の共通枠組みについて、複数の文書を採択している。

ＥＵ理事会は、一九九五年九月二五日に、「一時的な避難民の受け入れと滞在に関する役割分担に関する決議」を採択した。[47] ＥＵ理事会は、追加的に、「一九九六年三月六日の一時的な避難民の受け入れと滞在に関する役割分担のための緊急手続きに関する決定」を採択した。[48] これらは、今後大規模な人の移動をもたらすような紛争状況において、役割分担によって一時的保護に効果を与えることができるよう採択した決議である。さらに、一九九七年三月五日付けで、欧州委員会はEU理事会に対して、避難民の一時的保護に関する欧州連合条約K３（２）b条に基づく共通行動のための提案を二件提出している。欧州委員会の提案は次のようなものであった。

欧州における一時的保護の対象者は、国際的な保護を一時的に必要とする者で、武力紛争、継続的な暴力、民族的・宗教的な迫害も含めた組織的広範な人権侵害、その他の国際的保護を必要とする理由により国外に流出したものである。一時的保護レジームの発動は、国際的保護を必要とする人の大量流出の場合で、EU理事会が、一時的保護が必要と判断する場合である。対象者の認定は集団認定、期間は、安全な帰還が可能になるまでのあいだである。保護開始後六ヵ月後に、欧州議会およびEU理事会に対して欧州委員会が報告書を提出し、レジームの更新を行なうかどうかを決定する。保護期間は、最長五年間とされる。その間に、条約難民としての庇護申請を行なうことはできない。五年を超える場合には、長期的な措置の検討に入ることになる。加盟国は、一時的保護難民に対して、滞在許可、家族統合の確保、営利活動の許可、条約難民と同様の居住、医療、公教育へのアクセスを保証する。[49]

さらに、欧州委員会提案による一時的保護は、加盟国間の連帯の原則（principle of solidarity）を基本としている。すなわち加盟国は、共同体予算からの財政支援、受け入れ負担の均衡化、自発的帰還促進における相互協力も並行して進めようとしている。[50]

欧州委員会の右の提案は、連帯の方式について解釈が一致せずコンセンサスを得るには至らなかった。現在は、一時的保護の最低基準を設ける方向で再度欧州委員会から提案が出されている。[51]

欧州における一時的保護の目的としては、次の三点が指摘されている。第一に、集団に対する一応の認定によって、庇護手続きの行政的・経済的加重負担が軽減される。第二に、一時的保護対象者に対して、出身国への帰還を促進するのが容易である。第三に、受け入れる側の市民に対して、移民促進ではなく難民の一時的保護である点を示すことができる。[52]

米国の場合には、人道的な危機に伴う人の流入に法制度的に対処するために一九九〇年の移民法で一時的保護資格（Temporary Protected Status：TPS）を創設した。それ以前は、自主的出国延長（Extended Voluntary Departure：EVD）もしくは強制出国延長（Deferred Enforced Departure：DED）の付与という形で、アド・ホックな形で一時的保護を与えたが、これ以降はTPSのスキームの下で、より一貫した政策をとることが可能になった。

TPSの対象者は、司法長官により次の場合に決定される。すなわち、安全をはなはだしく脅かすような継続した武力紛争、地震・洪水・旱魃などの環境災害、その他の特別かつ一時的な状況で外国人が安全に帰国できないような状況が存在し、かつ、一時的滞在により米国の国益に反しないと司法長官が判断した場合である。[53] 期間は六から一八ヵ月で、流出国の状況に変化がなければさらに延長がなされる。TPSの期間には、就業、公的支援が得られる。[54] 保護期間中の庇護申請も認められている。これまで、米国でTPSの対象となった国には、エルサルバドル、リベリア、レバノン、クウェート、ソマリア、ボスニア、ルワンダがある。[55]

米国では、大量難民への国際的保護の手段として庇護制度を補完するものとして一時的保護が期待されている。しかしながら、一時的保護の決定の際は、申請登録期限を設けるため、期限内の申請を行なおうとして大量難民の流出を誘発してしまう点も指摘されている。[56]

以上にみた日本、欧州、米国の実行は、制度化の試みとして一定程度評価することができる。しかしながら、いずれも、受け入れの決定と保護の内容が行政機関の判断に委ねられている点が、条約難民の庇護とは異なっている。すなわち、一定の定義に合致すれば原則的に受け入れられるのではなく、一時的保護難民は、対象、期間、条件などが行政府の裁量に大幅に委ねられるのである。

UNHCRによる一時的保護概念の明確化

大量難民の一時的保護は、一国のみでは支えられず、国際協力を必要とする。諸国家による協力、UNHCRなどの国連機関による支援、直接的関与は不可欠となる。以下に、UNHCRの関わりを中心に一時的保護概念の形成の動向を見てみたい。

UNHCRは、一九七〇年代から、ボートピープルへの一時的避難許可の呼びかけという形でたびたび一時的保護について言及するようになった。大量難民流出への対応として一時的保護を取り上げたのは、インドシナ難民が問題となった一九八〇年代からである。一九八一年には、ジュネーブで大規模流出状況における一時的避難に関する専門家会合が開かれている。[57] さらに、一九九〇年代に入って、大量難民流出の続発からより詳細な一時的保護の考え方を打ち出している。[58] このUNHCRの一九九四年の「国際的保護の覚え書き（Note on International Protection）」から、一時的保護の目指す方向がいかなるものかを見てみたい。

まず、一時的保護の適用対象である。UNHCRは、（a）武力紛争および連続的な暴力によって影響を受けた地域から流出した人々、（b）組織的かつ広範囲な人権侵害の危険にさらされている人々（人種や宗教的な迫害の扇動によって故郷を離れなければならない集団に属する者も含む）、（c）国際的保護の必要が予想される個々の状況のあるその他の理由のある人々、を適用対象者としている。これは、条約難民よりも広い対象範囲である。（a）と（b）は、アフリカ難民条約とカルタヘナ宣言を視野に入れた広義の難民の要件である。また、（c）については、アフリカ難民条約やカルタヘナ宣言も想定しないような状況から流出した難民を含むことができるようになっていることは評価できる。

一時的保護の認定方法は、国際的保護を必要とする集団の大量流出を想定しているため、個別の資格審査にはよらないとされる。しかしながら、今日、庇護希望者には重大な人道的罪を犯した者、治安を著しく害する者などが含まれていることがしばしばである。そうした観点からは、一定のスクリーニングは必要になるのではないかと思われる。

一時的保護の内容についてはどうだろうか。一時的保護対象者は、国際的保護を必要とするあらゆる人に必要な最低限の保護を受けるとして、具体的内容を四つあげている。すなわち、(a)避難国において身体の安全が認められる、(b)計画執行委員会決定22の国際的に認められた人道的基準に従った、基本的人権の尊重、(c)ルフールマン(追放および送還)からの保護、(d)本国の状況が安定した場合の帰還、である。一時的保護は、送還の禁止が確保される。ただし、緊急の保護措置であるために、条約難民に与えられるような権利が与えられるわけではなく、最低限の人道的地位の確保ということになる。最終的には本国帰還を目指すことがみてとれる。

右にふれた計画執行委員会決定22[59]の人道的基準は次のようなものである。

(a) 不法な滞在であることを理由に逮捕または不当な扱いを受けない。公の秩序維持に必要な以外は移動を制限してはならない。

(b) 世界人権宣言に規定されたような国際的に認められた基本的市民権を共有する。

(c) 食料、住居、基礎的衛生健康施設など、基本的に必要な援助を受ける。そのために、国際社会は国際連帯と役割分担の原則に従う。

(d) 悲惨な苦境について特別な理解と同情を必要とする人々として扱われること。非人道的な扱いを受けないこと。

(e) 人種、宗教、政治的意見、国籍、出身などを理由に差別を受けないこと。

(f) 法の前において人と認められること。

(g) 庇護希望者は安全な場所で、なるべく本国の国境から十分な距離のある場所に滞在する。

(h) 家族の統合は尊重される。

(i) 親類縁者を探すためにあらゆる可能な支援が与えられる。

(j) 児童には十分な保護が与えられる。

(k) 郵便物の送受信は許可される。

(l) 友人や親類からの物質的支援は許可される。

(m) 誕生、死亡、婚姻などの登録のための適切な措置がなされる。

(n) 恒久的解決を得るための必要なすべての便宜を与えられる。

(o) 恒久的解決が得られた場合、その国に財産を移動することができる。

(p) 自発的帰還を促進するためのすべての措置がとられる。

包括的対応の必要についても重要な要素として明記されている。UNHCRは、難民の受け入れの分担のみならず、流出国の原因除去目的の国際協力、さらには、帰還のための支援など、一時的保護が、国際的な役割分担なしにはありえないとしている。

UNHCRの計画執行委員会の「覚え書き」や「結論」は、かなり詳細な規定を備えており、一時的保護の設定にUNHCRの関与が無視できない以上、各国の指針としての考慮が望まれる。ただし、この「覚え書き」や「結論」は、UNHCRの活動にとって重要な原則であるが、主権国家に対しては法的拘束力を及ぼさない。その意味では、一時的保護はひとつの考え方にすぎず、法制度化には至っていない。こうした指針が結実するのは、各国の国内立法によるのであって、国家の裁量に委ねられている。その意味では、日本の「出入国管理及び難民認定法」一八条二①の一時庇護上陸許可の規定や米国の一九九〇年移民法は、一時的保護が一定の範囲で法制度として具体化した例であろう。いずれにしても、国際的には一時的保護体制の萌芽が見られるものの、国家の態度は概して消極的である。大量難民への対応は、法的に一時的保護を厳格に義務化せず裁量の幅を確保し、時限法的な性質を維持しているからである。消極的な受け入れ姿勢をとりながらも、大量難民の流入があれば人道的配慮からもある程度受け入れざるをえないというのが、諸国家の基本的な立場といえる。

四　一時的保護の設定の争点

一時的保護は、現時点では、条約難民とは必ずしも認定されない大量流出した庇護希望者を集団認定し、一定の期間、暫定的に保護を与え、状況の安定がはかられた後、本国帰還を恒久的解決の基本的目標とする諸国家の包括的対応、と表現することができる。

一時的保護は、難民条約にほとんど根拠を見いだせない。そもそも難民条約はそうした待遇を想定して起草されていないからである。また、アフリカ難民条約においては、一時的居住の条文が存在するものの、与えられる法的社会的地位については言及されていない。国際的には、領域内庇護宣言の暫定的庇護に各国の基本的な立場が現われるのみで、国際法上の枠組みはできあがっていない。国内法においても、一時的保護対象者の法的地位は確立しているとはいいがたい。そこで、一時的保護設定の争点について、本節では、既存の国際法、国内法を参考にして論じ、さらに項を改めて、いくつかの事例の検討を行ない、妥当な一時的保護設定と問題点を明らかにしてみたい。

一時的保護者の法的地位

一時的保護が決定されれば、対象者は入国と一定期間の滞在許可が与えられる。一時的な滞在とはいえ、基本的人権の保障は当然になされるべきである。しかし、一時的保護者の特殊な立場を考えるときに、どこまでの権利を保障するべきか、また、どこまでの権利付与が実定法上確立しているかは慎重な検討を要する問題である。

一時的保護者の法的保障としてもっとも重要なものは、ノン・ルフールマンの原則により安全の保障されない国への強制的な追放・送還が禁止されることである。一時的保護対象者を入国許可、滞在許可などによって最低限受け入れること、さらにノン・ルフールマン原則の確保により追放・送還されないことは、一時的保護対象者にとって最低限必要な保障となる。入国、滞在を許可するのは国家の裁量によるが、いったん入国、滞在を許可された場合には、いかなる外国人に対しても生命または自由が脅威にさらされるおそれのある領域に送還されることはない。このノン・ルフールマン原則は、条約難民のみを対象にせずすべての外国人に対して適用されることが国際慣習法上確立しているため、一時的保護対象者も当然に同原則の対象となるといえよう。(60)

さらに、拷問等禁止条約第三条には、追放および送還の禁止に関する規定がある。同条によると、「いかなる締約国も、個人を、その者が拷問を受ける危険があると信ずるにたる実質的な理由がある国へ追放し、送還し又は引き渡してはならない」として、締約国の管轄下にある何人も、拷問をうける危険がある場合には強制送還がされない権利を保障している。さらに、二項において、「このような理由があるかどうかを決定するために、権限のある当局は、適当な場合には、人権の大規模な、重大な又は大量の侵害の一貫した形態が関係国に存在するかどうかを含め、すべての関連する事項を考慮する」として、政府当局による状況調査の義務を課している。拷問等禁止条約は、国際人権規約等と同様に、締約国の管轄下にあるいずれの領域においてもまたすべての個人に対しても適用される。したがって、締約国の管轄下にある一時的保護対象者も当条約の適用対象になる。その意味からすれば、一時的保護対象者は、拷問をうける危険があるような、大規模人権侵害の起きている本国に強制送還をされることはない。すなわちノン・ルフールマン原則が維持されることとなる[61]。

一時的保護期間中の権利については、とりわけ、移動の自由と一時的保護者の安全とのあいだの調整がなされなければならない。移動の自由を無制限に認めることになれば、受入国住民とのあいだに問題が生じることもあろうし、国境のごく近くに隔離しても安全性が損なわれる。生存権、身体の自由という国際的にも確立した基本的人権を尊重して、安全な場所に滞在することは権利として保障されなければならない[62]。これに伴い、居住の権利は保障されなければならない。一方、移動の自由は一時的保護者の安全の観点からも、各国それぞれの社会状況に応じた判断がなされる問題となろう。

さらに、就業の権利、社会保障を受ける権利、教育権、家族再会の権利が問題となろう。これらは、一時的保護者の滞在が本国の状況の改善まで一定期間を要する以上、できるかぎり十分な保障が望まれる。これは、一時的保護終了後の生活再建の意味から重要である。しかしながら、これらの権利が人権として即時に十分な形で保障されうるか否かについては争いがあろう。このことは、これらの権利の性質が、国家の支援を必要とする社会権的性格をもつこととも関係する。当権利の保障は、各国家の社会的な費用負担と不可分なだけに、諸外国の協力、UNHCRの支援といった国際協力を背景になされなければ、受入国のみの責任では十分な保障は困難である。

庇護手続きとの関係も問題となる。一時的保護者たる広義の難民と条約難民のあいだの境は必ずしも明瞭とはいえない。一時的保護対象者に、条約難民としての認定手続きを申請する権利があるかどうかは、難民条約など国際条約からは読みとることができないが、基本的に、庇護を申請する権利は一時的保護によって消滅はしないと考えられる。一時的保護期間中に、庇護申請が同時並行的に行なわれることは認められよう。なお、この点について国際法協会の難民手続委員会における研究報告は、一時的保護終了後に難民認定手続きの開始を認める場合には、難民条約上の保障される権利と同等の権利が与えられるべきであるとしている(63)。一時的保護者が条約難民である可能性が否定できない以上、庇護申請を一定期間制限する場合には当然にとられるべき措置であり、同感できる。

一時的保護者の認定

一時的保護は、条約難民の枠外の広義の難民に対しても必要な国際的保護を一定期間提供することで、難民条約を補完するという意義がある。しかしながら、保護の開始となる対象者の認定については、困難な問題がいくつもある。

一時的保護難民の定義は、一定しているわけではない。アフリカ難民条約やカルタヘナ宣言にある、武力紛争、内乱、人権侵害といった人災に限るのか、あるいは、米国の移民法に見られるような自然災害も含めるのか。また、欧州連合の共同レジームに見られるように、個人的事情にも配慮するのかどうかも問題となろう(64)。この点については、インドシナ難民や旧ユーゴスラビア難民の問題から議論されたという経緯から、あくまで一時的保護の主要な対象は、武力紛争、内乱、人権侵害を含む広範囲な暴力などによる大量の人の流出である点は外すことができないであろう(65)。加えて、ソマリア、モザンビークの例に見られるように、武力紛争と旱魃などの自然災害が同時に起こる複合危機といわれる場合も大量難民の流出原因として無視することができない。そうした複合的な事態をも対象に含める必要があろう。

認定の手続き面では、個別認定か集団認定かが争点となる。一時的保護は、大量の人の流入に伴う先進諸国の難民認定の負担を軽減するという意味もあるため簡略な手続きが志向されている。人の大量流出の事態ゆえ、推定による集団認定を行ない、反証がないかぎり対象者を受け入れるよりほかはないであろう。しかしながら、偽装難民の問題や、すでに述べたように、庇護希望者には重大な人道上の犯罪にかかわった者や、治安を著しく害する者が混入している懸念もあり、一定程度のスクリーニングは必要だと思われる。現実には大量難民が流入する際に、個別審査を行なうことは至難のことであり、認定の際には、集団認定を可能とする、信頼に足る情報と分析の利用が不可欠になろう。この面でも、UNHCRの直接、間接の支援は重要となろう。

一時的保護の期間

一時的保護の期間は、本国帰国のために安全な状況が回復するまでの暫定期間である。しかしながら、その具体的期間の設定は困難な問題のひとつである。現状では、過去の紛争終結期間の平均から三年から五年のあいだが妥当ではないかといわれている(66)。欧州委員会は、五年という期間を提示し、さらに二年を最低基準として提案している。日本の場合には、一八〇日、米国は六から一八ヵ月で以後半年ごとの更新とされている。一時的保護は、あくまで、帰国を前提とした措置であり、長期化することは望ましいことではない。五年という期間は、限度ともいえる時間であろう。五年を経過しても帰国の目途がつかない場合には、一時的保護を打ち切り、長期的措置への変更を行なう必要が生じよう。

一時的保護の終了

一時的保護は、特別の事情がないかぎり、安全かつ尊厳ある帰還によって終了する。一時的保護の場合、その措置に保護対象者の帰還までを含むという意味では、難民条約体制の庇護制度にはない性格をもつといえる。帰還はあくまで自発的なものでなければならない。一時的保護の最中に、強制的な本国送還を行なうことは避けられなければならない。自発的帰還を行なうためには、一時的保護者が本国の状況について正確で的確な情報を得る機会を与えられなければならない。さらに、一時的保護国と流出国のあいだで、自発的帰還についての合意がなされ、十分に安全と尊厳が守られる状況が確保されることも重要である。とりわけ、一時的保護者の帰国後、流出国において刑罰が科されるなどの状況は避けられなければならない[67]。自発的帰還後の紛争の再発防止という観点から、流出国帰還後における一時的保護者の身体的法的安全の確保は、国際機構などによる継続的な監視措置により確保される必要が出てこよう。加えて、自発的帰還を可能とするだけの、財政的、人的支援がUNHCRや国際移住機構（IOM）などを通じてなされなければならない。以上の各点を網羅した、安全かつ尊厳ある帰還の実施には、関係諸国の合意とUNHCRなどの国際機構の協力体制の確保が前提とされ、相当に組織的に行なわれなければならないだろう。

自発的帰還によって一時的保護を終了させることが不可能な場合には、その他の方法によらざるをえない。第一に、庇護への切り替えが挙げられる。あくまで流出国の責任放棄を誘発してはならないが、やむをえない場合には、長期的措置を柔軟にとっていく必要があろう。

五　一時的保護の要請された若干の事例の検討

インドシナ難民の一時庇護上陸許可

一九七五年、インドシナ三国（ベトナム、ラオス、カンボジア）における政変から逃れたいわゆるインドシナ難民は、東南アジア諸国を中心に大量流入し、今日までにその数は約一四四万人に達する。[68]

インドシナ難民のなかには、条約難民該当者も含まれていたともいえるが、その大量性ゆえに難民の個別認定が事実上困難であったこと、また、多くの場合内戦の結果流出しており、広義の難民も含まれているとみなされた。UNHCRは、一九七五年一二月九日付国連総会決議三四五五号（XXX）によりインドシナ避難民に対する人道的救援の権限を付与され、各国に受け入れと保護を要請した。これを受けて、インドシナ難民に対して、タイ、日本、香港などにおいて、定住先が決まるまでのあいだ一時滞在をするという、一時的保護が行なわれたのである。[69]たとえば、タイは内戦下のカンボジア難民、ベトナム難民、ラオス難民を数十万人単位で受け入れた。

日本も、難民条約加入後、一九八二年から九四年まで、インドシナ難民に対して条約難民としての審査を行なわず、一時的保護難民としての受け入れを行なった。すなわち、前述の「出入国管理及び難民認定法」一八条二①により、「一時庇護のための上陸許可」を適用し、難民としての蓋然性が認められれば旅券やビザがなくとも無条件にインドシナからのボートピープルへの上陸許可を与え、一定の保護を与えたのである。[70]その総数は、一万三七七人に上る。[71]

上記一八条二①は、資格審査開始のために個別の申請を必要としている。しかしながら、インドシナ難民の認定については、インドシナ三国の出身者であれば包括的に処遇され、審査にあたるスクリーニングはなされなかった。インドシナ難民は、一八条二①の特例的運用によって一時的保護がなされたのである。したがって、大量難民の一時的保護のための集団認定の方法については、実質的な基準を見いだすことができない。しかしながら、この特例措置については問題が後に生じている。一九八九年には偽装難民の問題が生じ、スクリーニングの不在について見直しが行なわれたのである。国際社会もこれを契機に、ジュネーブでＡＳＥＡＮ主導により、インドシナ難民国際会議が行なわれ、包括的行動計画（Comprehensive Plan of Action：ＣＰＡ）のもと、難民資格認定作業を強化することになったのである。[72] 本会議以後、日本でも、一時庇護のための上陸審査を慎重に行なうスクリーニング制度を導入した。さらに、一九九四年には、ボートピープルに対する特別措置を廃止し、本来の出入国管理および難民認定法上の難民認定制度に一本化されることになったため、現在ではインドシナ難民に対する特例措置は行なわれていない。

一時庇護の期間は一八〇日とされ、その後第三国定住か定住枠を設けた形での日本への第一次庇護国定住を恒久的解決方法としていた。インドシナ難民の一時的保護は、タイや香港の場合には、難民キャンプにおいて収容された。日本においては、一九八一年七月一七日の閣議了解に基づきレセプションセンターが設置され、大村難民一時レセプションセンターや品川の難民救援センター、さらにその他の収容施設において、第三国定住までの期間をすごすか、日本での定住の準備として職業訓練や職業紹介、日本語の教育、社会生活適応指導を一定期間施すという格好になっていた。一時的保護難民には、入国、滞在、食料、住居、基礎的衛生健康施設の支援という基本的な人権の保障はなされたものの、移動の自由については、施設内に限られた制限的なものであった。インドシナ難民の受け入れ総数の小ささと移動の自由の制限により、インドシナ難民と住民とのあいだの摩擦は生じにくかった。アジア諸国の多くの施設では、日本と同様に、自由な移動の認められる範囲が施設構内に限定されていた。

タイなどアジアにおけるインドシナ難民受け入れは、第三国定住、第一次庇護国定住に加えて、多くの場合は本国への自発的帰還によって一時的保護を終了している一方で、日本におけるインドシナ難民の一時的庇護の場合には、最終的には定住が目指された。すなわち、日本の場合、一時的保護の終了は、第三国への定住、日本への定住のいずれかによった。第三国への定住希望者には、米国、カナダ、オーストラリアなどに出国をしたが、定住受入国における受け入れ数の削減傾向により、日本における一時的庇護が長期化する傾向にあった。その間、日本は、第三国定住希望者に対して、「自活難民」として就労を許可し、自活しながら第三国定住への斡旋を待つという制度を設けた(73)。日本での定住者は一九九八年末現在で一万二四一人となり、定住難民身分証明書の付与、家族呼び寄せなど、定住に伴う資格と支援を得ている(74)。条約難民として定住資格を得たものはさらに少なく、二〇〇人程度である。

以上のように日本における一時的保護の経験は、インドシナ難民であってかつ条約難民の定義に達しない者に対する「出入国管理及び難民認定法」一八条二①運用に伴う特例措置であった。その後、大量難民に対する措置としては本条は適用されていない。すなわち、日本の一時的保護は、インドシナ難民のみを念頭においており、より一般的な大量難民の受け入れのスキームを提供していないのである。今後は、本条が一時的保護制度の基礎としてより精緻な運用がなされてゆくことが期待される(75)。とりわけ、集団認定の在り方、対象者の資格・定義、自発的帰還のための措置などがより精緻化されなければならない。

ボスニア難民に対する欧州諸国の対応

欧州においては、ＵＮＨＣＲの要請に基づき、紛争の犠牲者や少数者であるボスニア難民に対して、欧州約一五ヵ国が一時的保護の措置を講じた。[76] その約半数をドイツが受け入れている。ボスニア難民の場合、インドシナ難民の場合と同様に、個別の難民認定手続きを経ず、五〇万人に一定期間の滞在を許可し、送還しないという形をとった。

当初欧州諸国は、旧ユーゴスラビアの人道的危機に際して、共通行動をとることが目指された。とりわけ、ボスニア紛争の民族浄化が問題となり、一九九三年六月に欧州共同体加盟国の移民相による会合がコペンハーゲンで開かれ、旧ユーゴスラビアの危機に際しての一時的保護付与に関する決議が採択されている。[77] 同決議には、一時的保護の対象となる人々のカテゴリーとして、生命を脅かされた者、傷病者、性的迫害にあった者、紛争地域や人権侵害から逃れ、引き返すことができない者などを挙げた。また、一時的保護期間中に与えられる待遇として、住居、生活の保障その他の支援、就業、医療・教育へのアクセス、家族や親戚との連絡、本国の情報、受け入れ国での文化的社会的活動への参加が列挙された。これらの待遇は、しかしながら、人道的観点からの支援であって、欧州人権条約などの国際的に認められた基本的人権の付与という意味付けはなされていない。また、本決議は、各国に対して統一的な一時的保護の措置を義務付けるには至らなかった。したがって、各国が、それぞれの国内手続きに従う形で一時的保護措置がとられることになったのである。受け入れ人数の負担などは各国の裁量に委ねられたのである。

欧州各国では、一時的保護対象者にどの程度の法的社会的地位を与えるかについては、必ずしも政策統一はなされなかった。スイスやスペイン、ハンガリーのように、労働許可や家族との統合、一定の社会保障を与える国もあれば、デンマーク、ドイツ、オランダのように、労働権を認めない国もあった[78]。また、いずれの国も旅券の付与は認めていない。

インドシナ難民への一時的保護と異なる点は、インドシナ難民が、ほとんどの場合難民キャンプへの収容として一時的保護が与えられたのに比べて、欧州においては、その領域における滞在が認められていた点である[79]。もっとも、滞在可能な地域は限定される。たとえばドイツの場合、難民の州への配分が定められていた。ドイツのインドシナ難民やボスニア難民は居住できる州が予め決められ、滞在を許可された州の外ではさまざまな制約を受けることになった。移動の自由については、日本におけるインドシナ難民が施設内のみの移動に限られていたのに対して、欧州においては、施設の出入りは自由とされていた。

欧州におけるボスニア難民の受け入れは、時間とともに難民の大量流入に耐えられなくなったマケドニア、セルビア、モンテネグロなど隣接諸国がビザ取得義務をボスニア難民に課すなどして国境閉鎖に転じ、デンマーク、オランダなど周辺の欧州諸国もそれに準じた政策をとった[80]。その結果、強制送還などによりボスニア内に閉じ込められた人々の多くが国内避難民化した。それを欧州諸国は黙認し、その上で国内避難民に対する救援に協力するようになったのである。UNHCRがこの国内避難民の保護にあたり、国連保護軍（United Nations Protection Force：UNPROFOR）および北大西洋条約機構（North Atlantic Treaty Organization：NATO）軍の防護の下に、保護活動を行なわなければならなかった。

欧州におけるボスニア難民の一時的保護は、一時的保護の概念の進展の契機となったという点で一定の評価をすることができる。しかしながら、この時点では、一時的保護を各国が最低限負担できる程度に実施したという程度であった。欧州に共通の統一的な方針はとられず、途中で保護から強制送還に転じるという問題点を残すことになった。一時的保護は、認定資格要件、保護内容、負担の公平化など、その制度化が国際協力の下で一貫して行なわれないかぎり、大量難民を流出させる局地的な民族紛争を鎮静化させることはできないことは明らかである。

おわりに

アジアにおけるミャンマー難民、東チモール難民の問題、潜在的には朝鮮半島情勢など、大量難民問題は、日本にとって無視できない問題である。さらに、内戦型の地域紛争が大量難民問題を惹起する場合がしばしばあることからも、一時的保護の検討は今日急務である。このような問題意識から、本稿では、一時的保護設定の意義、問題点と課題を順次検討してきた。

一時的保護の国家実行は、必ずしも一定しておらず、状況や各国の政策にゆだねられた任意の性質をもつものである。とはいえ、各国の法制化の動向や、インドシナ難民および欧州のボスニア難民に対する一時的保護の実例には、いくつかの共通項が見える。第一に、内戦の犠牲者などの必ずしも条約難民にあたらない大量の難民流出に対する行動について、諸国が一致して行動する方向性が除々にではあれ生まれていること。第二に、難民条約の保護のように定住を目的としたものではなく、紛争状況が収まるまでの暫定措置としてであって、最終的に本国への帰還を目指したものであること。第三に、ノン・ルフールマン原則が適用され、危険な状態にある本国に一方的に送還されることがないこと。第四に、国際協力によって受け入れ負担の分担がなされるべきであるという点である。一時的保護の今後の発展は、今日問題となっている内戦型の地域紛争に対するひとつの処方箋として重要な役割を負うことになろう。

難民条約は、難民の定義付けの限定性や、個別認定および定住保護を前提としているがゆえに、内乱などの武力紛争を理由とした大量難民の流出には限界が見られた。しかしながら、庇護希望者の増大に伴う庇護抑制策、また難民認定率の低下によって、難民条約の適用を受けないが保護を必要とする広義の難民の問題が生じている。こうした状況に、一時的保護の考え方は、広義の難民の保護を可能にし、紛争地域への難民の封じ込めを回避することが可能となる。一時的保護は、国際法上も確立した制度ではなく、一時的保護を受ける権利の保障は国家の裁量に大幅に依存しているが、一時的保護によって、少なくとも国家に入国、滞在を許可されれば、ノン・ルフールマン原則の保障といった国際法上の原則も確保されうる。その意味で、一時的な入国、滞在が得られるというだけで、難民条約の条約難民とは認定されずとも状況が収まるまで身体の安全を得ることができる。一時的保護という考え方は、従来の、難民条約の定住保護か即時送還か、といった二者択一ではなく、保護の対象を拡大できる。このことは、難民条約の主旨からも妥当なものであろうし、国際法上なんら問題ない制度として設定される。一時的保護の考え方によって、少なくとも、厳格な条約難民の定義にあたらなくとも一定の保護の可能性が開けている。その意味で、難民条約（議定書）を補完していく意味があろう。

さらに一定期間のみの保護という条件付けから、難民送出国の側が自国の難民を帰還させるために状況を安定させる責任を従来よりはるかに意識させることにつながりうる。これまでの、難民受け入れ国や国際機関のみに負担を負わせる難民保護制度を改善する意味は大きいと思われる。さらに、ＵＮＨＣＲがしばしば本国への「自発的帰還」こそ難民問題の恒久的解決であるとしているように、本国帰還を最終目標とする一時的保護は、運用次第では望ましい制度として定着しうる。ＵＮＨＣＲ計画執行委員会の見解の集積を有効に活用しつつ、さらに、制度化することが重要である。

法的社会的地位については、人権関連の条約における国際的基準とノン・ルフールマン原則を一時的保護対象者への最低基準とすることが、国際法上要請されているといえる。難民への待遇は、既存の人権関連の条約や決議によっても一定程度補完されるため、今後、難民法の整備は、国際人権法の関連分野を包含した形でなされ、かつ難民の特殊状況に対応させる必要が十分にある。

右のような意義がありながら、一時的保護の具体的運用については、さまざまな課題が浮き彫りになった。日本におけるインドシナ難民の一時的保護では、集団へのスクリーニングの方法や、より一般的な一時的保護スキームへの転換の課題が明らかになった。また、定住希望者ならびに受け入れ人数が極端に少なかった日本の場合は、受け入れ先の文化的社会的背景が似通ったものであることが望ましいことをも示している。欧州におけるボスニア難民の一時的保護では、地域レベルでの統一的政策と、役割分担を含めた合意形成が必要とされた。UNHCRは一九九六年春から二年間で難民の帰還計画を立てたが、本国の安全が確保されず、帰還は終了していない。このように、長期化する際の一時的保護者への支援も今後いっそうの検討が必要とされる。

昨今では、欧州においてコソボのアルバニア系難民への一時的保護も行なわれた[81]。その際には、一時的保護のスキームはかなり完備され、待遇についても単なる人道的支援から基本的人権の観点が加わり、庇護制度との関連も明らかにされている。これは、先に概観したEU理事会による一時的保護への共通行動のスキームが加盟国に定着してきていることを示している。しかしながら、実際にコソボのアルバニア系難民の自発的本国帰還が、コソボ領内のセルビア系住民とのあいだに激しい摩擦を起こしたことは記憶に新しい。これは、一時的保護の終了により、新たに本国帰還に伴う民族紛争の再発という問題がありうることを示している。一時的保護者の自発的帰還は、本国との協力、安全確保の合意のみならず、現地住民との融和を確保する形でなされなければならない。

大量難民の受け入れは、一時的にせよ一国家では自ずと限界が生じる。国際社会が役割分担をどのようにはかっていくかは、庇護負担の均衡化のためにも、庇護希望者による受入国の選別を避けるためにも重要となる。大量難民の一時的保護には、諸国の協力とUNHCRも含めた政治的解決を含んだ包括的対応が必要である。

また、保護が一時滞在ですまないほど事態が継続した場合には、一時的保護では限界が生じてくる。一定期間の後、一時的保護は定住保護に変更される可能性も否定できない。庇護を受ける権利は、一時的保護によって消滅せられてはならず、何らかの形で併存させることが望ましい。しかしながら、条約難民の定義が狭いために、庇護申請をしても結局は認定されないとなると、よくしても人道的地位といった暫定的な立場となる。自発的帰還が実現されない場合、最終的には、一時的保護対象者の問題は、難民条約の難民の定義をどこまで弾力的に解釈していくか、もしくは、アフリカ難民条約やカルタヘナ宣言をふまえて、難民の定義を拡大再定義するところに行き着くであろう。

難民保護体制が変革を迫られている今日において、一時的保護による対応は変革のための新体制を示した。集団難民の暫定保護体制がUNHCRやさまざまな地域、国において、いかに確立されていくかが、国際社会が難民問題と真に取り組む際の試金石となっていくと思われる。また、運用においては、一時的保護難民が受け入れ先で、かつ、本国帰還後に引き起こしうる摩擦への配慮も切に望まれるのである。もう一方で、一時的保護はあくまで緊急時の対応を可能とするもので、けっして既存の体制の運用を抑制するものではないと理解しておかなければならない。難民条約・議定書にもとづいた難民の認定は、今後も難民保護体制の要であり続けなければならないことを最後に確認しておきたい。

注

(1) U. S. Committee for Refugees, *World Refugee Survey 1998*, Washington, D. C.: U. S. Committee for Refugees, 1998, p. 3.

(2) ここで難民化した人々とは、難民および難民と同等の地位に置かれた人々という意味で、難民、避難民、帰還民を含む。数字は、国連難民高等弁務官事務所（UNHCR）の支援する約二三〇〇万人と国連パレスチナ難民救援機関（UNRWA）の支援する約三四〇万人を総計している。

(3) 一九九七年末現在、国内避難民の数は二九〇〇万人にのぼり、難民の数を上回っている。

(4) 国連難民高等弁務官事務所『難民 Refugees』国連難民高等弁務官事務所、一九九八年、三四頁。

(5) 本間浩「国境の無化――難民と不法移民の越境移動」(『岩波講座・現代の法2　国際社会と法』岩波書店、一九九七年、所収)に詳しい。ここではとくに一八〇頁を参照。

(6) 難民条約の問題点については、たとえば次を参照。阿部浩己「難民法の軌跡と展望―変容する政治的機能」『神奈川法学』第三〇巻第一号、一九九五年三月。Patricia Tuitt, *False Images: The Law's Construction of the Refugee*, London: Pluto Press, 1996. 難民のさまざまな定義については、広部和也「難民の定義と国際法」(加藤節・宮島喬編『難民』東京大学出版会、一九九四年、所収)を参照。

(7) Guy S. Goodwin-Gill, *The Refugee in International Law*, (Second Edition), Oxford: Clarendon Press, 1996, p. 21.

(8) 斡旋難民については次を参照。本間浩『難民問題とは何か』岩波新書、一九九〇年、八三―八四頁。

(9) 国連難民高等弁務官事務所『「難民認定」研修マニュアル』一九九七年六月、四―五頁。

(10) 国内避難民については次に詳しい。初川満「国内避難民 (Internally Displaced Persons) についての一考察」『世界人権問題研究センター・研究紀要』第一号、一九九六年。

(11) こうした指摘に関しては、以下を参照。阿部、前掲論文、および次のもの。James C. Hathaway, *The Law of Refugee Status*, Toronto: Butterworths, 1991.

(12) 難民受け入れ主要各国の難民認定基準の問題については、次を参照。川島慶雄「難民認定に関する最低基準」『阪大法学』一四一・一四二号、一九八七年三月。

(13) Office of the United Nations High Commissioner for Refugees, *Handbook on Procedures and Criteria for Determining Refugee Status under the 1951 Convention and the 1967 Protocol relating to the Status of Refugees*, Reedited Geneva, January 1992. 邦訳は、国際連合難民高等弁務官事務所『難民認定基準ハンドブック――難民の地位の認定の基準及び手続に関する手引き――』国際連合難民高等弁務官事務所・財団法人法律扶助協会、一九九四年を参照。

(14) 西側諸国においてアジア、アフリカ、ラテンアメリカから直接難民申請を行なう者が増えてきたのは一九七〇年代に入るあたりからであるが、「迫害の恐れ」という資格要件を充足できないために難民認定を受けることが難しい。この第三世界難民の問題については、以下を参照。阿部、前掲論文、九六―九七頁。

(15) 日本の難民認定制度の運用に対する批判については、たとえば、アムネスティ・インターナショナル『日本における難民の保護――国際的な義務を果たさない日本政府』日本評論社、一九九三年。こうした批判に関する研究論文として、川島慶雄「日本における難民保護制度とその運用――アムネスティ・インターナショナルの調査報告書をめぐって」『阪大法学』四三巻二・三合併号、一九九三年一一月、を参照。

(16) Alte Grahl-Madsen, *The Status of Refugees in International Law*, Vol. I (Refugee Character), Leyden: A. W. Sijthoff, 1966, p. 189. Guy S. Goodwin-Gill, *op. cit.*, p. 72.

(17) 非国家グループによる迫害の例については、たとえば、中央政府の権力が及ばない地域を統制する政治的組織体（レバノン国内でのパレスチナ解放戦線）による迫害が、レバノン難民を流出させた。それについてドイツ裁判所が難民条約上の難民と認定した例などについては、以下に詳しい。本間浩『個人の基本権としての庇護権』勁草書房、一九八五年、一一七―一一九頁。

(18) 「難民および無国籍者の地位に関する一九五一年国連全権会議最終文書」ⅣE項。邦文の原文テキストについては、国際連合難民高等弁務官事務所編（本間浩監修）『難民に関する国際条約集』国際連合難民高等弁務官駐日事務所、一九八七年、四〇頁。

(19) 一九四八年一二月一〇日国連総会採択、国連総会決議決議 217A (III)。

(20) 一九六七年一二月一四日国連総会採択、国連総会決議 2312 (XXII)。宣言についての詳細は、芹田健太郎「国連の領域内庇護宣言について（一）（二・完）」『国際法外交雑誌』第七四巻第六号、および第七五巻第一号（一九七六年三月、および一九七六年五月）を参照。

(21) 一九七七年の全権会議で採択に至らず、条約案のままとなっている。詳しくは、芹田健太郎「国連の領域内庇護条約案（1）（2・完）」『法律時報』四九巻一号および三号（一九七八年一月号および三月号）を参照。

(22) 冷戦後の民族紛争と難民流出の関係については、たとえば以下を参照。Kathleen Newland, "Ethnic Conflict and Refugees", in : Michael E. Brown ed., *Ethnic Conflict and International Security*, Princeton : Princeton University Press, 1993, Chapter 8, pp. 142, 146-153.

(23) 同様の指摘については、次を参照。マイロン・ウェイナー（内藤嘉昭訳）『移民と難民の国際政治学』明石書店、一九九九年、David A. Lake and Donald Rothchild eds., *The International Spread of Ethnic Conflict : Fear, Diffusion, and Escalation*, Princeton : Princeton University Press, 1998, pp. 111-114.

(24) 落合雄彦「現代アフリカの課題」（小田英郎編『アフリカ（第二版）』自由国民社、一九九九年、第一二章、所収）、三四三―三四六頁を参照。

(25) James D. Fearon, "Commitment Problems and the Spread of Ethnic Conflict", in : David A. Lake and Donald Rothchild eds., *op. cit.*, Chapter Five, p. 113. 筆者は同じ章のなかで、難民流出が新たな紛争に与える影響には、直接的な難民流出を受けた地域における紛争の連鎖（chain reaction）とともに、直接の流入を伴わないものの間接的に難民流出によるデモンストレーション効果を受ける場合とがあると説明している。James D. Fearon, *ibid.*, p. 112.

(26)「庇護希望者」とは、「（1）最終的に「難民」として認定される者、（2）不認定とされる者、そして、（3）「難民」の地位は与えられなくとも、何らかの滞在許可が与えられるもの、という三種類の人々が含まれる」（ＵＮＨＣＲ『世界難民白書一九九七―一九九八年』読売新聞社、一九九七年、一八〇頁）。本稿でも、庇護希望者を上記の意味で用いる。

(27) Elspeth Guild and Jan Niessen, *The Developing Immigration and Asylum Policies of the European Union : Adopted Conventions, Resolutions, Recommendations, Decisions and Conclusions*, The Hague : Kluwer Law International, 1996 を参照。

(28) マイロン・ウェイナー、前掲書、三〇七頁。一九八五年には、欧州・北米・豪州移民・難民・庇護政策政府間協議会（Intergovernmental Consultations on Asylum, Refugee and Migration Policies in Europe, North America and Australia）は、難民発生国で難民の便宜を図る支援、たとえば開発援助、貿易政策、人権、食糧、環境、人口の各分野における政策調整の必要性を主張している（同書、三〇七頁）。

(29) ＵＮＨＣＲ『世界難民白書一九九七—一九九八年』、一八七頁参照。

(30) 同、一八七—一八九頁参照。

(31) マイロン・ウェイナー、前掲書、三六一、三六三頁。

(32) ＵＮＨＣＲ『世界難民白書一九九七—一九九八年』、一八七頁参照。

(33) 同、一八七頁参照。

(34) ドイツは、ブルガリア、ルーマニア（一九九二年）、ポーランド（一九九三年）、チェコ（一九九四年）と再入国協定を結んでいる（同、一八八頁）。これらの東欧諸国は、冷戦後、つぎつぎに難民条約（議定書）を批准したものの、難民認定手続に関する国内法は未整備である。そのため、ドイツから協定に従って送還された庇護希望者が、必ずしも庇護申請のための正式な手続きに乗るという保障はない。

(35) U. S. Committee for Refugees, *World Refugee Survey 1998*, *op. cit.*, p. 15.

(36) Joan Fitzpatrick, "Flight From Asylum: Trends toward Temporary "Refuge" and Local Responses to Forced Migrations", *Virginia Journal of International Law*, Vol. 35, No. 1, 1994, p. 20.

(37) *Haitian Centers Council, Inc v. McNary*, 969 F 2d 1350 (2d Cir 1992).

(38) *Haitian Refugee Center, inc v. Baker*, 942 F 2d 1498 (1992), および連邦最高裁での判決 *Sale v. Haitian Centers Council*, Inc, 113 S. Ct. 2549; 121 l Ed 2d 441 (1993). いずれも次を参照。Penelope Mathew, "Sovereignty and the *R*ight to Seek Asylum: The Case of Cambodian Asylum-Seekers in Australia", *The Australian Yearbook of International Law*, Vol. 15, 1994, note. 30, p. 41.

(39) U. S. Committee for Refugees, *World Refugee Survey 1998*, *op. cit.*, p. 15. なお、この庇護申請期限については、各国において異なる。たとえば、日本の場合には六〇日、トルコにおいては五日と相当に開きがある。

(40) 阿部、前掲論文、注（一一〇）、一一四頁。

(41) ＵＮＨＣＲ『世界難民白書一九九七—一九九八年』、一〇三頁。

(42) この事例も含めて、アフリカの事例は次を参照。Deborah Perluss and Joan F. Hartman, "Temporary Refuge: Emergence of a

Customary Norm", *Virginia Journal of International Law*, Vol 26 No. 3, 1996, pp. 560-561.

(43) 緒方貞子「人道援助と国連」『国際問題』四二八号、一九九五年一一月、五六頁。

(44) U. S. Committee for Refugees, *World Refugee Survey 1998*, *op. cit.*, p. 13.

(45) U. S. Committee for Refugees, *World Refugee Survey 1999*, Washington, D. C.: U. S. Committee for Refugees, p. 13.

(46) 山神進『難民問題の現状と課題』日本加除出版、一九九〇年、一〇二頁。

(47) *Official Journal of the European Communities*, No. C 262, 7 October, 1995, pp. 1-3.

(48) *ibid.*, No. L 63, 13 March, 1996, pp. 10-11.

(49) Commission Proposal, COM (97) 93 final.

(50) Commission Proposal, COM (98) 372 final.

(51) The European Commission, External Relations, News, Brussels, 24 May, 2000. (http:// europa.eu.int/ comm/ external_relations/news/05_00/ip_00_518.htm, 2000年6月14日)

(52) Morten Kjaerum, "Opinion: Temporary Protection in Europe in the 1990s," *International Journal of Refugee Law*, Vol. 6, No. 3, 1994, pp. 449-450.

(53) Bill Frelick and Barbara Kohnen, "Filling the Gap: Temporary Protected Status", Issue Paper, U. S. Committee for Refugees, December 1994, p. 14.

(54) なお、米国の庇護制度の下では、就業、一定の公的支援、配偶者と二一才以下の子供の呼び寄せ、永住許可への変更がなされる。(*ibid.*, p. 15.)

(55) *ibid.*, p. 27.

(56) *ibid.*, p. 15.

(57) Executive Committee of the High Commissioner's Programme, Sub-Committee of the Whole on International Protection, Report on the Meeting of the Expert Group on Temporary Refuge in Situations of Large-Scale Influx (Geneva, 21-24 April 1981), EC/SCP/16 3 June 1981 and EC/SCP/16/Add. 1 17 July 1981 を参照。

(58) UNHCR, Note on International Protection, 7 Sept. 1994, UN doc. A/AC. 96/830.

(59) Executive Committee of the High Commissioner's Programme, Conclusion No. 22 (XXXII)-1981 Protection of Asylum Seekers in Situations of Large-scale Influx, Report of the 32nd Session; UN doc. A/AC. 96/601, para. 57 (2).

(60) 川島慶雄「退去強制」国際法学会編『国際関係法辞典』三省堂、一九九五年、五一四頁。

(61) 欧州においては、ヨーロッパ人権条第三条で、一時的に入国を認められた人に対する同原則の適用が保障されている。

(62) 国際人権規約は、経済的、社会的および文化的権利に関する国際規約（社会権規約）ならびに市民的、政治的権利に関する国際規約（自由権規約）および選択議定書から成る。いずれも、締約国の管轄下にあるすべての個人を対象としているため、締約国の領域に滞在する一時的保護対象者にも適用される。国際人権規約上、人種、皮膚の色、性、言語、宗教、政治的意見その他の意見、国民的又は社会的出身等によるいかなる差別もなしに権利が尊重されることになる。自由権規約は、第四条で国民の生存を脅かす公の緊急事態の場合においてその緊急事態の存在が公式に宣言されているときは、権利の制限を行なうことができるとしているが、いかなる場合にも制限されない権利として、生命に対する権利（第六条）、拷問または残虐な刑の禁止（第七条）、犯罪に対する刑罰以外の奴隷および強制労働の禁止（第八条、一・二）、契約義務不履行による拘禁（第一一条）、遡及刑罰の禁止（第一五条）、法の前に人と認められる権利（第一六条）、思想、良心、および宗教の自由（第一八条）が認められる。これらは、当然に一時的保護対象者にも認められる。その他の自由権、たとえば裁判を受ける権利も当然に認められる。

(63) International Law Association, Taipei Conference (1998), Committee on Refugee Procedures, "Interim Report on Temporary Protection prepared by Prof. Walter Kalin, University of Bern", p. 20.

(64) *ibid.*, p. 5.

(65) この指摘については、芹田健太郎「難民の一時的保護」『国際人権』第九号、一九九八年、一二一―一二三頁を参照。

(66) 同論文、一二三頁。同論文には、一九四五年から一九九四年に起きた武力紛争のうち、一〇七件は五年以内に終結しているというケーリンの研究結果が紹介されている。

(67) Manuel Angel Castillo and James C. Hathaway, "Temporary Protection", in: James C. Hathaway ed., *Reconceiving International Refugee Law*, The Hague: Martinus Nijhoff Publishers, 1997, p. 21. 同論文によれば、デンマークでは、一時的保護者の自発

的帰還後六ヵ月以内であればデンマークに帰ることを認めて、試験的帰還を可能としている。

(68) 内閣官房インドシナ難民対策連絡調整会議事務局『インドシナ難民と我が国の対応』平成一〇年三月、一二頁。

(69) 東南アジア諸国におけるインドシナ難民の受け入れについては、次を参照。Vitit Muntarbhorn, *The Status of Refugees in Asia*, Oxford : Clarendon Press, 1992.

(70) インドシナ難民の日本での受け入れについては、以下を参照。田中信也「日本の難民受入れ」(加藤・宮島編、前掲書、所収)。本間『難民問題とは何か』一五二―一五七頁。山神、前掲書、一三三―一三八頁。

(71) 内閣官房、前掲書、一二八頁。

(72) 次を参照。UN. Doc. A/44/523, 22 September 1989.

(73) 内閣官房、前掲書、一二九―一三〇頁。

(74) 同、一三二頁。

(75) こうした指摘を早くからしていた論稿として、本間浩「東南アジア難民と国際法――日本の対処と問題点」『国際法外交雑誌』第九〇巻第三号、一九九一年八月、八一―八二頁。

(76) Morten Kjaerum, *op. cit.*, を参照。

(77) Elspeth Guild and Jan Niessen, *op. cit.*, pp. 293-296.

(78) Morten Kjaerum, *op. cit.*, p. 451.

(79) Guy S. Goodwin-Gill, *op. cit.*, p. 199.

(80) Morten Kjaerum, *op. cit.*, p. 448.

(81) Joint Action of 26 April 1999 adopted by the Council on the basis of Article K. 3 of the Treaty on European Union, establishing projects and measures to provide practical support in relation to the reception and voluntary repatriation of refugees, displaced persons and asylum seekers, including emergency assistance to persons who have fled as a result of recent events in Kosovo, (1999/290/JHA), *Official Journal of the European Communities*, No. L 114, 1 May, 1999, pp. 2-6.

本稿を作成するにあたり、駿河台大学の本間浩教授からは貴重なコメントとご指摘を、神戸大学の芹田健太郎教授からは最新の資料を頂戴しました。両先生に対して深く感謝申し上げます。

第2部
憎悪から和解へ

"I HAVE ALWAYS BELIEVED WE HAD A LEGITIMATE RIGHT TO TAKE UP ARMS."
FROM AN INTERVIEW GIVEN BY I.R.A. VOLUNTEER MAIREAD FARRELL EXECUTED WITH HER GALLANT COMRADES SEAN SAVAGE & DAN McCANN

扉写真：北アイルランドのカトリック過激派IRAの主張が
民家の壁に大書されている
——「われわれは武器を持って立ち上がる正当な
権利がある、と私はつねに信じていた」。
（提供：毎日新聞社）

第3章

紛争処理における多極共存型統治モデルの可能性

――南アフリカ共和国の事例から

峯　陽一

はじめに

一九九七年七月、タイの通貨バーツの崩壊とともにはじまった金融危機は、またたくまにアジア各地に飛び火した。なかでもインドネシアでは、経済混乱は激しい政治変動に結びついた。九八年五月には主要都市で暴動が発生し、相対的に裕福な中国系の住民が群衆のスケープゴートとなった。商店は徹底的に略奪され、比較的豊かな中国人は資産を国外に移動させ、自らも避難した。といっても、インドネシアの中国系住民は人口の四パーセントに達しており、すべての者に自力で国外に逃げる資力があったわけではない。

危機にあたって中国人は「国を捨てた」とされることもあるが、この少数派住民が抱いた恐怖感を無視してはなるまい。五月中旬の暴動の際、放火された商店に閉じこめられるなどして命を落とした者は一二〇〇人を超えたという（犠牲者には略奪者が含まれる）。大部分の被害者が口を閉ざしているために表面に出ないが、性的暴行を受けた中国系の女性も全国で一五〇人に達したとされる。この暴行は自然発生的なものではなく、中国人社会に恐怖感を与えることを意図した特定集団による組織的暴行だったとされている(1)。そうだとすれば、そこで発生していた事態は、内戦下の旧ユーゴスラビアで起きた事態と完全に重なり合うものである。政治エリートがエスニシティを操り、無実の人々が生贄に供されるという構図は、ルワンダにおけるフツ系民族主義者によるツチ系住民の大量虐殺事件の際にも見られた(2)。

人種やエスニシティ、宗教や文化の違いが深刻な社会的緊張をもたらし、「政治屋」の介入によってこれらの対立がいっそう激化するという構図が見られるのは、途上国や旧東欧・ソ連地域だけに限ったことではない。北アイルランドでも長期にわたる悲劇が続いたし、アメリカ合衆国にも紛争の火種が散らばっている。途上国、先進国を問わず、現代の地域紛争には、多くの場所で、植民地主義の歴史的遺産が深くからみあっている。一九九八年のインドネシアの危機は、翌九九年には、反独立派民兵による東チモールの住民殺戮へとつながっていった。現在のインドネシアは旧オランダ植民地、東チモールは旧ポルトガル植民地であり、現在の両地域の線引きがかつての海上帝国の勢力争いの時代に成立したものであることは、よく知られている。混乱のさなか、西チモールに避難した東チモール人の難民は、インドネシア側の「人質」と化した。

社会の成員を戦慄させる憎悪の悪循環が東アジアの全域に拡散することなどありえないと、私たちは自信をもって断言することができるのだろうか――しかし、ここで重要なのは、不吉な懸念を表明することではなかろう。経済危機や貧富の格差の拡大を引き金とする社会的緊張の激化が、人種やエスニシティをめぐる紛争へと形を変えて暴発した歴史的事例を、私たちはいくつも知っている。「適切な経済政策」は処方箋の半分でしかないのだから、それぞれの社会は処方箋の残りの半分も、すなわち、多様な文化や価値観を有する人々が共存しながら、社会の成員の物質的格差を着実に縮小していくための前提条件をつくりだす政治的処方箋をも、自力で編み出していかなければならない。

ここでの政治的処方箋とは、複合的な住民集団で構成される社会に対して、暴発する情念を制御する制度的枠組みを提供するものである。[3]この領域で重要な業績を残した先駆者は幾人もいるが、本章の前半では、ファーニヴァルの複合社会論をふまえ、アーサー・ルイスとレイプハルトの民主主義論を順次とりあげながら、それぞれの理論を結びつける環を再構成していく。そして後半では、アパルトヘイトから脱した南アフリカ社会の状況をケーススタディの対象としつつ、途上国において複合社会の亀裂を修復しようとする多極共存型統治モデルの全般的妥当性について、考察していくことにしたい。

一　ファーニヴァルの複合社会論と東南アジア

インドネシアに限らず、東南アジア社会の住民構成は決して均質ではなく、そこでは中国系やインド系住民の存在感も大きい。西欧列強の植民地時代において、東南アジア社会の複合的な住民構成という問題を初めて正面から理論化した研究者といえば、J・H・ブーケと並んで、J・S・ファーニヴァルが知られている。ファーニヴァルは経済学者もしくは社会学者として紹介されてきたが、基本的な立場はイギリス領ビルマの植民地官吏であった。ビジネス界にも身を置き、ラングーン大学でも教えたファーニヴァルの問題意識は、東南アジア植民地の「解放」ではなく、あくまで「近代化」であった。[4]

ファーニヴァルの著作は、主著を除いて、その多くが日本語に翻訳されている。『ビルマ政治経済入門』（一九三八年）〔邦訳『緬甸の經濟』一九四二年〕は、農業部門を中心にビルマ経済の状況を整理した大学のテキスト、『オランダ領インド――複合経済の研究』（一九三九年）〔邦訳『蘭印經濟史』、一九四二年〕は、前植民地時代からのインドネシアの経済史をクロノロジカルに鳥瞰し、末尾において複合経済（複合社会）の概念を定式化したもの、『東南アジアにおける進歩と福祉――植民地政策とその実践の比較』（一九四一年）［邦訳『南方統治政策史論』一九四三年］は、その数年後に出版される主著の要点を先取りしたコンパクトな書物である。(5)

これらのファーニヴァルの書物が一九四〇年代初頭につぎつぎと翻訳されたのは、興味深いことである。太平洋戦争中に南方に影響力を拡大させた日本は、東南アジアにおいて植民地支配を維持するノウハウを有してはいなかった。西ヨーロッパ諸国の植民地支配の経験から学ぶことは技術的にきわめて重要であり、その点でファーニヴァルの著作は格好の教科書だと考えられたのであろう。ファーニヴァルの主著は、大戦後の一九四八年に出版された『植民地政策とその実践――ビルマとオランダ領インドの比較研究』であるが、相当に冗長な記述が含まれているということもあってか、同書については現在に至るまで邦訳は登場していない。(6)

ファーニヴァルによれば、東南アジアの社会は複合社会（plural society）として特徴づけられる。この概念は『オランダ領インド』と『植民地政策とその実践』の両者において定義が与えられているが、ここではより新しい後者のテキストに依拠しながら、ファーニヴァル流の複合社会の概念を整理することにしたい。

ファーニヴァルの観察によれば、イギリス領ビルマもオランダ領インド（インドネシア）も、決して一枚岩の均質の社会ではない。これらは実際には、ヨーロッパ人、中国人、インド人、マレー系住民の混成物（medley）であり、それぞれの集団は固有の宗教、文化、言語、観念、生活様式を実践している。彼らは混じりあっているが、結合してはいない（they mix but do not combine）。そこではコミュニティの種々の断片が、同一の政治的ユニットのもとで、隣り合いながら、しかし別々に生活している。各集団は経済的な空間では個人として結びついているものの、経済的機能や職業は別々であり、人種ごとの分業が成立している。「原住民」も一枚岩ではなく、その内部に

は相当に「西洋化」した集団が存在し、他から切り離されている。(7)

複合社会とは、こうした特徴を備える植民地社会に与えられた名前である。ヨーロッパ諸国が支配する熱帯植民地の大部分は複合社会である。熱帯植民地の外部でも南アフリカ、カナダ、アメリカ合衆国などは複合社会と呼べるのかもしれないが、これらの国々では多かれ少なかれ西欧の伝統が共有されているとファーニヴァルは主張する。ところが、これらとは対照的に、東南アジアの複合社会には住民を束ねる共通の社会的意志＝社会的需要が存在しない。ファーニヴァルによれば、このことが植民地社会の再統合を緊急の課題としているという。(8)

ファーニヴァルによれば、複合社会には社会としての一体感が欠けている。東南アジアのヨーロッパ人は故国を懐かしみ、東洋人は一時滞在者にすぎず、「原住民」もまた、旧来の社会組織の解体とともに、狭い世界に生きる単なる耕作者になってしまった。そこでは個人はアトム化されており、相互が出会うのは市場の場だけである。植民地社会のすべての成員は、個人の行動の社会的帰結を考えず、私的な利得に突き動かされて行動してしまう。「まるでビジネス・パートナーシップのような」複合社会をつくりだしたのは、植民地社会の後進性ではなく、むしろ近代の経済的諸力にほかならない。(9)これらの記述には、ファーニヴァルを同時代の他の凡百の近代化論者から区別する鋭い洞察が含まれている。

ファーニヴァルは次のような興味深い文章を残している。「一九世紀の前半、経済学者は経済人（economic man）を賞賛していた。同世紀の後半、彼らは経済人は神話だと言った。残念ながら、経済学者たちは間違っていた。ヨーロッパから放り出された経済人は熱帯に避難所をみつけ、いま私たちは、経済人が彼自身よりも悪質な七つの悪魔を引き連れて帰ってきているのを知っている。これらは「自由放任」の支配下で熱帯を荒廃させた悪魔であり、現代の植民地政策が追い払おうとしている対象である」(10)。

ファーニヴァルの複合社会論と並行する議論としては、オランダ領インドを主たる対象とするJ・H・ブーケの二重社会論が知られている。ブーケによれば、東南アジアの植民地社会は、経済的価値に重きをおかない前近代的な伝統的社会と、ヨーロッパ人入植者が支配する近代的部門とが併存する二重構造によって特徴づけられる。こうした認識は、「原住民労働」を動員するために強制が行なわれたオランダ領インドやアフリカについては部分的に正しいかもしれないが、ファーニヴァルによれば、植民地社会では物質的利得が支配的でないというブーケの一般論は完全に誤っているという。[11]

ファーニヴァルの複合社会論を二〇世紀末の現時点で振り返ってみると、そのすべての問題設定を単純に受け入れることはできない。ファーニヴァルにとって、「合理性、非人格的な法の支配、個人の権利」に基礎づけられつつ、同時に市民が共通の社会的意志を機能させている西欧社会は、すべての後進的社会の規範であった。西欧社会は国民統合の深化ゆえに讃えられ、植民地社会は個人主義の蔓延ゆえに断罪される。ところが、西欧社会をその「均質性」を根拠に礼賛するファーニヴァルは、東南アジアの複合社会の困難をつくりだした最大の原因が西欧諸国の植民地支配であることについては、道義的責任を感じていなかったようである。中国系人の東南アジアへの拡散には古い歴史的起源があるが、こうした動きを促進し、中国系人やインド系人を植民地社会の「中間層」に仕立て上げたのは——ファーニヴァル自身はまるで自然現象でもあるかのように記述するのだが——、実際にはヨーロッパの植民地政策にほかならなかった。[12]

実際、植民地社会は、種々の人種的・民族的ユニットが対等な立場で併存する社会ではない。ファーニヴァルは複数性（plurality）という中立的な言葉を採用するが、東南アジアの植民地社会における複数の住民集団の位置関係が垂直な支配・被支配関係であったことは、いまさら指摘するまでもあるまい。さらに、植民地官吏ファーニヴァルは、「アトム化された」はずの民衆の民族意識が水面下で覚醒していく動きには、正当な注意を払うことができなかった。

こうした議論の歪みの背景としては、ファーニヴァルの植民地官吏としての立場のほかに、彼の一連の書物が第二次世界大戦の直前から大戦中に執筆されたという「時代の制約」を認識しておく必要があるだろう。複合社会において共通の社会的意志が弱いことを示す事例として、ファーニヴァルは、日本の安価な綿製品がジャワの市場に押し寄せたとき、ヨーロッパ人商人はボイコットを訴えたにもかかわらず、中国人商人が日本製品を買いつけて交易を独占しかけたという例を挙げている。ファーニヴァルは、オランダ領インドの民族運動について短い歴史的記述を行なっているが、そこでは、大戦初期に日本軍に協力した一部のインドネシア人が、敵を支援したという事実にもかかわらず同胞の敬意を失わなかったことをもって、オランダ領インドにおける民族主義の未来が不確実になったと主張している[13]。

日本の侵略戦争への対抗上、イギリスやオランダをはじめとする宗主国は、東南アジア植民地の臣民を連合国側に効果的に動員しようとした。第二次大戦期のイギリスの植民地政策の重要な支柱となったのが、一九四〇年の植民地開発福祉法である。これは、植民地を固く結束させるべく、植民地への財政投資と住民の福祉の向上を目指すものであった。ファーニヴァルは、この流れに沿って『植民地政策とその実践』の後半の諸章を執筆し、保守党、自由党、労働党の植民地政策の収斂を歓迎している。ただし、独立はまだ先の話である。ファーニヴァルによれば、植民地住民に単一の社会的意志を獲得させるのは、「服役を終えた受刑者を社会復帰させる」ようなものであり、細心の「更正指導」が必要なのであった[14]。

こうした時代に執筆されたファーニヴァルの書物は、非常に強い時論的性格を帯びている。複合社会の個人主義に対するファーニヴァルの嘆きは、植民地臣民の忠誠心の弱さに対するイギリス植民地官吏の嘆きに読み替えることもできるのではないか。だが、日本軍が東南アジアの人々を味方につけることができなかったのと同じように、イギリス人やオランダ人が植民地防衛戦争に植民地の住民を動員しようとしても、成功を収めるはずがなかったのは、当然のことである。

アジア・アフリカの独立の時代を経て、イギリスは広大な旧植民地への関与を劇的に弱めていく。日本軍が東南アジアから撃退され、大陸中国とその周囲に社会主義政権が誕生した後、一九五〇年代から六〇年代には、民族主義運動と共産主義運動が激しく競い合ったり、場合によっては重なり合ったりする時代を迎えた。ファーニヴァルの複合社会論やブーケの二重経済論は、大戦後には素朴な近代化論として排撃されることもあった。植民地官吏による「実践的研究」には多くの貴重な洞察が含まれているが、研究の最大の動機が帝国の利益の防衛だったことを考えれば、これらが大戦後の民族主義知識人にとって必ずしも真剣な検討の対象にならなかったのは、無理もないことだったといえるだろう。

二　アーサー・ルイスの西アフリカ政治論

それでは、ファーニヴァルの複合社会論には何の救うべき点もないのだろうか。植民地支配の遺産として、ファーニヴァルが複合社会と命名したような分断された社会構造が残されたことは事実である。アジア・アフリカの新興独立国は、この問題にどう対処すればよいのだろうか。ここで舞台をアフリカに移そう。ファーニヴァルの複合社会論の骨格を引き継ぎながら、新たに結晶化させた理論を植民地の維持のためではなく、新興独立国の政策提言に生かそうとしたひとりの研究者がいる。

前節で指摘したように、ファーニヴァルは一連の著作を、純粋な研究書としてではなく、イギリスの植民地政策全般を練り直すための政策提言の書として執筆した。そこで、たとえば『植民地政策とその実践』では、ウィリアム・マルコム・ヘイリーの『アフリカン・サーヴェイ』（一九三八年）が頻繁に参照され、東南アジアとアフリカの比較が随所で試みられることになる。一八〇〇ページを超えるヘイリー卿の大著『アフリカン・サーヴェイ』は、二〇世紀半ばのイギリスのアフリカ植民地政策の基本文献であった。インドのパンジャーブ州や連合州の長官、国際連盟委任統治領常任委員などを歴任したヘイリー卿は、イギリス植民地省の重鎮であるだけでなく、アフリカ植民地研究の権威でもあった[15]。

ヘイリー卿が植民地省においてイギリスの対アフリカ政策を練り上げ、ファーニヴァルがアフリカを意識しながら東南アジア植民地に関する政策提言を行なっていたのと同じ時期に、植民地省のアドヴァイザーのひとりを務めていた若いアフリカ系人の研究者が、ウィリアム・アーサー・ルイスにほかならない[16]。一九一五年にカリブ海のセントルシア島で生まれたルイスは、ロンドン・スクール・オブ・エコノミクスに留学し、経済学を学んだ。ルイスは四八年からマンチェスター大学の講師を務め、四九年に彼がフェビアン協会のために執筆したパンフレット『経済計画の諸原則』は、経済学徒のあいだで伝説的なベストセラーになった[17]。黒い肌をもち、市場経済とアナキズムの価値を説き、しかもおそろしく頭が切れるルイスは、植民地省では異色の存在だったに違いない。

ルイスにとって、アジアやアフリカ、カリブ海の熱帯植民地の根本問題は、農業問題であった。植民地支配そのものを疑問視しなかったファーニヴァルとは違い、ルイスは、インド人や中国人を引きつけた熱帯植民地が低開発にとどまる一方で、白人を大量に引きつけた北米やオセアニアの温帯植民地が急速な経済成長を遂げたのはなぜかに注目する。基本的な構図は単純である。農業革命を経て賃金水準が高くなっていた西ヨーロッパから移民を呼び寄せるためには、温帯植民地の賃金水準は西ヨーロッパよりも高くなければならなかった。したがって、温帯植民地では国内市場向け産業が発展し、高付加価値の輸出品が選好された。

しかし、東南アジアやサハラ以南アフリカの熱帯植民地では、逆の事態が進行していた。これらの植民地に移住したインド人や中国人の出身地の農業生産力は相対的に低く、その結果として都市でも農村でも賃金水準が低かったため、彼らは競って徴募に応じた。こうして低賃金労働を容易に追加的に投入できた熱帯植民地では、品質よりも低価格を競争力要因とする一次産品生産に特化することになりやすい。

熱帯植民地の経済成長のためには、この悪循環を断つことが肝要であり、そのためには投入される労働力の究極的な供給地における農業改革が不可欠である。カリブ海出身のルイスは、イギリス人大農場主の不正を目の当たりに目撃してきた。このような問題意識から、ルイスは植民地省において、イギリス領植民地における断固とした土地改革を提案し、一九四四年には同省の経済局長シドニー・ケインと激しく衝突した結果、アドヴァイザーの地位を辞している。(18) 対立の軸は狭義の経済問題ではなく、土地再分配という政治的争点だったことに注目したい。

第二次世界大戦期、ファーニヴァルの方は、植民地の独立後に望まれる政治体制の中身については、目新しいことは何も語っていなかった。(19) 一九四〇年代までのイギリスにとって、植民地の独立は可能な選択肢であるにしても、時期を特定できない未来のことだと考えられていたから、通常の植民地官吏の姿勢としては、それも当然のことだったといえるだろう。

ところが、一九五〇年代から六〇年代にかけて、アジアとアフリカの旧植民地はつぎつぎと独立し、自らの責任で新体制を選ばなければならなくなった。アフリカの独立運動指導者と親交を深めていたルイスは、アフリカの新興独立国のなかでも最左派のガーナに招かれ、クワメ・ンクルマ首相の経済顧問を務めることになる。そこでの経験をふまえて発表されたのが、政治論の分野におけるルイスの代表作『西アフリカにおける政治』（一九六五年）である[20]。同書においてルイスはファーニヴァルの作品への参照を求めてはいないが、最も重要な結論部である第三章の表題は、「複合社会（plural society）」そのものである。ルイスの経歴を考えても、西アフリカの複合社会に関する説明をみても、ルイスがファーニヴァルの議論を少なくとも参考にしたことは疑えない。

ただし、ファーニヴァルの東南アジア複合社会とルイスの西アフリカ複合社会には、決定的に異なる特徴がある。一九四〇年代東南アジアの植民地社会においては、白人入植者と、「中間層」たる中国系・インド系住民、そしてマレー系の多数派住民という三層構造——ファーニヴァルはこれらの階層間の権力関係を明示的に論じることはなかったが——が問題になっていた。ところが、一九六〇年代アフリカの新興独立国では、すでにヨーロッパ系の入植者はほとんど故国に引き揚げていた。アフリカにもレバノン系やインド系などの外部出身の「中間層」が存在するが、東南アジア社会と比べると相対的に存在感は薄い。したがって、独立後のアフリカの複合社会を特徴づけるのは、アフリカ人内部におけるエスニック集団の分立関係だということになる。

ルイスによれば、アフリカ社会において重要なのは、持つ者と持たざる者の垂直的な階層関係ではなく、言語や文化を異にする集団間の水平的な併存状態である。このような集団の多極的な分立は、ヨーロッパ社会における持てる者と持たざる者の垂直的な対立、すなわち階級対立とは、根本的に性格が違う。ヨーロッパでは、階級対立に対応する政治制度が発展してきたが、アフリカの独立諸国がこれらを無批判に移植すると、破滅的な結果になりかねない——ルイスの主張の眼目は、そこにある。

階級対立に対応するヨーロッパの政治制度とは何か。ルイスによれば、これは典型的には、いわゆるウェストミンスター制度であり、二大政党制を規範とするアングロサクソン型の政治制度である。この体制は中央集権的であり、住民の代表は小選挙区制を通じて選ばれる。たとえば選挙区でA党、B党、C党の候補者が競い合い、それぞれの得票率が四対三対三であった場合、得票率が過半数に満たなくてもA党の候補者が当選し、国会に送り出されるであろう。そこでは小政党には議席を得る展望がほとんどないから、政治制度は、たとえば労働党と保守党、あるいは民主党と保守党といった、二大政党制に収斂しやすいと考えられている。

ところが、ルイスによれば、この制度を西アフリカの複合社会に導入すると、危機的な事態になりかねないという。言語や宗教、慣習や歴史的背景を異にする複数のエスニック集団が分立する社会において小選挙区制が採用された場合、主としてA人が居住する選挙区ではA人の利益を代表する候補者が確実に当選し、選挙区内のB人は代表を国会に送り込むことができない。逆にB人が多数派を占める選挙区では、B人の利益を代表する候補者が当選することだろう。その結果、全国レベルにおいては、A人とB人の対立が過度に強調されてしまう。A人が全体として多数派を占める国では、B人は分離独立の動きを強めるかもしれない。A人の地域では少数派のB人が迫害され、B人の地域では少数派のA人が迫害されることになるかもしれない。A人もしくはB人による独裁政治がはじまる。あるいは、深刻な内戦が勃発する。

ここでのA人とB人は、エスニックな情念のみに突き動かされて敵対するわけではない。アフリカの「部族紛争」の背後にはたいてい経済的利益の対立があることを、経済学者ルイスは見通していた。たとえば西アフリカでは、植民地期に成立した換金作物栽培や鉱業などの飛び地的近代部門が、広大な低開発地域に囲まれている。こうした場所では、独立国家内のエスニック集団間の対立は、近代部門にアクセスできる集団と近代化の利益から排除される集団との対立と重なり合うことで、ますます深刻化していくことになる。ヨーロッパ世界における資本家と労働者階級の対立が、遍在する生産点で生み出されてきたのとは対照的に、西アフリカにおける貧富の格差はエスニシティの相違と結びつき、それが地理的な対立感情を正面から煽り立てる。ここに導入される小選挙区制は、文化的帰属を異にする諸集団の潜在的な対立の構図をあぶりだし、地域間の戦争状態を、あるいは諸集団が混住する場所では隣人どうしの殺戮さえ招き寄せかねない。

こうした事態を避けるには、どのような政治体制が望ましいのだろうか。ルイスの処方箋は、①比例代表制、②連立政府、③連邦制の組み合わせである。比例代表制が採用されれば、少数派勢力であっても、議会では人口比に応じた発言権を確保できるはずである。そして、一定以上の得票を得た全政党が連立政府を組織するように憲法で義務づければ、少数派であっても政策決定に参加できるようになる。さらに連邦制を採用すれば、それぞれのエスニックな集団は自治の経験を積むことができるし、分離の権利を制度的に保証することで、相対的に豊かな少数派地域による中央政府への反発を抑止することが可能になるだろう。

国民国家を構成する種々のエスニック集団の対立を抑制するためには、中央集権体制を整備するのが一番の近道であるように思える。だがこれは、地域間の経済格差が相対的に穏やかなタンザニアにおけるウジャマー社会主義などのケースを例外として、アフリカの大部分では現実には非常に危険な選択である。逆説的なことだが、融和を達成する近道は、ルイスによれば、それぞれの集団に対してエスニックな忠誠を表明する機会を与えることである。新政府が成長を周到に持続させる経済政策を採用することができれば、エスニックな忠誠の上部に、少しずつ国民的な忠誠を育てていくことが可能になるかもしれないと、ルイスは指摘する。後進地域と先進地域の格差を是正するには農業部門とりわけ食糧生産への支援が必要であるが、妥協にもとづく安定した政治体制を確立しないかぎり、持続的な開発政策を実施することなどできない。ルイスが『西アフリカにおける政治』を執筆したのは、コンゴ動乱の衝撃がまだ生々しく、西アフリカではビアフラ戦争の足音が近づいていた時期であった。アフリカが独裁と大量難民の時代を迎えようとする時代に書かれた『西アフリカにおける政治』は、ファーニヴァルの『植民地政策とその実践』とはまた違った意味で、切実な時論の書だったということができる。

経済学者ルイスの代表作とみなされているのは、『西アフリカにおける政治』ではなく、一九五四年に発表された論文「労働の無制限供給下の経済発展」である。[21] ここで確立された二重経済モデルは、戦後の開発経済学の礎石のひとつだと考えられている。硬直した中央集権政治と都市偏重政策を採用したンクルマと訣別し、最終的にアメリカ世界に戻ったルイスは、カリブ開発銀行総裁、西インド大学学長などの要職につく一方で、貿易論や長期波動の研究の領域でも傑出した業績を残し、一九七九年、アフリカ系人として史上初めてノーベル経済学賞を受賞した。

経済学者ルイスは、あまりにも有名である。だが、彼がアフリカ系人であったこと、異端の社会主義者であったこと、そして西アフリカに関して独創的な政治制度論を残したことは、ほとんど知られていない。とりわけ、ルイスが『西アフリカにおける政治』において練り上げた多極共存型の統治モデルは、独立後のアフリカ諸国がつぎつぎと軍事独裁もしくは単一政党制に移行するなかで、ほぼ完全に忘れ去られてしまったかのようにみえる。

しかし、ルイスの洞察が完全に葬り去られたわけではない。二〇世紀末において、ルイス型の政治体制の可能性が熱く議論され、結果的に、ルイスが提唱した統治モデルがほぼそのまま採用された国が存在する——南アフリカ共和国である。

南アフリカは一七世紀から一九世紀初頭まではオランダ植民地、一九世紀初頭からはイギリス植民地であった。ファーニヴァルは一連の著作を通じて、東南アジアにおけるイギリス植民地とオランダ植民地の比較を試みたが、現在の南アフリカでは、いまだに白人住民の六割はアフリカーナーと呼ばれるオランダ系、四割はイギリス系である。南アフリカの白人住民は、現時点でも人口の一二・五パーセントを占め、一定の存在感を示し続けている。さらに南アフリカには、白人と先住民、東南アジアのマレー系奴隷などの混血の子孫で構成される「カラード」と呼ばれる社会層、さらにインド出身の契約労働者の子孫を核とするインド系住民が存在し、それぞれ人口の八・五パーセント、二・五パーセントを占めている。残りの七五パーセント強の住民が、多数派の黒人である。南アフリカの白人の所得は、いまだに同国の実質可処分所得全体の四九パーセントを独占している。(22) このような歴史と住民構成を考えるとき、南アフリカは、ファーニヴァルが対象としたビルマやインドネシアのような二〇世紀前半の東南アジア植民地の複合社会の状況を、凝縮された形で現在まで引きずっている国だということもできる。第二次世界大戦後、東南アジアや大部分のアフリカ社会の「白い主人」は消えたが、多数の白人入植者とその子孫をかかえる南部アフリカでは、赤裸々な植民地状況が続いてきたのである。

こうした二〇世紀後半の政治状況の分岐にもかかわらず、東チモールに対する独立インドネシアの占領政策は、同じ時期に南部アフリカで起きていた事態を生々しく想起させるものである。旧ポルトガル領植民地の独立に対して隣接する旧オランダ領植民地の地域大国が陰惨な介入を繰り返すという構図は、双方に共通している。南アフリカ共和国の近隣に位置するモザンビークとアンゴラは、一九七〇年代の独立前は、東チモールと同じポルトガル領植民地であった。これらの黒人独立国家は、八〇年代に南アフリカ白人政府による軍事侵攻を含む不安定化工作を受け続け、そのための死者はモザンビークだけで一〇〇万人にも達した。そのような歴史的経過もあり、東チモールの解放勢力と、アフリカ民族会議（African National Congress：ANC）を含む南部アフリカの解放勢力は、長きにわたって友好関係を維持してきた。経済基盤を破壊されたモザンビークの人々は、和平後の九〇年代後半、経済難民として大挙して南アフリカに押し寄せてきている。

さて、ルイスの統治モデルを南アフリカに移植するにあたり中心的な役割を果たした人物が、オランダ出身のアメリカの政治学者アーレント・レイプハルトである。レイプハルトの初期の代表作としては、分断されたオランダ社会における民主主義の発展をテーマとする『協調の政治』（一九六八年）が有名である。[23] カトリックとプロテスタントが競い合う構図に階級対立がからみあうオランダの政治過程を詳細に分析したレイプハルトは、一九七一年の論文「文化の多様性と政治統合の理論」において、初めてルイスの『西アフリカにおける政治』に言及している。[24]

レイプハルトにとって、ルイスとの出会いは大きいものだったようだ。その後のレイプハルトは、ルイスの西アフリカにおける比例代表・連立・連邦モデルを一般的なモデルへと洗練させ、途上国・先進国を問わず、ルイス的なモデルの普遍的妥当性を主張するに至る。ここにおいて、ルイスの政治論は、西アフリカの文脈を超えて一人歩きしはじめることになった。レイプハルト流に再解釈されたルイスの構想は、現代南アフリカの政治的舞台にどのような波紋を投げかけることになったのだろうか。本章の後半では、この点を詳しく検討していくことにしよう。

三　レイプハルトのパワー・シェアリング論と南アフリカの実験

パワー・シェアリングの理論とその影響力の拡大

レイプハルトは、ルイスのモデルの延長線上に多極共存型の統治モデルを定式化し、これをコンソーシエーション型民主主義（consociational democracy）と名づけた。ラテン語の consociare（ともに結びつき、共同社会に参加すること）を語源とするコンソーシエーションには、連合、共同、提携といった意味が与えられている。[25] レイプハルトはルイスの政治体制論を精緻化させながら、コンソーシエーションの概念を複合社会における種々の人種的・民族的ユニットの共存を図る一般的政治制度として定義し直した。コンソーシエーションの概念は、特に南アフリカでは、パワー・シェアリング（power-sharing：権力共有）という言葉で流通することになる。レイプハルト自身、この二つの用語は同義だとしているから、これから本章でも、特に区別せずに使うことにしよう。[26]

レイプハルトの主著『複合社会の民主主義』（一九七七年）では、ファーニヴァル＝ルイスの問題意識を踏襲しつつ、複合社会に広い定義が与えられている。すなわち、途上国であれ先進国であれ、宗教的・イデオロギー的・言語的・地域的・文化的・人種的・およびエスニックな性格を有する亀裂によって分断された社会が、複合社会だとされる。[27] レイプハルトによれば、この種の社会に最適な統治モデルとしてのパワー・シェアリングには、以下の四つの構成要素がある。すなわち、①社会の重要な政治的単位のすべての代表が大連立を形成すること（大連合）、②各政治的単位に対して、それぞれが処理すべき事柄に関する大幅な自治権を与えること（区画の自治）、③選挙制度として比例代表制を採用し、公共の予算配分や人員配置も住民の比率に比例させること（比例制）、そして、④連立政府において大政党だけでなく少数派政党にも拒否権を与え、少数派の政治的権利を保護すること（相互拒否権）、以上である。[28]

容易にみてとれるように、これらの構成要素は、④の拒否権の規定を除いて、ルイスによる西アフリカ政治論の骨格の完全な引き写しである。[29] むしろレイプハルト理論の新鮮さは、ガブリエル・アーモンドやロバート・ダールといった政治学者の諸研究と、オランダを舞台とする「エリート協調」の政治の解剖学をふまえながら、ルイスの着想を一般理論としてモデル化したところにあるといえるだろう。東南アジアと西アフリカを母体として生まれた複合社会の民主主義論は、レイプハルトの手で、地域を問わず普遍的な妥当性をもつ規範モデルとしての地位を確立したのである。

レイプハルトは、経験的にこのパワー・シェアリング制度を練り上げて民主主義の達成に大きな成功を収めた国として、西ヨーロッパのオランダ、ベルギー、オーストリア、スイスなどを挙げている。非西洋世界においてはレバノンやマレーシアが典型的な例であり、旧オランダ領植民地ではスリナムなどがそうだとされる。スカルノ時代のインドネシアでも非公式なコンソーシエーション型の政治が実践されていたし、一九五〇年代末の独立を控えたナイジェリアでも、広い意味でのコンソーシエーションが試みられたことがあるという[30]。

これらは、おおむね西ヨーロッパか、独立後の旧植民地の事例である。ところがレイプハルトは、ルイスが練り上げた西アフリカ民主主義モデルにもとづくパワー・シェアリングの規範を、植民地状況を色濃く残す南アフリカにそのまま適用しようとする。興味深いことに、ルイス自身は、西アフリカを対象とする自らの民主主義モデルが同時代の南アフリカに適用可能だとは考えていなかった。ルイスによれば、西アフリカ以外のアフリカの一部では、「一握りの人々が大部分の土地を所有していたり、大規模な産業プロレタリアートが存在したり、あるいは大衆がある種のカースト制度もしくは人種主義制度のもとで抑圧されている。このような国々では、政治的戦争は不可避であり、健康的でありうる[31]」。「このような国々」の代表が南アフリカであることは、明白であろう。

しかし、ルイス＝レイプハルト型の多極共存型統治モデルは、結果的にアフリカ大陸では初めて、この垂直に著しく階層化した南アフリカにおいて本格的に採用されることになった。南アフリカの敵対する政治勢力は、いったいどのような経過で、「政治的戦争」の対極にあるパワー・シェアリング構想に同意するに至ったのだろうか。以下、その具体的な経過を整理しておきたい。

オランダ・南アフリカの文化交流条約にもとづき、レイプハルトが初めて南アフリカを訪問したのは、一九七一年のことである。これは、ちょうどスティーヴ・ビコらに率いられた黒人意識運動が絶頂期を迎えはじめた時期であり、七六年には有名なソウェト蜂起が勃発した。南アフリカの人種対立が完全に非和解的なものに思われたこの時期、レイプハルトの議論を好意的に受け入れたのは、オランダ系白人移民の子孫であるアフリカーナーの支配に不満を抱く、イギリス系のリベラル派白人知識人層およびキリスト教会に限られていた。[32] アパルトヘイト体制を築き上げたのは、四八年に権力を握ったアフリカーナー民族政党の国民党（National Party：NP）である。イギリス系白人も多くはNPを支持していたが、一部の者はアフリカーナーの露骨な人種主義支配に嫌悪感を表明し、リベラルな批判勢力を形成していた。

レイプハルトは一九八〇年代に入っても現地の白人知識人との接触を繰り返し、やがて南アフリカへの具体的な処方箋を盛り込んだ著名なモノグラフ『南アフリカにおけるパワー・シェアリング』（一九八五年）を発表する。同書によれば、すでに述べたパワー・シェアリングの四つの要素で構成されるコンソーシエーション型民主主義は、他の選択肢がないがゆえに、南アフリカに残された「唯一の」現実的可能性である。この処方箋はまた、南アフリカの全政治勢力にとっての「次善の策」であるがゆえに、敵対するすべての政治勢力が合意できる唯一の選択肢にほかならないと、レイプハルトは主張した。[33]

一九七〇年代の黒人反乱を武力で鎮圧したNP政府は、国際社会の経済制裁を受けるとともに、八〇年代には深刻な不況に直面し、政権基盤の崩壊の危機に直面した。NP政府は一九八三年に憲法を修正し、大統領制に移行すると同時に、カラードとインド系住民に選挙権を与えて人種別の三院制議会を発足させようとした。NPの三院制議会構想は、コンソーシアム型民主主義の用語に彩られていたが、レイプハルトは、肝心の多数派アフリカ人の参政権が否定されている以上、これは「まがいものの（sham）」コンソーシアムにすぎないと断じた。[34]

アパルトヘイト体制の中途半端な「手直し」は、黒人大衆の激しい反発を招いた。一九八三年には、三院制議会選挙のボイコット運動を契機として、南アフリカ最大の反アパルトヘイト組織連合である統一民主戦線（United Democratic Front：UDF）が結成された。人種別の議会は正統性を有することができず、アパルトヘイト体制に対する国内外の批判がいっそう強まり、黒人のストライキが恒常化していく。手詰まり状態が続くにつれて、アフリカ人を包含するパワー・シェアリングの導入を求めつつ、同時に白人少数派の経済的・政治的・文化的権利をも保護しようとするレイプハルトの議論は、最終的な「落としどころ」を提示したものと解釈され、一九八〇年代後半にはNP系の政治家や知識人のあいだでも本格的に検討されていくことになる。[35]

レイプハルトは、一九八〇年代半ばのNPの中途半端な改革を厳しく批判する一方で、イギリス系リベラル派の少数派政党である進歩連邦党（現在の民主党）が一九七八年に提示した新憲法構想や、ズールー民族主義勢力インカタのブテレジ委員会（レイプハルト自身も参加していた）が一九八二年に提示したクワズールー・ナタールの政治改革案については、コンソーシアム型民主主義の要素を十分に取り入れた構想として、全面的な賛意を表した。[36]こうしてレイプハルトのパワー・シェアリング論は、一九八〇年代を通じて、ANCや南アフリカ共産党（South African Communist Party：SACP）といった黒人多数派を支持基盤とする解放運動を除いて、まずは南アフリカの種々の少数派政治勢力のなかで着実に影響力を広げていくことになった。

国民統合政府の誕生

一九八〇年代末、NP政府は本格的なパワー・シェアリングに向けて、重大な一歩を踏み出した。デクラーク大統領は一九八九年にネルソン・マンデラを釈放し、ANCをはじめとする解放運動を合法化する。かくして新体制への移行をめざす全政党間の交渉がはじまった。一九九〇年にNPの大統領評議会が提出した報告書は、レイプハルト流のパワー・シェアリングの方向を明示するものとして、画期的なものだったということができる。レイプハルトの著書を参考資料として引用しながら、同報告書は「比例代表制は少数派の権利を保護するもっとも強力な手段のひとつ」だと述べ、期待される南アフリカの新体制は、主要政党の大連立の原則にもとづきつつ、少数派の拒否権を明確に保証するものでなければならないと主張した。(37) 他方、同年にANCがケープタウンで開いた選挙制度に関するワークショップでも、比例代表制の方向性が共有された。暫定政府における諸政党の連立という原則についても、主要政党のあいだで早期に合意が成立した。

残る最大の争点は、新憲法の採択方法と「拒否権」をめぐる問題であった。ANCは、全人種参加の総選挙を実施し、新たに選ばれた制憲議会議員が新憲法を採択するのが筋だと主張したが、NPは、政党間交渉の場で採択すれば十分だと主張した。さらにNPは、完全な「一人一票」の普通選挙を求めるANCに対し、少数派の「集団の権利（group rights）」を擁護し、そのためには新憲法においても白人少数派の拒否権が制度的に保証されるべきだと主張した。少数派の拒否権とは、レイプハルトがルイスの要件に追加した要素であり、これをNPは、コンソーシエーション型民主主義モデルの最も重要な構成要素だと解釈していた。

南アフリカの種々の政治勢力は、レイプハルトのモデルを、そのまま喜んで受け入れたわけではない。南アフリカの知識人の側には、南アフリカにおける諸人種集団の対立の深刻さを考えると、レイプハルトによるパワー・シェアリングの処方箋は決して現実的ではないという根強い批判が存在した。南アフリカは西ヨーロッパの中小国と比べると人口が多く、各人種集団の力はバランスがとれておらず、各集団には融和と協調を求める雰囲気が欠けており、それぞれの政党は必ずしも正統性を有しておらず、国外からの圧力は集団によって異なる受け止め方をされており、さらに、人種間の緊張関係は雇用の場でも日常生活の場でも厳しい。これらの点はすべて、南アフリカでは、レイプハルト自身が挙げたパワー・シェアリングに有利に作用する条件が「欠如」していることを示しているというのである。[38]

結局のところ、鍵を握っていたのは、黒人多数派の意志を代弁するANCブロックの方であった。ANCブロックは白人少数派の拒否権の規定には断固として反対し続けていたが、重要なのは、それ以外の点については、ANCブロックも最終的にパワー・シェアリングを容認する態度を固めたことである。これにはいくつかの理由が考えられる。第一に、一人一票の普通選挙が実施されれば、小選挙区制だろうが比例代表制だろうが、ANCが多数派を占めることは目に見えていた。第二に、新しい政権の中枢を黒人多数派が支配するのは確実であるにせよ、次世代の民主主義政府は経済の根幹を握る白人ビジネス界と共存しないわけにはいかず、その意味では何らかの妥協が不可避であった。第三に、ANCやSACP、そして南アフリカ労働組合会議（Congress of South African Trade Unions：COSATU）といった解放勢力は、内部に無視できない数の白人、インド系、およびカラードの活動家を抱えていた。したがって、人種隔離の原理には断固として反対しつつも、組織構成員の文化的および歴史的背景の相違については、少なくとも暗黙のうちに、これらの組織内では敏感な問題だと認識されていたと考えることができる。

第四に、ANCおよびSACPの指導部の大部分は亡命生活を経験していた。東欧・ソ連、西ヨーロッパ、北アメリカ、そしてアフリカ大陸に散らばった政治難民たちは、交渉の開始とともに大挙して祖国に復帰した。さまざまな亡命の地で多様な政治文化にさらされてきた反体制運動の政治エリートたちは、ソ連邦という社会主義帝国が崩壊したことの重さも、十分に承知していた。第五に、アパルトヘイトの廃絶を社会主義革命の前段階としての民族民主主義革命と位置づけるSACPは、ウェストミンスター型の多数派支配の統治形態に特別な愛着を有していたわけではない。アングロサクソン型だろうが大陸ヨーロッパ型だろうが、ブルジョア民主主義であることに変わりはないからである。[39]

当時のANCの交渉団には、SACPが強力な影響を与えていた（ANC幹部の多くは、同時にSACPのメンバーだった）。交渉においてANCを妥協に導くにあたって重要な役割を演じたのが、ジョー・スローヴォSACP議長である。党機関誌に掲載された一九九二年のスローヴォ論文が主張するところによれば、解放運動は「降伏した敵」を相手にしているのではないのだから、必要な場合には戦略的な妥協を行なわなければならない。とりわけ、白人少数派が軍と警察の要所を押さえているという事実は重い。SACPは「（新体制への）移行後の反革命の危険を過小評価してはならない」のであり、反動に先手を打つことで、その基盤を弱めることが必要である。スローヴォによれば、すでに解放運動が譲った妥協点には、憲法改正の要件として議員の過半数ではなく特別多数決を容認したこと、また、未来の政府のパワー・シェアリング（ここでは「連立」の要素）を容認したことが含まれている。スローヴォは、今後の交渉において決して妥協できない点として、新憲法では白人少数派の拒否権を制度的に固定化しない、連立政府を永続的な規定にはしない、といった項目を確認したうえで、その他の比較的重要でない項目については妥協の道を模索すべきだと論じた。[40]

新体制の細部について主要政党が合意に達するまで、南アフリカでは混乱の時代が続いた。黒人多数派の側では、ズールー民族主義を掲げる政治勢力インカタが、現場のANC活動家とのあいだで内戦に近い衝突を繰り返しながら、完全な連邦制を求めて妥協を迫った。白人少数派の側では、アパルトヘイトの維持を掲げる右翼がテロを繰り返した。

しかし、一九九三年一一月には主要政党の妥協が成立し、翌九四年四月、全人種が参加する一人一票の総選挙が実施されることが決定する。[41] 選挙方法としては比例代表制が採用され、さらに、総得票の五パーセント以上を占めた政党は得票率に応じた閣僚を送り出し、二〇パーセント以上を占めた政党は二名の副大統領のうち一名を送り出すことになった。すなわち、一定以上の勢力を獲得した全政党が連立政権を組織することが規定されたのである。また、純粋な連邦制とまではいかなかったが、各州には大幅な自治権が認められることになった。[42] レイプハルトの構想では少数派の拒否権の重要性が強調されていたが、この規定は最終的に盛り込まれなかった。すなわち、ルイスが定式化した①比例代表制、②連立政府、③連邦制の規定はすべて満たされる反面、レイプハルトが追加した拒否権の規定のみが排除される結果になったのである。[43]

一九九四年四月二六日から二九日にかけて、南アフリカ全土で史上初の全人種参加の総選挙が実施された。開票の結果、ＡＮＣが総投票数の六二・七パーセント、ＮＰが二〇・四パーセント、インカタ自由党（Inkatha Freedom Party：ＩＦＰ）が一〇・五パーセントを獲得し、それぞれの得票率に応じた閣僚を送るとともに、ＡＮＣ議長のネルソン・マンデラが大統領に就任した。副大統領の一人にはＮＰのデクラークが就任した。このときの選挙結果は、表３‐１に示される通りである。シンプルな比例代表制が採用されたため、各党の得票率と国会議席配分率がほぼ完全に一致していることに注意しておきたい。

こうして成立した新政府は、国民統合政府（Government of National Unity：ＧＮＵ）の名前で知られることになる。完全な普通選挙によって成立したＧＮＵは、疑問の余地のない正統性を有している。マンデラ大統領は、新生南アフリカのシンボルとして、黒人と白人の双方から歓呼の声をもって迎えられた。国際社会の異端児だった南アフリカは、アフリカ大陸を代表する民主国家に生まれ変わった。新たに選出された国会は、暫定憲法をたたき台として慎重に新憲法草案の審議を進め、新たな南アフリカ共和国憲法は、一九九六年一二月にマンデラ大統領の署名

表３－１　1994年総選挙の各党の得票率と国会議席配分

	得票率（%）	議席配分席（%）
ANC（アフリカ民族会議）	62.65	252（63.0）
NP（国民党）	20.39	82（20.5）
IFP（インカタ自由党）	10.54	43（10.8）
FF（自由戦線）	2.17	9（2.3）
DP（民主党）	1.73	7（1.8）
PAC（パンアフリカニスト会議）	1.25	5（1.3）
ACDP（アフリカキリスト教民主党）	0.45	2（0.5）
その他の諸政党	0.82	0

出典：Independent Electoral Commission 資料

を受けて、正式に発効した。

レイプハルトによれば、南アフリカのGNUは、完全にコンソーシアム型民主主義の原理にもとづくものだという。レイプハルトのパワー・シェアリングのモデルは、各集団が内部的に一定の均質性を有していること、そして、それぞれの集団は集団の利益の極大化を求めて行動することを前提とするものであった。そこでは諸集団のコンセンサスも重視されるが、このコンセンサスは、レイプハルトのモデルにおいては、エリート指導者の戦略的なゲームを通じて達成されることになる。妥協が困難であるからこそ、対立の帰結が破滅であることを指導者が自覚したとき、深刻な対立はかえって妥協を促進することになる。指導者は暴走する民衆を抑制しながら、対立する集団との妥協と協調の道を真剣に模索するに至るのである。レイプハルトは、障害の強さがかえって障害を乗り越える有利な条件になるという構図を、自己否定的予見（self-negating prediction）と呼ぶ[44]。

といっても、破滅的な帰結を恐れるのは指導者だけではあるまい。どのような地域紛争においてであれ、エスニックな集団の指導者が「敵」の完全な殲滅を求めて情念に訴え、組織の構成員を動員しようとしても、現場では厭戦気分が広がることがある。諸集団の指導者が破滅を避けようとすれば、その社会における最大多数の成員のコンセンサスが何らかの形で存在していなければならない。そして、このコンセンサスの性格を十全に理解しようとすれば、妥協を指導者の交渉ゲームとして解釈するだけではなく、その社会の文化的規範それ自体をも検討する必要がある。(45)

実際、南アフリカの新体制への移行は、指導者の打算だけで達成されたわけではなかった。交渉の過程で、いかに壊れやすいものだったにしても、黒人多数派と白人少数派の双方を包含する融和の価値観が醸成されたことは、特筆に値する。この点で、ANC指導者ネルソン・マンデラが果たした役割は巨大であった。二七年間を獄中で暮らしたマンデラは、白人少数派への報復を扇動することもできたはずである。ところが、釈放されたマンデラは、すべての南アフリカの人種集団・エスニック集団の和解の意義を繰り返し説き続け、すべての集団から草の根の水準で尊敬を集めるようになった。マンデラの存在は、南アフリカ人の共通の社会的意志を平和的に体現するシンボルだったといえるかもしれない。(46)

ゲームのプレイヤーに拒否権が与えられれば、交渉の強力な武器になるはずである。しかし、オリジナルなルイスの連立政治論において重視されていたのは、分裂した諸集団の指導者たちによる拒否権の行使をちらつかせた交渉ではなく、むしろ自治と連合を通じて社会的なコンセンサスを積み上げていく漸進的なプロセスにほかならない。そしてルイスは、このようなコンセンサスを重視する民主主義の手続きは、伝統的なアフリカ人社会のルールにも合致すると指摘していた。(47)

南アフリカの新憲法は、少数派の文化や言語を擁護する鮮明な規定を盛り込む一方で、集団の境界線を最悪の形で固定化しかねない拒否権の規定は周到に排除した。拒否権の導入は、それを行使する集団に一枚岩の意思統一ができていることを前提とするのみならず、南アフリカの文脈では、白人の既得権を脅かすような格差是正措置がほとんど実施不可能になることを意味する。南アフリカの交渉の当事者のなかにはレイプハルトの著作を真剣に読み進めた者が少なからずいたが、三〇年前に執筆されたルイスのテキストを直接読んだ者はほとんどいなかったことだろう。しかし、交渉の末に誕生した新生南アフリカの多極共存型民主政治の精神は、結果的に、レイプハルトよりもルイスのそれに近いものだったといえるのではなかろうか。

新しい南アフリカ人を包含する理想は、分裂した諸集団間の冷たい打算にもとづく並存状態ではない。この理想は、マンデラにおいては、すべての集団が豊かに共存する「虹の国」のレトリックに、そしてマンデラの後継者として一九九九年六月に大統領に就任したターボ・ムベキにおいては、「アフリカン・ルネサンス」という言葉に象徴されるアフリカニスト的なレトリックに彩られている。ムベキによれば、先住民の子孫であれ入植者の子孫であれ、アフリカの地を故郷とするすべての人々は、自分たちを誇りをもって「アフリカ人」と呼ぶことができる。アパルトヘイトから脱した南アフリカに生きる人々は、この国がアフリカに浮かぶヨーロッパの島などではなく、あくまでアフリカ大陸の一員であることを自覚し、この運命共同体の復興と再生のために奮闘しなければならない(48)。有能な指導者たちが公的な言説の場で周到に言葉を選んで紡ぎ出すこうした「夢」は、失業中の黒人青年や露骨な白人人種主義者の目には美辞麗句としか映らないかもしれないが、それでも諸集団を束ねる接着剤としての機能を確かに果たし続けている。

四　南アフリカの現在

レイプハルトのコンソーシアム理論には賛否両論がある。比較的最近の批判的コメントとしては、ジョヴァンニ・サルトーリのものがよく知られている。サルトーリは、分断された社会においてパワー・シェアリングが重要な役割を果たしうることについてはレイプハルトに合意するが、コンソーシアム理論を世界中に移植されるべき規範的なモデルに祭り上げようとするレイプハルトの姿勢には、鋭い批判を投げかけている(49)。この意味で、レイプハルトの姿勢がオリジナルなモデルを提供したルイスの慎重な姿勢から相当に離れてしまっていることに、あらためて注意しておきたい。ルイスは、自らのモデルの対象が独立当時の西アフリカに限定されることを繰り返し言明していた。すでに指摘したように、彼は一九六〇年代の南アフリカについては「政治戦争は不可避だ」という観察を表明しており、その一方、たとえば東アフリカのタンザニアのような社会主義国では、一党制が意味のある選択になりうると指摘している(50)。

南アフリカの文脈では、レイプハルトのパワー・シェアリング論がエリート統治論に傾斜しがちであることについて、かなり前から根強い批判があった。レイプハルトの理論がエリート主義的という批判を受けるのは、集団の一般の構成員と指導者との間のフィードバックの回路が明示的な考察の対象になっていなかったからである(51)。国民統合政府（GNU）の成立後の政治動向をみると、この批判は的を得ていたということができる。すなわち、政党指導者間のコンセンサスを崩さないために、GNUの閣僚は閣外で議論するのを避ける傾向を示すようになったのである。GNUの成立から二年目の時点で、レイプハルト型の固定的な「方程式」から脱し、もっと折衷的な政治制度を自覚的に探究することが肝要だという批判が提示されるようになったのも、当然のことであった。[52]

実際のところ、南アフリカにおけるパワー・シェアリングは、決して長続きしなかった。一九九六年六月、NPはGNUから脱退し、すべての閣僚を内閣から引き揚げ、実に四八年ぶりに野党となった。同月三日の国会の議事録には、デクラークの副大統領としての最後の演説が収録されている。デクラークは、自分は副大統領の地位にあったにもかかわらず、GNUの閣議において重要事項について適切な相談を受けることがなかったと主張する。連立政府のなかで協力と反対の狭間でバランスをとるのは、NPにとって決して容易なことではなかった。さらに、新憲法の草案のなかにパワー・シェアリングを永続化させる規定を盛り込もうとしたNPの「控えめな提案」を、ANCは拒絶した。これは、コンセンサスにもとづく政府にとっては「死刑宣告」に等しい。デクラークによれば、南アフリカにおける複数政党制の生き残りは、強力で信頼される野党が存在するかどうかにかかっている。[53]

デクラークの演説は力強い野党宣言だったが、野に下ったNPは凋落の一途をたどっていくことになる。黒人選挙民にとって、四〇年以上にわたり政権を独占していたNPとアパルトヘイト支配との連想を断つことは不可能であり、カラードの一部を除き、公然とNPを支持する黒人はほとんどいない。かつてのNPは白人選挙民から一枚岩に近い支持を受けていたが、この支持基盤は、急激に掘り崩されつつある。保守的な白人はアパルトヘイトを放棄したNPを裏切り者と見なしており、強い反ANC感情を抱く者は民主党（Democratic Party：DP）などの他の野党に鞍替えしつつある。

レイプハルトのコンソーシエーションの概念は、基本的に水平的な集団の分立を想定するものだったが、南アフリカにおいて政治権力を分担した集団間の関係の性格は完全に異なっていた。黒人多数派は貧しいが、白人少数派は格段に豊かであった。白人は政治力と経済力を独占していたが、独裁の正統性を内外に承認させることができない少数派集団であった。その反面、黒人は多数派だが、一国の経済を運営する技能と権力を奪われてきた。黒人を包含する新体制の確立によって、白人ビジネス界は熟練した黒人労働者と新たな市場機会を確保しようとし、白人政治家は政治体制の正統性を獲得しようとした。その反面、黒人政治家と黒人企業家にとって、白人国家が築き上げてきたアフリカ随一のインフラ、経済力、西側諸国との結びつきは、周到に利用するだけの価値があった。そのような意味では、数の力を有する黒人と経済力を有する白人は、ジグソーパズルの断片のように、一方は片方を、片方は一方を必要としていた。

南アフリカにおいてパワー・シェアリングが実現した根拠は、そこにあったということができる。しかし、暫定的な政治制度としてのパワー・シェアリングは、基本的に「支配者と非支配者の共存」を意味しており、これをラディカルな変革を指向するものと解釈することはできない。「豊かな少数派」が「貧しい多数派」のために犠牲になることを意味しない以上、南アフリカに適用されたレイプハルトのパワー・シェアリング・モデルは、本質的に「豊かな少数派」の権利を擁護しようとするものにほかならなかったのである(54)。

したがって、アフリカの地においてひとたび黒人多数派が主導する政権が確立したとき、多数派がパワー・シェアリングの制約から逃れ、経済力の格差の是正を執拗に求めようとしたのも、十分に理解できることである。ANC主導のGNUのもとで、少なからぬ黒人が官僚や大企業幹部に登用され、黒人の小規模ビジネスが優遇されるようになった。かくしてNPとデクラーク副大統領は、自分たちは疎外されていると感じるようになった。南アフリカの過去の歴史を考えれば、権力の重心が白人政党の支配からパワー・シェアリングを経て、徐々に黒人多数派へと移行しつつあるのは、正当なことだといわねばならない(55)。

問題はむしろ、黒人が一様に豊かになるわけではないことである。政治暴力が比較的沈静化する反面、現在の南アフリカでは一般犯罪が激増している。近年では農村の孤立した白人農場主の家族が殺害されるケースも増えている。家屋への侵入や自動車の強奪が日常化するにつれて専門技術を有する白人は国外に流出し続けているが、マンデラ大統領によれば、白人であれ黒人であれ「とどまる人々こそが真の南アフリカ人であり、彼らの第一のロイヤルティはこの国に向けられている」という。マンデラは、「自分たちの国にとどまるだけの勇気と愛国心がない者は、立ち去ればよい。いいやっかい払いだ」と突き放す。[56] アパルトヘイトの時代には、多くの黒人が迫害から逃れて国境を越え、政治難民と化し、亡命の地で解放運動に加わった。制度的な人種差別が消滅した今、「国を捨てる」のは相対的に豊かな白人たちである。

もっとも、最近の世論調査によれば、犯罪に恐怖感を抱いている人々の割合は、白人よりもむしろ黒人の方が高い。白人が被害にあう場合と比べると、黒人居住区での犯罪は比較的マスコミに登場しないし、警察に報告されることも少ない。商工業の中心地ジョハネスバーグでは、住民の六三パーセントが過去五年間で何らかの犯罪の犠牲になったと回答している。同地での犯罪への恐怖感を人種別に見ると、日没後に自分たちの住宅地が危険だと感じている者の割合は、白人は五八パーセント、アフリカ人は六七パーセント、カラードは八三パーセントであったという。[57]

犯罪に手を染める者の大部分は、失業中の黒人青年である。白人からであれ黒人の同胞からであれ容赦なく盗み、目撃者を簡単に殺害する者の心理を詳細に分析することは、ここではできないが、そこにアパルトヘイト撤廃後の黒人の階層分解が微妙な影を落としていることは明らかであろう。かつての反アパルトヘイト運動が急進的な社会主義路線と決別し、主要な解放運動活動家が白人エリートとともに経済の舵取りに乗り出すにつれて、一九八〇年代にはコミュニティの若者の不満を代弁していた人々は旧白人居住区に移り住み、下層の住民とは明らかに異なる生活を営みはじめた。憲法は生まれ変わり、制度的な差別は消滅したことになっているが、多数派の生活の質は全体としてはむしろ悪化している。

将来に絶望した若者の欲求不満は、以前は雄弁な「兄貴分」の活動家によって反体制運動へと方向づけられていたのだが、今では若者の情念をコントロールできるはずの人々の多くがコミュニティから退出してしまった(58)。かつてファーニヴァルは、オランダ領インドネシアの植民地社会について、伝統的な社会的規範が消滅し、アトム化した人々は自己利益に突き動かされて行動するようになったと嘆いたが、この状況は現在の南アフリカにおいて、いっそう極端な形で再現されているともいえる。規範が存在しないとき、私益を追求するための近道は他人の財産を盗むことである。

パワー・シェアリングの採用によって、アパルトヘイトの国南アフリカは、多人種国家への軟着陸を果たした。だが、現在の政治制度が千年王国的な理想郷などではないことは、はっきりしている。同時代の南アフリカでは、富と貧困の分極化傾向が黒人内部にまで広がると同時に、人種やエスニック集団の対立感情は容易には解消せず、さらに、虐げられた下層民の憤怒は同胞に向かって暴発し続けている。このような社会的背景のもとで、現代南アフリカの多極共存型の民主主義制度はどのような方向に変化しようとしているのだろうか。本節を締めくくるにあたり、政府の形態、分権制度、選挙制度という周知の三つの要素に即して、最新の動きを整理しておくことにしたい。

第一に、すでに検討したように、GNUからのNPの撤退によって「少数派政党を含む全主要政党の連立」の時代は終わり、南アフリカでは多数派支配の原理が徐々に影響力を強めている。このことは、一九九九年六月二日に実施された二度目の総選挙の後の諸政党の動きによってはっきりと示された。国政選挙と同時に実施された州政府選挙において、白人人口の比率が高いウェスタンケープ州では、ANCが最大の得票を得たものの（四二パーセント）、ANCに対立する新国民党（New National Party：NNP［NPが改名したもの］）とDPの得票をあわせると、ANCを上回るという結果になった（NNPが三八パーセント、DPが一二パーセント）。九四年の総選挙の際、同州のNPの得票率が単独で五三パーセントに達した反面、ANCの得票率が三三パーセントにすぎなかったことを考えると、九九年選挙でのANCの躍進は明白である。そこで同州では、主導権を握る少数政党DPのイニシアチブによりNNPとDPの連立州政府が樹立され、ANCは政権から排除される結果になった。

しかし、国政レベルでは動きが異なる。NNPは中央政府では野党の地位に甘んじているが、ANCとIFPは今でも連立を続けている。ANCもNNPも、将来的には、中央政府におけるNNPの与党復帰の可能性を否定していない。ANCの内部では、ムベキ大統領の主流派と、SACPおよびCOSATU系の反主流派の対立があるが、仮にこの両勢力が分裂する事態を迎えたら、NNPは双方から連立への招待状を受け取ることになるかもしれない。[59] 多数派政府か連立政府かという問題は、原理的に対立するものというより、南アフリカでは状況に応じた選択の問題になりつつある。

第二に、南アフリカ新憲法は、九つの州政府に相対的に大きい権限を与えることで地方分権の流れを確認したが、近年では州政府の役割を縮小しようとする動きも表面化している。総選挙直前の一九九九年五月、ANC書記長のカレマ・モトランテは、中央政府は小規模な州政府よりも、ダーバン、ケープタウン、ジョハネスバーグといった大都市圏を重視するようになるかもしれないと述べて注目を浴びた。その背景には、いくつかの州政府の非能率や汚職に対するANC指導部の苛立ちがあるともされる。その意味では、ANCは本質的に中央集権制の強化を志向しているというよりも、財政削減の脅しをかけながら州政府に自助努力を迫ろうとしているというのが、九九年の時点での実態に近いかもしれない[60]。

第三に、比例代表制は、南アフリカの国政選挙の制度としては十分に定着しており、アパルトヘイト時代の白人だけの選挙のような小選挙区制への復帰は考えにくいものの、将来的には折衷的な制度が試されることも予想される。比例代表制が少数派の代表権を効果的に保証すること自体は、表3-2（アメリカの政治学者アンドルー・レイノルズが一九九九年の総選挙結果にもとづいて行ったシミュレーション）において明確に示されている。現行の比例代表制のもとでは、たとえば〇・二五パーセントの得票しかなかった政党でも、定数四〇〇名の国会で一議席を獲得できる。だが、かりに最低得票基準を導入し、総有効投票の五パーセント以上の票を得た政党だけが国会の議席を得られるという制度が採用されると、国会の討議に参加できる政党は、たったの四党に限定されてしまう。さらに完全な小選挙区制が採用されると、選挙区割りの方法にもよるのだが、小規模な政党は得票率を大きく下回る議席配分しか得られなくなる[61]。

現在の南アフリカ憲法は硬性憲法であり、憲法改正には三分の二を超える議員の賛成が必要だとされている。一九九九年総選挙が近づき、世論調査の結果がＡＮＣの躍進を伝えると、ＡＮＣが単独で三分の二を超える議席を得られるかどうかが焦点となった。開票が終わると、ＡＮＣはこの絶対多数（二六七議席）に一議席だけ足りないといううきわどい結果になった。ＡＮＣは、たとえ国会で三分の二を超える多数派を占めることになっても、少数派の意見を無視して一方的に憲法を改正することはないと言明してきたが、この敷居は象徴的な意味を帯びていた。ここで表3-2のＡＮＣの項を見てみよう。南アフリカで小選挙区制が採用されていたら、三分の二どころか、ＡＮＣは同じ選挙で八割近い議席を獲得していたことになる。

さて、一九九九年六月の総選挙に先立つ三月二六日、解散する国会の最後の日にあたり、野党各党の代表は、引

表3-2　1999年総選挙結果および異なる選挙制度にもとづく議席配分の試算

	得票率（%）	議席配分［席（%）］		
		比例代表制		小選挙区制
		最低得票基準なし（現行制度）	最低得票基準5%	
ANC（アフリカ民族会議）	66.35	266（66.5）	291（72.8）	300-310（75.0-77.5）
DP（民主党）	9.56	38（9.5）	41（10.3）	25-30（6.3-7.5）
IFP（インカタ自由党）	8.58	34（8.5）	38（9.5）	35-40（8.8-10.0）
NNP（国民党）	6.87	28（7.0）	30（7.5）	20-25（5.0-6.3）
UDM（統一民主運動）	3.42	14（3.5）	0	4-6（1.0-1.5）
ACDP（アフリカ・キリスト教民主党）	1.43	6（1.5）	0	0
FF（自由戦線）	0.80	3（0.8）	0	0
UCDP（統一キリスト教民主党）	0.78	3（0.8）	0	0
PAC（パンアフリカニスト会議）	0.71	3（0.8）	0	0
その他の諸政党	1.49	5（1.3）	0	0

出典：Andrew Reynolds, "The Results", in: Andrew Reynolds ed., *Election '99 South Africa: From Mandela to Mbeki*, Cape Town: David Philip, 1999, pp. 175, 204.

退を控えたマンデラ大統領に別れを告げる演説を行なった。その前日まで、国会はアパルトヘイト時代の政治犯罪に対処する真実和解委員会（第四章参照）の報告書の解釈をめぐって紛糾し、諸政党の議員たちは互いに罵倒しあっていた。ところが、マンデラ大統領を讃える野党党首の挨拶は、どれをとっても情熱的で、自発的で、かつ真心のこもったものであった。アパルトヘイト体制を築いたNPを引き継ぐNNPの代表も、もともとアフリカーナー極右政党であるFF（自由戦線）の代表も、たどたどしいものだったが、マンデラが生まれ育った村で話されるコーサ語で演説を締めくくり、ANCの議員たちから総立ちの喝采を受けた。マンデラが体現する和解のシンボリズムが本領を発揮した、彼の現役時代では最後の瞬間のひとつだといえる。

注目すべきは、これらの頌歌に返答したマンデラが、国会議事堂で万雷の拍手を浴びながら大統領として最後の国会演説を行ない、ここで今後の選挙制度の改革について特別な言及を行なったことである。「公衆の代表としての私たちと選挙民との関係の性質を改善させるために、私たちの選挙制度を再検討する必要があるのかどうか、私たちは本当に問うてみる必要があります。私たちの国に民主主義の基礎を敷くために行なわれてきたことに巨大な誇りを感じながら、私はこの問題を持ち出しているのです[62]」。

現行の比例代表制の最大の弱点は、個々の国会議員は有権者によって選ばれるのではなく、政党が示した名簿の順位が高い方から指名されていくため、有権者に対する立法府のアカウンタビリティが弱まる傾向があることである[63]。虐げられた民の欲求不満が同胞へと向かい続ける一方で、解放政党を自任するANCは選挙民から遊離した特権階級の代表へと化していく——マンデラの発言の背後には、こうした事態だけは何としても避けたいという解放運動第一世代の懸念があるのかもしれない。マンデラは望ましい選挙制度の中身について具体的に言及することは回避したが、今後の南アフリカでは、現行の比例代表制を基礎としながら、これに選挙区制の諸要素を加味する方向での選挙制度改革が模索されることになると考えられる。

普遍的な民主主義の原理は存在するかもしれないが、完成された民主主義の制度というものは存在しない。特定の歴史的状況に適合する最善の制度を探しだそうとする終わりなき探求の旅があるだけである。その意味で南アフリカの経験は、制度としてのアパルトヘイトが撤廃された後も、私たちに貴重な教訓を示し続けている。

おわりに

最後に本章の議論を要約し、いくつかの暫定的な結論を引き出しておくことにしたい。

イギリスの植民地官吏ファーニヴァルによる東南アジア社会の観察から導き出された複合社会論は、黒人経済学者アーサー・ルイスの手によって、西アフリカの新興独立国への政策提言へと練り直された。そして、ルイスの独創的な多極共存型の統治モデルは、オランダ出身の政治学者レイプハルトの手によって、コンソーシエーション＝パワー・シェアリング型民主主義という一般的規範に生まれ変わった。レイプハルトはこのモデルを、人種やエスニシティ、宗教や文化、さらに地域の境界線によって分断された複合社会にとって、もっともふさわしい統治形態だと位置づけた。

しかし、パワー・シェアリングは本質的にエリートの連合であり、そこでは諸集団の境界線は固定的にとらえられ、境界線を超えた動きはうまく取り入れられず、境界線の内部の利害関係の対立もえてして捨象される傾向がある。レイプハルトの議論には静態的かつ技術的なモデル化に走る傾向があり、そこに情念に突き動かされた特定の社会のダイナミックな政治過程を分析するツールを求めても、徒労に終わるであろう。さらに、ルイスの場合はやや違うが、ファーニヴァルとレイプハルトの場合、植民地状況に対する西欧世界の道義的責任には無頓着であった。それでは、本章の後半で詳しく検討した南アフリカのケースにおいて、ルイス＝レイプハルトの多極共存型統治モデルは、まったく妥当性をもたない無力な理論だったのだろうか。

そんなことはない。パワー・シェアリングを志向する民主主義モデルが、アフリカ大陸南端の複合社会の移行期において相当に強力な役割を果たしたことは、紛れもない事実である。硬直化した人種主義支配への対案として提示されたコンソーシエーションの制度的規範は、「虹の国」という比喩的＝道徳的規範と結合することで、種々の勢力の交渉を前に押し進める潤滑油としての役割を果たした。南アフリカ社会の「ソフトランディング」を実現するうえで、少なくとも短期的には、レイプハルトの処方箋はきわめて有効であった。現在の南アフリカの困難がいかに深刻なものであるにしても、現体制が出口のないアパルトヘイト体制よりもはるかに優れたものであることについては、大部分の当事者が合意するところである。

本章の議論は、アジア経済危機後のインドネシア情勢に関するコメントからはじまった。ファーニヴァル＝ルイス＝レイプハルトのアプローチは、現代アジアの政治に関しては、妥当性をもたないのだろうか。インドネシアやマレーシアの少数派中国系住民と南アフリカの少数派白人住民を同列に並べて論じるのには、確かに相当な無理がある。南アフリカの白人資本家や白人農場主は歴史的文脈では「入植者＝搾取者」であるが、東南アジアの中国系・インド系住民をそう呼ぶのは——彼らの存在そのものは間違いなく植民地支配の遺産であるが——適切ではないからである。東南アジアにおける中国系・インド系住民の位置は、南アフリカにおいては、白人とアフリカ人の「中間層」たるカラードやインド系住民の位置に相応すると考えてよいだろう。

南アフリカの文脈を離れて一般化すれば、ファーニヴァル＝ルイス＝レイプハルトの議論の流れは、まさに途上国社会の歴史的・文化的亀裂を修復する政治制度という問題領域について明示的に考察する意義を説いた点においてこそ、大きな意義があるということができる。深刻な経済危機にある国々に対し、歴史的経緯を無視して画一的な「正しい経済政策」の実施を強制しても、期待された成果が上がるとは限らない。特定の社会のエスニックな対立の型は、当該社会のオリジナルな社会形成のダイナミズムと、植民地支配による強力な外的圧力が複合的に作用することで、歴史的に形成されてきた。こうした社会の亀裂は独立した近代的国民国家のなかに内面化され、危機的局面においては常に暴発する危険をはらんでいる。マクロ経済のバランスを回復するための自己犠牲的な政策の成果も、ひとたびコントロール不能な政治的動乱が発生すれば、瞬く間に水泡に帰するかもしれない。

「南」の国々は、本格的な民主化の時代を迎えている。一九八〇年代から九〇年代にかけて、アフリカ諸国の大部分は複数政党制を採用し、ラテンアメリカの軍事政権もつぎつぎと民政へと移行した。アジア諸国においてもまた、九八年五月、経済危機を引き金とする反体制運動によってスハルト体制が崩壊するなど、いわゆる「開発独裁体制」が容認される環境ではなくなっている。

それでは、独裁が崩壊した後、それぞれの国において望まれる民主主義とは、どのような形態のものなのだろうか。途上国政治を分析するにあたって、種々の政治勢力の物質的利害関係や、政治家の個人的資質、民族的・地域的・宗教的ユニットの個性、あるいは漠然とした「国民性」といったテーマは、ひんぱんに議論の対象となってきた。だが、具体的な政策的選択肢を提示する段階になると、経済学が過度に饒舌になる反面で、他の社会科学は過度に寡黙になる傾向がありはしないだろうか。

アジアの国々が直面する問題は、各国が再び輸出主導の経済成長の軌道に乗ることで、すべて自動的に解決する――いまだに支配的なのが、この種の論調である。本当にそうなのだろうか。開発の現場に身を置いた経済学者ルイスが独立した政治論を執筆しなければならなかったことの意味を、もう少し噛みしめてみたい。経済危機に続く政治的激動期において、個々の国家や地域は、個々の時点においてオプティマルな選挙制度や政治制度を、創造的に選択していくことができるはずである。「地域紛争の時代」を迎えたアジア諸国にとって、この課題はこれからいっそう重みを増していくことだろう。

いわゆる「アングロサクソン型民主主義」が唯一の規範でないことは、はっきりしている。二大政党制の価値を暗黙の前提とするイギリス=北アメリカ型の政治制度の普遍的妥当性を疑問視する点においては、ルイスとレイプハルトによる多極共存型の民主主義理論は完全に正しい。技術的に不正のない選挙が行なわれればそれで民主主義が達成されたというのは、あまりにも単純な議論である。実際、小選挙区制と比例代表制のどちらが採用されるかによって選挙結果が大幅に違ってくるような社会では、選挙制度の選択は決定的な意味をもつ。支配的勢力によるマニピュレーションの余地が比較的少なく、多数派も少数派もそれなりに妥協できる政治制度を案出することは、これからも多くの国々にとって重要な課題であり続けることだろう。ルイス=レイプハルト流の多極共存型統治モデルは、少なくとも短期的な緊急避難措置としては、社会の構成員が相互に引き裂かれた国にとって、今でも魅力的な選択肢のひとつである。

最後にひとつだけ関連する事例を挙げておこう。南アフリカに囲まれた陸の孤島レソト王国では、一九九八年五月の総選挙の結果を認めない野党と政府のあいだで緊張が高まり、クーデターの危険が迫った。同年九月、南アフリカはボツワナと共同でレソトに「平和維持軍」を派遣し治安を回復しようとしたが、これを「侵略」と受け止めた野党勢力による暴動が発生し、首都マセルは廃墟と化した。そこでは「南アフリカ」を連想させるすべてのものが破壊の対象となり、比較的裕福な中国系住民の商店も略奪の対象となった。

混乱の背景としては、レソト経済の悪化だけでなく、選挙制度の問題を指摘することができる。五月の選挙では最大政党のレソト民主主義者会議（Lesotho Congress for Democracy：LDC）が八〇議席中七八議席を独占したが、このLDCの得票率は六〇・七パーセントにすぎなかった。調査委員会は不正の存在を指摘したが、不正の程度はともかくとして、少なくとも四割近い得票を得た諸政党がほとんど議席を確保できない状況を受け入れなかったのは当然のことであろう。ここで比例代表制が採用されていれば、野党の反発の度合いも少しは異なっていたはずである。[64]南部アフリカの他の事例としては、政治危機を迎えたジンバブウェの選挙制度も小選挙区制である。

構成員を隔てる亀裂が深い社会において、特定の勢力が議席の大部分を独占し、政権党が振り子のように交代する制度は、果たしてふさわしいのだろうか。独裁よりも複数政党制の方が望ましいことはいうまでもないが、複数政党制の中身は多様である。選挙制度と民主化の連関といったテーマは、各国の経験を比較する共同研究にもなじみやすい。相互の経験から教訓をくみ取るという姿勢のもとで実証的な研究が組織されれば、少なからぬ成果を得ることができるのではなかろうか。期待される新たな研究の方向性を提案することで、本章の締めくくりとしたい。

注

（1）当時の報道による。*Japan Times*, July 17, 1998；*Far Eastern Economic Review*, May 28 and July 30, 1998.

（2）Alex de Waal, "Group Identity, Rationality, and the State", *Critical Review*, Vol. 11, No. 2, 1997.

（3）ハーシュマンの議論を素材としてこの論点に関する考察を深めたのが、次である。矢野修一「A・O・ハーシュマンの開発論と市場経済観——情念制御の開発思想」（本山美彦編『開発論のフロンティア』同文舘、一九九五年、所収）。

（4）ここでは「東南アジア」という枠組みを使うが、ファーニヴァル自身が検討したのはイギリス領ビルマとオランダ領インドに限られている。そもそも一九四〇年代初頭まで、東南アジア（Southeast Asia）という地域的枠組みは、少なくとも英語圏では一般的なものではなかった。この概念の起源は一九四三年にコロンボに設置された連合軍の「東南アジア司令部」だというのが通説である。ただし、それ以前の日本の南方政策に起源を有する「東南アジヤ」概念の存在を指摘する研究もある。清水元『アジア海人の思想と行動――松浦党・からゆきさん・南進論者』NTT出版、一九九七年、補論。

（5） それぞれの文献を示しておく。ファーニヴァルの関連文献を網羅的に教示してくれた大阪大学大学院の盛田良治氏に感謝したい。*An Introduction to the Political Economy of Burma*, Rangoon : Burma Book Club, 1938（東亜研究所訳『緬甸の經濟』東亜研究所、一九四二年）。*Netherlands India : A Study of Plural Economy*, Cambridge : University Press, 1939（早稲田大学南太平洋研究会訳『蘭印經濟史』実業之日本社、一九四二年）。*Progress and Welfare in Southeast Asia : A Comparison of Colonial Policy and Practice*, New York : Secretariat, Institute of Pacific Relations, 1941（濱田恒一訳『南方統治政策史論』八木書店、一九四三年）。

（6） J. S. Furnivall, *Colonial Policy and Practice : A Comparative Study of Burma and Netherlands India*, Cambridge : Cambridge University Press, 1948. 青野博昭氏による書評が次のものにみられる。『アジア経済』第三巻第二号、一九六二年。

（7） Furnivall, *op. cit.*, pp. 304-305.

（8） *ibid.*, pp. 305-306. ファーニヴァルの用語としての plural society には「複合社会」という訳語が定着しているが、この同じ言葉には現代では「多極社会」あるいは「多元社会」という訳語があてられることが多い（さらに pluralism は「多元主義」と訳されるのが普通である）。といっても原語は同一の plural society だから、ここでは言葉の概念的な継承関係を重視して、あえて複合社会という訳語で統一することにする。趣旨をご理解いただきたい。本章の注(27)も参照。

（9） *ibid.*, pp. 306-312.

（10） *ibid.*, p. 312.

（11） *ibid.*, p. 304. ブーケの二重経済論は、次のもので体系的に叙述されている。J. H. Boeke, *Economics and Economic Policy of Dual Societies as Exemplified by Indonesia*, New York : Institute of Pacific Relations, 1953. ブーケやファーニヴァルの議論は次のもので詳しく検討されている。板垣與一『アジアの民族主義と経済発展』東洋経済新報社、一九六二年。同書ではハーバート・フランケルによる多人種社会の類型も紹介されているが、そこで実例とされた南アフリカ社会は六〇年代にはアパルトヘイト体制の確立期の戸口に入っており、すでに「開放的・分解的」な色彩を著しく弱めはじめていた。

(12)　この歴史的過程そのものについては、ファーニヴァルはイギリス領ビルマを対象とする詳しい記述を残している。Furnivall, *op. cit.*, pp. 96-98, 117-123.

(13)　*ibid.*, pp. 232-236, 309.

(14)　*ibid.*, pp. 318, 465-466.

(15)　Lord Hailey, *An African Survey : A Study of Problems Arising in Africa South of the Sahara*, London : Oxford University Press, 1938. イギリス植民地省におけるヘイリー卿の位置については、たとえば次のものを参照。Sir Cosmo Parkinson, *The Colonial Office from Within 1909-1945*, London : Faber and Faber, 1947, pp. 121-122.

(16)　以下の本節のルイスをめぐる議論は、主として次の拙著の議論にもとづくものである。『現代アフリカと開発経済学——市場経済の荒波のなかで』日本評論社、一九九九年、第二章第一節および第二節。なお、本章の全体の議論は、同書第二章の注(6)の問題意識を展開させたものである。

(17)　W. Arthur Lewis, *The Principles of Economic Planning*, London : George Allen and Unwin, 1949.

(18)　W. Arthur Lewis, *Growth and Fluctuations 1870-1913*, London : George Allen and Unwin, 1978, ch. 7. 植民地省内でのルイスの位置については、次を参照。Frederick Cooper, *Decolonization and African Society : The Labor Question in French and British Africa*, Cambridge : Cambridge University Press, 1996, pp. 119, 209.

(19)　それどころか、これから述べるルイス＝レイプハルト流の多極共存型民主主義の可能性については、ファーニヴァルははっきりと否定的な見解を示していた。エスニックなユニットが連合するコミューナルな代表制は、社会の統一ではなく諸部分の分断を助長してしまうから、将来の独立政府の政治制度の選択肢から排除されるべきだというのである。実質的な権力をもつ立法機関を構成するのは、さしあたり教育を受け資産を有する者だけに限定されなければならず（制限選挙権の導入）、国民に責任をもつ政府は、まずもって単一の社会的意志の形成に尽力しなければならない。このエリート統治の主体からは、一時的な滞在者である外国人と、「近代文明」を知らず「国民的福祉」にも注意を払わない一般大衆の双方が排除されることになる。Furnivall, *Colonial Policy and Practice*, pp. 502-505. もっとも、こうした主張は当時のイギリス植民地省の議論の枠内にあり、ファーニヴァルが特に斬新な問題意識を示しているわけではない。

(20) W. Arthur Lewis, *Politics in West Africa*, Oxford: Oxford University Press, 1965.

(21) W. Arthur Lewis, "Economic Development with Unlimited Supplies of Labour", *Manchester School of Economic and Social Studies*, Vol. 22, No. 2, 1954.

(22) 一九九四年の統計にもとづく。South African Institute of Race Relations, *South Africa Survey*, Johannesburg: SAIRR, 1997, p. 381. なお、南アフリカの植民地社会の形成については、次の拙著の議論も参照。『南アフリカ――「虹の国」への歩み』岩波新書、一九九七年、とりわけ第二章。

(23) Arend Lijphart, *The Politics of Accommodation: Pluralism and Democracy in the Netherlands*, Berkeley and Los Angeles: University of California Press, 1968.

(24) Arend Lijphart, "Cultural Diversity and Theories of Political Integration", *Canadian Journal of Political Science*, Vol. 4, No. 1, 1971.

(25) コンソーシエーションという言葉を現代の政治制度の文脈で最初に意識的に使ったのは、アフリカ研究者のデヴィッド・アプターである。一九六一年の『ウガンダの政治王国――官僚的民族主義の研究』によれば、コンソーシエーションとは、種々の社会的単位がアイデンティティを失わないままで連合体を構成し、相互的な妥協と順応を試みる壊れやすい政治体制であり、その代表例として挙げられていたのは独立直前のナイジェリアであった。David E. Apter, *The Political Kingdom in Uganda: A Study of Bureaucratic Nationalism*, Princeton: Princeton University Press, 1961, pp. 4-5, 20-28.

(26) Arend Lijphart, "*Prospects for Power-Sharing in the New South Africa*", in: Andrew Reynolds ed., *Election 94 South Africa*, London: James Currey, 1994, p. 222. なお、consociational democracy には、通常、「多極共存型デモクラシー」という訳語があてられる。すぐれた意訳であり異論を唱えるつもりはないが、本章では、ルイス＝レイプハルトの継承関係を重視して、ルイスが提唱した西アフリカの政治制度もレイプハルト・モデルと同様に多極共存型モデルと呼ぶ一方、レイプハルトの consociation という用語そのものは、生硬だがそのままコンソーシエーションと呼ぶことにする。西ヨーロッパの文脈におけるレイプハルト理論の詳細な評価は、次に見られる。村上信一郎「多極共存型デモクラシー」(西川知一編『比較政治の分析枠組』ミネルヴァ書房、一九八六年、所収)。

(27)　Arend Lijphart, *Democracy in Plural Societies : A Comparative Exploration*, New Haven : Yale University Press, 1977（内山秀夫訳『多元社会のデモクラシー』三一書房、一九七九年), chap. 1, esp., pp. 3-4. 同書においてレイプハルトは、自らの複合社会論を、ハリー・エクスタインのノルウェー民主主義論をはじめとする一九六〇年代の西ヨーロッパ政治学の諸文献の流れのなかに位置づけているが、同書の別のところでは、彼は「(自らによる複合社会という）用語の定義は、ファーニヴァルがその用語を使ったときの意味ときわめて近いものである（*ibid.*, p. 17.)」と記している。すなわち、一九三〇—四〇年代のファーニヴァルの複合社会論からの継承関係も自覚されているわけである。なおファーニヴァルは、複合社会としての東南アジア社会とは対照的に、西ヨーロッパ社会は共通の社会的意志を有する均質な（homogeneous）社会であると理解していた。ファーニヴァル流の複合社会論に対するレイプハルトの批判は、この点にかかわっている。レイプハルトによれば西洋社会の大部分は決して均質ではなく、むしろ複合社会の性格を強烈に示しているのであって、特に大陸ヨーロッパではこうした複合性を前提とした政治制度が発達してきたというのである。

(28)　*ibid.*, pp. 25-44.

(29)　もっとも、レイプハルトの議論を剽窃と見なすことはできない。彼は自らの着想の源泉がルイス理論であることを、何度も繰り返して言明しているからである。主著については、次の部分を参照。*ibid.*, pp. 143-147.「(コンソーシエーション型民主主義）に類する最も興味深く、独特で、詳細な提案を行ったのは、サー・アーサー・ルイス——彼は政治学者ではなく、J・S・ファーニヴァルと同じく経済学者だった——である」(*ibid.*, p. 143)。ここでレイプハルトは、先駆者ルイスの「創造的なイマジネーション」に最大の賛辞を送る一方、ファーニヴァルに対する批判と同じように、ルイスがアングロ・サクソン型民主主義と大陸ヨーロッパ型民主主義を十分に区別しなかったことを批判している。もっとも、ルイスの著作の対象と目的を考えれば、このレイプハルトの批判は無い物ねだりだともいえる。

(30)　*ibid.*, pp. 147-164, 198-206.

(31)　W. Arthur Lewis, "Reply", *Encounter*, Vol. 26, No. 4, 1966.

(32)　Spro-cas (Study Project on Christianity in Apartheid Society), *South Africa's Political Alternatives : Report of the Political Commission of Spro-cas*, Johannesburg : Spro-cas, 1973, pp. 163-171. そこでは特にレイプハルトの以下の二つの論考が参照されている。Arend Lijphart, "Cultural Diversity and Theories of Political Integration" ; "Consociational Democracy", *World Politics*, Vol.

21, No. 2, 1969.

(33) Arend Lijphart, *Power-Sharing in South Africa*, Policy Papers in International Affairs No. 24, Institute of International Studies, University of California・Berkeley, 1985, pp. 10, 133. 同書でレイプハルトは、スプロカスによる新憲法の提案（注(32)の文献）に対して、白人少数派の拒否権を明示すべきだと注文をつけているが、これはアフリカーナーに対する妥協を強調するものである。*ibid.*, p. 51.

(34) *ibid.*, pp. 52-64. レイプハルト理論を批判的に参照しつつ、ＮＰ政府の一九八三年憲法を子細に検討した南アフリカの文献として、次のものを挙げることができる。L. J. Boulle, *South Africa and the Consociational Option: A Constitutional Analysis*, Cape Town: Juta, 1984.

(35) Dion Basson and Henning Viljoen, *South African Constitutional Law*, Cape Town: Juta, 1988, pp. 201-206; Murray Faure, "The Electoral System", in: Murray Faure and Jan-Erik Lane eds., *South Africa: Designing New Political Institutions*, London: Sage, 1996, p. 90. レイプハルトの議論がアフリカーナー知識人に受け入れられるにあたっては、おそらく、彼がオランダ出身の研究者だということも有利に働いたのだろう。

(36) Lijphart, *Power-Sharing in South Africa*, pp. 66-73, 78-80.

(37) Republic of South Africa, *President's Council Report of the Committee for Constitutional Affairs on Decision-making and Conflict Resolution Mechanisms and Techniques in Constitutional Systems*, Cape Town: Government Printer, 1990, pp. 67, 71, 72, 82. この時期に比例代表制の意義を再確認したレイプハルトの論文が、次である。Arend Lijphart, "Electoral Systems, Party Systems and Conflict Management in Segmented Societies", in: Robert Schrire ed., *Critical Choices for South Africa: An Agenda for the 1990s*, Cape Town: Oxford University Press, 1990.

(38) Boulle, *op. cit.*, pp. 65: Eugene Lourens and Hennie Kotze, "South Africa's Non-Unitary Political Alternatives", in: Albert Venter ed., *South African Government and Politics: An Introduction to Its Institutions, Processes and Policies*, Johannesburg: Southern Book, 1989, pp. 308-312. 次も参照。Pierre L. van den Berghe, *The Ethnic Phenomenon*, New York: Elsevier, 1981, pp. 82, 185-213.

(39) 一九七〇年代から八〇年代にかけて、ANC組織内でのSACP（ソ連派）の影響力は圧倒的であった。しかし、一九一二年に結成されたANCの歴史をひもとくと、そこでは自由主義的思考の伝統も脈々と続いている。九〇年代後半にANCが与党化すると、共産主義者は非主流派の位置に追いやられた。次を参照。平野克己「南アフリカ民主化後の政治体制——ANCの自由主義を中心として」（林晃史編『南部アフリカ民主化後の課題』アジア経済研究所、一九九七年、所収）。

(40) Joe Slovo, "Negotiations : What Room for Compromise ?", *The African Communist*, No. 130, 1992. SACP機関誌『アフリカン・コミュニスト』の一三一号は前号のスローヴォ論文への反論を特集し、議長の方針に反対する複数の党幹部の率直な批判を掲載した。自由な論戦を通じてコンセンサスを形成しようとする当時のSACPの作風は、見事なものである。リトアニア生まれのユダヤ系移民スローヴォによる興味深い自伝が、次である。*Slovo : The Unfinished Autobiography*, Johannesburg : Ravan Press, 1995.

(41) 種々の政治勢力を妥協へと突き動かした一連の政治的事件のひとつに、一九九三年四月のSACP書記長クリス・ハニの暗殺がある。次の拙論を参照。「クリス・ハニの肖像——シェークスピアに魅せられたゲリラ戦士」『現代思想』一九九六年一二月号。

(42) 一九九三年の暫定憲法の別表には、正式な憲法は州への権限移譲を明確に含むものでなければならないとする強い規定が盛り込まれていた（*Constitution of the Republic of South Africa*, Act 200 of 1993, Schedule 4）。二年間にわたる慎重な審議の末、一九九六年六月に国会は新憲法を採択したが、憲法裁判所は暫定憲法の規定に照らして、この新憲法案における地方分権の規定は弱すぎるという判断を示し、憲法案を国会に差し戻した。国会は憲法案の条文を修正し、マンデラ大統領は同年一二月、最終的な憲法に署名した。なおルイスは、州への権限移譲（provincial devolution)と連邦制のあいだに大きな違いはないと述べている。重要なのは地方分権なのであって、ルイスが制度としての連邦制の確立そのものを自己目的化してはいなかったことに注意しておきたい。Lewis, *Politics in West Africa*, p. 55.

(43) レイプハルトは、憲法の重要な条項の改正には特別多数決（ここでは三分の二を超える議員の賛成）が必要だと規定されたことをもって、ある種の拒否権と解釈し、四つの要件のすべてが満たされたとした（Lijphart, "Prospects for Power-Sharing in the New South Africa", pp. 223-224）。しかし、特別多数決は日本を含む多くの国々の硬性憲法（憲法改正には通常の法律の採択の場合よりも厳格な手続きが要求される憲法）に普通に見られる制度であり、これをもって拒否権とするレイプハルトの論理には無理がある。

(44) Lijphart, *Power-Sharing in South Africa*, pp. 130-132.

(45) レイプハルト理論に関する論争のなかで、この点を指摘したものはあまり見受けられない。関連する議論として、開発経済学における合理的選択理論の限界を扱った拙論も参照されたし。『現代アフリカと開発経済学』、第三章第一節。

(46) 次のマンデラの自伝は、こうした精神に満ちた著作である。Nelson Mandela, *Long Walk to Freedom : The Autobiography of Nelson Mandela*, Boston : Little Brown, 1994（東江一紀訳『自由への長い道のり』日本放送出版協会、一九九六年）。

(47) Lewis, *op. cit.*, pp. 85-86. 途上国における植民地支配以前の民主主義の伝統がコンソーシエーション型民主主義の成長に有利に作用するという論点については、レイプハルトも若干言及したことがあるが、だからこそ文化的規範の検討それ自体が重要だという指摘はみられない。Lijphart, *Democracy in Plural Societies*, pp. 164-170.

(48) Thabo Mbeki, *Africa : The Time Has Come*, Cape Town : Tafelberg, Johannesburg : Mafube, 1998.

(49) Giovanni Sartori, *Comparative Constitutional Engineering : An Inquiry into Structures, Incentives and Outcomes*, London : Macmillan, 1994, pp. 69-75.

(50) Lewis, *op. cit.*, pp. 67-68 ; Lewis, "Reply".

(51) たとえば次を見よ。Boulle, *South Africa and the Consociational Option*, p. 61. ただし、こうした南アフリカの白人知識人の議論が暗黙のうちに懸念していたのは、解放勢力との交渉にNP指導部がからめ取られ、NPが白人選挙民の一枚岩の支持を失っていくという事態だったように思われる。

(52) たとえば次を参照。Joh J. van Tonder, "The Salient Features of the Interim Constitution", in : Murray Faure and Jan-Erik Lane eds., *South Africa : Designing New Political Institutions*, London : Sage, 1996, pp. 26-27.

(53) Republic of South Africa, *Debates of the National Assembly, 3 to 7 June 1996*, Cols 2009-2508, Cape Town : Government Printer, 1996.

(54) レイプハルトの最初の主著『協調の政治』（注(23)）では、オランダ社会を分断させる要素として「宗教」とともに「階級」が強調されていた。ところがレイプハルトの南アフリカ社会に関する分析においては、富と貧困の問題は正面から考察されていない。これは、レイプハルト理論の出発点を考えれば、相当に奇妙なことだといわねばならない。

(55) 南アフリカの反体制運動が抱いてきた非人種主義的な水平社会の理想は、レイプハルト流の強者と弱者の共存の観念とは、原理的に真っ向から対立するものである。平野克己、前掲論文を参照。

(56) *Cape Argus*, September 24, 1998. これはアメリカ訪問中のマンデラによるワシントンでの発言である。犯罪を理由とする国外退出を「非愛国的」と断じるマンデラの一連の発言は、各方面から多様な屈折した反応を引き起こした。*Sunday Independent*, September 20, 1998.

(57) *Business Day*, September 16, 1998.

(58) Jonny Steinberg, "More to Farm Killings than Government Thinks", in : *Business Day*, August 19, 1998.

(59) Willie Breytenbach, "The New National Party", in : Andrew Reynolds ed., *Election '99 South Africa : From Mandela to Mbeki*, Cape Town : David Philip, 1999.

(60) *Sunday Independent*, May 16, 1999. David Pottie, "The First Five Years of Provincial Government", in Reynolds ed., *ibid.*

(61) 小選挙区制が採用されるとＩＦＰの議席が増加するのは、そもそもＩＦＰの主要な支持基盤はクワズールー・ナタール州の農村部に限定されるため、この地域の多数の選挙区をより確実に制圧できるからである。なお、表３－１と表３－２の得票率を比べると、九九年選挙ではＡＮＣが得票を上積みする一方で、野党ではＤＰが躍進し、ＮＰ（ＮＮＰ）が凋落していることが見てとれる。南アフリカの最新の政治過程の分析そのものは、ここでは控えたい。短評にすぎないが、さしあたり次の拙論を参照。「ムベキ南ア新大統領の素顔」『世界』一九九九年八月号。

(62) 議事録が次である。Republic of South Africa, *Joint Sittings of Both Houses of Parliament, Third Annual Session : Second Parliament, 5 February to 26 March 1999*, Cape Town : Government Printer, 1999.

(63) 現行制度下でこの悪癖を避けようとするＡＮＣの模索については、次を参照。名簿に掲載された候補者に仮想選挙区を割り当て、そこでの選挙キャンペーンに責任をもたせるといった試みが実行されている。Tom Lodge, *Consolidating Democracy : South Africa's Second Popular Election*, Johannesburg : Witwatersrand University Press, 1999, chap. 2.

(64) マンデラの後継者であるムベキ大統領は、タンザニアのダルエスサラームで開かれたＳＡＤＣ（南部アフリカ開発共同体）選挙フォーラムの場で、このレソトの事例を具体的に引きながら、各国が政治的安定に気を配った選挙制度を採用することの意義を説いている。Thabo Mbeki, "Democracy is Sure Route to Stability", *Sunday Independent*, October 3, 1999. 一九九〇年のビルマの総選挙も小選挙区制のもとで実施された。軍政側は反体制運動の国民民主連盟（National League for Democracy：ＮＬＤ）に対する勝利を確実にする腹づもりだったと思われるが、逆に地滑り的な敗北を喫した（四八五議席中、ＮＬＤが三九二議席、軍政側与党のＮＵＰはわずか一〇議席）。面目を失った軍政は、今でもこの選挙結果を承認していない。

第4章

武力紛争を平和的に解決するための試み

——和解と真相究明、免責の役割

田中　高

はじめに

冷戦の終結とともに、大国が参加する大戦争ではない、地域紛争と呼ばれる限定された武力紛争の発生するケースが増加している[1]。本章ではこのような地域紛争の平和的解決のプロセスを整理し、かつそれを一般化する可能性について検討することにしたい。地域紛争は大きく、国家間の紛争、分離・独立闘争、反政府闘争の三種類に分類することができる。そのいずれについても当てはまるような紛争解決のモデル化を構築することは、もとより不可能に近い。

しかしながら、武力紛争の当事者同士が軍事的にではなく、話し合い[2]（＝和解）によって紛争状態を終結させる際には、いくつかのキーポイントがあると考えられる。そのような和解のプロセスは、近年注目を浴びている国連による平和維持活動（一般に国連PKO活動と総称される停戦監視、選挙監視、被災民への人道援助など）のような国際社会の和平努力と、紛争当事者（ここでは政府と反政府勢力、あるいは武装グループなど）の和平努力の二つに大きく分けることができよう。本章では後者にあたる、紛争当事者の側面について論じることとしたい。

従来、武力紛争を終結する際に、戦闘中の人権侵害をいかにして処理するかが大きな問題となってきた。第一節で詳細に触れるように、現行の国際法ではゲリラ戦を含む武力紛争中の人権侵害について明確な罰則規定が設けられている。しかしながら、法律的な解釈だけでは、地域紛争を平和的に解決するには必ずしも十分ではないことがこれまでの事例で明らかにされている。本章ではそうした例として、エルサルバドル、南アフリカの経験が紹介される。この二例に共通するのは、軍事政権時代、あるいはアパルトヘイト（人種隔離政策）体制下になされた人権侵害について、紛争終結後真相究明委員会が設置されていること、そして事実関係の調査が行なわれた後に、一定の条件のもとで免責あるいは恩赦[3]が実施され、政治的な紛争処理がされたことである。

このことは換言すれば加害者の刑事責任が放置され、極端な場合は、当の本人が政府の中枢や経済界の重鎮として居座ることを意味している。第三章で論じる南アフリカの事例は、その端的な例である。被害者の大半が貧しい農民や、黒人、少数民族、反政府活動家であることを考慮すると、免責や恩赦に割り切れない思いが残るのも当然であろう。同時に、罪を犯したならば必ず罰せねばならないという法意識に対立する概念でもあり、このテーマについて正面から論じている文献は驚くほど少ない[4]。

人権侵害の問題を法律的、あるいは政治的のいずれの観点から判断し処理するかは、究極的にはその国の国民が最終的に決定することであろう。しかしながらそのプロセスにおいて、真相を明らかにした上で加害者が被害者に謝罪し、加害者と国家が人権侵害の犠牲者とその家族に経済的な賠償をすることが求められている[5]。そこでこのようなテーマについて、まず武力紛争中の人権侵害に対する国際法上の見解を紹介し、次にこれに政治的な処理を優先させた例として上述の二ヵ国の場合を紹介することにしたい。

一　地域紛争における人権侵害についての国際法上の解釈

（一）従来、国際法ではもっぱら国家間の戦争について規定してきた。[6]しかし本章で問題にしているような地域紛争、なかんずく国内における武力紛争と人権侵害に関しては、必ずしも十分に考慮されてきたとはいいがたい。後述のように国際法が正面からこの問題に取り組んだのは、一九七七年に国際人道法外交会議により採択された、「非国際的武力紛争の犠牲者の保護に関し、一九四九年八月一二日のジュネーブ諸条約に追加される議定書（第二追加議定書）」である。

今日多くの国際法学者は、地域紛争における人権侵害の法的な罰則規定の法律上の根拠を、この第二追加議定書に求めている。同議定書は軍事政権下の反政府勢力への人権弾圧、敵対行為にある政府軍と非正規軍により、民間人に加えられた暴行などのさまざまな「国内」の戦争犯罪を刑事訴追する法源として重要な役割を担っている。そこでまず本節では、第二追加議定書を中心に、国際法が戦争と戦争犯罪をいかに取り扱ってきたかの概略を見ておくことにしたい。

国際法では、歴史的に、主権国家同士の戦争では戦争原因の正統性は問わないで、戦争開始の手続きやその遂行を規制する戦時国際法のみが存在し、これを無差別戦争観と呼んでいた。第一次世界大戦後に設立された国際連盟では、連盟国間で「国交断絶に至るおそれのある」紛争が発生した場合は、直ちに戦争に訴えることは禁止され、仲裁裁判、司法的解決、連盟理事会の審査に付すことを義務づけた。しかし連盟規約は戦争の開始そのものを禁じたわけではない。

その後一九二八年になって、フランスの外務大臣ブリアンと米国務長官ケロッグの提唱で不戦条約（ブリアン・ケロッグ条約）が成立し、「国際紛争解決のために戦争に訴えることを非とし、相互の関係において、国家が政策の手段としての戦争を放棄することを人民の名において厳粛に宣言」した。こうして不戦条約によって戦争を起こすことが違法となったのである。

第二次世界大戦後に発足した国際連合では、不戦条約の精神を受け継ぎながら、基本原則として加盟国が国際紛争を平和的手段によって解決する義務を明記した。また、武力の行使および武力による威嚇を他国に与えない義務を課すことを宣言した。国連憲章は国連決議に基づく強制行動や自衛権の発動などのいくつかの例外を除いて、加盟国間の武力行使を原則禁止した。

（二）ところで第二次大戦中の戦争犯罪を裁くために設置されたニュールンベルグ、東京の両国際軍事裁判所では、平和に対する罪、戦争犯罪、人道に対する罪が問われた。ここで留意したいことは、一九五〇年に国際法委員会が採択した「ニュールンベルグ原則の定式化」と呼ばれるものである。この法原則は、第一に国際法上の犯罪に対し国内法が刑罰を規定しないことによって、これを犯した個人は国際法上免責されない（「ニュールンベルグ原則の定式化」の原則二）、すなわち国内法上犯罪とされなくても、国際法から直接に処罰される。第二に国際法上の犯罪を犯した個人は、国家元首であるか公務員であるか私人であるかを問わず処罰される（同原則三）こととなった。「ニュールンベルグ原則の定式化」を援用するならば、端的にいってしまえば、第三節で論じるような武力紛争の当事者への免責・恩赦の適用は、国際法違反となろう。もとより、本章の主旨はこのような国際法の原則に対して、真相の究明、犠牲者の名誉回復、被害者とその家族への経済的な補償が確認されるならば、政治的な判断が優先され、刑事訴追よりも和解が急がれるべき場合があるということにほかならない。

(三) さて、国際犯罪を処罰する法としてニュールンベルグ原則の主旨を具体化したものには、たとえば一九四八年に国連総会で採択された「集団殺害犯罪の防止及び処罰に関する条約(ジェノサイド条約)」がある。ジェノサイド条約は集団殺害が人類に対する罪悪であり、国際法上の犯罪であると規定している。なおここで集団殺害とは、国民的、人種的、民族的または宗教的集団の全部または一部を破壊する意図をもって行なわれた行為で、殺害、肉体的拷問、過酷な生活条件を課すことなどを指している。同様に一九七三年には「アパルトヘイト犯罪の抑圧及び処罰に関する国際条約(アパルトヘイト条約)」が採択され、南アフリカにおける人種隔離政策を国際犯罪と規定している。ジェノサイド条約もアパルトヘイト条約も、国際刑事裁判所[7]による審理を予定していた。したがって、厳密な法解釈をすれば、南アフリカの真相究明委員会が一定の条件でアパルトヘイト時代の加害者に免責・恩赦を与えるのは、アパルトヘイト条約の趣旨に反している。同条約の原則ではアパルトヘイトによる人権侵害は、国際法廷などがこれを審理することになる。

前後するが一九四九年に、赤十字国際委員会のイニシアティブで戦争犠牲者保護のためにジュネーブ諸条約が締結された。これらは戦争犠牲者保護条約とも呼ばれている。これらの条約は、戦争宣言のない事実上の戦争にも適用されることが明示されている。事実上の戦争とは、実際には大規模な武力行使を行ないながら、国際的な非難などを恐れて、当事国がこれを戦争と呼ばないことを指している。同時に、「締約国の一つの領域内に生ずる国際的性質を有しない武力紛争の場合」にも適用されることとなった。

一九七七年には、ジュネーブ諸条約に二つの追加議定書が加わった。第一追加議定書は「国際的武力紛争の犠牲者の保護に関し、一九四九年八月一二日のジュネーブ諸条約に追加される議定書」であり、第二追加議定書は「非国際的武力紛争の犠牲者の保護に関し、一九四九年八月一二日のジュネーブ諸条約に追加される議定書」である。

両追加議定書を区別するのは、「国際的武力紛争」と「非国際的武力紛争」というわずか一文字である。

第二追加議定書は、紛争に参加していない者には人道的待遇を与えるべきだとし、集団に科する罪、人質、テロなどの行為を禁止している。また文民である住民を軍事行動によって生じる危険から保護することや、住民全体および個々の文民を攻撃の対象としてはならないことを定めている。これらは「戦争犯罪」として扱われ、重大な違反行為については、国内の裁判所が普遍的管轄権を有するとされた。

武力紛争法や国際人道法とよばれる比較的最近の国際法の潮流は、従来の伝統的な交戦法規では扱いえないような、戦意表明を伴わない武力行使である事実上の戦争についても、法の適用をしようとする方向にある。このような国際法上の動きは、本章の中心的なテーマである内戦、国家によるテロといった人権侵害問題に深く関係している。端的にいえば、非戦闘員への非人間的行為それ自体が戦争犯罪として処罰の対象となったのである。そこで次節では、国内の武力紛争の加害者への刑事訴追と和解の達成をいかに両立すべきかに関して、免責をめぐる法律家の議論を紹介することにしたい。

二　免責をめぐる議論

先に指摘したように、免責や恩赦について正面から論じている論稿はきわめて少ない。以下に紹介する、一九八五年六月に国連人権委員会が作成した「免責法とその人権の保護と促進に与える役割に関する研究[8]（以下、免責研究と略）」は、このテーマについての例外的な基本文献といって過言ではない。その証左として、たとえば国際的にスタンダードな参考事典である『人権百科事典[9]』の免責（amnesty）の項目の記述も、この免責研究にほぼ全面的に依拠しているのである。

免責の歴史

免責は歴史的にはヨーロッパの王政国家の国王による個人的な恩赦行為に起源を有している。当初は国王＝国家の慈悲（clemency）と同一のものとみなされたが、しだいに集団に対する恩赦に形が変化して、刑法の不備な点と私刑の乱用を緩和するために、現在の免責の形に発展した。免責は、やがて内乱、国家間の戦争などと深いかかわりをもつようになる。一六世紀以降、戦闘に参加する人間に対して、武器を捨てる代わりに免責を与える行為がしばしば取られるようになる。現在では免責が人権の重要な構成要素となっていて、たとえばジュネーブ協定第二議定書には、戦争捕虜の相互の送還を促進するために、武力紛争に参加していた者に、可能なかぎり広範な免責を与えるべきであると述べている。

免責の目的

免責の対象は通常一般犯罪と政治犯罪の二つに分けることができる。ここで特に問題とされるのは政治犯罪に対するものである。以下、政治犯罪に与えられる免責を六つのタイプに分類して紹介する。

(1) 免責と緊張緩和——慣習として記念日や国民の祝日などに定期的に実施する。定期的に免責を行なうことによって、緊張を緩和する。なお戒厳令を解除したあとにも、同様の措置が取られることがある（一九八一年ニカラグアの例）。

(2) 免責と民主体制への移行——権威主義体制から民主体制への移行期に、免責が実施される。政権の座を離れる軍部などが、自分たちの犯した人権侵害の刑事訴追を免れるために実施する（一九八三年アルゼンチンの例）。また、拘留されている反政府運動家に対しても免責を実施することで、民主化が促進される場合がある（一九八五年ウルグアイの例）。

(3) 免責と反政府グループの中立化－社会に平穏をもたらすという免責の目的が、意見の一致ではなくむしろ緊張を減少させることによって達成される。また免責を行なうことは反政府勢力の活動を受け身にする効果もある。

(4) 免責とゲリラの離脱促進――ゲリラのメンバーを組織から離脱させるために、免責（慈悲）が利用される。たとえばグアテマラ内戦では、武器を捨てて政府軍に投降し、ゲリラ活動に復帰しないことを誓約したメンバーが免責の対象となった（一九八二年に最初に実施され、その後も繰り返し施行された）。

(5) 免責とゲリラへの和平戦略――内戦あるいは内乱状態にある国で、免責法を公布することには、休戦協定と同じくらいの効力を有する場合がある。交戦中の当事者が、武器を捨てるのではなくて、第三者の仲介に応じて和平交渉に応じる。エルサルバドルではカトリック教会の仲介によって、政府と反政府武装ゲリラ組織であるファラブンド・マルティ民族解放戦線＝民主革命戦線（Farabundo Martí para la Liberación Nacional / Frente Democrático Revolucionario：ＦＭＬＮ＝ＦＤＲ）との和平対話が実現したが、政府は「政治暴力に直接あるいは間接に関与した者すべてに無条件で免責を適用する」と宣言していた。

(6) 免責と亡命者の帰国－免責と亡命者の帰国は密接に関連している。具体的には一定の期間を設けてその期限内に免責の申請がない者は免責が無効になる場合、免責の対象者リストを制限的にするか無差別にするか、重大な人権侵害の該当者を例外とするか、第三者の監視機関に手続きをゆだねるか、などさまざまなパターンがある。

免責の効果

免責法による効果の範囲は、それが意図している国民の和解の程度に大きく依存している。和解の効果の優先順位は、次のようなものになろう。第一にすべての政治犯の釈放がある。政治犯は無条件かつ即時に釈放されねばならない。しかしながら、政治犯が人権侵害の罪で服役している場合などは、一般の裁判で再審理を行なうことになる。第二には国外に亡命している政治犯の帰国の権利の保証がある。政治犯の帰国を即時実行に移すのは、個人的な理由、経済的、家庭的な事情によって困難なこともある。したがって、帰国の権利回復は即時帰国にのみ限定されない。第三にあらゆる訴訟手続き、刑罰、懲戒の放棄。第四に市民的および政治的権利の回復。第五に政治的な理由で解職させられた人々の職務への復帰。最後に第六として、非人道的な行為の被害者あるいはその家族が補償を受ける権利。もし違反者が免責されたならば、補償の権利は一般的に免責法により与えられた第三者の権利の保護から与えられる。もし違反者が免責されなければ、被害者は通常の法律あるいは特別な規定に従って補償を請求する。強制的あるいは本人の意思によらない失踪の場合、その家族の知る権利がより重要となる。

国際法と免責・恩赦のいずれを優先すべきか

武力紛争を平和的に解決するプロセス、あるいは軍事独裁などの抑圧的な政権が退陣し、より民主的な政権に交代していく過渡期に、国際法の理念を追求して罪を犯した両当事者を法的に処罰するか、あるいは和解を促進するために免責・恩赦などを発動するか、のどちらかを優先すべきかは、高度な政治判断を伴うデリケートな問題である。米国人の人権問題の専門家ワイナーは、国際法に優先して和解の諸措置を履行するには、次のような五つの条件が前提になると指摘している(10)。

まず第一に、免責が個々の具体的な事案をめぐる個人に対する調査と裁判による司法判断を妨げないこと。第二に、たとえ有罪とされる構成員の個々の責任を追及することを排除するにしても、犠牲者が国家に対して補償を求めかつそれを受ける機会を侵害しないこと。第三に、犯罪を犯した者の氏名を含む、それぞれの事案に関係する事実を公表し、公衆がそれを知ることを妨げてはならない。第四に、管轄地域の法務当局に免責を申告しない者にはこれを適用しない。最後に第五番めとして、免責を希望する者は積極的に申請し、免責の対象となる行為の事実をすべて明らかにしなければならない。

以上の五点が、ワイナーの主張する免責・恩赦が国際法上の当事者の法的処罰の実施の判断に優先される場合の前提条件である。次節で取り上げるエルサルバドル、南アフリカの事例では、結果的には人権侵害を犯した加害者は、免責・恩赦の実施により刑罰を受けることはなかった。このような判断は、いかなる状況のもとでなされたのであろうか。以下、国ごとに具体的に検討することとしたい(11)。

三　免責・恩赦実施の具体例

エルサルバドルの場合

アメリカのレーガン政権時代の最大の外交課題のひとつで、一九八〇年代の地域紛争の焦点ともなった中米紛争は、八七年八月七日に中米各国首脳が署名した中米和平合意をきっかけに、急速に終息した。一二年間にわたって続いたエルサルバドル内戦は七万五〇〇〇人の犠牲者を生んだ。その多くは軍の治安部隊、あるいは準軍事組織（パラミリタール）によるものである。犠牲者の大半は貧しい農民や労働者、僧職者、知識人などの反政府活動家である。一家離散、対人地雷による負傷、家計の大黒柱の喪失など、その後遺症は現在も計り知れない痕跡を残している。後述のように内戦末期には軍の首脳部の指示で、無抵抗のイエズス会神父など六人が殺害されるという痛ましい事件も発生した。国際世論は沸き立ち、エルサルバドル政府と軍は、激しい非難にさらされた。

ところで、中米和平合意では、①国民和解、②戦闘行為の停止勧告、③民主化、④自由選挙、⑤非正規軍や反乱勢力への援助の停止、⑥他国を攻撃するための領土の使用禁止など、計一一項目の合意事項が明示されている。

注目すべきは、①の国民和解の内容である。具体的には対話、免責、国民和解委員会の設置が規定されている。国民和解委員会の構成メンバーは政府代表、教会関係者、野党代表などである。なお、ここで使われている対話という言葉は、政府と武装解除した反政府勢力との間の話し合いのことを指している。また免責は生命、自由、財産を保証するためにとられた措置であると説明している。要するにこの和平合意は、武装解除した国内の反政府勢力が合法的な政治活動をするための一連の手続きを明示している。換言すれば、和平合意では政治的な目標を達成するための暴力から非暴力の政治活動への転換が企図され、政権奪取のためのゲームのルールが変わったことを規定する役割を有しているのである。[12] エルサルバドルでは、上述の中米和平合意に基づいて第一回目の免責法（Ley de amnestía. *Decreto 805*, 3 de nov., 1987）が成立し、政治目的による犯罪に関係した自国民と外国人が同法の対象となった。またこれによって、政治犯、捕虜となっていたゲリラ戦闘員も釈放されたのである。同時に、反政府ゲリラ組織ＦＭＬＮの政治フロント組織であるＦＤＲの代表で、著名な反政府活動家であったギジェルモ・ウンゴ

(Guillermo Manuel Ungo)、ルベン・サモラ（Rubén Zamora）が帰国し、政治活動を開始した。ウンゴ、サモラは一九八八年九月に新政党である民主連合（Convergencia Democrática：CD）を結成、サモラは八九年の大統領選挙に立候補し、与党候補に敗北したものの予想以上の得票を集めた。九二年一月には、政府とFMLNの間で最終的な和平合意が成立し、九〇〇〇人のFMLNメンバーは国連停戦監視団の管理下で武装解除を進めた。

内戦終結後、エルサルバドル国内はもとより国際社会が注視したのは、一二年間に及んだ紛争中に発生した一連の人権侵害事件に、いかにして対処するかであった。他方、中米紛争解決に外交努力を重ねた、ペルー出身でもあるペレス・デクエヤル元国連事務総長の任期中の最後の置き土産となったエルサルバドル内戦の終結は、平和維持活動（PKO）を強化しようともくろんでいたブトロス・ガリ事務総長（任期一九九一―九六年）にとっても、国連PKO活動を誇示する格好の機会となった。

こうして国連史上最初の、内戦中の人権侵害を追及するための国連指導による真相究明委員会が設置された。事務総長が真相究明委員会（la Comisión de la Verdad）の委員に任命したのは、ベタンクール（B. Betancur）コロンビア共和国元大統領、フィゲレド（R. Figueredo）ベネズエラ共和国元外務大臣、バーゲンソール（T. Buergenthal）米国ジョージワシントン大学教授の三人であった。三人のうち二人が法律家出身の政治家で、バーゲンソールは米州機構（Organization of American States：OAS）の付属機関である米州人権裁判所（The Inter-American Court of Human Rights）の所長を歴任した著名な法学者であった。

真相究明委員会が一連の人権侵害事件のなかで特に調査対象としたのは、①一九八九年一一月に、サンサルバドル市内にある中米大学（Universidad Centroamericana José Simeón Cañas：UCA）構内で発生した同大学学長を含む六人のカトリック神父の殺害事件、②非合法な処刑、③不自然な行方不明、④政府軍による農民殺害、⑤死の部隊と呼ばれる右派テログループによる暗殺、⑥FMLNによる暴力の六項目であった。同委員会は二〇〇〇人の証人に直接接見し、九三年三月には一六五ページに及ぶ報告書が公表された[13]。他方、エルサルバドル国内では、九二年二月に八七年の第一回目の免責法よりも対象範囲の広い第二回目の免責法が成立していて[14]、政府軍、ゲリラ双方に一律の同法適用を決めていた。同法は七ヵ条より構成され、政治目的で発生した犯罪、二〇人以上で起こした犯罪に免責を適用すると述べている。しかし、第六条では同時に、国連真相究明委員会の報告書作成を待って、内戦中の重大な人権侵害が判明した場合などには、同法の適用を除外すると明記している。現実には「重大な人権侵害」が発生していることは明白でもあるにもかかわらず、この例外規定が発動されることはなかった。

第二回目の免責法施行により、一九八九年一一月のFMLNの首都での一大攻勢という混乱した状況下で起きた、イエズス会神父六人の殺害という特異な事件の首謀者で、無期懲役で服役していた陸軍軍人が釈放されている。これと同時にFMLNの人権侵害事件も不問にしたため、政治活動（選挙への立候補）が可能になった。九七年三月に実施された選挙ではFMLNが善戦し、議席総数八四の国会議員の二七議席を占めて、野党第一党となった。与党の国民共和連合（Alianza Republicana Nacionalista：ARENA）は二八議席。また地方首長選挙でもFMLNは優勢で、同党のエクトル・シルバ（Hector Silva）がサンサルバドル市長に当選した。シルバは二〇〇〇年三月に再選された。

真相究明委員会の主たる役割は、過去の人権侵害の事例の真相を明らかにすることにより、二度と同じ過ちを繰り返さないための跌とすることであると指摘されている。事実を白日の下にさらすことは、それ自体が犯罪を犯した当事者には処罰であると考えられている。しかしながら現実には、真相究明委員会には、法的な制裁を加える権限は付与されていなかった。こうしてエルサルバドルでは、国連の強い要望で設置された真相究明委員会は一定の成果をあげたものの、実際には免責法の適用によって、事件関係者への刑事罰の適用には至らなかったのである。

以上のような文脈を社会正義的な価値観で判断すれば、人権侵害の被害者とその家族には著しく不利な結果となっている。犠牲者の多くは反政府活動に携わったか、あるいはその嫌疑をかけられた、貧農を中心とする民間人である。しかもそのなかには、一部政府軍兵士が、親の前で見せしめのために乳幼児を殺害するという痛ましい事件も起きている（一九八一年のエル・モソテ事件）。他方、FMLNも一九七〇年代から八〇年代にかけて、外国人企業家や国内富裕層の誘拐事件を多数引き起こしていて、政府側に比較して数こそ少ないものの、無罪ではなかった。武装した二つの対立勢力が、日本の四国ほどの大きさの土地で一二年間にわたり敵対したのであるから、肉親同士の殺し合いなどの凄惨な例も枚挙に暇がない。憎悪と怨念のうず巻くこの国で、政治参加を促進して国内の和解を優先させるためには、免責の規定は不可避的な手続きであったことも否定はできないのである。

むしろ重要なことと思われるのは、エルサルバドルの場合、真相究明委員会が被害者への経済的な救済を行なよう勧告したにもかかわらず、政府がこれを無視していることである。(15) 政府の立場は、個人への補償の代替措置として、内戦の被害のより多い地域に手厚い復興援助を実施するというものである。結局、人権侵害の被害者とその家族に対する補償はおろか、真相究明委員会が報告書のなかで述べているような、犠牲者の慰霊碑の建立さえも行なわれなかった。

確かに政治学者ラルーが指摘するように、エルサルバドルの真相究明委員会の報告書は、イエズス会神父殺害事件の責任者とされたポンセ（René Emilio Ponce）国防大臣など、一〇三人の軍高官の更迭など具体的な勧告もしている。また司法制度や軍部への鋭い批判も率直に述べている。従来の国連の姿勢から一歩踏み込んだ、内政干渉ぎりぎりのところにまで立ち入った内容となっている点は評価できよう。(16)

結果的には、和平合意の締結を果たしたアルフレド・クリスティアーニ（Alfredo Cristiani）大統領（当時）は国際世論に押される格好でリストに上がった軍人の更迭を実行した。ただし、それはいわば名誉ある引退、退職であって、何らかの法的な処罰を受けたわけではないし、規定通りの退職金や年金を受けているのである。[17]結局、加害者を処罰することはおろか、被害者とその家族への補償も、名誉回復も実現しなかった。唯一の肯定的材料は、かつての反政府勢力が政権運営でかなりの影響力をもつようになったことであろう。

このように、エルサルバドルにおける人権侵害の真相究明と関係者の処罰は、国連の積極的な介入にもかかわらず、期待はずれに終わった。筆者の現時点での感想は、犠牲者とその家族への補償という問題を、より優先して論じてもよかったのではないかということである。一部軍人の更迭の有無といった動きに国内外の世論は注意を傾注しすぎたのではないか。貧しい農民が大半を占める大多数の犠牲者は、「政治的」解決により経済的な補償さえ受ける権利を封印されてしまった。恩赦法が国会で成立し和解が優先される現状で、改めて加害者に刑事罰を加えることには、左右両者ともに人権侵害の当事者であったことから、困難を極めよう。一家の大黒柱を失い、塗炭の辛苦を経験している犠牲者への今できるせめてもの償いは、政府による賠償ではなかろうか。

以上の議論を要言すれば、徹底的な真相究明、名誉の回復、経済的補償の三点が和解の前提条件である、ということになろう（もちろんこれは、刑事罰の適用を軽視するものではない。現実問題としてそれが難しい場合を想定して述べているのである。人権侵害の当事者が懲役刑を受けることが法原理にかなっていることは万人は承知している。本稿で論じているのは紛争を早期に解決しながら、和解を進める際の「べき」論ではなくて、犠牲者とその家族を救うにはどうすればよいのかという、すぐれて現実的な諸策についてである）。この点、次に紹介する南アフリカの動きは、十分参考に値する事例であろう。

南アフリカの場合

長年にわたり人種隔離政策（アパルトヘイト）が続けられた南アフリカでは一九九四年の総選挙を経て、ネルソン・マンデラ（Nelson Mandela）率いるアフリカ民族会議（African National Congress：ANC）主導の政権が発足することとなった。新政府が設置した真実和解委員会（Truth and Reconciliation Commission：TRC。以下、和解委員会）は一九九五年一二月から当初二年間の予定で活動を開始した。和解委員会の委員長にはデズモンド・ツツ（Desmond Tutu）大主教が就任し、アパルトヘイト時代の政治犯罪の真相究明に当たっている。ここでは免責規定が明文化されていて、同委員会に出頭して犯罪事実と組織的な背景を告白した相手には、一定の条件のもとで刑事責任は免責されることになっている。以下南アフリカの和解委員会の例を見ることにしたい。和解委員会の目的、権能、構成は次のようである。[18]

まず目的として、①一九六〇年三月から九五年五月までの人権侵害の原因、様態、規模、およびその犠牲者と加害者を調査すること、②和解を促進するための法律に規定する条件を満たし、政治目的による犯行を告白した人間に免責を適用すること、③犠牲者の現況を知らしめ、その人間としての尊厳を回復し、加害者に犯行が行なわれた状況を陳述させること、④委員会は報告書を作成し、そのなかに将来再びこうした事態を繰り返さないための措置を盛り込むこと。

次に委員会の権能としては、①日常化した人権侵害、重大な人権侵害、その背景、状況、動機および人権侵害の原因、性格、規模を調査すること、②人権侵害に関与したすべての個人、機関、組織の身元を調査すること、③人権侵害が政府もしくは政府機関その他により、計画的あるいは政治目的になされたかどうかの責任を調査すること、④すべての人権侵害の犠牲者からの情報提供や証拠収集を迅速に進めること、⑤政治目的でなされた犯行に対して免責の適用を促進すること、⑥収集された証拠などにより包括的な報告書を作成すること、⑦大統領に犠牲者とその家族への補償と尊厳の回復、犠牲者への暫定的な補償を緊急に行なう措置を答申すること、が挙げられている。なお委員会の委員は大統領が任命する。

和解委員会は人権侵害委員会、免責委員会、補償回復委員会の三小委員会により成り立っている。行論の上から、このなかで免責委員会と人権委員会について、若干立ち入って検討することにしたい。

ジャーナリズムがたびたび南アフリカの真相究明委員会の活動として大きく取り上げるのは、免責委員会の公聴会である場合が多い。免責委員会の目的は、政治的な動機によりなされた犯行について、その該当者がすべての真相を明らかにした際には、免責の付与を促進することである。免責の請求は決められた手続きに従い一二ヵ月以内に行なわねばならない。公聴会は原則として公開で、委員会は法律を犯した人物の動機、背景、法律上また事実上の性質、その目的および対象、組織の責任者が承認した命令の遂行上になされたものかどうか、政治目的との関連性(個人的な金銭目的、怨恨によりなされたものは含まれない)などの調査を行なう。

補償・回復委員会の目的は、犠牲者の身元、消息、現況の証拠を収集し、犠牲者への緊急の補償を盛り込んだ答申を作成することである。また、重大な人権侵害の犠牲者とその家族は、委員会に対して補償を請求することができる、とされている。加えて大統領基金を設立し、議会から配分された資金、寄付あるいは援助金をこの資金に充当し、犠牲者とその家族に補償金として支払うことになっている。

以上が和解委員会の概要である。要するにアパルトヘイト体制下における人権侵害の真相=事実関係を調査・公表し、犠牲者とその家族の名誉回復と賠償を実施し、真相を告白した人物で、それが政治目的である場合は免責にする、ということである。第一節でも触れたが、国連は一九七三年一一月、アパルトヘイト条約を採択し、事実上南アフリカのこの政策を国際法違反であると判断している。同条約第四条締約国の義務では、当事者を自国の管轄権に従って訴追し処罰すること、そのために締約国もしくは国際刑事裁判所での裁判の実施を定めている。

もしこのアパルトヘイト条約を厳密に解釈すれば、現在南アフリカの和解委員会で審理されている、おぞましいほどの人権侵害の実態の歴史は、南アフリカ政府ではなく、この国連決議に署名した国もしくは国際裁判所が裁くことになろう。いうまでもなく、現実には処罰よりもむしろ和解が第一義的に考慮され、真相究明と免責、補償が優先されている。南アフリカ国民はもとより、国際社会もそのことを事実上容認している。

和解委員会では補償金の支払いの優先順位として、①緊急に援助を必要としている対象者個人への現金給付（一部実施済）、②生活費助成を含む、個人に対する現金給付と融資を向こう六年間実施する、③記念碑などの象徴的な建物の建設、街路や公共施設の名称変更、死亡証明書の発給など、④診療所、学校、青年センター、成人教育プログラムなどのコミュニティーの改善のためのプロジェクト、としている。[19]

なお個人補償金の具体的な内容として、和解委員会では対象者を二万二〇〇〇人、補償金の総額を三〇億ランド（約七七〇億円）と推定している。[20] 一九九八年一〇月に大統領直属の基金が発足し、一二九八件の申請に対して四五〇万ランド（約一億一六〇〇万円）が支払われた。いうまでもなく個人補償以外の支払いには、これ以上の金額を要するであろう。現地の新聞報道は、補償金支払の対象になったにもかかわらず、支払いを受けていない犠牲者とその家族が、補償金の迅速な支払いを求めてデモ行進したと伝えている。[21]

南アフリカでは、多くの武力紛争の例に漏れず、敵と味方、あるいは善と悪という二元対立の構図だけでは割り切れない部分も多く、人権侵害の加害者の圧倒的多数は白人ではあったが、少数の黒人もこれに含まれていた。象徴的なのはマンデラ大統領の前夫人ウィニーで、夫が獄中にあった一九八八年、彼女の親衛隊の一四歳の少年の殺害の件などで召喚されている。ANCとインカタ（南アフリカ最大民族ズールーの民族復興運動が起源）との反アパルトヘイト闘争の主導権をめぐる対立によっても、人権侵害事件は発生している。

一九七八年から八九年のあいだ首相（八四年からは執権大統領）の地位にあり、アパルトヘイト体制の強化を図ったピーター・ウイレム・ボータ（Pieter Willem Botha）は、九八年二月、和解委員会に無罪を主張し、反対に同委員会が偏向していると非難して物議をかもした。同じ年の五月、和解委員会はターボ・ムベキ（Thabo Mbeki）大統領（当時副大統領）を含むANCの幹部三七人への一括した免責付与の決定を取り消すという判断を下している。

南アフリカの国民和解のプロセスは、法律や単なる政治的な判断を越えた、むしろ人間としての良心に訴えるものである。したがって「癒す（heal）」という言葉がしばしば使われている。南アフリカ出身の作家マサベインは、和解委員会に関係する裁判に出席して目にした光景を次のように記している。「ある婦人は、自分の息子を拷問し殺害した犯人を、何年もかけて捜していた。その犯人が見つかり裁判にかけられ、有罪となった。判事が婦人に『どんな罰を与えたいですか』と聞くとその婦人は、『罰ですって』と答えた。判事は『そうです。いまはこの連中を罰することができるんです』。婦人はこう答えた。『違うんです。私がこの連中を捜していたのはそのためではないのです。私はこの人達に赦すことがどういうことか教えてあげたかったんです』」[22]。

南アフリカにおける和解委員会の活動は、四〇余年にわたり続いた「国家によるテロ」を裁く場であり、加害者がごく少数で被害者の大多数が黒人、非白人であるにもかかわらず、複雑かつ錯綜した様相を呈している。基本的な役割はまず公の場で犠牲者とその家族に真相を明らかにすること。政治目的の犯行の場合は免責とすること。犠牲者とその家族に政府が補償金を支払うということである。しかしながらこのような手続きを支えているのは、先に紹介したように、人間存在の根幹に触れるある種の寛容の精神であることは論を俟たない。最終的に上記の和解プロセスの是非を判断するのはやはり当事者であろう（ただしアパルトヘイト体制を経済的に支えていた日本を中心とする先進工業諸国は、例えば賠償金などの面で協力できるかもしれないし、またそうすべきであろう）。

アパルトヘイト体制は、国家による暴力の具体例として、史上稀にみる規模で行なわれた。南アフリカ政府は外交的にも孤立し、国連からは締め出された。反アパルトヘイトの動きは世界中に広がり、連帯の輪が広がった。その象徴的な人物で、二七年間を獄中で過ごしたマンデラ前大統領は政治舞台に奇跡のカムバックを果たした。マンデラは九三年には、ウイレム・デ・クラーク（Willem De Klerk）大統領（当時）とともにノーベル平和賞を受賞している。

マンデラが一九八四年に、ノーベル平和賞を受賞したツツ大主教とともにアパルトヘイト時代の負の遺産を清算しようとしたとき、実際に取られたのは、政治的な目的でなされた犯行については、加害者が自ら進んで事実を告白することと引き替えに、免責、恩赦を付与するというきわめて現実的な手段であった。もちろんこのことによって、被害者の心の傷が癒えるとはとても思えない。かといって、すべての加害者を法的に処罰することは物理的にも不可能であろう。せっかくの和解のプロセスそのものが頓挫する可能性もある。結局、過去の清算よりも、将来同じ過ちを二度と繰り返さないという意志を国民が共有することが優先されたのである。南アフリカの事例は、これからも頻発するであろう地域紛争の解決に、ひとつの例を提示しているかもしれない。もちろん、免責と恩赦の乱用が紛争をかえって助長し、罪人をはびこらせるという危険を十分に含んではいるが。

おわりに

本章では、まず第一節で武力紛争における人権侵害を国際法上の解釈に照らして考察した。もともと国家間の紛争を想定していた国際法が、近年急速にその守備範囲を拡大している。それを象徴するのは、一九七七年の「第二追加議定書」である。この議定書では、国内における反乱や組織的な武装集団をその司法判断の対象とすることとなった。こうして、軍事政権下の人権侵害・弾圧や内戦中の政府・反政府軍双方の一般市民への暴力は、国際法上違法とされるに至ったのである。

このような法制度上の縛りがあるにもかかわらず、現実にそうした人権侵害は、少なからぬ場合より民主的な政権への過渡期には、免責・恩赦によって事実上処罰なしで処理されているのが現状である。エルサルバドルでは、史上初の国連主導による真相究明委員会が設置された。委員会は二〇〇〇人に及ぶ証人に面会し、詳細な報告書も作成された。しかし、真相のある程度の究明は進んだが、犠牲者の名誉回復、経済的な補償は手つかずである。

南アフリカにおける和解委員会は、アパルトヘイトという特異な体制で起きた、明確な国際法違反行為を裁く場ではあるが、もともと免責・恩赦を前提とした調査であることは、エルサルバドルと同じである。この二ヵ国に共通して求められたのは、まず真相を究明すること。そして犠牲者の名誉を回復すること。最後に、犠牲者とその家族に国家が経済的補償を行なうということである。おそらくこの三点は、今後も起こるであろう国内あるいは限定された地域内の武力紛争の平和的な解決を進めていく際に、必要最低限の履行事項であろう。

これまでの議論を逆の立場から考えると、戦争犯罪（抑圧体制、テロを含む）を法律的に処罰することがいかに困難であるか、ということの証左でもある。内戦などで二つの勢力が軍事的に対峙した場合、曲がりなりにも政権の座にある軍人たちが、反政府勢力を弾圧するなどの行為を、内戦が終結したり、あるいは政権が交代したからといって、過去の犯罪として当事者同士が法的に処罰することは、国際社会が強力に介入する場合を除いて、至難の技であろう。おそらく、それが可能なのは一方の当事者が軍事的に全面降伏する場合だけであろう。武力紛争中の当事者の善悪（加害者、被害者）を区別した上で、それを法的に裁くことには限界があるといわざるをえない。

武力紛争の平和的な解決とその後の国民和解に不可欠な条件と思われるのは、一定の制約の下で免責あるいは恩赦により過去を清算した上で、人権侵害の真相の究明、犠牲者の名誉回復、犠牲者とその家族への経済的な補償を優先することであろう。罪を犯した人間は必ず罰せねばならないという一般的な法意識が厳に存在する一方で、免責、恩赦による和解の促進という現実的な選択肢が存在することも無視はできない。本章の主旨は、従来あまり正面から論じられてこなかった後者の立論について、二つの具体例を紹介しながら検討した。いうまでもなく、免責や恩赦といった特例的な措置は、それぞれの紛争の問題の本質を解決する手段ではないし、ごく短期の緊急避難的な性格を有することは明白である。より長期的な解決が、人権擁護を含んだ民主化を定着させるための政治改革、教育や公衆衛生の改善、経済社会開発にある点は、疑問の余地はないであろう。

免責や恩赦の実施は、そのような経済社会改革を進めていく上での、ときとして必要な経過的措置と理解されるべきである。

注

（1） 地域紛争の最近の動きを要領よくまとめたものとして、澤田真治「地域紛争にみる冷戦後の世界」（『現代用語の基礎知識』自由国民社、一九九八年、所収）、また地域紛争と国連の関わりを簡述したものに、クマール・ルペシンゲ、黒田順子編（吉田康彦訳）『地域紛争解決のシナリオ』スリーエーネットワーク、一九九四年がある。

（2）　なおここで行論の上から和解のもつ意味についてあらかじめ明確にしておきたい。米国人の政治学者で中米紛争の各国の和解プロセスに実際に参加したことのあるレデラックは、和解について次のように説明している。まず和解をもたらすためには、真相の究明、慈悲（mercy）、正義、そして平和が不可欠の前提条件である。その上でまず第一に和解は、過去の傷と将来の長期にわたる相互の依存関係について、当事者が心を開いて向き合うことを促すものである。第二には、和解は過去の出来事の真相究明とその過去を慈悲によって乗り越えようとする二つの動きが出会う場所である。第三に、和解は当事者が共有する認識が将来への見通しと一致した上で、正義と平和を構築するための時間と空間が必要であることを、当事者が確認することである。レデラックは、武力紛争後の当事者の和解のプロセスを詳細に検討しながら、慈悲の重要性を繰り返し指摘している。ここでいう慈悲とは、換言すれば本章で以下論ずるように免責、恩赦のことを指している。詳細は次を参照。John Paul Lederach, *Building Peace : Sustainable Reconciliation in Divided Societies*, Tokyo : The United Nations University, 1995.

（3）　ここで免責と恩赦を定義しておくことにしたい。従来わが国ではこの二つの用語の使用に関して若干の混用が見受けられる。通常、英語の amnesty は、犯罪の訴追そのものを逃れる公式の行為のことである。免責の対象者が訴追され、あるいは判決を受けているか、あるいは刑をすでに受けているかにかかわらず、犯罪を構成する要素はなかったとされ、刑罰は施行されない。したがって、本章ではこれにふさわしい訳語として免責をあてる。なお、英語の pardon は司法判決による罪料の全部もしくは一部を履行しないことを意味する。留意する点は、有罪判決そのものは抹消されないことである。したがって、本章ではこの訳語として恩赦を使用する。要するに免責（amnesty）は犯罪そのものの立件がなされないのに対して、恩赦（pardon）はいったん有罪が成立した上でその刑罰の執行が見送られるものである。詳細は次を参照。Diane F. Orentlicher, "Setting Accounts : The Duty to Prosecute Human Rights Violations of A Prior Regime", *The Yale Law Journal*, Vol. 100, No. 8, 1991, pp. 2543, 2604-2605.

（4）　数少ない貴重な基本資料として、次がある。The Justice and Society Program of The Aspen Institute, *State Crimes : Punishment or Pardon*, Maryland : The Aspen Institute, 1989. 該書には四人の報告者のリポートが掲載されてあるが、特にアルゼンチン、ブラジル、ウルグアイなどの長期にわたる軍事政権下の人権侵害と、民政移管後の免責・恩赦の実施について詳しく論じている。また大串和雄「罰するべきか許すべきか——過去の人権侵害に向き合うラテンアメリカ諸国のジレンマ」『社会科学ジャーナル』第四〇号、一九九九年二月、がラテンアメリカの最近の動きを伝えている。

（5） 人権侵害の犠牲者に対する賠償の必要性を理論的に説いたものとして、次を参照。Naomi Roht-Arriaza, "State Responsibility to Investigate and Prosecute Grave Human Rights Violations in International Law", *California Law Review*, Vol. 78, No. 2, 1990, pp. 482-483.

（6） 以下国際法上の戦争の規定については、松田竹男「第一六章、平和と安全の維持」（松井芳郎〔他〕『国際法新版』有斐閣一九九三年、所収）、香西茂「第九章、平和と安全の維持」（香西茂〔他〕『国際法概説』有斐閣、一九九二年、所収）、岡田泉「第一二章、国際犯罪」（松井芳郎〔他〕、前掲書、所収）などを参照した。

（7） 一九九八年六月ローマで開催された国連外交会議は、国際刑事裁判所の設立を決めた。アメリカ政府の消極姿勢など、問題は残るものの、重大な戦争犯罪を犯した個人を裁く国際機関として、期待が寄せられている。詳細は、藤田久一「国際刑事裁判所規定採択の意義と限界」『世界』第六五二号、一九九八年九月号。

（8） United Nations, Commission on Human Rights, Sub-Commission on Prevention of Discrimination and Protection of Minorities, *Study on Amnesty Laws and Their Role in the Safegurad and Promotion of Human Rights,* E/CN. /Sub. 2/1985/16, 21 June, 1985.

（9） Edward Lawson, *Encyclopedia of Human Rights,* New York : Taylor & Francis, 1991.

（10） Robert O. Weiner, "Trying to Make Ends Meets : Reconciling the Law and Practice of Human Rights Amnesties", *St. Mary's Law Journal,* Vol. 26, 1995, pp. 870-871.

（11） 本章で具体例としてエルサルバドル、南アフリカを選んだ理由には、特に必然性があったわけではない。ただし前者の場合、筆者が内戦中に現地に滞在した経験（一九八四年から八五年）が動機になっている。なお南アフリカは、ラテンアメリカにおける真相究明委員会について詳細な研究を行なっている。この点は、たとえば次を参照。A. Boraine & J. Levy eds., *The Healing of a Nation,* Cape Town : Justice in Transition, 1995.

（12） 詳細は、田中高「エルサルバドル、一九八四－八九」『国際政治』九八号、一九九一年、同「中米紛争の平和的解決——地域紛争解決モデル化の試み」『ＮＩＲＡ政策研究』七巻五号、一九九四年、同「暴力と和解、真相究明と恩赦について」『国際研究』一四号、一九九八年三月、などを参照。

(13) B. Betancur, R. Figueredo & T. Burgenthal, *De la locura a la esperanza. La guerra de doce años en El Salvador: Informe de la Comisión de la Verdad para El Salvador*, 1993, p. 311. なお報告書の公表をめぐる当時の現地の様子については、田中高「エルサルバドル、クリスティアーニ政権の五年間、一九八九—九四年」『ラテンアメリカ・レポート』一一巻一号、一九九四年、参照。

(14) *Ley de Reconciliación Nacional.* 法令第一四七号。一九九二年一月二三日に公布され、同年二月一日より施行された。*Diario Oficial*, Tomo 3 Núm. 14, 23 de enero, 1992.

(15) この点は一九九七年八月一八日、サンサルバドル市内にある人権擁護庁（Procuraduría para la defensa de los Derechos Humanos）のアギラル（Antonio Aguilar Martínez）経済社会文化擁護局長と筆者のインタビューで確認している。

(16) Frank La Rue, "The Right to Truth in Central America", in Rachel Sieder ed., *Impunity in Latin America*, London: Institute of Latin American Studies, 1995, pp. 78-79.

(17) Kaye Mike, "The Role of Truth Commissions in the Search for Justice, Reconciliation and Democratisation: The Salvadorean and Honduran Cases", *Journal of Latin American Studies*, No. 29, 1997, p. 704. Mark Ensalaco, "Truth Commissions for Chile and El Salvador: A Report and Assessment", *Human Right Quarterly*, Vol. 16, 1994, pp. 664-665.

(18) 以下、和解委員会の組織あるいは活動については、Introduction by the Minister of Justice Mr. Dullah Omar（インターネット http://www.truth.org.za/）による。なお、南アフリカの近年の動きを簡潔に紹介する文献として、峯陽一『南アフリカ——「虹の国」への歩み』（岩波新書）岩波書店、一九九六年、および川端正久・佐藤誠編『南アフリカと民主化』勁草書房、一九九六年、がある。南アフリカの和解のプロセスに関しては、永原陽子「もう一つの『過去』の克服——南アフリカにおける真実と和解」『歴史学研究』第七〇七号、一九九八年二月、が参考になる。

(19) *Sunday Independent*, 28 February, 1999.

(20) 『朝日新聞』一九九七年一〇月二五日朝刊。

(21) *Mail and Guardian*, 23 to 30 September, 1999.

(22) Mark Mathabane, "South Africa: Reconciliation, Yes, But Justice As Well", *International Herald Tribune*, 15 December, 1997.

第5章

北アイルランド和平プロセスの二重路線

——ユニオニストに厳しい二つの基本原理

堀越　智

はじめに

一九九八年四月一〇日に合意された和平合意を、アイルランドの人々は聖金曜日合意と呼んでいる。それはイースター金曜日に調印されたからで、ナショナリストにとってイースターは、一九一六年のイースター蜂起（Easter Rising）が現在の独立した共和国の前提であるだけに、たんにキリスト教徒としてのイースター以上に意味深いのである。またこの一九九八年は、一七九八年のユナイテッド・アイリッシュマン（Society of United Irishmen）の蜂起から二〇〇年目で、この蜂起はアイルランド最初の民族蜂起であることから、その二〇〇周年の年にこの合意が成立したことをナショナリストはとくに意義深く感じたのである。(1)

本章はイギリス政府の和平提案を素材として、今日のこの合意に至る経緯を歴史的に検証するものである。その節目として「サニングデール協定」（Sunningdale Agreement 1973）、「イギリス＝アイルランド協定」（Anglo=Irish Agreement 1985）、「ダウニング街宣言」（Joint Declaration for Peace, Statement made at Downing Street 1993）を取り上げたい。イギリス政府は北アイルランド問題についてつぎつぎと提案を行なっているが、その集約点がこの三つと考えられるからである。そしてこの経緯のなかで特に注目したい点は、「アイリッシュ・ディメンション(Irish dimension)」と「パワー・シェアリング(power-sharing)」である。

「アイリッシュ・ディメンション」とは、北アイルランド問題をアイルランド民族問題としてとらえる視点である。これまでアイルランド問題も北アイルランド問題もイギリスは国内問題と主張し、他からの介入を許さなかった。しかしアイルランド島の五分の四が共和国として独立し、スコットランドやウェールズが民族自決を主張している今日、北アイルランド問題の民族問題としての側面を大幅に容認しなければならなくなってきたのである。しかし北アイルランドは連合王国として残ってきたし、現在も住民の半数以上は連合を継続したいと希望している。こう希望するユニオニストと、民族の一体化を主張するナショナリストの共生をはからないかぎり、北アイルランドに平和は訪れない。

これを政治的に実現しようという試みが「パワー・シェアリング」である。多数派支配ではなく、ユニオニスト、ナショナリスト双方が入閣して行政を担当することによって、少数派差別という北アイルランド紛争の原因を解消しようとするものである。しかし、これらは北アイルランド成立から今日までの政治・経済・社会の基本構造の変革を意味している。一九六九年の紛争開始からここに至るまでの三〇年、テロの応酬で三〇〇〇人を越す死者を出した北アイルランド紛争も、ようやく今日の合意に至ったのである。[2]

一　北アイルランド和平合意

一九九八年四月一一日のアイリッシュ・タイムズ紙は、和平合意のポイントとして次の五点を挙げている。[3]

(1)　比例代表制による北アイルランド議会の開設（一〇八議席）。
(2)　議会は一二人の閣僚による行政府を構成。
(3)　議会の第一の任務は南北閣僚評議会の設立。
(4)　アイルランド憲法第二条、第三条の修正と（イギリスの）アイルランド統治法廃止。
(5)　アイルランド議会、北アイルランド議会、イギリス下院、（開設予定の）ウェールズ議会、（開設予定の）スコットランド議会の代表による政府間評議会（島嶼評議会）の開設。

合意文書全体を少し詳しく見ていこう。合意文書の最初は「支持の訴え」である。ここでは、この合意に至った全当事者会議の努力と基本理念をうたって、南北アイルランド住民に支持を訴えている。次が立憲問題で、この合意は一九八五年のイギリス＝アイルランド協定に代わるものだが、前者と同様に、連合王国に留まるかアイルランドの南北統合を選ぶかは、北アイルランド民衆の多数が選択するものであることを再確認しながら、「自らをアイリッシュと認識するか、ブリティッシュと認識するか、さらにはその両方と認識するかは、北アイルランドの人々の固有の権利である」と記している。その上で、イギリスは一九二〇年のアイルランド統治法（Government of Ireland Act）を廃止して、北アイルランド住民の意志によってその将来が決定できることを保証し、アイルランド共和国は憲法を修正して北アイルランドへの領有権の主張を放棄することを約束している（ただし国民投票が必要である）。

次が、北アイルランドに構築する民主的機構についてである。まず、一〇八議席の北アイルランド議会の開設である。選挙区は現在のイギリス下院の選挙区で、選出方法は比例代表制によることになっている。この議会の議決はユニオニスト、ナショナリスト双方のブロック（議員は初日にどちらのブロックに所属するか、またはどちらにも所属しないか登録することになっている）の過半数が必要であり、全体の六割の賛成を必要とする重要事項は各ブロックの四割以上の賛成を必要とする。重要事項とは、議長選出、主席・次席閣僚選出、議事規則、予算、その他三〇人以上の議員が要求した場合である。その後に北アイルランド議会、北アイルランド政府の権限と任務の記載があり、イギリスの北アイルランド行政府が引き続き保有する権限と任務が記されている。次が南北閣僚評議会である。この評議会は南北に関連するすべての問題を取り扱うことになっている。いかなる決定も双方の合意がなければならないとされる。政府間評議会は、新しく開設されることになっているスコットランド議会とウェールズ議会まで含めており、島嶼評議会とも記されている。このほかに、イギリス政府とアイルランド政府の政府間会議が設けられることになっている。以下は治安、機会均等、武装解除問題である。治安は引き続きイギリス政府が担当、武装解除は独立の国際委員会に、受刑者の釈放はイギリス、アイルランド両国政府に、その他の内政問題は北アイルランド議会・行政府と南北閣僚評議会にゆだねられる。

この合意に対する住民投票が五月に行なわれた。住民投票前にイギリス、アイルランド両政府とも賛成が七〇パーセントを超すことを切望していた。北アイルランド住民の比率がプロテスタント六〇パーセント、カトリック四〇パーセントだから、反対が三〇パーセントを超せばプロテスタントの半数以上が反対ということになるからである。カトリックの反対派はごく少数と考えられていた。住民投票の結果は表5－1のとおりで、この勢いが六月二五日の選挙に持ち越されることが期待された。その北アイルランド議会選挙も表5－2のとおりだった。住民投票の場合と同様に、合意反対の民主ユニオニスト党（Democratic Unionist Party：DUP）のペイズリー（Paisley, I.）党首は三〇人の当選を目標としていたが、それは果たせなかった。合意支持のアル

表5－1　住民投票（1998年5月22日）　（%）

	賛成	反対	投票率
北アイルランド	71.12	28.88	81.1
アイルランド共和国	94.39	5.61	56.3

表5-2　北アイルランド議会選挙（1998年6月25日）　（関連武力組織）

アルスター・ユニオニスト党（UUP）	28	
民主ユニオニスト党（DUP）	20	
進歩ユニオニスト党（PUP）	2	UDA（アルスター防衛協会） UVF（アルスター義勇軍） UFF（アルスター自由戦士）
アルスター民主党（UDP）	0	
イギリス・ユニオニスト党（UKUP）	5	
無所属ユニオニスト	3	
北アイルランド連合党（APNI）	6	
社会民主労働党（SDLP）	24	
シン・フェイン（SF）	18	IRA（アイルランド共和軍）
アイルランド共和社会党	0	INLA（アイルランド民族解放軍）
北アイルランド女性同盟	2	
北アイルランド労働党	0	
労働者党	0	
緑の党	0	
計	108議席	

注：武装組織（非合法）と関連政党は組織的には一体のものではないが，人的連携があり，関連政党が武装組織を代弁することもある。ただし，武装組織が単独で報道機関に声明を送ることのほうが多い。プロテスタント系の組織は合同軍事司令部（CLMC）を形成している。RH（レッド・ハンド）もそれに加わっている。他に強硬派としてはLVF（ロイヤリスト義勇軍），カトリック系ではRIRA（真のIRA），CIRA（闘争継続派IRA）がある。

スター・ユニオニスト党（Ulster Unionist Party：UUP）は党内の分裂で苦戦したが、社会民主労働党（Social Democratic and Labour Party：SDLP）とシン・フェイン（Sinn Fein）が健闘したことは、北アイルランドの変化が確実なものであることを示した。

二　サニングデール協定の意義

一九二〇年のアイルランド統治法によってアイルランドが南北に分割されて成立して以来、北アイルランド議会と行政府は、北アイルランドに関する大きな権限をもってきた。七二年にこの議会が機能停止になってイギリスによる直接統治が始まったのは、北アイルランド議会と行政府では、六九年夏からの紛争を解決できる可能性が見られなかったからである。それは北アイルランドがオレンジ国家であり、そこではユニオニストが絶対的な権限をもっていたからである。紛争の原因はユニオニスト支配の下でカトリックが差別されていたことだが、その不満が公民権運動[5]として高揚し、それに対するユニオニスト強硬派の暴力がナショナリストとユニオニストの衝突を惹起したにもかかわらず、これを北アイルランド議会・行政府は許していたのである。ということは、イギリス政府による直接統治が、ユニオニスト絶対支配を揺るがせる統治に繋がる可能性があることは自明のことだった。ユニオニストが直接統治に強硬に反対し、ナショナリストが歓迎とまではいかなくても、ある種の期待をもったことがそれを証明している。アイルランド共和軍（Irish Republican Army：ＩＲＡ）[6]が停戦を検討したくらいである。

イギリス政府の意気込みは、続けざまに発表された北アイルランドに関する文書に示された。最初は白書『北アイルランドの将来――討議のために』（*The Future of Northern Ireland; A Paper for Discussion*, October, 1972）で、これは、一九七二年九月二五日から三日間ダーリントンで開かれたイギリス政府と北アイルランド各政党の会談を受けて発表されたものである。この会談にはＵＵＰ、北アイルランド連合党（Alliance Party of Northern Ireland：ＡＰＮＩ）、北アイルランド労働党（Northern Ireland Labour Party：ＮＩＬＰ）が出席しただけで、ＳＤＬＰは容疑者を無期限に拘留する予防拘禁（インターンメント）が行なわれていることを理由に出席しなかった。出席三党の主張にそれほど大きな違いがなかったにもかかわらず、合意には至らなかった。したがってこの文書は、合意の上ではなく、合意が成立しなかったにもかかわらず、今後の協議のための文書として発表されている。内容は、北アイルランド住民が連合王国に留まることを希望しているかぎり、イギリスは連合を維持すると約束したものである。

ただ、ユニオニストとナショナリストのパワー・シェアリング政府を検討課題としながらも強く勧めていることと、北アイルランド問題にアイルランド共和国政府が関わるアイリッシュ・ディメンションの可能性に触れていることが、注目される点だった。この二つが現在に至るまで和平プロセスの基本構造となっているのである。これを受けて七三年に、『北アイルランドの法的地位に関する提案』(*Northern Ireland Constitutional Proposals*, 20 March, 1973)が発表された。この直前に北アイルランドの帰属を問う世論調査が行なわれ、有権者の五七・五パーセントが連合王国への残留を希望しているという結果がでているが、カトリック住民の大半がボイコットしており、この数字はほとんど意味をなさなかった。提案は、

(1) 北アイルランドは住民の多数が希望するかぎり連合王国の一部として残る。
(2) 比例代表制による北アイルランド議会を開設する(議員数八〇)。
(3) 新しい行政機関をパワー・シェアリング形態で創設する。
(4) 人権に関する常設委員会を設置し、人権憲章を制定する。
(5) 連合王国議会は北アイルランドに対する立法権をもつ。
(6) 連合王国政府は、緊急時の法と秩序、選挙・公訴の実施、一部裁判官・治安判事の任命に関して恒久的権限をもつ。
(7) 北アイルランド議会成立の後、北アイルランド代表と共和国代表を加えた会議を開催する。

という具体的で詳細な内容だった。ここにも現在の和平合意の基本構造を見ることができる。この提案は、アルスター・ユニオニスト会議(Ulster Unionist Council:UUC)で承認された。三八一対二三一であった。強硬な反対グループはヴァンガード・ユニオニスト党(Vanguard Unionist Party:VUP)を結成した。ユニオニストはこれ

までも必ずしも一枚岩でなかったが、ここに至って分裂が決定的になった。この分裂は、ユニオニスト内の組織的変遷はあるが、今日まで続いている。

この提案に基づく北アイルランド議会選挙が、一九七三年六月二八日に実施された。投票率は七二・三パーセントと高く、住民の関心の強さを表わしていた。結果は、白書賛成が五二パーセント、反対が二六パーセントだった。ユニオニスト主流派とSDLPで過半数を獲得している。この結果を受けて一二月六日から九日まで、バークシャーのサニングデールで、イギリス政府とアイルランド政府に北アイルランド行政府代表を交えた会議が開かれた。会議の目的は白書の実施を進めることだった。会議はイギリス政府から首相ほか三人、アイルランド政府から首相ほか二人、北アイルランドの側はSDLPから党首ほか五人、APNIから党首ほか二人、UUPから党首ほか五人という、ユニオニスト、ナショナリスト強硬派を除くすべての関係者が出席する顔ぶれになった。会議に三日もかかったことは、合意の形成が難しかったことを意味している。伝えられているところによれば、北アイルランドまで含めた全アイルランド島を共和国の領域と規定しているアイルランド共和国憲法第二条・第三条の削除というユニオニストの要求を、アイルランド政府が拒否したが、その代わりに北アイルランド住民の多数が望まないかぎり北アイルランドの地位の変更はないという点にアイルランド政府が同意して、九日の共同コミュニケにこぎつけたという(7)。

一二月九日の共同コミュニケで発表され、サニングデール協定と呼ばれた合意文書の主要点は、

(1) 北アイルランドの住民の多数が望まないかぎり現在の地位に変更はない。
(2) 南北閣僚によるアイルランド評議会を開設する。
(3) 北アイルランド議会と「パワー・シェアリング」による行政府を開設する。

(4)　テロリズムに対抗していっそうの協力をする。

という四点である。四点目を除けば、これまでの文書に述べられてきたことがらである。しかし注目すべきは、この協定の場合、アイルランド共和国政府と北アイルランドの双方の穏健派および中間派が加わっていることである。別の形でいえば、双方の過激派を除く全関係者の合意が形成されたことである。ダーリントン会談で果たせなかったことが、ここに実現したのである。北アイルランド和平プロセスの核が生まれたことを意味する。和平プロセスがさらに一歩進む可能性が示されたのである。

しかし反発の根強さは、早くも翌一〇日に、ユニオニストによるロイヤリスト連合司令部（Combined Loyalist Military Command：CLMC）の開設となって現われた。その中心はアルスター防衛協会（Ulster Defence Association：UDA）とアルスター義勇軍（Ulster Volunteer Force：UVF）だった。ユニオニスト準軍事組織各派が、連合司令部の下で共闘することになったのである。年が明けて一月四日、アルスター・ユニオニスト会議は、四二七対三七四でサニングデール協定の南北評議会を拒否する決定を行なった。

一九七四年二月二八日に、イギリス下院の総選挙が行なわれた。北アイルランドでの争点は、もちろんサニングデール協定だった。北アイルランドから選出された一二議席中一一議席をユナイテッド・アルスター・ユニオニスト会議[8]（United Ulster Unionist Conference：UUUC）が獲得して、完勝した。SDLPは一議席だった。協定前の北アイルランド議会選挙の結果と協定後のこのイギリス議会選挙の結果（表5-3）を比べれば、北アイルランド全体の傾向として反サニングデール協定に大きく動いており、協定を北アイルランドのユニオニスト住民が拒否していることは明らかだった。これはUUUCの「アルスターを支配するのは誰か？　アイルランド共和国…IRA…SDLP…アイルランド評議会？」[9]という宣伝が功を奏したともいえる。これを受けてUUUCは、北アイルランド議会にサニングデール協定破棄の動議を提出した。北アイルランド議会ではユニオニストとナショナリスト双方の穏健派（協定賛成勢力）が多数派であり、否決（五月一四日）されたのもまた当然だったが、それはひとつの手続きであって、一五日にアルスター労働者会議（UWC）はすでに予定していたとおりゼネストに入った。職場を放棄した労働者が一八万人という大闘争を実現したユニオニスト強硬派の力にフォークナー（Faulkner, B.）政権が倒れ、イギリスは北アイルランド議会を再度停止した。こうしてサニングデール体制が崩壊した。

イギリス政府は二ヵ月後に新しい白書『北アイルランド基本法』（*The Northern Ireland Constitution*, July, 1974）を出して、北アイルランド議会と行政府を再構築しようとした。この白書は、ここに至るまでの経緯を詳細に分析した後、「次の段階」として北アイルランド議会選挙を行ない、行政体制を確立することによって、住民の意思の再確認を行なうとしている。それは「前行政府が倒れた後、北アイルランド相が政党指導者やさまざまな段階、領域の指導者と会談した結果、北アイルランドの住民が北アイルランド問題を自らの努力によって解決できるチャンスを無駄にしたくないと考えていることが明らかになった。北アイルランドの人々が自らの将来を決定する重要な役割を果たさなければならない」と判断したからだという。ここで注目されるのは、「北アイルランドは連合王国の他の地域と違って、他国すなわちアイルランド共和国と境界を接しており、特別の関係をもっていることである。いかなる政治的協定もこの特別の関係を認め、それに対応しなければならない。これが、すなわち『アイリッシュ・ディメンション』である」という記述である。UUUCの反対に対して、あえて真っ向から挑戦したとも思える一文である。

表5-3　サニングデール協定前後の選挙

	北アイルランド議会選挙（協定前）（1973年6月28日）	イギリス議会選挙（協定後）（1974年2月28日）
協定賛成	393,000票	295,844票
協定反対	318,000票	421,782票

表5-4　イギリス下院選挙の各党得票率（1974年10月10日）　（%）

UUUC	58.1
SDLP	22.0
APNI	6.3
UPNI	2.9

注：投票率は68.5%。UPNIはフォークナー派

しかし、一九七四年一〇月一〇日に実施されたイギリス下院選挙において、UUUCは一二議席中一〇議席を獲得してユニオニストの協定反対意志の強さを示した（表5-4）。イギリス政府は翌七五年二月五日に新しい提案『北アイルランド行政――分裂社会のために』（*The Government of Northern Ireland: A Society Divided*, February, 1975）を発表して、規定方針を変更しないことを強調した。二月一一日、IRAは一二項目にわたる休戦条件を発表した。これはすでにイギリス政府との合意の上のことだとされた。しかし、これでIRAとの休戦が実現し北アイルランドに和平が訪れるというほど、事態は単純ではなかった。このような経緯でIRAとの休戦が実施されることが、UDAからSDLPまで、各勢力の恐怖を引き起こしたという指摘もある。[10] しかし、これはイギリス政府とIRAの妥協が可能であること、むしろ最大の困難がユニオニストの側にあることを明らかにするものだった。

状況に変化のないことは、一九七五年五月一日の北アイルランド議会選挙の結果に示された。UUUCが七八議席中四七議席を獲得したのである。一一月七日、UUUCが提出した多数派支配に戻るべきとする動議が、四二対三一で採択された。そしてこの北アイルランド議会は、翌七六年三月三日、多数派支配に復帰することを決議し、イギリスがそれを拒否することによって終わった。SDLPやAPNIが欠席し、すでに北アイルランド議会としての実体はなくなっていた。こうして、再び直接統治に戻ったのである。

サニングデール協定は、結局のところ実験で終わったと見るべきかもしれない。しかしその後の経緯を見れば、「パワー・シェアリング」と「アイリッシュ・ディメンション」という基本線を据えたところに、その後の和平プ

ロセスのスターティング・ポイントを築いたといえるだろう。同時にその実現の困難さも明らかになったのである。ナショナリスト、ユニオニスト双方の準軍事組織が闘争を強化することになった。

三　イギリス＝アイルランド協定の意味

事態は動いていた。一九七六年夏に平和デモが北アイルランド各地で大きな盛り上がりを見せ、九月にヨーロッパ人権委員会が、イギリス治安当局の北アイルランドにおける拷問の実態を明らかにした。そして、一九七七年五月一八日の地方議会選挙ではＵＵＵＣが分裂解体しており、ＵＵＰとＳＤＬＰが勝利した。七九年五月三日のイギリス下院総選挙も、北アイルランドでは、ＵＵＰ一〇議席、ＳＤＬＰ一議席、無所属ナショナリスト一議席で大きな変化はなかった。続けて六月七日にヨーロッパ議会選挙が実施された。ペイズリーとヒューム（Hume, J.）が他を大きく引き離して当選した。もう一人のテイラー（Taylor, J.）は反サニングデール派のユニオニストだった。七九年八月二七日にアイルランド民族解放軍（Irish National Liberation Army：ＩＮＬＡ）がマウントバッテン伯殺害事件を起こし、このＩＮＬＡの活動の活発化が事態をますます困難にしているように見えた。またハイド・パーク爆破（一九八二）、ハロッズ・デパート爆破（一九八三）など、ＩＲＡはイギリスそのものに対する攻撃を強めていった。

一一月二〇日、イギリス政府が『北アイルランド行政――協議のための試案』（*The Government of Northern Ireland: Working Paper for A Conference*, Nov. 20, 1979）を発表した。主要四政党（ＡＰＮＩ、ＳＤＬＰ、ＤＵＰ、ＵＵＰ）を招いて協議するためのたたき台にするものだった。これは「新提案」と称しており、これまでとは逆の形の大胆な内容で、アイルランドの統一、連合、独立といった「アイリッシュ・ディメンション」を協議事項からはずすというものだった。UUCの強い態度と、それが北アイルランド民衆の支持を受けているという現実を受けて、ユニオニストに譲歩する形だった。この提案は、二日後にSDLPのフィット（Fitt, G.）が党首を辞任するという波紋を引き起こした。フィットは「アイリッシュ・ディメンション」が消えてもユニオニストとの協議は続けるべきだと主張し、党内の猛反対を受けたのだった。代わってジョン・ヒュームが党首に選出された。もっとも、ヒュームが党首になってもイギリス政府との協議は継続したから、この問題はむしろ党首交代のきっかけになっただけともいえる。

四党とイギリス政府の協議は、UUPが無意味だとして拒否したため、他の三党との協議という形で進められた。実質的な進展はなかった。しかしイギリス政府は、一九八〇年七月二日、前年の提案をふまえてという前提で新しい提案『北アイルランド行政——今後の討議のための提案』（*The Government of Northern Ireland: Proposals for Further Discussion*, July, 1980）を発表した。そこでは少数派のナショナリストに対する配慮が目立った。それは、比例代表制による八〇議席の北アイルランド議会の開設、北アイルランド省の存続、および自治権をもつ行政府という従来の内容に加えて、次の二つを選択肢として加えていることが注目された。そこでの

(1)　議席をもつすべての政党が行政府に加わる。または、

(2)　少数派が主体となる議会委員会を設置して、議会運営や行政に対する発言権をもつ。

という文言は、サニングデール協定のパワー・シェアリングの変形ということができる。

この一九八〇年秋から八一年春にかけてのIRAのハンスト闘争は、世界中の注目を集めた。これは死を覚悟してのハンストであり、それに対してサッチャー政権は強硬姿勢で臨んだ。そのクライマックスが八一年四月九日の

下院補欠選挙だった。獄中で餓死寸前の状態だったサンズ（Sands, B.）が出馬して当選したのである。[11] サンズは間もなく獄中で死亡、その後もハンスト死者が続いてIRAはハンスト闘争を終了した。しかし降伏ではなかった。IRAは爆破闘争をいっそう強化することになったのである。

一九八二年四月五日、イギリス政府は新しい北アイルランド白書（*Northern Ireland: A Framework for Devolution*, 5 April, 1982）を発表した。『分権のための枠組』と題しているところに特徴がある。七八議席の北アイルランド議会を開設し、行政府を構成する点では従来と同じだったが、そこにはいくつかの注目すべき点が含まれていた。そのひとつは、部分分権（partial devolution）だけでなく、北アイルランド議会で七〇パーセント以上の賛成があれば完全分権（full devolution）を実現できることだった。第二点は、イギリス、アイルランド両議会レベルで何らかの組織をつくり、そこに北アイルランド議会代表も加わること、そして第三点は、北アイルランド行政府とアイルランド共和国とが双務的な協定を結ぶことができるということだった。以前とはかなり違っていたが、「アイリッシュ・ディメンション」の復活だったと考えることができる。

この新提案はあまり反響を呼ばなかったが、とにかくも新しい北アイルランド議会のための選挙が一〇月二〇日に実施された。結果はユニオニストが四九議席（UUP二六、DUP二一、その他二）と特に変わった点はなかったが、シン・フェインが五議席を獲得したことが注目された。翌年党首になるアダムズ（Adams, G.）が初当選したのも、この選挙だった。そしてシン・フェインと、一四議席を得たSDLPは、ともにこの議会をボイコットした。

一九八三年六月九日、イギリス下院総選挙が行なわれた。前年一二月二〇日には、北アイルランド選出議員の枠が一二から一七議席に増やされていた。結果はユニオニスト一五、ナショナリスト二であり、ナショナリストの得票率は三一・三パーセントと変わりなかったが、SDLPのヒューム党首とならんでシン・フェインのアダムズが当選したことが、シン・フェインに対する支持が確実になっていることを示すものとして注目された。八四年六月一四日にはヨーロッパ議会選挙が行なわれ、イアン・ペイズリー、ジョン・テイラー、ジョン・ヒュームが当選した。シン・フェインの得票は第一次投票で一三・三パーセント、ヒュームの得票とあわせるとナショナリストの得票率(第一次)は三五・四パーセントだった。

一一月一九日、首脳会談を終えたイギリス、アイルランド共和国首相が共同声明を発表した。それは、「多数派、少数派、両住民それぞれの帰属意識を認め、尊重する。北アイルランドの自治政府づくりは、両派住民にそれぞれの権利が擁護されるという信頼感を与えるものでなければならない。両政府間の治安上の協力は維持され、可能な分野では強化されるべきである」というものであり、これまでと基本的に変化はない。ただ、その後サッチャー首相が、北アイルランドの将来について、「南北統一」「二つの国家の連邦」「南北共同政権」といった選択肢があると述べてフィッツジェラルド共和国首相を怒らせたところが注目されたが、これがサッチャー首相の単なる思いつきだったのかどうか、真意はわからなかった。(12)

一九八五年五月一五日には地方議会選挙(全五六六議席、前回より四〇議席増)が行なわれ、結果はUUPが一九〇議席(二九・五パーセント)、DUPが一四二議席(二四・三パーセント)、APNIが三四議席(七・一パーセント)、SDLPが二議席減の一〇一議席(一七・八パーセント)、シン・フェインが五九議席(一一・八パーセント)だった。この数字は、基本的にナショナリスト強硬派が地盤を築いてきていることを反映しているとみられた。

こうしたナショナリズムの進展に対応して、一九八五年一一月一五日、イギリス・アイルランド協定(Anglo=Irish Agreement)が調印された。(13)

(1) 北アイルランドの地位は住民の合意なしにはいかなる変更もない。

(2) イギリス、アイルランド両政府委員会を設置する。
(3) 北アイルランド両社会の代表の協力による北アイルランド行政府を構成する。
(4) 治安、経済、社会問題についての南北の協力を強める。

この協定はイギリスでもアイルランドでも、また諸外国でも好意的に受け止められた。特にアメリカで歓迎された。しかし北アイルランドではプロテスタント住民が強く反対した。世論調査（表5-5）は、プロテスタント住民とカトリック住民の対照的な反応を示している。協定は、イギリス議会では四七三対四七の大差で承認されたが、アイルランド議会では八八対七五の僅差だった。野党党首の反対理由は、両国政府委員会の権限があいまいで、アイルランド政府が北アイルランド行政に直接関わることができず、南北分離の承認だけを強制されるというものだった。

ある北アイルランドの雑誌[14]は、政治家たちのコメントを引用することで当時の反応を興味深く紹介している。


サッチャー首相「ユニオニストの地位の合法性が共和国によって公式に認められた」。

フィッツジェラルド共和国首相「ナショナリストが今やユニオニストと同じ立場になった」。

ペイズリー「協定は裏切りであり、粉砕する」。

UFF「両政府会議のメンバーと職員を公式の標的とする」。

ヒューム「協定は和平と妥協の第一歩である」。

表5-5　協定に関する世論調査（BBC）(%)

	プロテスタント	カトリック	全体
反対	76	10	50
支持	8	54	25
答えない	12	15	17
分からない	5	10	7

アダムズ「協定は南北分割を固定化する大失敗だ」。

ホーヒー（共和国野党党首）「協定はアイルランド憲法と矛盾する」（共和国の他の政党は肯定的）。

この協定に対して起こされた「アルスターはノーという」（Ulster Says No）運動は、協定に反対するユニオニストの勢力の結集を図ったもので、戦術としてイギリスの行政に対するボイコットを打ち出したが、ユニオニズムの強い一部の地方で、それも部分的に実行されただけで、むしろユニオニストの闘争の限界を見せたということができよう。イギリスとの連合の継続を主張するユニオニズムがイギリスの行政を拒否するという、自己矛盾を露呈したのである。むしろ、「アイリッシュ・ディメンション」を否定できないことが明らかになったといえよう。

四　ダウニング街宣言

逆説的だが、一九八六年にIRAから闘争継続派IRA（Continuity IRA：CIRA）が分離したことは、アダムズを中心とするシン・フェインが真剣に和平を模索していたことを表わしていた。事態は急速に動きはじめていた。IRA容疑者をその場で射殺した「ジブラルタル事件」（一九八八）は、数日後の葬儀に集まった人々の多さが注目され、「ギルフォードの四人」（一九八九）、「バーミンガムの六人」（一九九一）、「マグァイヤーの七人」（一九九一）といった冤罪事件がシン・フェインを支持する民衆感情を高揚させた。また、一九九〇年七月一日にダブリンを訪問した南アフリカのネルソン・マンデラ（後に大統領）は、記者会見で「ともに席に着き、平和的な方法で問題を討議できるときに、人々が互いに殺しあっている」と発言して、IRAのテロを一方的に断罪していたサッチャー首相を激怒させた。こうした展開のなかで、九三年四月四日にベルファストで行なわれた平和行進は約四〇〇〇人を動員して注目を集め、五月にはノルウェーの人権派弁護士を委員長とするオプサール（Opsahl）委員会の報告書が発表された。

(1) この北アイルランドの危機に深く責任を感じているならば、共和国は状況を変える力をもたねばならない。

(2) イギリスと共和国はより緊密に連携して行動しなければならない。これは、ＥＵ諸国との緊密な文化交流をもたらす。

(3) 「[複数の] 島々」というのは、下手な表現だが、重要な考え方である。

(4) 共和国は、おそらくマイケル・オヒギンズ相のもとでの文化的政策を必要としている。それは北アイルランドを——あらゆる文化の分野で——考慮に入れつつ、現在進行中の教育改革を否定するものになるだろう。

(5) 北アイルランドのナショナリストとユニオニストの政治家は、反対派に対して自分たちが優位に立っていると考えてはならない。それは同じように悪く扱うことを意味しているのである。

(6) ダブリンとロンドンは、つねに共同して発言し行動しなければならない。

(7) スペインのバスク地方の例が警告している。そこはかつてもっとも進んだ地域であったが、今やテロで物笑いになって人々から敬遠されている。北アイルランドだけでなく共和国の発展も、日常的な恐怖によって停滞している。

(8) 教会によってだけでなく、宗派問題にもっと多くのことがなされなければならない。

ここでは北アイルランドの雑誌が要約したものを紹介したが(15)、筆者が注目したいのは、報告書の結論・提言部分の「シン・フェインの立場について」（二の五）と「暴力の抑制について」（二の二）の項である。

交渉過程からシン・フェインを完全に排除したいかなる解決も、持続的で安定的なものにはならないだろう、これからの協議にシン・フェインを加える方策を見つけなければならないというのが、一般的な見解である。しかし多くの場合、この見解はただ一般論として述べられてきただけであり、それは、シン・フェインを含める特別の方策や、それをどのような段階・場合において実行すべきかについて、特別の考えがあってのことではなかった。(「シン・フェインの立場について」)

北アイルランドにおいて法を守るために、もっとも重要でもっとも困難なことは、あきらかに一つのこと、すなわち政治的暴力を抑制し、最終的に根絶することである。われわれが読んだり聞いたりした供述のどれも、「武力的解決」でそれができるとは信じていなかった。多くの人たちは、しばしば不本意ながらも、前進するには、最終的に和平協議に準軍事組織を参加させることが必要であると信じていた。(「暴力の抑制について」)

この文からもわかるように、シン・フェインを協議に加えること、さらにシン・フェインだけでなく準軍事組織の代表を加えることが、慎重な表現ながら求められているのである。和平プロセスを進めるために検討しなければならない重要な点を提議していることが、注目される。この報告についての世論調査(表5-6)で注目されるのは、これに北アイルランド・プロテスタントの半数近くが賛成していることである。オプサールの報告書は、和平プロセスを進展させる状況を醸成する役割を果たしたといえるだろう。

こうした状況を背景に、事態はイギリス政府とアイルランド政府の、そしてSDLPのヒューム党首とシン・フェインのアダムズ党首の二つの協議を軸として進んでいった。そのひとつとして、一九九三年四月二四日のヒューム=アダムズ共同声明を紹介する。

(1) アイルランド人民は全体として民族自決権を有する。
(2) 連合王国内の措置では解決にならない。
(3) 民族自決権の実行は、アイルランド人民のあいだで合意されていることである。
(4) 持続的和平を確立するには、ユニオニストの合意と協力が必須条件である。
(5) ユニオニストはイギリスの行政に拒否権を発動することはできない。
(6) イギリス政府は説得に加わるべきである。
(7) 政治的解決には、ロンドンとダブリンの政府が主たる責任を負わねばならない。

表5-6　オプサール報告について（賛成）(%)

北アイルランド	プロテスタント	46
	カトリック	86
イギリス	67	
アイルランド	81	

ヒュームは、一九六〇年代後半の公民権運動のなかから頭角を現わしてきた政治家である。彼は一貫して非暴力を信条としてきたが、公民権運動のなかからＩＲＡがどのようにして登場することになったかを、またユニオニスト（プロテスタント）の暴力の意味を、自らの活動を通して知っていた。北アイルランド議会選挙でも、欧州議会選挙でも、イギリス議会選挙でもつねに当選するほどに彼が民衆に支持されていたのは、温厚な人柄だけでなく、強いナショナリズムの信念に基づいてシン・フェインの活動に理解を示してきたからでもある。

アダムズは、ベルファストのナショナリズム的な環境のもとに生まれ、ゲーリック・フットボールのクラブで思想的に鍛えられた強烈なナショナリストである。ＩＲＡのベルファスト部隊に所属し、インターメントで投獄された。シン・フェインがイギリス政府との秘密交渉に彼を加え、イギリス政府も仮釈放して交渉に迎えたというのが、イギリスと交渉した彼の最初の経験だった。

表5－7　ダウニング街宣言（1993年）前の政情

2.24	メージャー首相，ワシントンでクリントン大統領と「北アイルランド和平特使」などの問題について協議。
3. 5	アイルランド共和国ディック外相，講演のなかで「アイルランド政府は憲法第2，第3条の修正に応じる用意がある」と言明。
5.27	アイルランド共和国ロビンソン大統領，イギリス女王と会見。
6.11	ヒューム，アダムズ両党首会談，今後も対話を継続すると語る。
6.18	ロビンソン大統領，アダムズ党首と握手してユニオニストから激しく攻撃される。
7. 4	新聞のインタビューでアダムズ党首が，共和派は「南北分割終了のプロセスとして」パワー・シェアリングを受け入れる用意があると語る。
8.19	ダブリン駐在アメリカ大使がベルファストを初訪問，アメリカの和平特使派遣も一つの選択肢であると語る。
9. 6	ヨーロッパ人権委員会が，ジブラルタル事件に関してヨーロッパ人権協約第2条に違反する可能性があると警告。
9. 7	モリソン米下院議員などの代表団がアイルランド訪問。アイルランド政府首脳，北アイルランド相，シン・フェインを含む北アイルランド各政党と会談。
10. 3	ＩＲＡが，ヒューム＝アダムズ声明を歓迎すると発表。
10. 5	シン・フェインが北アイルランド問題協議に参加する前に，ＩＲＡは停戦しなければならないと，アイルランド首相が語る。
10.22	イギリス下院でメイヒュー北アイルランド相が，オプサール報告書は政府にシン・フェインのために道を開けといっているのだと紹介。同議会でヒューム党首がアダムズ党首との会談について報告した。
11.19	共和国外務省作成の北アイルランド将来計画をマスコミがスクープ。 ①　イギリス政府は，合意に基づく南北統一の目標が正当で価値あるものであると認める。 ②　アイルランド政府は，北アイルランドの法的地位の変更は住民多数の合意のみによることを認める。 ③　行政権をもった南北共同行政体の設立。
11.28	イギリス政府がシン・フェイン，ＩＲＡと3年間にわたって秘密のコンタクトをもっていたことを新聞が暴露。
12.15	ダウニング街宣言。

これらの背景には、急速に動く政治情勢があった。一九九三年の年表（表5－7）を見ると、事態の流動化を理解しやすいであろう。

一九九三年一二月一五日のメージャー・イギリス首相とレイノルズ・アイルランド共和国首相の共同宣言（ダウニング街宣言）(Joint Declaration on Northern Ireland, Downing Street Declaration) は、このような事態の展開を受けたものである。

(1) 英政府はアイルランドの民族自決権を認める。

(2) 北アイルランドは、住民の多数派が認めるかぎりは連合王国に留まる。

(3) ＩＲＡが恒久的停戦を実施することを前提として、ＩＲＡの政治組織であるシン・フェインが加われるような話し合いの場を設ける。

この宣言でもっとも注目されたことは、民族自決権の承認と、停戦を条件としてはいたが、シン・フェインの和平協議への参加を認めたことである。この後、政府とシン・フェインのあいだで宣言の文言についての確認が繰返されたあと、一九九四年八月三一日に、ＩＲＡは停戦を宣言した。

(1) ＩＲＡ指導部は、九月一日午前零時をもって軍事作戦を完全に停止することを決定し、全部隊に指示した。

(2) 歴史の転換点にあたって、関係者、支持者、獄中の政治犯に敬意を表明し、運動の目的を達成する決意を再確認する。

(3) われわれの運動は、民主的地位のために多くのことをかちとってきた。公正で恒久的な解決を手中にする機会が創出されたと信ずる。

(4) 紛争を生んだ不正義を除去する決意と確信をもって、新たな状況に臨む。

(5)　英・アイルランド両政府の共同和平宣言は解決ではない。解決は包括的な交渉の結果として見いだされる。とりわけ英政府は、その責任を負う義務がある。

(6)　あらゆる人びとが決意と忍耐をもって新たな状況に対処するよう求める。

この宣言は従来の闘争の正しさを確認した強気のものだが、文字通り「停戦」を宣言したものだった。一時的停戦ではなく恒久的停戦が語られたことは、紛争の終結を意味するものと一般的に受けとめられたし、遅れてユニオニスト準軍事組織も停戦したことから、イギリス政府もこれを受けて治安措置を徐々に解除していった。まだ停戦に反対している小グループがあっても、全体的には北アイルランドにようやく平和が訪れたという安堵感が広がった。

しかし、その後のプロセスの進展は非常に遅々としたものだった。ダウニング街宣言でうたわれていたシン・フェインも含めた和平協議は、一向に始まる気配がなかったのである。和平会議（全当事者会議）を開催する障害として浮上していたのは、準軍事組織の武装解除（decommissioning）問題だった。これは、メイヒュー北アイルランド相が一九九三年一〇月に議会でオプサール報告に触れたときに言及した問題であり、ダウニング街宣言をアイルランド議会でスプリング外相が説明したときにも言及されている。ただ、これらの場合、「武装解除」という明確な言葉は使われていなかった。ダウニング街宣言の文言に関してのイギリス政府とシン・フェインの確認文書[16]にも登場していない。そこでは、恒久的な停戦と平和的・民主的手段に徹するという形で言及されていただけだった。したがって、武装解除を全当事者協議の前提とするかどうかについては、賛否ともに根拠があったのである。ユニオニストがこれにこだわったのはダウニング街宣言に基本的に反対だからであり、イギリス政府がこだわったのは、僅差の少数与党としてはユニオニストの協力なしでは議会運営に支障をきたすからだった。

そうしたなかで、一九九五年二月一日、北アイルランド和平の『基本文書』(*Frameworks for the Future*)の抜粋がタイムズ紙に掲載された。

(1) 民族自決、住民同意などの指導的原則を確認する。
(2) 英政府は北アイルランドの住民が将来の帰属を決定できるよう、法(アイルランド統治法)を改正する。
(3) アイルランドは憲法を改正し、北アイルランド領有権の主張を取り下げる。
(4) 北アイルランド議会とアイルランド議会の代表による「南北機構」を設置する。
(5) 「南北機構」は両国政府と協議し、欧州連合(EU)へのアイルランド全体としての対応に重要な役割を果たす。

文書はこのようなものであり、議会では情報がリークされたことよりも、その内容をめぐってユニオニストが激しく抗議した。基本的には従来からの二原則の繰り返しだが、ユニオニストは「パワー・シェアリング」そのものよりも「パワー・シェアリング+アイリッシュ・ディメンション」に反対だったといわれる[17]。新しく提案されている南北機構がEUに対応するというのは、EU内では実質的に南北が統一体として行動するということである。北アイルランドではプロテスタント住民とカトリック住民が暮らしており、しばしば激しく対立するが、それでも共存しているのであり、これからも共存していかねばならないのだから、権力を共有することは、プロテスタントにとっては従来の特権的地位を捨てることを意味した。彼らにとっては、それもやむをえないことだった。しかし、それが南北統一につながることには、彼らは絶対反対なのだった。それはユニオニスト=プロテスタントが少数勢力になることを意味していたからである。ユニオニストの反対をなだめようとすれば、イギリス政府は、ユニオニストが要求している武装解除問題にいっそう明確に取り組む必要があった。シン・フェインのアダムズが武装解除そのものを否定せず、それは合意が成立して和平が実現したときの話だといっているのに対して、ユニオニストは協議前の武装解除を要求していたのだった。三月五日、メージャー首相は武装解除のための国際委員会を設立するという計画を発表した。また三月七日には、メイヒュー北アイルランド相も武装解除の三原則を発表した。和平プロセスは、こうして暗礁に乗り上げてしまった。

こうした膠着状態を打開したのが、クリントン大統領のアイルランド訪問だった。同大統領は、これまでのアメリカ大統領に比べて北アイルランド問題に積極的だった。そこで、クリントンがアイルランドを訪問する前に、和平プロセスを進展させておく必要があった。武装解除問題で行き詰まっていることにクリントン大統領が批判的なことは、しばしば伝えられていたのである。一一月二九日の到着を控えてメージャー首相とブルートン首相はあわただしく電話協議を繰り返し、クリントン大統領訪問の前日にようやく到達したのが、「二重路線方針」(Twin-Track Strategy) というメージャー＝ブルートン合意だった。

(1) 武装解除問題のための国際委員会を設置する。議長はミッチェル元米上院議員。一月中旬までに報告を受け、それをもとにこの問題を検討する。

(2) 北アイルランド和平協議の全党会議を二月末までに開催する。そのための予備協議は上記委員会の検討と並行して行なう。

これが前夜ぎりぎりまで合意されなかったことは、内容的にみて、この同意がイギリス政府にとって苦渋の決断だったことを意味している。クリントン大統領は、ベルファストでもダブリンでも大歓迎を受けた。それは民衆の平和への願望の大きさを表わしていた。

国際委員会は、クリントン大統領が派遣したミッチェル元上院議員を議長、カナダの元参謀長・元駐米大使とフィンランド元首相を副議長として、発足した。国際委員会は一二月一五日にベルファストに到着すると、さっそく各派との懇談を始めた。事態は、この委員会の報告待ちとなった。

国際委員会の報告書（*Mitchell Commission Report*）は一九九六年一月二四日に発表された。

(1) 一九九五年一一月二八日、イギリス、アイルランド両政府は、武装解除と全党協議を並行して進めるという「二重路線」に合意している。
(2) 両政府は国際委員会に、武装解除についての完全かつ適切な方法を求めた。
(3) 委員会は、どの準軍事組織も全党協議前の武装解除には同意していないことを認識した。
(4) 全党協議の進行中にある程度の武装解除を行なうということを考慮すべきである。
(5) 武装解除問題は、全党交渉のなかでもっとも優先して取り上げられるべきである。

これに対するイギリス政府のコメントは微妙だった。メージャー首相は、この報告書を受け入れはするが、準軍事組織が武装解除を始めなくてもよいという理由が理解できない、また、協議前に武装解除すべきだという要求は取り下げない、と議会で語った。そして、全党協議の前に武装解除が始まらないのならば、選挙によって全党会議の代表を民主的に選ぶべきであるとした。この全党会議選挙構想をＳＤＬＰのヒューム党首は厳しく批判し、ユニオニストのトリンブル（Trimble, D.）党首は歓迎した。

一九九六年二月九日、ＩＲＡは停戦を破棄してテロを再開した。ＩＲＡ停戦破棄直前の状況を整理してみると（表５－８）、きわめて切迫した状況のなかで事件が起こったことがわかる。

ＩＲＡの停戦破棄声明は、強気のものであった。

表5-8　ＩＲＡ停戦破棄直前の情勢

2．1	スプリング・アイルランド外相とメイヒュー北アイルランド相が会談，ミッチェル・レポートをめぐる両政府間の関係修復のため。
2．4	ミッチェル委員長が，テレビで速やかに全党会議を始めなければＩＲＡが分裂する可能性があると発言。
2．6	ＰＵＰ代表，ダブリンでアイルランド首相，外相と会談，アイルランド政府は北アイルランド内政に関与できると考えるべきでない，と強調。
2．7	スプリング外相が，全党会議はボスニア問題に関してデイトンで開かれた会議のように，全当事者が一堂に会する形で開かれるだろうと語る。
2．9	ＵＵＰのマギネスが，シン・フェインのマクロホリンとＢＢＣ北アイルランド問題討論番組に出演し，ＵＵＰ幹部から激しい怒りをかう。 午後5時40分，ロンドン警視庁は，報道機関からＩＲＡの停戦が終結する模様との連絡を受ける。いくつかの報道機関に，ロンドンのドックランドに爆弾を仕掛けたとの警告が入る。午後7時前，ＩＲＡが2月9日午後6時をもって停戦を終了したと声明。午後7時1分，ドックランドで爆発起こる。

軍事活動の完全な停止が二月九日午後六時をもって終結すると声明することは、ＩＲＡ指導部としては不本意である。一九九四年八月三一日に述べたように、停戦によって民主的な和平プロセスが進み、その成功にわれわれは大きく関与することになるはずであった。正義に基づいた恒久的な和解を得る機会が生まれたと信ずると、われわれは表明した。

停戦の目的はすべての人々に歴史的な機会を与えることにあり、ＩＲＡ指導部は、内外のアイルランド・ナショナリストからそのように賞賛された。人々はその機会に立ち上がった。しかしイギリス首相はそうでなかった。和平プロセスに応じるのでなく、メージャー氏とユニオニストたちは悪意に満ちた行動をとり、この紛争を解決するまたとない機会を無為に過ごしてきた。一八ヵ月のあいだ、再三再四、ロンドン議会の利己的な政党の政治的党派的な思惑の方が、アイルランド人民の権利よりも優先されたのである。われわれはこの機会に、われわれの共和主義的な目標を全面的に遂行したいと考える。

わが国における紛争の解決のためには、正義が必要である。包括的な協議による解決が必要である。イギリス政府がその責任を自覚することなしに、またその責任を果たすまでは、それは不可能である。

アイルランド和平プロセスの失敗の責めは、まさにジョン・メージャーと彼の政府にある。

IRAとしては当然の内容といえた。これに対する各派の反応もまた、当然の内容だった。つまり、基本的に状況の変化がなかったということである。主な見解を紹介すると、メージャー首相は、爆破はおぞましい蛮行であると非難し、この恥ずべき攻撃の責任をあくまでも追及するとして、シン・フェインに爆弾を仕掛けた者を非難するように呼びかけ、ブルートン・アイルランド首相もまた、爆破は絶対に正当化できないと無条件に非難した。またトリンブルUUP党首は、もし暴力が再開されたのならば、それは北アイルランドの選挙を試し、妨げるためのものであることは明らかであるとし、この一八ヵ月、民主的手段に移行するといってきた者が暴力に戻るなどとは信じられないと語り、ペイズリーDUP党首は、暴力に戻ることはないというIRAとシン・フェインの嘘に多くの人々が騙されてきたことを残念に思うと語った。

シン・フェインは、すぐにはコメントを出さなかった。このことは、爆破がシン・フェインの指導部には知らされていなかったことを意味するかもしれないが、それは推論にすぎない。数日遅れて、二月一二日にアダムズ党首が声明を発表した。

(1) 停戦破棄が起こる必要はなかったし、それは避けられないものでもなかった。

(2) それは民主的交渉の欠如から起こった。

表5－9　和平会議代議員選挙
（1996年5月31日）（計110議席）　（%）

アルスター・ユニオニスト党	30（24.2）
民主ユニオニスト党	24（18.8）
社会民主労働党	21（21.4）
シン・フェイン	17（15.5）
北アイルランド連合党	7（ 6.5）
イギリス・ユニオニスト党	3（ 3.7）
進歩ユニオニスト党	2（ 3.5）
アルスター民主党	2（ 2.2）
北アイルランド女性連合	2（ 1.0）
北アイルランド労働党	2（ 0.6）

(3)　シン・フェインはつねに警告してきた。

(4)　イギリス政府が新たな前提条件を提示したために障害が発生したのである。

この事件の結果、和平会議は選出された代議員によって開かれることが決まった。一九九六年五月三〇日の選挙結果（表5－9）は、シン・フェインへの支持の強さを示すものだった。武装解除の代替としての選挙だったが、シン・フェインを協議に加えるわけにはいかず、といってシン・フェイン抜きの協議では実体がなかった。会議はシン・フェイン抜きでいちおう六月一〇日に開かれたが、実質的には何も協議することなく中断された。

五　聖金曜日合意実施の困難

北アイルランドの和平プロセスを進めるためにはシン・フェインの参加が不可欠であることが明らかになった以上、次の課題は、いかにしてシン・フェインが参加できる環境をつくるかだった。しかし、武装解除を前提とするイギリス政府と北アイルランド・ユニオニストの姿勢は、代議員選挙・和平会議の開会後も変わらず、また一九九六年六月一〇日の和平会議初日は、ＤＵＰのペイズリー党首がアイルランド共和国政府委員の出席に激しく抗議するなど大荒れだった。当初は、シン・フェインが出席しなくても会議には代わりの日常的な議題がいくつもあるという触れ込みだったが、実際には和平の実現なしには日常的行政はほとんど意味をなさず、会議は休会のまま時を過ごさざるをえなかった。ただイギリス、アイルランド両政府間の協議は続いており、またSDLPのヒューム、シン・フェインのアダムズ両党首間の協議も繰り返されていた。また二月九日以後のマンチェスターの中心街大爆破、エニスキレンのホテル爆破（こちらはINLAの犯行）などの大きなテロ事件に際しての市民集会の規模の大きさは、民衆不在といわれた北アイルランド紛争に基本的な変化が起こっていることを示していた。そのなかで発表されたのが一一月二一日のヒューム＝アダムズ提案だった。

(1)　IRAは再び停戦する。
(2)　ミッチェル報告（国際委員会報告）を受け入れる。
(3)　イギリス政府は交渉の日程を明示する。
(4)　ナショナリストに対する治安対策を再検討する。

これはほとんど無視された形になったが、問題の所在を確認する意味はあった。

IRAやINLAのイギリス軍、北アイルランド警察に対する攻撃は、とぎれることなく続いた。ただし、一九九六年末から九七年始めにかけて「麻薬撲滅グループ」と称するセクト内衝突事件が続いたのは、準軍事組織内の動揺を表わすものとみられた。

事態はイギリス、アイルランド両政府の交代で急速に動くことになった。五月一日のイギリス下院選挙では労働党が圧勝し、北アイルランドではシン・フェインのアダムズ党首、マクギネス（McGuinness, M.）副党首が当選した（表5-10）。就任早々、ブレア首相はベルファストに飛んで、シン・フェインに「列車は出発する」と早く乗り込むよう促しながら、武装解除と和平協議を切り離すと述べて、彼らが加わりやすい環境をつくった。こうしたイギリス政府の姿勢の変化にアイルランド政府が対応して、六月二六日の両首脳共同提案となった。

(1) IRAの停戦から六週間後に和平協議を始める。

(2) 武装解除は和平協議と並行して行なう。

(3) 武装解除を監督する独立の機関を設置する。

(4) 協議開始の期限を設ける。

今回も重要なのは武装解除問題だった。この提案は協議と並行して取り扱うというもので、ミッチェル委員会の提案に戻った形である。前政権時代に完全に行き詰まっていた和平プロセスを、ダウニング街宣言に立ち戻って再開しようというもので、シン・フェインを加えた形を取り戻すものということができる。それだけにナショナリスト寄りともみえ、ユニオニストに課題を課すものだった。『アイリッシュ・タイムズ』紙の論評を紹介しておこう。

表5-10　イギリス議会選挙・北アイルランドの議席配分（1997年5月1日）

アルスター・ユニオニスト党	10
民主ユニオニスト党	2
社会民主労働党	3
シン・フェイン	2
イギリス・ユニオニスト党	1

一二ページのイギリス・アイルランド両政府合意文書は、武装解除問題を取り扱う独立の委員会を設立することを提案するものだったと、外交筋が昨夜語った。

独立の委員会は、北アイルランド全党協議会に参加する各党と協議の上、両国政府によって指名される。しかしこの委員会は、両国政府から独立して行動する。委員会は協議会の関係サブ委員会に報告することになる。——より高度な政界筋によると、この文書には、シン・フェインが北アイルランド全党協議に入るための前提条件としてのIRAに対する武装放棄の要求はない、とのことである。

この文書は、本日午後、全党会議の席で各派に示されることと思われる。ブレア首相は今朝、UUPのトリンブル党首およびSDLPのヒューム党首と個別に協議するはずである。

これは、イギリス政府がようやく中間の立場まで来たことを示している。もっともブレア首相は、ナショナリストにも厳しい条件を付けている。それは五週間という期限だった。期限を切ったといってもナショナリスト寄りの条件であって、この時点でIRA停戦の合意ができていたと見るのが妥当だろう。期限を切ったことは一見ナショナリストに厳しい姿勢に見えるが、それはむしろユニオニストに対するポーズで、内容的にはユニオニストにとって厳しいものだった。

DUPはイギリス・ユニオニスト党（United Kingdom Unionist Party：UKUP）とともに和平会議ボイコットの意思を示したが、穏健派のUUPは、条件付きの出席を表明した。ユニオニスト諸党がどう結束するか、結束できないか、ブレアの政府がユニオニストをどう説得するかが、焦点のひとつとなった。七月末・八月始めの時点では、ユニオニスト各党とも具体的な動きを見せなかった。この間に六月六日のアイルランド議会総選挙で共和党が勝利し、アハーン政府に代わった。アハーンはダウニング街宣言のレイノルズと同じ共和党で、ブルートンより柔軟なことで知られており、ますますナショナリストとしては動きやすくなった。

事態は、シン・フェインのアダムズ党首からIRAへの要請、それを受けてのIRAの停戦宣言となった。七月二〇日にIRAが再停戦を宣言し、二〇日正午、IRAの再停戦が発効した。停戦宣言は簡潔なものだった。

一九九四年八月三一日、IRA指導部は、恒久的平和追求への貢献として、軍事行動の完全な停止を宣言した。

一七ヵ月の間、イギリス政府とユニオニストが現実的、包括的な交渉の可能性を封じてきたため、われわれはやむなく停戦を破棄した。

IRAはアイルランドにおけるイギリスの支配を終わらせようと努力している。わが国における分裂と衝突の基本原因が、これである。われわれは恒久的な平和を望んでいる。それゆえに現実的、包括的な交渉を通じて、民主的な平和の実現を求めて努力する用意がある。

現在の政治状況をふまえ、IRA指導部は一九九七年七月二〇日日曜日正午を期して、軍事行動を完全に停止することを宣言する。

一九九四年八月の停戦を完全に復活することを命令し、IRA全部隊にその指示が出された。

ナショナリストは活発な動きをみせた。そのなかで特に注目されたのが、七月二四日のアハーン・アイルランド首相、ヒュームSDLP党首とシン・フェインのアダムズ党首の三者会談である。まずダブリンでの三者共同声明を紹介しよう。

われわれ三人は、正義と平等によって、この島における永続的な平和と和解を実現すべく努力する。すべての政党がこの時点で包括的な政治対話に関わることは、アイルランド人のあいだの合意を達成するために必要なことである。われわれは、われわれの政治問題を解決するために、いつも全体的に、絶対的に民主的、平和的な手段をとっていると繰り返しいっている。われわれはこの問題を最終的に解決するためには、ユニオニスト民衆の参加と同意がなければならないことを認めている。

われわれ三人はみな、ニュー・アイルランド・フォーラムにおいて打ち出された原則、そして平和と和解のためのフォーラムにおいて合意された原則に賛同している。ユニオニスト、ナショナリスト双方の平等な権利とアイデンティティを守り、調停し、全員の同意と忠誠を獲得することができる構造を見いだすことが目標である。

われわれは九月一五日の実質的な全党協議会の開会に期待している。われわれは、会議に向かってアイルランド政府と各党のあいだの協議の機会が多くなることに賛同している。

この三者共同声明をいかにシン・フェインが重視し、高く評価したかについては、党機関紙掲載のアダムズ談話が示すとおりである。

シン・フェインのジェリー・アダムズ党首は今朝、政府ビルでアハーン首相、ジョン・ヒュームSDLP党首との会談後、次のように語った。

「平和のための新しい機会がここにある。ここに到達するまでは、長く困難な、しばしば挫折を伴う、危険の多い道のりだった。われわれは、和平プロセスに死を宣告した人たちを困惑させ、それが死ぬことを望んでいた人たちを失望させた。

一九九四年の先例に従って、誤った信念を受け継いできた人々にとっては、ＩＲＡの停戦決定は特に勇気あるものである。

この新しい機会を確保し、民主的な和平解決を創造するために努力することは、政治的リーダーシップを有するわれわれにとって重要なことである。

これは、すべての者にとって新しい挑戦である。平和のための活動が今はじまる。一派だけが有利なように偏らない日程による行動であることが必要である。非武装地域で直ちに活動する必要がある。受刑者の釈放は、人々に強い積極的効果を及ぼすだろう」。


この談話にはシン・フェインの自信があふれている。ナショナリスト三大勢力の結集が実現したからである。八月六日にはモーラム北アイルランド相がシン・フェインのアダムズ党首と会談した。九月一五日からの和平協議に向けて、イギリス政府としては直接シン・フェインの姿勢を確認したかったのである。後にユニオニスト強硬派がモーラム北アイルランド相を標的にし、北アイルランド相が官邸から出られなくなるという事態が起きる。シン・フェインを取り込んで和平プロセスを推進しようとする北アイルランド相の姿勢が、次第にユニオニスト強硬グループには我慢できなくなっていくのである。しかし、北アイルランド相は和平プロセス推進の作業を着々と進めていった。八月二七日に、モーラム北アイルランド相とバーク、アイルランド外相が、武装解除を監視する国際委員会の設置案を発表した。これは、九月にはじまる和平会議の準備である。国際委員会は、和平会議と並行して武装解除を実行するためのものである。これはユニオニストに対する配慮だという見方もなされたが、協議と並行して武装解除を実行するのは和平合意で決まっていることであり、両国政府がその枠組づくりをするのは当然のことだった。武装解除国際委員会の任務は、①武装解除の枠組みづくり、②武装解除の実施、③武装解除実施の確認、となっている。また、委員会が武装解除を実行するための両国の法的根拠は、合意書にあるイギリスとアイルランド双方の武装解除法によるものとされている。これはすでに双方の議会で成立していた。

九月一五日に、シン・フェインも加わった全党協議が始まった。DUPとUKUPは欠席したが、ユニオニスト最大のUUPは出席したし、準軍事組織の政治部門であるPUPとUDPも出席した。しかし、一九九七年秋には協議の進展はなかった。むしろIRAのなかから「真のIRA（Real IRA：RIRA）」が生まれ、特にこのグループはIRAの爆破闘争を直接担当していたグループだったから、状況が悪化すると懸念された。その懸念は、年末にベルファストのメイズ刑務所でLVFのリーダーが射殺されるという事件で現実のものになった。九八年一月は、双方の陰惨なテロの繰り返しとなった。しかし和平プロセスは止まらなかった。ブレア、アハーン両首相の精力的な説得もあったが、ユニオニスト、ナショナリストともに、穏健派から過激派まで、一部少数グループを除いて和平プロセスから逸脱する様子を見せなかったからである。そして前述のように九八年四月一〇日、北アイルランド和平案についての聖金曜日合意が成立した。イギリス政府、アイルランド政府、UUP、SDLPだけでなく、シン・フェインが合意に加わり、PUPもUDPも加わったのである。しかしDUPとUKUPが参加せず、INLAとLVFが停戦していなかった。またRIRAは闘争継続を主張していた。さらに以前から強硬路線を走っていたCIRAも活動を続けていた。

しかし、第一節で述べた経過を経て、七月一日には北アイルランド議会が開会された。一〇八人の議員がユニオニスト、ナショナリスト、その他のブロックに登録した。その数は、五一、四九、八だった。議会はAPNIのオルダーダイス（Alderdice, J.）党首を議長に選び、トリンブルを主席閣僚に、マロン（Mallon, S.）を次席閣僚に選んだ。テロリストとは同席しないといっていたDUPのペイズリー党首とシン・フェインのアダムズ党首の同席、議会終了後のトリンブル首相とマロン副首相の握手の映像は、北アイルランドの変化を物語っていた。議席数に応じた閣僚数は、UUP三、SDLP三、シン・フェイン二、DUP二だった。ただしDUPは、シン・フェインの入った政府には加わらないといっていた。

ひとつの試練が訪れた。それは、七・八月に毎年行なわれ、両者の衝突を繰り返してきたプロテスタントのパレードである。この年も七月一二日にポータダウンのドラムクリで問題が起こった。恒例の行進がドラムクリのカトリック地区を通過することを、イギリス政府が許さなかったのである。一昨年も昨年も同じ問題があったが、政府は結局は許可していた。これは自分たちの歴史であり文化なのだというプロテスタントの主張を翻させることができなかったのである。和平プロセスを押し進めるためには、プロテスタントとカトリックの双方の歴史・文化を共存させなければならない。そのためには、その歴史・文化を修正しなければならないのである。ドラムクリの例はその実験だったといってもよいだろう。イギリス軍が増派され、有刺鉄線がカトリック地区の入り口に張り巡らされ、装甲車が配備され、プロテスタント強硬派とイギリス軍が対峙した。ユニオニスト強硬派の投げた火炎瓶で住宅が焼かれ、三人の子供が焼死するという痛ましい事件が起きたため、有刺鉄線や装甲車の前で頑張っていたプロテスタント強硬グループが崩れ、この地区での衝突は収まった。また、これが七月から八月にかけてのプロテスタントの行進に関して、プロテスタントとカトリックとの妥協を生むこととなった。

八月のデリーでの行進も毎年衝突を繰り返してきた行事だったが、プロテスタントの行進規模を小さくする代わりにカトリック地区の通過を許すという形で、大きな衝突は起きずにすんだ。ベルファストや他の地域でも同様の妥協が行なわれた。ただし、この妥協が今後も実現できるという保証はない。しかし妥協ができるという実績をつくったことは、大きな意味を有している。八月一五日にはオマーで二九人が死亡し、数百人が負傷するという爆破事件が起こった。その少し前にＬＶＦとＩＮＬＡが停戦を発表しており、この事件はＲＩＲＡの犯行だった。シン・フェインからさえも厳しい非難を受けるという状況で、ＲＩＲＡも事件後に停戦を宣言せざるをえなくなった。一九九九年三月現在で、なおＣＩＲＡとＬＶＦの分派が停戦していないが、北アイルランドでは今度こそ本格的で持続的な和平の可能性が感じられている。もちろん武装解除問題、差別撤廃問題など、課題は山積している。そしてこれらの問題は、つねに紛争再発の危険性をはらんでいるのである。

おわりに

結局、聖金曜日合意は、直接統治以来の和平プロセスの当初からの基本路線をたどった到達点だった。それは妥協に違いないが、それ以上に、これ以外の選択肢がないということを、揺れ動いたプロセスの過程で大勢が認識した結果だった。その選択肢は「パワー・シェアリング」と「アイリッシュ・ディメンション」を基調としての合意ということだった。

その植民地支配によってアイルランド民族の歴史を歪めてきたイギリスが、その歪みを是正する役に立とうと努めている、という皮肉めいた論評もあるが、歴史がイギリス政府に責任をとらせているのである。公民権運動のデモにイギリス治安部隊が発砲して一三人の死者を出した「血の日曜日事件」について、当時のイギリス政府はデモ隊の側から最初に発砲があったという報告を受けていたが、この件についてブレア政府が再調査を約束したり、元香港総督パッテン氏を委員長とした警察改革委員会が、プロテスタント寄りだとカトリック側から非難されてきた北アイルランド警察を、「治安警察から通常の警察への転換」、「イギリス王への宣誓廃止」、「バッジ変更」、「警察署屋上でのユニオン・ジャック旗の掲揚廃止」といった思い切った改革案を提示するなど、従来の政策・制度の大幅見直しに入っているのは、イギリス政府の責任の取り方と見ることができる。

また、イギリス政府がアイルランド政府との協力を強めることによって、この合意が可能になったという事実は、旧宗主国と民族政府の役割についてひとつの指針を示しているといえる。さらに近年の北アイルランド和平プロセスの進展には、西ヨーロッパ人権グループの積極的関与（「EUディメンション」とでもいうべきか）、アメリカ合衆国の関与（「USディメンション」とでもいうべきか）、それと本章ではまったく触れなかったが、紛争のために海外からの投資を招くことができず、そのための経済成長の遅れがカトリック住民だけでなくプロテスタント住民の生活にも大きくのしかかっていること（「エコノミック・ディメンション」とでもいうべきか——和平プロセスがすでに海外からの投資を呼び込んでおり、北アイルランドではかつてない経済成長がみられている）などの諸要素が、和平プロセスを推進しているのである。これも地域紛争や民族紛争の解決を目指すにあたって重要な点である。

今や困難は、アルスター・ユニオニズムの側にある。合意から一年半経った一九九九年一二月になって、北アイルランド行政府がようやく構成されたが、これはアメリカ元上院議員ミッチェル氏のねばり強い説得、そして、イギリスからの分権・アイルランド憲法修正（北アイルランドへの領有権放棄）・自治政府の組閣・武装解除委員会へのIRA連絡員の指名を、この順序で同日内に行なうという離れ業的提案の結果だった。しかしトリンブル党首がUUP大会で合意を取り付けたのは、二〇〇〇年一月末までにIRAの武装解除をさせるという約束であり、これには早くもシン・フェインが反発、さらにシン・フェインが自治政府に入ったことで二人の閣僚を出すはずのDUPがボイコットし、さらにシン・フェインのマクギネスが教育相に就任したことに対してDUPが子供たちに登校拒否を呼びかけるなど、ユニオニストの側で早くも多くの問題が現われている。

ユニオニストとナショナリストの対立は、歴史的所産である。ナショナリズムがアイルランド民族のアイデンティティであると同時に、ユニオニズムが北アイルランド・プロテスタントのアイデンティティとなっている。[18]同時にナショナリスト内、ユニオニスト内の対立もまた歴史的所産であり、それがそれぞれのアイデンティティを重層化している。そのために、たとえ政治的妥協は可能であっても、それぞれのアイデンティティを尊重しながら和解・共存・共生を図っていくのは、政治家の限界を越えているのかもしれない。とすれば、それは民衆に課せられた課題である。

注

（1）和平合意の夜、その席上でのシン・フェインのアダムズ党首発言が、そのことに触れている。アダムズがあえてイースター蜂起と、ユナイテッド・アイリッシュマンの蜂起に言及したのは、単なる妥協でないことを示したかったものと考えられる。アダムズはこのとき、二〇〇年前の民族蜂起がアルスターのプロテスタントによって起こされていることにも触れている。プロテスタントであるユニオニストに対する批判を込めた皮肉といえよう。

（2）堀越智『北アイルランド紛争の歴史』論創社、一九九六年、同「北アイルランド『和平』は再構築できるか――停戦再開の条件は残っている」『世界週報』一九九六年五月一四日号、同「北アイルランド和平プロセスの構造」『歴史評論』五六三号、一九九七年三月、同「爆弾テロ事件で揺れる北アイルランド和平」『世界週報』一九九八年九月二二日号、同「北アイルランド和平をどう構築するか」『歴史地理教育』五八四号、一九九八年一〇月、参照。

（3）本稿で紹介するイギリス、アイルランド政府関係の文書は、両国政府がインターネットで配布しているものである。またアイルランドと北アイルランドの新聞や政党関係の文書も同様。

（4）北アイルランドはイギリスから大幅な自治権を与えられ、行政府の長は首相と呼ばれ、行政委員は閣僚と呼ばれるのが普通だった。この北アイルランドを「オレンジ国家」と称したのは初代首相のクレーグである。議会で北アイルランドがプロテスタント国家であることを自慢して発言したときにこう表現した。「オレンジ」はアイルランドを舞台として名誉革命で追われたジェームズ二世と戦って勝利したウィリアム三世（オレンジ公ウィリアム）にちなむ呼称である。

（5） 「オレンジ国家」と自称して権力を握ったプロテスタント・ユニオニストは、さまざまな面でカトリックを差別した。一九六七年に結成された北アイルランド公民権協会の「一人一票」「就職差別の撤廃」「住宅割り当ての公平化」「治安立法の撤廃」という要求がそれを表わしている。民主国家としては当然の要求で、プロテスタントのなかから協力する者も多く、それに危機感をもったユニオニストが公民権協会の集会やデモを攻撃し、これが紛争の契機になった。

（6） ＩＲＡは一九七〇年に分裂。オフィシャルＩＲＡはその後合法活動に徹し、現在は労働者党となっている。本稿でのＩＲＡは、特に断らないかぎり強硬派のプロヴィジョナルＩＲＡ（プロヴォと呼ばれる）を指す。

（7） Bew, Paul and Gordon Gillespie, *Northern Ireland : A Chronology of the Troubls 1968-1993*, Dublin : Gill & Macmillan, 1993, pp. 72-73.

（8） ＵＵＵＣは、サニングデール協定に反対するためにＵＵＰ、ＤＵＰ、ＶＵＰが一時的に結成した組織。

（9） *ibid*, p. 79.

（10） *ibid*, p. 98.

（11） 獄中から立候補して当選し、支持の強さを示す手段は、アイルランドのナショナリストが一九世紀以来しばしば使ってきた闘争形態である。このときも世論の大きな高揚をみたが、それ以上に強硬なサッチャー首相の姿勢に、ＩＲＡ指導部はハンスト闘争を終結しなければならなくなった。このときのハンスト関係者と指導部の軋轢は、その後もＩＲＡの内部で続くことになる。

（12） *ibid*, p. 182.

（13） (1)は北アイルランドの住民が希望すればアイルランドの統一が可能であると、イギリス政府が請け負ったということである (Boyle, Kevin and Tom Hadden, *Northern Ireland : The Choice*, London : Penguin Book, pp. 119-120)。ただし、現在そのような多数派は存在しないことにわざわざ触れていることに注目する見方もある (Quinn, Dermot, *Understanding Northern Ireland*, Manchester, Baselime Books, 1993, p. 38)。

（14） *Fortnight*, December, 1985, p. 14.

(15) *Fortnight*, March, 1993, p. 23. なお報告書は出版されている。Pollak, Amdy, *A Citizen's Inquiry: The Opsahl Report on Northern Ireland*, Dublin: Lilliput Press, 1993.

(16) 次のものに収録されている。Dunnigan, John P., *Deep-Rooted Conflict and the IRA Cease-Fire*, Lanham: Univ. Press of America, 1995.

(17) Hennessey, Thomas, *A History of Northern Ireland 1920-1996*, London: Macmillan, 1997, pp. 294-296.

(18) 次のもので詳細に分析されている。Cochrane, Feargal, *Unionist Politics and the Politics of Unionism since the Anglo-Irish Agreement*, Cork: Cork Univ. Press, 1997.

参考文献

元山健『イギリス憲法の原理——サッチャーとブレアの時代の中で』(法律文化社、一九九九年)(第七章　北アイルランド和平と「共生の憲法」の実験)

Aughey, Arthur, and Duncan Morrow, *Northrn Ireland Politics*, London: Longman, 1996.

Bell, J. Bowyer, *The Secret Army: The IRA*, 3rd. ed., Dublin: Pollbeg, 1998.

Bew, Paul, and Gordon Gillespie, *The Northern Ireland Peace Process 1993-1996: A Chronolgy*, London, Serif, 1997.

Bew, Paul, Peter Gibbon and Henry Patterson, *Northern Ireland 1921-1994: Political Forces and Social Classes*, London: Sherif, 1995.

Bew, Paul, Henry Patterson and Paul Teague, *Between War and Peace: The Political Future of Nortern Ireland*, London: Lawrence & Wishart, 1997.

Bollmfield, David, *Peacemaking Strategies in Northern Ireland: Building Complementarity in Conflict Management Theory*, London: Macmillan, 1997.

Holland, Jack, *Hope Agains History: The UIster Conflict*, London: Hodder & Stoughton, 1999.

Mallie, Eamon, and David McKittrick, *The Fight For Peace: The Secret Story behind the Irish Peace Process*, London: Heinemann,

1996.

McCall, Cathal, *Identitity in Northern Ireland : Communities, Poitice and Change*, London : Macmillan, 1999.

McGarry, John, and Brendam O'Leary, *Explaining Northern Ireland : Broken Images*, Oxford : Blackwell, 1995.

McKittrick, David, *The Nervous Peace*, Belfast : Blackstaff, 1996.

O'Brien, Bremdan, *The Long War : The IRA and Sinn Fein 1985 to Today*, Dublin : O'Brien Press, 1993.

Patterson, Henry, *The Politics of Illusion : A Political History of the IRA*, London : Serif, 1997.

Porter, Norman, *Rethinking Unionism : an alternative vision for Northern Ireland*, Belfast : Blackstaff Press, 1996.

Ruane, Joseph, and Jennifer Todd, *The Dynamics of Conflict in Northern Ireland : Power, Conflict and Emancipation*, Cambridge, Cambridge Univ. Press, 1996.

Smith, Michael, and Lawrence Rowan, *Fighting for Ireland ? : The Military Strategy of the Irish Republican Movement*, London : Routledge, 1995.

Weitzer, Ronald, *Policing Under Fire : Ethnic Conflict and Police-Community Relations in Northern Ireland*, New York : State Univ. of New York Press, 1995.

Whyte, John, *Interpreting Northern Ireland*, Oxford : Clarendon Press, 1991.

(他に、アハーン、アダムズ、トリンブル、ヒューム、ペイズリーの伝記・自伝)

第 3 部
安全保障とグローバル資本主義

扉写真：平和のためのパートナーシップ合同
演習（アメリカ・ルイジアナ州）
（提供：ロイター・サン・毎日）

第6章

冷戦後の地域紛争への米国の対応

——多国間外交への試練

小川　敏子

はじめに

冷戦後の時代は、冷戦期の自由主義対共産主義というイデオロギー対立や、米国、ソ連、中国といった大国の地域支配の影響が薄れ、国際政治構造は以前にもまして多極化した。こうした冷戦後の国際政治の新たな変化によって、世界の各地域内部、そして各国民国家内部においてナショナリズムや民族主義の主張が急速に台頭してきた。要するに、冷戦後世界においては、イデオロギー競争や大国支配という従来の国際政治の枠組みが崩れた結果、民族のアイデンティティの主張が前面に登場するようになったが、これは同時に冷戦後の地域紛争多発化の大きな誘因ともなったのである。こうした冷戦後の民族紛争・地域紛争について、サミュエル・ハンチントンは、冷戦後の「文明の衝突」論として説き明かし[1]、ジョン・L・ギャディスは、民族ナショナリズムが冷戦後世界の大きな分断化要因になると主張している[2]。

次に、冷戦後の地域紛争の背景として、民族の自己主張そのものが増大化したこと以外に、民族対立が国内の経済格差の問題や政治参加の問題と絡み合っている発展途上諸国の事情が存在する。冷戦期に大国がアジア、アフリカ、ラテンアメリカ各地域の紛争に介入し、これらの地域の紛争が大国の代理戦争化していた状況は冷戦後に変化したが、権威主義体制や軍事政権から生じる内紛原因、さらには国内の少数民族を取り巻く経済格差や政治参加の問題が未解決ゆえの紛争原因は冷戦後も残されたままであり、この問題も冷戦後の地域紛争のもうひとつの背景となっている。また、冷戦後の地域紛争の大きな特徴として、国内紛争（内戦）という形態が非常に多いという点が指摘できる。

ところで、米国は一九八〇年代頃から、大規模戦争以外の限定戦争や内戦、テロなどを包含するものとして低強度紛争という地域紛争のとらえ方をしている。もっと早い六〇年代の時期には、米国は対ゲリラ戦争に関する戦略を策定し、これはベトナム戦争で適用された。そこで、本章の第一節では、地域紛争対応型へと転換された冷戦後の米国の国防の基本路線とともに、低強度紛争について述べる。

この低強度紛争という概念には、国連平和維持活動や平和強制（創設）活動の対象となった地域紛争も含まれているが、米国の低強度紛争政策は、主として米国単独のイニシアティブで紛争に対応する場合を想定していた。しかし、冷戦後に入ると、米国も多国間外交を少しずつ適用するようになった。イラク・クウェート戦争（湾岸戦争）の際、米軍は国連決議を得た多国籍軍のメンバーとして参加しており、これは米国の多国間外交といえるが、国連平和維持活動への参加を米国が前向きに考え始めたのは、湾岸戦争後であった。そして、米国は旧ユーゴスラビア紛争とソマリア紛争に関与することになった。米国はカンボジア等においても平和維持活動や停戦監視に参加したが、旧ユーゴとソマリアは戦争真っ最中の平和強制（創設）や人道支援が課題となったケースであり、米国は主としてこの二つの紛争への関与を通して、冷戦後の地域紛争への多国間型の対応を経験することになった。第二節、第三節、第四節では、湾岸戦争後の多国間外交、旧ユーゴ紛争への米国の対応、ソマリア紛争への米国の対応をとりあげる。

旧ユーゴ紛争やソマリア紛争への介入と平行して、米国政府は、国連平和維持活動への参加の諸原則を定める作業にとりかかっていた。それは、大統領決定指令（Presidential Decision Directive：ＰＤＤ）第二五号としてまとめられたが、このなかで米国が国連平和維持活動に関与する場合の条件が厳しく設定された。さらに、こうした米国政府の派兵への自己規制の方向以外にも、地域紛争への介入に対する米国民の世論や国内の議論が問題となるところである。最後の第五節では、地域紛争介入をめぐる米国内の議論として、国連平和維持活動への参加の諸原則（ＰＤＤ二五）、軍事介入についての米国内の世論、民主化介入をめぐる米国内の議論をとりあげる。

一　低強度紛争への対応

冷戦後の国防の基本路線

一九九一年のペルシャ湾岸戦争の最中に発表した国防予算案のなかで、ブッシュ大統領は、対ソ戦略を中心とした戦力から地域紛争対応戦力を中心とした戦力への再構成を目指し、とりわけ兵器の近代化、有事即応戦力、緊急展開能力を重視する方針を発表した(3)。さらに翌九二年には、潜水艦発射弾頭ミサイル（Submarine-Launched Ballistic Missile：ＳＬＢＭ）をはじめとした戦略核兵器を半減し(4)、戦闘空軍と機動空軍の二本立てによる地域紛争対応型の戦略空軍への組織再編を行なった。従来の戦略空軍は廃止された(5)。

このように米国の国防戦力は、ブッシュ政権時に、冷戦期の対ソ戦略中心の戦力から冷戦後の地域紛争対応型の戦力へと見直しや再編が実施され始めた。ヨーロッパとアジアでの大規模な戦争に同時に対応することを前提とした二プラス二分の一戦略は、米国は既に一九七〇年代に放棄している。しかし、二つの地域紛争に同時に対応することを目的とした二正面展開戦略は、政府内の議論の末に維持されることになった[6]。そして、冷戦後の新たな国防政策として、テロリズム活動への対策や多国間での平和維持活動への参加と、米国の長期の国益との相関関係が重視されるようになった。それは、国防総省や政策決定者の認識においてのみではなく、米国の一般市民の認識レベルにおいても同じであったといわれている[7]。

さて、ブッシュ大統領とチェイニー国防長官の下で進められた米国の国防政策転換は、次のクリントン政権下で、アスピン国防長官によって次のような基本路線にまとめられた[8]。

(1) 軍の規模を縮小し、軍事費を削減する。しかし急激な変化は避ける。
(2) ロシアは、地域的な脅威として位置づける。
(3) 各地域の安全な環境の形成という概念を導入する。たとえば、中国、日本、将来の統一後の朝鮮半島における軍事力増強の危険を回避することによって、東アジアの安全保障を維持する。
(4) 主要な大国の脅威についての米国の保証範囲を少なくしていく。
(5) 大量破壊兵器への対応として、核拡散防止政策を優先する。
(6) 通常戦争以外の場面への軍事展開（Operations Other Than War：OOTW。すなわちテロや国内紛争における人道援助等への緊急展開）が重要である。

米国政府は、ブッシュ政権の時代に兵力削減や戦略核兵器削減に伴う軍事費の縮小という方向に向かったが（たとえば、一九九三―九七会計年度で総額五〇〇億ドル削減の方針[9]）、クリントン政権の時代に入るとこの軍事費削減規模をさらに拡大し、九三―九七会計年度において総額六〇〇億ドル（財政支出削減全体の四〇パーセント）を削減する方針を打ち出した[10]。クリントン時代に入ってもっとも多く削減されたのが軍需品の調達費であり（マイナス五六パーセント）、軍の兵員その他の人件費支出と軍事関連の研究開発費がこれに続く削減の対象となった（各削減率は、マイナス二三パーセントとマイナス一四パーセント）。逆に、クリントン時代においても、軍の維持や作戦に関する費用はわずかしか減らされなかった（マイナス九パーセント）[11]。

次に、この冷戦後の国防の基本路線においては、冷戦期に、米国がときとして対ソ・グランド・デザインあるいは共産主義の封じ込めという視点から地域紛争へ介入していたことと比較すると、大きな発想の転換が見られる。ロシアについては、全世界レベルで米国が競争する相手というよりも、地域大国として位置づけられることになった。また、各地域の安全保障環境の形成や兵器拡散の防止という問題が、地域紛争の発生を抑止する手段として正面に据えられた。主要な大国の脅威についての米国の保証範囲を減らすという課題は、より広い視点でとらえれば、一九六〇年代末から七〇年代初頭にニクソン政権によって打ち出されたニクソン・ドクトリン（アジアからの撤退、米国の海外コミットメントの縮小）の延長線上に位置づけられるものである。

最後に、通常戦争以外の場面への軍事展開（OOTW）とともに、いわゆる低強度紛争（Low Intensity Conflicts：LICs）への対応が問題となる。もとより、紛争の規模や状況が低強度紛争に位置づけられるケースであっても、米国の軍事行動の分類においては、国連の平和維持活動や緊急人道援助活動として他国と共同して派兵する場合と、テロなどに対して米国が単独の対応をする場合との両方がある。この低強度紛争への対応について、国連の平和維持活動のような多国間外交の発動としての派兵等に関しては、冷戦後の米国外交の新たな路線として次節以降でとりあげ、米国が主として単独で対応する場合に関してのみ、本節の次項以下でとりあげることとする。

低強度紛争について

低強度紛争という言葉は、一九八〇年代になって、限定戦争、内乱、ゲリラ戦争、テロなどを包括する小規模な地域紛争をとらえる概念となっている。米国では、いわゆる対反乱戦略が従来から存在し、開発途上地域のゲリラ戦争に対抗する戦略となっていたが、この従来の対反乱（counter-insurgency）戦争概念にあたるのが低強度紛争である。米国では、八〇年代後半から九〇年代にかけての国防戦略見直しの過程で、テロ政策や対ゲリラ戦略のような戦時と平時の中間領域の軍事関与を、この低強度紛争戦略、または低強度紛争ドクトリンとして位置づけてきた。

このように低強度紛争概念は、米国の国防政策から発生した概念であるにもかかわらず、高強度紛争（ハイ・レベル戦争）、中強度紛争（ミドル・レベル戦争）、低強度紛争（ロー・レベル戦争）の境界や定義づけが非常に不明確である。地域紛争といっても、その戦争規模や内戦の強度が低強度とはとても考えられないような中強度以上の戦争であることが多いし、このような「戦略概念上の低強度紛争における実際の戦闘での中強度紛争」が存在しうる。また、米国の国防総省の戦略カテゴリーでは低強度紛争戦略が適用される地域戦争でも、その地域の当事国にとってみれば高強度の全面戦争である場合が多い。サム・サルケジアンは、この低強度紛争の枠組みでとらえられる紛争や戦争の特徴として、以下の五項目をあげている[12]。

(1) 戦争の性格における非対称性。米国にとっては限定戦争であっても、その地域の住民にとっては全面戦争であることが多い。

(2) 曖昧さ。戦争の勝者と敗者が不明である場合が多い。

(3) 紛争や戦争で選択される戦術そのものが通常戦争とは異なる。たとえば、テロ活動やヒット・エンド・ラン戦術。

(4) 長期戦化しやすい。

(5) 西欧型の文化や伝統とは異なる文化(紛争)が関係している。たとえば、ハンチントンの「文明の衝突」論。

ところで、低強度紛争と現在呼ばれている地域紛争に対応するために、米国政府はトルーマン政権からアイゼンハワー政権にかけての時代に、その初期の政策立案や調整のための組織を作り、部隊も作った。しかし、それが対反乱政策としてさらに現実即応的な政策に結実したのは、一九六〇年代前半のケネディ政権下のことであった。テイラー統合参謀本部議長を中心に、核兵器競争、通常戦争、そして非通常戦争のそれぞれに対応可能な柔軟反応(フレキシブル・レスポンス)戦略という考え方を持ち出し、ベトナム内戦へのアメリカの介入を支える対反乱戦略を従来の特別作戦よりもさらに積極的かつ具体的なものとして位置づけた。しかし、この対反乱戦略を担う陸軍特殊部隊(グリーン・ベレー部隊)や一九六五年以降にベトナムにジョンソン政府が送り込んだ大量の地上部隊が直面したのは、まさにベトナムの民族解放との戦いであった。

また、ポスト・ベトナムへの転換を図った共和党のニクソン政権は、地域紛争や地域問題への対応を行なうに当たって、ベトナム介入のような直接的な方法を極力避けるために、軍事援助や、チリのアジェンデ政権倒壊工作のようなCIAを通しての秘密工作といった方法を活用した。しかし、その実態はポスト・ベトナム時代の地域問題への新たな対応枠組みと評価できるものではなかった。カーター政権は、開発途上国や地域の問題を重視するという新たな外交の方向を目指したが、開発途上国の問題およびソ連とのデタントを重視する国務長官のバンスと対中国外交を優先する安全保障担当補佐官のブレジンスキーの対立や、人権外交の挫折に阻まれて、中途半端なものに終わった。

次のレーガン政権下においては、低強度紛争に対応するための組織改革が行なわれた。具体的には、一九八五年に、低強度紛争対応研究のためのパッカード委員会が作られ、翌八六年四月の国家安全保障決定指令（National Security Decision Directive：ＮＳＤＤ）第二一九号によって、パッカード委員会の国防総省運営に関する報告の実施を決定した。この決定は、同年のゴールドウォーター＝ニコルズ国防総省再編法で立法化された。文民統制の強調や統合参謀本部議長の権威拡大を内容とするこの国防総省改革は、国家安全保障会議や安全保障担当補佐官の関与を焦点に議論されたイラン＝コントラ事件に対する議会と世論の批判を背景にしたものだが、低強度紛争や戦争以外の場面（ＯＯＴＷ）への派兵能力向上にも影響を及ぼすものであった。[13]

このようにレーガン政権下で、低強度紛争に対応しやすいような組織改革が実施されたが、レーガン政権の実際の政策においては、ニカラグアその他の地域において、反政府ゲリラを支援するという地域紛争介入政策（いわゆるレーガン・ドクトリンのなかで、「自由の戦士」を支援するという政策）を採用していて、地域紛争への新たな対応としての姿は見られなかった。

冷戦後の対応

冷戦後の低強度紛争への対応として、ブッシュ政権は「平和時の関与」、クリントン政権は「関与と拡大」という政策スローガンを主張した。ブッシュ政権の「平和時の関与」は、長期の大規模戦争や核戦争には至らない紛争等のあらゆる状況での戦略的派兵や活動であると説明された。[14]クリントン政権が発表した「関与と拡大の国家安全保障戦略」という文書は、アメリカの経済競争力の改善や海外市場へのアクセス、民主主義の推進、ロシアへの援助等をも含めた幅広い安全保障の定義づけを行なっている。また、狭義の安全保障の項目では、偶発的な地域問題に対応できる軍事力、とりわけ米国および同盟国に敵対する地域国家の軍事力に対応できる米国の力、重要な地域における米国の軍事力の海外プレゼンスの維持、大量破壊兵器の削減、多国間の平和維持活動への貢献、対テロ活動の支持その他の行動（テロへの懲罰としての攻撃、非戦闘員の退避支援、麻薬撲滅作戦、人道救援活動）をあげている。[15] この「関与と拡大」政策は、先のアスピン国防長官の下でまとめられた国防の基本路線を土台にしたものである。

ところで、冷戦後の国防政策の基本に掲げられた「ＬＩＣｓおよびＯＯＴＷ」への積極的な対応に関しては、クリントン大統領は政権発足当初から国防総省の組織改革を掲げていた。この国防総省の組織再編は、レーガン政権下で実施した低強度紛争に対応する特別作戦司令部設置と軍編制とは別に、冷戦後の包括的な地域問題や国際問題（民主化問題、経済・環境問題、核拡散・核管理等）に国務省と同じく国防総省側も対応するための機構改革であった。[16] しかし、この国防総省改革は、国務省の管轄と重複するなどの問題もあって、新たに企画された国防次官補のすべてのポストを設置することはできなかったうえに、従来の国務省自体の地域問題への対応や政策決定過程においても緊急時に迅速な政策調整がなされにくいといった、組織上の問題があった。

たとえば、地域紛争や内戦その他の地域問題に関しては、国務省が各国に派遣している大使からその地域問題担当の国務次官補へ報告がなされ、さらにそれぞれの地域の問題を調整する委員会（ＰＣＣ）で政策調整が行なわれるが、調整の委員会では同時に複数の問題に対応しなければならないという困難な問題が存在し、またそれがゆえの非効率性も指摘されている。さらには、地域紛争に実際に対応する国防総省や軍サイドは、そもそも限られた装備と兵員だけしか伴えず、しかも直接的な戦闘行動はほとんどとれないＬＩＣｓやＯＯＴＷへの介入と、それへの戦略転換には乗り気ではない、という問題を抱えていた。[17]

マイケル・クレアは、国防総省の一九八〇年代末以降の文書を分析し、ペンタゴンが八〇年代の「低強度紛争ドクトリン」として五つのタイプの介入パターンを想定していたこと、また九〇年代ドクトリンについては、この八〇年代の基本原則に三つの原則を追加したドクトリンとして説明がなされうることを述べている。[18] まず、八〇年代の米国の地域介入の基本原則は、①対反乱政策（counter-insurgency、第三世界における革命的なゲリラ活動を孤立化させ抑止すること）、②反乱支援政策（pro-insurgency）、③平和時の突発的な軍事展開（戦争地域からの米国市民の救出や国連平和維持活動への協力等）、④テロリズム活動への対抗（NSDD一三八）、⑤麻薬撲滅のための作戦（たとえば、一九八六年四月のボリビアのコカ栽培地域での作戦展開）、である。この五原則に、①民族紛争の収拾または紛争管理、②人道的な支援（戦争地域からの外国人救出、食料・医薬品援助等）、および③軍の文民活動（国家再建への協力、軍の訓練・教育等）の三原則を付加した八原則が、九〇年代の低強度紛争ドクトリンである。クレアが指摘する国防総省ドクトリンは、ケネディ時代の対反乱政策やレーガン・ドクトリンの反乱（反政府ゲリラ）支援政策など、既に実施されてきた政策とも一致し、またブッシュ・クリントン両政府によって開始された国連平和維持活動への協力路線という方向も示唆している。

ブッシュからクリントンにかけての冷戦後時代に入って、米国は一九五〇年代初頭の「NSC六八（国家安全保障会議文書第六八号）」に代表される戦後の国務省が主導した軍事拡張政策を見直すこととなった。既に七〇年代初頭のニクソン政権のもとで米国はベトナムから撤退し、その後のポスト・ベトナム時代のカーター政権下で第三世界政策の転換を図ったが、軍事費の本格的削減を実施し、また対ソ連戦略中心の国防政策を放棄して、国防戦略を地域紛争対応型に根本的に変更していくのは、八〇年代後半以降のことであった。一方、低強度紛争政策の採用は、通常戦争型の近代的な装備と十分な兵員による派兵を希望する陸軍や統合参謀本部にとっては、あまり歓迎すべき政策転換とはいえないものであった。

こうした、従来の軍の戦争訓練や戦争感覚では対応できない種類の市民を巻き込んだ内戦や地域紛争やテロ活動の場面（戦時と平時の中間という状態）については、正規軍が介入することについての困難さと米軍の不慣れが一方の問題としてあり、他方では国連の平和維持や平和強制（創設）の活動を支援する必要性の問題がある。そこで、米国の多国間外交と平和維持活動について、次節以降でとりあげる。

二　湾岸戦争と冷戦後の米国の多国間外交

湾岸戦争への米国の対応

一九九〇年八月から翌年二月にかけてのペルシャ湾岸戦争（イラク・クウェート戦争）は、冷戦後に米国が直面した最初の大規模な地域紛争である。この戦争は、イラク軍が隣のクウェートに軍事侵攻したことをきっかけとして始まったもので、紛争の性格は国際紛争であった。イラクは八八年八月まではイランと領土問題をめぐる八年間にわたる戦争を行なっており、このイランとの戦争で国家財政を消耗させたことや戦争の賠償問題が、クウェートの利権を獲得しようとするイラクの意図にもつながっていた。イラクの軍事行動に対して、米国は戦争初期の経済制裁措置に始まって、最終段階での多国籍軍の軍事行動に至る対応を行なった。

一九九〇年八月二日にイラク軍がクウェートに侵攻した後、まず米国政府は在外イラク人資産凍結をはじめとした経済制裁措置を採用するとともに、イラクに対する軍事力行使に向けた準備を進めた。そして、八月二五日に国連安全保障理事会はイラクの通商封鎖のための国連加盟国による海軍の武力行使を認め、一一月二九日には、クウェート領域内からイラク軍を排除する目的での軍事力行使を容認する決議を採択した。九一年一月一二日には、米国連邦議会が米軍のイラク攻撃を承認した[19]。そして、続く一月一七日から、軍事作戦(「砂漠の盾」作戦と「砂漠の嵐」作戦)が実行に移された。

一九九〇年八月のイラク軍のクウェート侵攻から翌年一月の多国籍軍によるイラク攻撃に至るまでの期間、米国政府の外交努力は、専ら国連安全保障理事会において軍事行動に対する支持を取り付けることに費やされた。それが成功したのはロシアのゴルバチョフ政権の新思考外交によるところが大であったが、アフガニスタン戦争の後遺症に起因する当時のロシア国内の武力行使に対する拒否反応を緩和するために、武力行使という言葉に代えて、イラク制裁のための「あらゆる必要な手段を支持する」という決議の表現を米国が提案したことも功を奏した[20]。

湾岸戦争は、一九九一年二月二四日にイラクが国連の停戦決議を受け入れて終了した。そして、四月一三日に、ブッシュ大統領はアラバマ州モントゴメリーの海軍大学で演説し、国家間の負担分担に基づいて、紛争を平和的に解決し、侵略に対して団結し、兵器の削減と管理を行ない、そしてあらゆる人々に公正な取り扱いを保証するような冷戦後の「新世界秩序」への抱負を語った[21]。このように、湾岸戦争終結後にアメリカは「新世界秩序」外交をめざしたが、現実世界においては、イラクでは湾岸戦争後も北部でのクルド人問題と南部でのシーア派イスラム教徒の難民問題が未解決のままであった。この問題については、九一年四月五日の安全保障理事会決議がひとつの対応を示した。この決議は、①イラク政府が市民(特にクルド系)を弾圧していることを非難し、②大量難民が国境を越えて流出し、国際平和への問題となっているとの関連づけを行ない、③イラク政府が市民弾圧を停止することを要求している。さらに、安全保障理事会は、三月二日の決議でイラクに停戦条件を順守させるための軍事査察団のイラク残留を決定していた[22]。

ところで、湾岸戦争への米国の対応は多国間外交での対応ではあったが、ロシアが国連決議に参加したことを除いては、冷戦期とは異なる冷戦後の米国の新たな対応とはいいがたいものであった。たとえば、イラク軍のクウェート進攻後にサウジアラビアに直ちに米軍を派遣したことや、米軍中心の多国籍軍編成であったことは、冷戦期のソ連の地域戦略への対応と同じ米国の対応にすぎないとする解釈もあった。(23) また、ブッシュ大統領が主張した「新世界秩序」の外交が、実際には少数民族抑圧の問題や地域紛争に伴う難民問題等に十分対応できないでいるという矛盾も存在していた。そのうえ、湾岸戦争時の米国外交は、米国主導の軍事解決を国連決議で正当化したという側面ももっていた。この側面を強調するならば、湾岸戦争への米国の対応は、いまだ冷戦期の米国の国連外交の呪縛から完全には脱却していなかったといえる。(24)

冷戦後の米国の多国間外交

戦後の国連外交とは異なる多国間外交を地域紛争への対応において採用することを明らかにしたのは、湾岸戦争時と同じブッシュ政権であった。一九九一年四月の「新世界秩序」演説から約一年半後の九二年九月二一日に、ブッシュ大統領は国連総会において、初めて米国が国連の平和維持活動を積極的に支持するという内容の演説を行なった。そして、このブッシュの国連演説は、米国政府が地域紛争への冷戦後の新しいかかわり方（冷戦後型のマルチラテラリズム）を初めて示したものとして評価することができる。

この国連演説においてブッシュ大統領は、ボスニア、ソマリア、カンボジア等の地域における国連平和維持活動を推進すべきであると演説し、具体的には、①平和維持活動のための軍事要員を各国が進んで用意し訓練する、②平和維持活動に従事する要員は多国間の合同計画に基づいて合同訓練を実施する、③平和維持活動や人道援助活動に各国が論理的な支持を与える、④危機管理と情報収集活動に関しての能力を向上させる、⑤国連と平和維持活動に必要な財政支援を各国が与える、という諸点を提案した。[25] なお、湾岸戦争後に米国政府が国連外交のスタイルを変化させた背景としては、ブッシュ政権内の現実外交派が国務省をはじめ政府内に増加してきたこと、および国連自体の変化（国連内の第三世界勢力の弱まり、ロシアの国連での柔軟外交、国連財政改革）が考えられる。[26]

ブッシュ大統領の国連演説のなかで例示されていたボスニアおよびソマリアは、ブッシュ政権およびクリントン政権が実際に平和創設活動や人道援助活動として米軍を参加させていく試金石となった地域であった。冷戦後の米国の多国間外交の方向を決定する鍵は、湾岸戦争の経験以上にボスニア紛争やソマリア紛争での経験に存在していた。そこで、次節以下ではこの旧ユーゴスラビア紛争とソマリア紛争をとりあげる。

三　旧ユーゴスラビア紛争への米国の対応

紛争の勃発と背景

一九九〇年一月に開かれた旧ユーゴスラビア連邦（以下、旧ユーゴと略称）の共産主義者同盟の臨時党大会でスロベニア代表団が退場し、これをきっかけとして党大会は無期限休会となった。共産主義者同盟は事実上崩壊した。そして、その年の四月から一二月にかけて、旧ユーゴでは六つの共和国で複数政党制による初めての選挙が実施されたが、クロアチアとボスニアで民族主義派が勝利した。[27] この各共和国の選挙と平行して、九〇年一〇月から九一年六月にかけての期間に、国家形態の在り方をめぐって共和国間で交渉が行なわれた。しかし、各共和国が調整を実施する前にスロベニア議会とクロアチア議会の独立宣言が出され、旧ユーゴ連邦は崩壊するに至った。[28] そして、九一年半ば頃からスロベニアとクロアチアでは独立派と連邦軍とのあいだで戦争が始まったが、これに続いて翌年にはセルビア軍とセルビア民兵によるボスニアへの攻撃をきっかけとするボスニア戦争の火ぶたが切られた。

旧ユーゴ紛争の背景には、間接的な原因としては一九六〇年代末以降の共和国と連邦間での経済問題の対立など[29]があり、直接的な原因としては民族主義の台頭と特定民族の支配領域拡大の要求があった。実際にも、クロアチアとセルビアはボスニア領土の分割を秘密裏に約束しあっていた[30]。このように旧ユーゴ紛争は、かつての民族共存路線が後退し、民族主義や領土要求が前面に登場してくるなかで勃発したのであるが、これを冷戦後の国際政治構造全体のなかで考えれば、旧ソ連や東欧における冷戦期の体制がつぎつぎと崩壊して新たな多元的な政治体制に移行していく国際的な政治変動過程と並列的に位置づけることができる。また、紛争の性格は、スロベニア、クロアチア、ボスニアの各共和国の独立が国際的に承認されるまでは内戦であり、独立承認後は国際紛争となった。

ブッシュ政権の対応

ブッシュ政権は、一九九一年六月二一日のベーカー国務長官のベオグラード訪問の際に、「ユーゴ連邦の統一維持を支持する」という政策を打ち出した[31]。しかし、この米国政府の政策に対して、連邦議会の共和党ドール上院議員たちの勢力から、スロベニアやクロアチアの独立不承認は両共和国にとって不利になるとする強い非難があった[32]。また冷戦後は、米国にとって、ソ連に対する勢力均衡の観点からの統一ユーゴの必要性は減少していた。しかし、当時の米国政府は、紛争の引き金を引いたスロベニアの独立に不満を抱いており、大戦中以来のクロアチアにおける少数民族抑圧への憤りも感じていた。もちろん米国は、ミロシェビッチのセルビア共和国大統領就任と彼の極端なナショナリズムが事態を悪化させた最大の要因であることを承知していたが、連邦のマルコビッチ首相の統一維持路線を支援することが当面は最善の策だと考えたのである。[33] さらに、一九九二年の大統領選挙を翌年に控えていたという米国の国内事情もまた、ブッシュ政権のこうした政策判断の背景となっていた。[34]

結局、ユーゴ統一維持という米国の政策は失敗し、六月二七日にはスロベニア独立戦争が始まり、九月に入るとクロアチアと連邦軍のクロアチア戦争も勃発した。九月二五日に国連安全保障理事会は、旧ユーゴ連邦のすべてのグループに対する武器禁輸を決定する決議を採択した。ここから国連の旧ユーゴに対する武器禁輸政策（制裁）が始まり、この武器禁輸を続行するか一部解除をするかをめぐって、後に米国政府とヨーロッパ諸国が対立することになる。なお、ボスニア・ヘルツェゴビナ共和国は九一年一〇月一五日に独立を宣言した。

この時期に米国務省は、「もしも連邦解体という方向にユーゴが動いていくのであれば、それは平和的な交渉を通して行なわれなければならない」という声明を発表した。この声明の解釈については、この時期に米国政府の考えが、連邦統一支持から平和的交渉による各共和国独立支持へと変化していったというよりも、各共和国の承認に傾いているヨーロッパ諸国を過度に刺激しないようにという配慮が米国政府のなかで働いたことを示すものだと考えられている。[35] ユーゴ統一維持という当面のユーゴ政策が失敗した後の米国政府は、北大西洋条約機構（North Atlantic Treaty Organization：NATO）のなかでの米欧の調整も行き詰まり、旧ユーゴ紛争解決のイニシアチブをヨーロッパ連合（European Union：EU）諸国に取られ続けた。この問題に関しては、米国がEUを信頼しすぎたことが結局裏目に出て失敗してしまったのだ、とディビッド・ゴンパートは述べている。[36]

一九九二年二月二一日に国連安全保障理事会は、クロアチア停戦の結果として、一万四〇〇〇人の国連平和維持軍を旧ユーゴに派遣することを決定した。しかし、クロアチアはユーゴ連邦軍とセルビア人の民兵が支配したままであったし、三月末には、セルビア人保護を名目として、ユーゴ連邦軍とセルビア人の民兵がボスニアに進攻を開始した。[37] このボスニア戦争が始まって間もない四月六日には、ヨーロッパ諸国がボスニア共和国の承認を行ない、翌日に米国政府もそれまでの不承認政策を変更して、スロベニア、クロアチア、ボスニア・ヘルツェゴビナの三つの共和国を同時承認した。[38]

ブッシュ大統領とベーカー国務長官は、ボスニア承認後、食料と医薬品援助のための軍事力使用（人道援助のための多国籍軍の介入）を認める国連決議の獲得に向けて努力していた。しかし、ヨーロッパ諸国も国連も、相当な要員が必要とされる多国籍軍の編成に当時は消極的であり、何よりもパウエル統合参謀本部議長の軍事介入反対論が米国政府の軍事介入実施にとっての強いブレーキになっていた。湾岸戦争とは異なって、ボスニア戦争はベトナム戦争やレバノン紛争に似ており、状況が非常に曖昧な戦争であって、介入しても決定的な成功は得られないという判断に基づいてパウエルは介入に反対していた。結局、一九九二年五月に米国政府はセルビアおよびモンテネグロ（新ユーゴ連邦）に対する制裁を改めて決定し、[39] 軍事介入の本格議論は次のクリントン政権に持ち越された。

クリントン政権の対応

一九九三年一月にクリントンが大統領に就任した後も、ボスニア紛争の初期段階を過ぎた時期の空爆効果は少ないという主張や国防総省の消極論が健在であり、さらにはロシアの反対論も加わって、空爆作戦は容易には実現できなかった。また、米地上軍の投入論は、退役軍人のオドム元将軍が主張したが、これは米国内ではきわめて少数派の意見にすぎなかった。クリントン政権がもっとも熱心に考慮した介入案は、「ボスニアに対する武器禁輸の解除とセルビア軍事勢力に対する空爆の同時実施」というプランであった。

しかし、この米国政府のプランに対しては、米国内の消極論だけではなく、紛争のエスカレーションを心配するヨーロッパ諸国の慎重論も存在していた。紛争への対応について米国政府が逡巡している頃、ボスニア政府から国連の派遣軍撤退と武器禁輸解除を懇願する親書がナン上院議員のもとに届き、連邦議会は禁輸解除に傾いた。他方、国連安全保障理事会は、一九九三年六月三〇日に武器禁輸解除案を正式に否決した[40]。また、九四年に新たに派遣された国連保護軍（United Nations Protection Force：ＵＮＰＲＯＦＯＲ）の中立性およびセルビアの軍事勢力の取り扱いをめぐって、現地の国連代表と米国政府との間で対立が起きた。ヨーロッパ諸国は、国連の中立性を強調する国連代表と見解を同じくしていたが[41]、セルビア勢力をボスニアへの侵略者とみなす米国の見解は、国連とは異なっていた。

ところで、一九九四年二月に、サラエボ市内のマーケットがセルビア軍に攻撃されて多数の民間人の犠牲者が出たのをきっかけとして、ＮＡＴＯ軍によるセルビア軍事勢力への空爆がブリュッセルで決定された。クリントン大統領の二月九日の記者会見においては、このＮＡＴＯ軍の軍事行動のなかでの米軍の役割は小さなものであり、主な軍事的任務はイギリス、フランス、ドイツ、スペインの各国軍隊が担うであろうこと、そして米軍のＮＡＴＯ軍事行動参加が米地上軍の出動にはつながらないことが明らかにされている[42]。

もとより、このクリントン声明は、国内の軍事介入反対派の危惧をあらかじめ配慮したものであった。国内事情以外にも、既に七〇〇〇人ほどの兵員を国連保護軍に提供している英仏両国の反対論[43]、そしてシャリカシュビリＮＡＴＯ軍総司令官の慎重論もあったが[44]、それを押し切ってＮＡＴＯ軍の軍事行動が決定された背景にある理由としては、当時カナダ軍がボスニアのスレブレニツァでセルビア勢力に包囲されていたように、国連保護軍の活動が限界を越えていて、残る手段としてはＮＡＴＯ軍の空爆実施しかないという事情が存在していた。なお、湾岸戦争とは異なり、旧ユーゴ紛争ではＮＡＴＯという既存の同盟が地域紛争に直接介入し、平和創設活動を担うことになった。

米国は、一九九三年三月初頭に実施されたボスニア住民への援助物資投下に米軍輸送機を参加させるなどの協力活動は既に実施していたが[45]、国連保護軍の活動には本格的には参加していなかった。こうした地上軍派兵に消極的な米国の旧ユーゴ紛争への対応に比して、マケドニア共和国への米国の対応は異なっていた。九四年四月一九日にクリントン大統領は、フォーリー下院議長とバード上院院内総務代行へ宛てた親書で、対マケドニア国連保護軍要員として米兵を新たに派遣することを改めて説明した[46]。九三年以降に実施されているこのマケドニアPKOの任務は、紛争の拡大に対する予防展開であったが、バルカン半島横断の動脈路となっているマケドニアの安全を確保したいという米国政府の地政学的判断も加わっていた[47]。

対ボスニア武器禁輸解除については、クリントン大統領が一九九四年一一月一四日にボスニアに対する武器禁輸政策を従来通りには実施しないという発表を行ない、米国単独での対応に踏み切った。クリントン声明では、この米国の措置は国連の禁輸政策への違反にあたるようなものではないと位置づけられ、クリストファー国務長官とレイク補佐官が英仏の説得工作を継続していた[48]。しかし、ヨーロッパ諸国の禁輸解除への反対は根強く、米国を除いた形で、武器のアドリア海上からの流入監視政策が続行されることとなった。他方、米国内では禁輸解除の世論が高まり、九四年中間選挙で共和党が上下両院の多数派となった連邦議会は、九五年七月にボスニアに対する武器禁輸を解除するドール＝リーバーマン法案を可決した[49]。

議会の武器禁輸解除決定以降は、紛争の激化によって任務の遂行が困難になる国連保護軍の撤退問題が急浮上してきたが、連邦議会が停戦以前の地上軍派遣に反対する決議を可決していたこともあり[50]、米国政府としては、当面は国連保護軍を残留させるように各国に図りつつ、紛争和平調停の最終案の調整を急ぐという方向に向かわざるをえなかった。ボスニア和平案については、一九九三年のバンス・オーエン案や九四年のコンタクト・グループ案を経て、最終的には九五年一一月にデイトン協定で結論が出された。(51) このデイトン協定によって、セルビア人居住地域とムスリム人＝クロアチア人居住地域にボスニアが二分割され、共和国の全体的統一は維持されたままの形で、ボスニア連邦とセルビア人共和国が誕生した。和平協定の実施については、デイトン協定が停戦後に多国籍軍から成る停戦協定実施軍（Implementation Forces：ＩＦＯＲ）を派遣することを盛り込んでおり、米軍はこの停戦監視軍に参加することとなった。

米国政府は、バンス元国務長官やカーター元大統領を派遣して、旧ユーゴ紛争の和平調停に努力した。しかし、バンスの調停案も後のデイトン協定に至るいずれの調停案も、そのほとんどがボスニア・ヘルツェゴビナ領土の居住地域分割案であり、ムスリム人とクロアチア人を合わせた数よりも民族人口の少ないセルビア勢力が国土の半分近くを占拠することを認める結果となった。それゆえに、「ボスニア紛争の調停案は、すべて一九四七年の国連のパレスチナ分割案の模倣にすぎない(52)」とするリチャード・ベッツの見解も存在する。ボスニア分割協定の示すものは、セルビアは戦争をして得をしたのだという結果であり、この事実は、今後の米国の和平調停外交に課題を残した。

四　ソマリア紛争への米国の対応

ソマリア紛争の勃発と背景

一九九一年一月にソマリアのシアド・バーレ政権が崩壊し、統一ソマリ会議（United Somali Congress：ＵＳＣ）

を率いるアリ・マハディ・モハメドが臨時政府を樹立した。その後、ＵＳＣの反アリ・マハディ派がモガディシュ議会でアイディッド将軍を議長に選出したが、ＵＳＣ臨時政府内部では、アリ・マハディとアイディッドの両派が権力を分担する話し合いがつかなかった。九月には、シアド・バーレ派の民兵たちがバイドアを占領し、戦闘は九二年四月まで続いた。この南部での戦闘によって貯蔵食料や農業生産が大きな被害を被り、続くソマリア大量飢餓の直接原因となった。[53] そして、九一年一一月に首都モガディシュでアイディッド派とアリ・マハディ派の戦闘が始まった。

それまで、一九六九年一〇月の軍事クーデターで誕生したシアド・バーレ政権が長期にわたってソマリアを支配してきたが、その間にソマリアはエチオピアとの戦争による相当数の難民の発生や、バーレ政権自身の弾圧政策を経験した。そして、次第に反政府勢力が結集されて、長期独裁政権を崩壊に導いたことにソマリア紛争の遠因があった。さらにソマリアでは、旧体制の崩壊後に多元的な政治参加を保証する政治体制を実現することができなかった。その結果、民族グループ間や政治勢力間の対立が再び表面化したことが紛争の直接原因となった。紛争の性格は内戦である。

ブッシュ政権の対応

一九九二年一月、国連安全保障理事会はソマリアのすべての戦闘グループに対して停戦を求める決議を可決したが、当時の米国政府は国連のソマリア関与に積極的ではなく、米国の国連代表はそうした政府の考えを代弁し、安全保障理事会決議のトーン・ダウンのために努力をしていた。[54] 国連のソマリア和平調停は、失敗を繰り返した後、九二年三月三日にようやくにしてアイディッド派とアリ・マハディ派のあいだで停戦を実現させた。[55] そして、停戦後の四月二四日、安全保障理事会は第一次国連ソマリア活動（United Nations Operation in Somalia I：UNSOMI）への平和維持軍の派遣を決定した。

米国のブッシュ政権は、ソマリア救援に対して依然として消極姿勢であったが、連邦議会の上院が四月に米国政府の積極的なイニシアチブを求め、さらに連邦議会は、国連とアフリカ統一機構（Organization of African Unity：OAU）の対ソマリア努力を求める決議を可決した。こうした国内の議会勢力や駐ケニア大使からの強い要請に後押しされた形で、米国政府は八月一三日に、第一次国連ソマリア活動のパキスタン兵員のソマリアへの輸送を米国が実施すると発表した(56)。米国政府はソマリアへの食料空輸援助も発表したが、こうしたブッシュ政権のソマリア援助姿勢への転換に対して、国務省の国際機構局や国家安全保障会議の国連派遣スタッフは批判的であった(57)。

第一次国連ソマリア活動は、ソマリアにおいて各勢力全体の停戦が実際には実現していなかったという状況のなかで膠着状態に陥った。その頃、ブッシュ政権下の国務省と国防総省は、ソマリアへの具体的な対応策を検討していた。二つの省で検討された最終案は、米軍を中心とした多国籍軍がソマリアでの食料輸送その他の緊急を要する人道援助活動を実施し、できるだけ短期間の後に第二次国連ソマリア活動軍が米軍と交替するというものであった。このプランは一一月二五日にブッシュ大統領が承認し、イーグルバーガー国務長官によって国連のブトロス・ガリ事務総長に提示された(58)。

しかし、緊急人道援助ための短期間の限定介入を意図した米国政府とソマリア全土での軍事展開（平和創設と国家再建のための幅広い活動）を意図した国連事務総長とのあいだには、大きな認識の食い違いが存在していた。この見解の隔たりについての丁寧な議論がなされないままに、この米国政府提案に沿った形で、一九九二年一二月三日に安全保障理事会は、人道援助のための国連憲章第七章に基づいた多国籍軍の介入を決定した(59)。ソマリア派遣多国籍軍には、延べ二万八〇〇〇人の米海兵隊員を含めて、二三ヵ国から約三万七〇〇〇人の兵員が参加した。[60] この多国籍軍派遣から間もない九三年一月に、ソマリアの一五の武装勢力間で停戦協定（アディス・アベバ協定）が締結された。[61] その後、キスマヨでは戦闘が再発したが、そうした事態への対応はクリントン政権の課題となった。

クリントン政権の対応

クリントン政権は、一九九三年二月にブッシュ政権のソマリア介入に対する基本政策（短期人道援助実施後の早期の米軍撤退）を大転換し、国連のソマリア活動を支援するためにさらなる米国の介入が必要であるとするプランをまとめた。そして、このクリントン政権のソマリア介入積極策への転換という圧力の下に、安全保障理事会は三月二六日に、ソマリア全土における安全確保とソマリアの政治経済制度確立のための責任を国連が負うこと、および第二次国連ソマリア活動（UNSOMⅡ）を展開することを決議した。[62]

この国連の決議において、米国は八〇〇〇人の兵站要員をソマリアに残留させ、さらに緊急展開部隊をも提供することを約束していた。このクリントン政権のソマリア政策転換に関しては、連邦議会との協議が十分に行なわれなかった。[63] 結局、米国は多国籍軍撤退後も相当な兵員をソマリアに派遣し続けることになったが、この米軍部隊と第二次国連活動部隊の司令部とのあいだの統制権が問題となった。ソマリア現地駐留の米軍部隊は、報告を米国人の司令官（国連派遣部隊のなかでは副司令官）に対してだけ行なっていたのである。[64]

ところで、停戦協定の執行に伴って、モガディシュや他の地域において各武装勢力のあいだの緊張が強まり、六月五日にはソマリアの武装勢力が国連ソマリア活動軍を攻撃し、パキスタン兵が犠牲となった。この翌日、安全保障理事会はアイディッド将軍の逮捕と今回の攻撃に対する国連側の報復行動を認め、続く一四日と一八日には安全保障理事会がソマリアにおける法と秩序の回復のための行動を重ねて支持した[65]。そして、七月には米軍がアイディッド将軍の自宅を攻撃し、アイディッド派の幹部会議を米軍のレインジャー部隊が強襲した[66]。ヨーロッパ各国やOAUはハウ国連特別代表と米軍の強硬作戦を厳しく非難したが、連邦議会では、共和党のバード上院議員やプレスラー上院議員が米軍のソマリアからの完全撤退とブッシュ政権の限定介入の立場に立ち戻ることを訴えた[67]。

九月に入ると米軍ヘリが撃墜されて三人の米兵が死亡し、一〇月三日にはさらに多くの米兵の犠牲者を出した。米兵の犠牲者が出たことで連邦議会の撤退論議に拍車がかかったが、この事件に先立って議会は、今後の米国のソマリア活動に関しては上院の承認を必要とするという決議の提案を計画していた[68]。最終的には世論に押される形で、一〇月七日にクリントン大統領が、米軍を撤退させることと、捕虜となった米軍パイロットの返還交渉のためにオークレー駐ソマリア大使を送り込むことを発表した。国連のガリ事務総長は、ソマリア紛争収拾のための今後の国連活動に関して三つのプランを提案したが、安全保障理事会ではいずれも拒否され、国連派遣軍の任期は翌年四月末までと定められた[69]。

一九九四年三月末の米軍撤退後のソマリアでは、モガディシュ空港周辺が占領される事態となっていたが、五月二四日に、国連とアリ・マハディ派およびアイディッド派のあいだで和平実施の合意がまとまった[70]（ナイロビ宣言）。そして、九五年三月三日、「合同の盾」と呼ばれた撤退時警護のための多国籍軍（米軍参加）に守られて、最後のソマリア活動に参加していた兵士たちがソマリアから完全に撤退した[71]。なお、ソマリア介入の失敗は、今後の平和維持活動への協力・参加について米国政府が再考する契機となった。そこで最終節では、派兵に対する米国政府の条件設定の問題を含めて、地域紛争介入の一般的原則に関する米国内の議論をまとめる。

五　地域紛争介入をめぐる米国内の議論

平和維持活動参加に関する諸原則の設定（PDD二五）

ブッシュ大統領が退任直前に承認した国家安全保障決定指令第七四号（NSDD七四）は、平和維持活動の強化に米国が果たす役割を提言したものであったが[72]、次のクリントン大統領は、一九九三年二月に大統領再検討指令第一三号（PRD一三）に署名し、平和維持活動全般の再度の見直しを関係部局に命じた[73]。しかし、第二次ソマリア活動からの米軍の撤退という政策転換をクリントンが迫られた一〇月に、アスピン国防長官がレイク安全保障担当補佐官に草稿の改訂を促した[74]。そして、レイク補佐官たちがまとめた最終案が、翌九四年五月三日にクリントンによって署名された大統領決定指令第二五号（PDD二五）となった。

PDD二五は、冷戦後の多国間平和維持活動に米国が参加する意義として、第一に米国の国益への貢献、第二に重要な国連活動を通しての米国の影響力の拡大、第三に他国が困難な活動について米国の特殊な能力の提供、という諸点を挙げている[75]。つまり、冷戦後の平和維持活動への米国の参加は、費用対効果比の観点からみた国益推進手段として重要であるという位置づけがなされているのである。なお、国連軍の創設や米軍の一部の部隊を国連軍として提供することは、この文書では否定されている[76]。

次に、PDD二五は、平和維持活動の支援および平和維持活動そのものに米国が参加する場合の条件として、①国際秩序への脅威の存在、および活動支援が米国の国益を推進すること、②平和維持活動の明確な目的設定を行ない、活動の種類を峻別すること、③活動目的の達成に適した手段であること、④活動を終了させる際の明確な基準設定、⑤米軍の指揮権は米国にあるが統制（作戦のコントロール）権は国連も可能であること、⑥世論と議会の支持の獲得、等々の諸点を掲げている。[77] 加えて、五月五日にＰＤＤ二五を発表した大統領報道官は、国連平和維持活動を米国の外交政策の中心に位置づけることはできないこと、および計画が熟考されていて完全に実行できる種類の平和維持活動のみが米国の国益に資するということを述べていた。[78]

ＰＤＤ二五の文書は、全文に関しては安全保障上の理由から非公開となっているが、概要版が国務省から発表されている。この概要版の文書においては、上記のような平和維持活動の位置づけや平和維持活動への参加の際の条件設定を行なっているほか、次のような七項目（抄訳）に及ぶ平和維持活動とのかかわりかたへの言及がなされている。[79] この七項目がＰＤＤ二五（概要版）のほぼ全体の内容を構成しており、そのなかに前述の平和維持活動の支援や参加の際の条件づけも、重ねて説明されている。なお、この文書の概要版は、一九九四年以降、その時々の状況に応じて補足がなされており、以下の七項目の内容に関しても、九六年の議会決定を前提とした記述などがある。

(1) 正しい平和維持活動の支援

(i) 平和維持活動への投票。米国は十分に定義された平和維持活動は支持する。平和維持活動は際限のないコミットメントであってはならず、介入は具体的な政治解決とリンクしていなければならない。それぞれの平和維持活動は、活動の中間目標や最終目標を設定し、明確な期限をもってなされるべきである。また、統合された軍事・政治戦略と、人道支援の調整や派遣部隊の規模の設定、予算の評価も必要である。国連の介入によって米国の利益が促進されること、多国間ベースで問題解決をすることについての国際社会の利益が存在することが重要である。国際的な平和と安全に対する脅威（侵略、人道問題など）の存在の確認もされなければならない。国連憲章第六章に規定された伝統的な平和維持活動の場合、停戦は順序正しく実行され、党派間の合意は、平和維持部隊が展開する以前に達せられていなければならない。国連憲章第七章に規定される平和強制（創設）活動については、国際平和と安全保障に対する脅威の存在が重要である。ミッションを完遂するための手段は適切なものでなければならず、予期される期間の作戦は、明確な目標および作戦を終了する際の現実的な基準を想定している必要がある。

（ii）平和維持活動への参加。米国の参加は、平和維持活動の成功に必要なものであるか、派遣人員・予算・資材が効果的であるか、国内世論と議会の支持があるか、目的を達成するための明確な計画があるか、軍の指揮権・統制権の調整は受け入れられるものか、目的達成のために十分な軍事力を提供するという決定が存在するか、必要な場合に兵員の派遣規模・構成・配置についての再評価と調整を行なう取り決めがあるか、といった諸点をクリアーした上でのものでなければならない。

（2）地域機構の役割

いくつかのケースにおいては、適切な平和維持活動を実行する場合に、地域機構を巻き込むこともありうる。米国は、平和維持活動を指揮する主要な国際組織として国連を強調する立場であるが、同時に地域機構の平和維持能力を改善する努力も支持する。地域機構や地域のグループが国連安全保障理事会の後援によって平和維持活動を行なう場合は、米国の支援も国連安全保障理事会の基準に拘束される。旧ソ連邦内の紛争に関して、伝統的な平和維持活動が要請された場合、これも他の地域での活動と同じものとして扱われるべきである。

（3）費用の削減

米国の連邦議会は、一九九六年一月に平和維持活動に関する予算を削減した。米国政府としては、平和維持活動に関する国連システムの改善が必要であると考える。平和維持活動を含む監督責任のある検視総監の完全に独立したオフィスを、早急に設ける。偶発危険準備金を含め、あらゆる平和維持活動のための統合された予算を設置する。予算は、単年度評価によって財政的に裏打ちされる。予算立案や財政計画に関して国連を補佐するために、最も多く国連に財政貢献をしている国々から予算専門家の常任幹部を提供する。平和維持活動の回転準備金を五億ドルまでに増やし、この資金は自発的な寄付で賄う。国連が平和維持活動の基金から資金を流用することは禁止する。

(4) 国連の強化

(i) 国連の平和維持活動局の組織改編。

(ii) 平和維持活動に関する訓練プログラムの作成。

(iii) 総会の第五委員会において米国が(i)(ii)について提案するとともに、国連に市民事項に関する専門家を送り込み、情報交換を行ない、訓練プログラム作成への援助等を行なう。

(5) 米軍の指揮権と統制権

(i) 米国の政策。大統領は、米軍の最高司令官としての権威をもち、その権威を手放すことは今後ともない。しかし、ケースによっては、大統領は適当な数の米軍を安全保障理事会が決定した活動のために国連のコントロール(統制)下におくことがありうる。ブッシュ大統領はクロアチアに医療部隊を派遣し、カンボジア、クウェート、西サハラに平和監視軍を送り込んだ。また、クリントン大統領は、マケドニアへ監視軍を、ソマリアへ兵站要員を送った。これらは、国連の統制下で実施された。

(ii) 指揮権。米国の大統領は、いまだかつて軍の指揮権を放棄したことはない。指揮権は、軍事行動のあらゆる側面について命令する権限である。

（iii）統制（作戦コントロール）権。ときには、特定の軍事目的を達成するために米軍を外国の司令官の統制の下に配置することも賢明であり、役に立つことである。しかし、その際には、ミッションの性格・目的、統制下に入る米軍の規模、危険の程度、作戦期間、統制下に入る場合のルールといった諸要素について詳細に考慮される必要がある。外国人の国連司令官は、米軍のミッションを変更したり、責任地域外にまで米軍を展開させたり、部隊や資材を分割したり、訓練を行なったり、兵員を昇進させたり、部隊の組織を変えたりしてはならない。

（iv）国連の統制下での米軍の指揮に関する基本要素。米軍の指揮官は、国連の司令官に対する報告とともに、米軍の最上層部に報告する権利も維持する。また、米軍の指揮官は、違法な活動やミッションの目的外の活動に関しては、米軍の最上層部に問い合わせる。そして、米国は、米軍が危険にさらされる恐れがある場合、米軍要員を保護するために、いつでも平和維持活動への参加を中止する権利を留保している。

（v）平和維持活動に参加している米軍兵員の保護。米軍兵員が捕虜となった場合、捕虜はただちに国連事務官の元へ解放されるべきである。また、平和維持活動の要員であっても、一九四九年のジュネーブ協定に規定する戦争捕虜として取り扱われるべきである。米国は、国連平和維持活動や平和強制（創設）活動に従事している要員の特別の立場に関する協定草案を起草中である。

（6）多国間平和維持活動への米国の支援の強化

（i）責任分担。米軍が参加する平和維持活動や平和強制（創設）活動について、米軍の監督や活動に関しては国防総省が責任をもつ。国務省は、米軍が参加しない場合の伝統的な平和維持活動の監督および運営に関して責任をもつ。

（ii）費用の償還。国防総省は、平和維持活動や平和強制（創設）活動に米軍が参加した場合の費用を国連から償還してもらう。

（iii）国連平和維持活動への米国の資金協力。

（iv）兵員の訓練。平和維持活動や緊急人道援助活動のための訓練プログラムを作る。

（7）連邦議会と米国民

従来、国連平和維持活動に関して議会や国民とのコミュニケーションが十分に行なわれてはこなかったが、今後平和維持活動が頻繁となり、より複雑化していく場合、議会や国民との意志疎通がより重要となってくる。コミュニケーションを活発化するためには、超党派の議会指導者たちと、米軍が関与する可能性のある外交問題に関して定期的な協議を行ない、平和維持活動に関しての月毎のブリーフィングも継続実施する必要がある。これらは、いずれも最近始められたものである。国連安全保障理事会において、平和維持活動を新たに始めたり、あるいは活動を拡大したりするような事柄に関して、予期せざる投票が行なわれたときは、ただちに議会に報告をする。また、米軍が平和維持や平和強制（創設）の国連の活動に参加する場合の国連の指揮権および統制（コントロール）権についても議会に報告する。国連平和維持活動について、議会に包括的な報告書を毎年送る。なお、戦争権限法のなかの議会との協議義務と（議会の同意がなかった場合の）六〇日後の撤退義務に関する条項を修正する提案を支持する。

以上紹介してきたPDD二五の最終案は、それまでの草稿に比較すると、米国の国益に照らした介入判断等の部分を付加するなど、表現がさらに明瞭化されており、[80]ソマリア派兵の失敗に基づく反省から米国の平和維持活動への参加をより明確に自己規制するという性格を強めていた。PDD二五の内容は、国防総省の各年次報告書でも繰り返されている。[81]PDD二五は、米国版の「PKO（平和維持活動）参加に関する諸原則」としての意義を有するが、この「諸原則」の設定によって、米国は冷戦後の多国間外交の重要な実行手段に自ら厳しい制約を課すこととなった。

ところで、一九七〇年代以降の長期的な米国外交の変化のなかでとらえた場合、PDD二五は、ニクソン・ドクトリンや戦争権限法制定に始まるポスト・ベトナム時代の米国の対外介入の縮小政策、さらにはレーガン政権時代の国防総省による海外派兵の諸条件の設定といった、一連の米国の地域紛争への介入の見直しという政策潮流のなかに位置づけることもできるのではないだろうか。レーガン政権下でワインバーガー国防長官は、六項目の条件が満たされないかぎり、米軍を紛争地域に派遣したくないという主張を行なった。その六項目とは、①米国と同盟国にとって死活的な戦争であること、②勝利への明白な意図をもって戦うこと、③戦う目的が明確に定められること、④介入の再評価がつねに行なわれること、⑤介入に際して、国民と議会の支持が相当程度に確定的なものであること、⑥軍事力の行使は、米国の利益を守るための最後の手段であること、である。[82]

この海外派兵の諸条件は、ワインバーガー・ドクトリンともいえるものであるが、このドクトリンからは、ベトナム戦争への米国の介入の失敗からの反省に加えて、目的が曖昧で際限のない戦争へ米軍を派遣し、結果的に議会や世論の批判を受けるという事態は避けたいし、米軍を派遣する以上は、犠牲者を少なくし、しかも最大の効果をあげたいという意図がうかがえる。そして、このワインバーガー・ドクトリンに見られる海外派兵を自己規制するという方向性は、PDD二五に受け継がれていると思われるのである。さらに、この派兵の自制は、ボスニア・ヘルツェゴビナ戦争の際には、統合参謀本部や世論の地上軍派兵消極論となって現われるということもあった。そこで、軍事介入についての米国内世論を次に検討する。

表6-1　軍事力の行使に対する米国民の初期の反応 (%)

	積極的	消極的	わからない
朝鮮戦争			
1950年8月	65	20	15
ベトナム戦争			
1965年1月	50	28	22
1965年5月	52	26	22
1965年11月	64	21	15
グレナダ進攻			
1983年11月	63	29	8
パナマ進攻			
1990年1月	72	18	10
イラク・クウェート戦争			
1990年8月	75	17	8
1991年1月	77	15	8
ソマリア派兵			
1992年12月	74	21	5
ハイチ派兵			
1994年9月	41	52	7

出典：Andrew Kobut and Robert C. Toth, "Arms and the People", *Foreign Affairs*, November/December, 1994, p. 50.

軍事介入についての米国内世論

表6-1は、軍事力の行使に対する米国民の初期の反応について、一九五〇年の朝鮮戦争から一九九四年のハイチ派兵に至るまでのいくつかの米軍派兵に関して調査した結果である。このなかで、一九九〇年から一九九一年にかけてのイラク・クウェート戦争（湾岸戦争）の際の米国民の軍事力行使に対する積極論の強いことが注目される。この世論調査の結果によれば、イラク・クウェート戦争への米国の介入に対する米国民の積極支持は七五パーセント（九〇年八月）―七七パーセント（九一年一月）であり、反対は一七パーセント（九〇年八月）―一五

パーセント（九一年一月）というように、この戦争時の派兵は、戦後の米国の海外派兵のなかで、最も高い派兵支持率となった。実際に米軍を派遣する以前から、米軍の介入を積極的に考える世論が高かったのである。そして、派兵支持率が高かった理由としては、クウェートに侵略したイラクへの制裁と攻撃を「聖戦」という意味合いで米国民が受け取ったことが考えられる。また、九一年に入ってからの積極支持の背景としては、朝鮮戦争時等と異なって、湾岸戦争への派兵については議会の承認を得たこともあげられる。

イラク・クウェート戦争への介入支持率が高かったこととは対照的に、ハイチへの民主化介入は米国民の支持率が低いものであった（表6－1）。ハイチでは内戦や地域紛争が勃発していたのではなく、軍事政権を民主化するために介入するかどうかということが問題となっていた。米国に多数のハイチからの難民が押し寄せていたこと以外には、米国民にとって介入の必要性は感じられなかったのかもしれない。民主化のための地域介入については、次項でまた論ずることにするが、米国民のそうした介入への支持率の低さも、いわゆる民主化介入論争のなかの消極論に影響を及ぼすであろう。

次に、表6－2は、ボスニア戦争へ米国が介入すべきかという質問に対する国民の反応を調べたものである。一九九三年一月から一九九四年四月までの期間では、時期が後になるほど、介入支持がやや多くなる傾向が見受けられる。しかし、具体的な数字を見ると、ボスニア戦争への軍事介入の支持は、二四パーセント（九三年一月）―四一パーセント（九四年四月）であるのに対して、軍事介入への反対は六七パーセント（九三年一月）―四九パーセント（九四年四月）であり、ボスニア戦争については、介入反対派の方がつねに多かった。

また、表6－1に戻って、ソマリア紛争についての世論を見てみると、一九九二年一二月の時点でソマリアへの軍事介入支持が七四パーセント、反対は二一パーセントであった。このように、ブッシュ政権の最後の時期のソマリア介入支持率は、かなり高いものであった。湾岸戦争時と同じように、ソマリア紛争に関しても、実際の介入以前に、飢餓に悩むソマリアへの人道援助介入を求める世論があった。しかし、別のデータでみると、九三年九月に入るとソマリアへの派兵支持は四三パーセントに減り、逆に派兵反対が四六パーセントに増えた。さらに、九月の時点でのソマリアからの撤退支持は五三パーセントに増え、軍事行動停止論は五七パーセントに増加した。[83] ソマリア介入は、時期によって国内の介入支持率が大きく変化したケースである。

ソマリア紛争での米兵の死者は二三人、負傷者は一四三人、捕虜は一人であった。[84] 第二次国連ソマリア活動は、湾岸戦争時の多国籍軍介入に比較すれば小規模介入であり、米兵の犠牲者数も湾岸戦争時よりは少なかった。しかし、ソマリアで米兵の犠牲者が出始めた一九九三年九月を境として、国民の派兵支持は急激に減少しており、この点がソマリア介入に関する世論の大きな特徴となっている。ブッシュ政権が実施したような短期の人道援助介入は支持しても、クリントン政権が実行したような介入目的や派兵期間の曖昧な平和創設のための軍事介入については、事態の変化によって政策支持を取り消すという米国民の考えが明瞭に表われている。

全体を振り返ってみると、米兵の犠牲者が出る前のソマリアへの介入、そして湾岸戦争への介入に対する米国民の高い支持率に比較して、ハイチへの民主化介入やボスニア戦争への介入に関する米国民の支持は低調であった。ボスニア戦争については、たとえば一九九三年六月四日の調査では、ボスニア紛争に米国が介入した場合は、ペルシャ湾岸戦争の勝利ではなくベトナム戦争の敗北が待ち受けているであ

表6-2　米国はボスニア戦争に介入すべきか (%)

	賛　成	反　対	わからない
1993年1月	24	67	9
1993年5月	37	52	11
1993年6月	37	51	12
1993年12月	26	65	9
1994年2月	36	53	11
1994年4月	41	49	10

出典：Kobut and Toth, *op. cit.*, p. 50.

ろうと四九パーセントの米国民が判断しており[85]、調査対象の半数に近い米国民のこうした判断は、パウエル元統合参謀本部議長の軍事介入消極論と同じものであった。

さらに、ボスニア紛争における米国の単独の軍事行動には、六八パーセントが反対していた[86]。連邦議会の下院も、停戦前の旧ユーゴ紛争へ米地上軍を派遣することを拒否する決議を、一九九五年に可決している。湾岸戦争時にブッシュ大統領がサダム・フセインとヒットラーを同一視するような演説をして世論の支持を集めようとしたが[87]、内戦に近い性格をもつ旧ユーゴ紛争では、湾岸戦争のような世論操作は不可能であった。なお、湾岸戦争の際にも、八二パーセントの国民が軍事力行使の前に議会の承認を得ることを望んでいた[88]。

ＰＤＤ二五は、ソマリア介入の失敗を受けてプランが再調整されたが、ボスニア戦争介入への国民の支持の低調さを直接反映して決定されたものではない。しかし、ベトナム戦争の二の舞いになりかねない性格の紛争に米軍、特に地上軍を派遣することへの自己規制をも、ＰＤＤ二五が行なっているのである。米国の政策と国民の世論とのあいだには、一種の相関関係が見られる。

民主化介入をめぐる議論

冷戦後の地域紛争への米国の介入のひとつの特徴は、多国間平和維持活動への支援と参加であったが、「民主化のための他地域への介入」という形態が冷戦後の米国外交のもうひとつの姿として存在する。クリントン大統領は、一九九四年の一般教書演説において、他の地域での民主主義の推進が米国の国益および平和維持につながるという趣旨のことを述べていた[89]。また、一九九四年七月にホワイトハウスが発表した「関与と拡大のための国家安全保障戦略」のなかにおいても、民主主義の推進が米国の安全保障戦略にとっての重要事項として掲げられていた[90]。しかし、具体的な民主化介入の問題は、主にハイチへの米国の介入の是非や方法をめぐって議論となった。

ハイチでは、一九九〇年一二月の選挙で、ジャン・ベルトランド・アリステッドが大統領に選出された。しかし、その後の軍事クーデターでアリステッドが亡命を余儀なくされ、米国と国連はハイチの軍事政権への経済制裁を実施したうえ、この制裁を数度にわたって強化していった。[91] この対ハイチ経済制裁についてはデイビッド・ヘンドリクソンが、内政干渉であり罪のない市民を困窮させるという理由から、政策の見直しを主張していた。[92] また、ハイチへのその後の米国の軍事介入および九五年に実施された選挙に関しては、ジョン・スウィーニーが、投票の棄権率が七〇パーセント以上であった選挙結果はハイチの恒久的民主化政策とはいいがたく、さらに米国の介入も、アリステッドのロビー活動と米国政府のアフリカ系人への配慮や大量のハイチ難民の流出化によるものにすぎないと批判していた。[93]

こうしたハイチ介入の経緯と方法および結果への批判論に対して、米国のハイチ介入は民主主義の回復という成果を獲得し、一九九六年二月のアリステッド派のプレバル政権誕生は初の平和的な政権への移行であり、また米国の国益にも適っていたと評価するロバート・ロトバーグの見解、[94] そしてラテンアメリカでの民主化介入政策は米国と隣接する国々との関係を良好にするというトニー・スミスの見解[95]も存在した。なお、保守派は、民主主義の拡大のような道徳的な目的こそが米国外交の基盤であり、現在の米国の力の立場を支えるものであるという位置づけをしているが、[96] リベラル派は民主化介入を肯定しつつも、米国の単独介入よりも多国間介入の方がよりいっそう望ましいという見方をしている。[97]

おわりに

一九九八年八月、米国は、ケニアとタンザニアの米大使館爆破事件への報復として、アフガニスタン領土内のテロ組織の訓練施設とスーダンの化学兵器組織を攻撃した。[98] こうした「テロに対する報復攻撃」を米国政府は国連憲章の個別的自衛権に基づく行動として正当化した。米国は、これまでに低強度紛争に対する政策を考える際に対テロ活動に大きなウェイトを置き、「関与と拡大の国家安全保障戦略」においても、テロとの戦いを強調している。[99] このように、米国政府サイドから見れば、九八年八月のテロへの報復攻撃も、自国の従来からの政策にのっとったものだということになるが、国際社会全体の立場からすると、米国の行動は突出した単独行動であった。

次に、冷戦後のこうした米国のユニラテラルな行動に近いものとして、ユーゴスラビアに対する空爆をあげることができる。一九九九年三月、ユーゴスラビア連邦セルビア共和国のコソボ自治州紛争に際して、北大西洋条約機構（NATO）がユーゴに対する空爆を開始した。この空爆は、国連安全保障理事会の決議に基づいておらず、中国とロシアはNATOの武力行使を国連憲章に違反するものとして非難した。[100] 冷戦後に入ってからも、米国とロシア、中国との国連での協調関係は必ずしもうまくいっておらず、ユーゴ空爆をロシアや中国は支持しなかった。そのために米国や英国はNATOによる空爆を見切り発車という形で実行したのであった。もちろん、旧ユーゴ紛争の際においても、セルビア勢力に対するNATO軍による空爆が行なわれ、米軍も参加していた。また、国連という場で大国同士が共同歩調をとることができない場合、国連の承認を得ていなくても地域的な同盟軍が地域紛争に出動することが可能か、あるいは出動すべきか否かは、日米安保条約の新ガイドラインの問題にも及ぶ今後の重要論題である。しかし、このコソボ紛争に関しては、NATOの攻撃を非難し、その背後に国連決議なしで行動する米国外交のユニラテラルな体質を見て取る人々もいた。

二一世紀を迎えるに至り、国際社会のパワーの構造を見てみると、専ら米国の一人勝ちの時代だとよくいわれる。確かに、米国は世界一の軍事力を保有しているし、近時の経済のグローバル化現象といわれるものも、米国型自由市場経済の世界レベルでの波及だといえる。外交政策に関しても、第一節で述べた低強度紛争ドクトリンは、米国の単独行動と米国のイニシアチブを前提にしていた。麻薬やテロへの対策、あるいは民主主義の拡大等の戦略においては、他国とときに共同行動をする必要性をところどころで主張してはいるが、国連平和維持活動への参加のような例外を除いては、低強度紛争政策もクリントン政権の「関与と拡大の国家安全保障戦略」も、米国を中心においた政策なのである。本稿の第二節、第三節、第四節では、むしろ米国にとって例外的な多国間活動についてとりあげた。米国が一人勝ちする時代だからこそ、米国は単独外交ではなく、多国間外交の重要性を認識すべきだと考えられるし、見直しのきっかけとなった旧ユーゴ紛争やソマリア紛争の事例は、米国にとって非常に重要なものだと思われるからである。

ところで、多国間外交の重要性については、ケネディ、ジョンソン両政権下で国防長官を努めたロバート・マクナマラが主張していた。マクナマラは、ベトナム戦争の際の外交政策立案に携わった経験をまとめて回想録を執筆しているが、そのなかで、「ベトナムの教訓」として、マクナマラ自身を含めた米国の政策決定者たちの間違いを以下のように指摘している。[101]

(1) ベトコン、そしてこれを支援する中国やソ連の脅威を過大評価した。

(2) 南ベトナムの政治勢力についての判断を完全に誤っていた。

(3) 自分たちの信念と価値観のためには、戦って死ぬほど人々を鼓舞するナショナリズムの力を、過小評価していた。

(4) ベトナムに住む人々の歴史、文化、政治、さらには指導者たちの人柄や習慣について、非常に無知であった。東南アジアの専門家が政府高官のなかにいなかった。

(5) 近代的でハイテクを駆使した装備、兵力、軍事思想にも限界があることを認識していなかった。自分たちとまったく文化が異なる人々から、心からの支持を獲得するという任務に失敗した。

(6) 軍事介入の是非についての全面的で率直な討論や論争に、米国民と議会を引き込まなかった。

(7) 国民に十分に説明しなかった。

(8) 米国自身の安全保障が直接脅かされていない場合、国際的な場での公開の討議というテストにかけられるべきであった。すべての国を、米国自身のイメージと好みに従って作り上げていく権利はない。

(9) 米国の軍事行動は、国際社会が十分に（たんに形式的にではなく）支持する多国籍軍と合同で実施するという原則を、米国は守らなかった。

(10) 国際問題では、すぐに解決できない問題もあることを米国は認めなかった。

(11) 並外れて複雑な範囲の政治、軍事の諸問題に効果的に対処できるよう、行政府のトップクラスを組織しなかった。

以上の「ベトナムの教訓」は米国内で幅広く承認されているものではない。この率直なマクナマラの反省に対して、むしろ米国内では批判が多く出された。しかし、マクナマラの指摘は、地域紛争への米国の介入にかかわる問題を指摘するものとして、実に貴重である。八番目と九番目は多国間外交を米国が忘れていたことの反省であった。

さて、冷戦後の地域紛争への新たな対応としての平和維持活動については、ブッシュ政権以降の米国は、カンボジア、西サハラ等々の他の地域にも参加しており、本章で取り上げたのは一部の事例にすぎない。しかし、湾岸戦争、旧ユーゴ紛争、そしてソマリア紛争は武力紛争中の平和創設や人道援助が課題となった事例であり、これらの紛争への対応やハイチ民主化介入を通して、米国は冷戦後の地域紛争への多国間介入の一通りの対応パターンを経験した。

冷戦期は、米国は地域紛争への単独介入に近い介入を多く繰り返した。また、海外派兵のみではなく、経済・軍事援助を通した地域介入も行なっていた。しかし、ベトナム戦争の後遺症や国際社会の多極化現象を背景として、地域紛争への介入にも制約が加わり、一九八〇年代に入るとアメリカの地域介入政策は、レーガン・ドクトリンに示されるような反革命運動の支援という形でしか実行できなくなった。しかも、そうした介入方法も、連邦議会が問題視するようになった。

そして、冷戦後時代最初の湾岸戦争への米国の対応は、経済制裁と米軍主導の多国籍軍の介入となったが、ハイテク兵器を駆使した湾岸戦争の経験は特殊ケースとしてみなされるべきである。冷戦後の地域紛争への米国の対応の鍵となったのは、湾岸戦争よりもむしろ旧ユーゴ紛争やソマリア紛争であった。前者への米国の対応は、経済制裁とNATO軍の活動への参加という形をとり、後者への対応は、緊急人道援助のための一時派兵の後に国連平和創設活動に積極参加するという形をとった。旧ユーゴ紛争においては、米国は平和維持活動参加に概して消極的であり、米国の、とりわけブッシュ政権時の旧ユーゴ紛争への介入は不十分だったという見方も成り立つ。これに対して、ソマリア紛争では、クリントン政権の積極策が平和創設活動自体を失敗に導いた（無差別な介入をやりすぎた）とする解釈が米国内で多く存在した。

米国の地域紛争への介入の際に、国連平和維持軍の指揮権や紛争当事者の取り扱い（国連の中立性）、さらには空爆の実施等々をめぐって、他の国々と米国が対立する事態も発生し、こうした問題も地域紛争への多国間介入においての課題となった。指揮権に関しては、PDD二五が米軍に関する米国の絶対的指揮権を明示している。またブッシュ政権の時代、旧ユーゴ紛争での人道援助のための多国籍軍形成の提案にヨーロッパ諸国が反対したことなどは、地域紛争への多国間介入の困難さを示すものでもあった。

旧ユーゴ紛争への介入は、パウエルなどの軍部や国内世論の消極論も大きく影響した。ソマリア介入政策の転換にも米国内世論は影響力を与えており、冷戦後の地域紛争への米国の対応は、こうした国内世論に多分に左右されるようになった。そうした世論の同意という点から判断して全体を振り返ると、ハイチ介入のような民主化介入は議論が多く、平和創設活動のための地上軍投入も介入のエスカレーションを心配した反対論が相当に強い。結局、ブッシュ政権時のソマリア多国籍軍のような目的と期間を限定した介入が、もっとも幅広い国内支持を得られ、かつ一定の効果も得られる政策であった。そして、この目的を定めた限定的な介入こそが、まさにPDD二五の政策路線にほかならない。

PDD二五は、冷戦後の米国の内向き姿勢を示しているともいえるが、同時に現在の米国にとって、これが国内世論も踏まえた最善策であるという解釈も可能である。最後に、多国間外交での地域紛争への対応は、紛争の終結や民主化推進を通して米国の国益に貢献するがゆえに意義があるとするPDD二五の前提も、国益論という冷戦後の米国の外交思潮そのものを反映しているといえよう。

注

（1） Samuel P. Huntington, "The Clash of Civilization ?", *Foreign Affairs*, Summer, 1993, pp. 22, 25-27.

（2） John L. Gaddice, *The United States and the End of the Cold War*, New York : Oxford University Press, 1992, pp. 196-200.

（3） 『朝日新聞』一九九一年二月五日朝刊。

（4） 『朝日新聞』一九九二年一月二九日朝刊。

（5） 『朝日新聞』一九九二年六月一〇日朝刊。

（6） 『朝日新聞』一九九三年六月二五日朝刊。United States General Accounting Office, *Bottom-Up Review : Analysis of DOD War Game to Test Key Assumptions*, June, 1996, p. 1.

（7） Michal O'hanlon, *Defense Planning for the Late 1990s : Beyond the Desert Storm Framework*, Washington D. C. : The Brookings Institution, 1995, pp. 30-32.

（8） Paul K. Davis, "Defense Planning for the Post-Cold War : Bush, Clinton, and Beyond", in : Stephen J. Cimbala ed., *Clinton and Post-Cold War Defense*, Westport, Connecticut : Praeger, 1996, p. 30.

（9） 『朝日新聞』一九九二年一月二九日朝刊。

（10） Lorrence J. Korb, "Defense Budgets and the Clinton Defense Program", in : Cimbala, ed., *op. cit.*, p. 16.

（11） *ibid.*, p. 25.

（12） Sam C. Sarkesian, "Special Operations, Low-Intensity Conflicts (Uncoventional Conflicts), and the Clinton Defense Strategy", in : Cimbala, ed., *op. cit.*, pp. 104-105. なお、加藤朗氏は、①主権国家間の水平的・対称的な紛争構造における戦争（システム型戦争）とその勢力均衡論的戦争研究、②先進地域と開発途上地域とのあいだの垂直的で非対称的な紛争構造と両者のあいだの構造的暴力（従属論的紛争研究）、③非政府組織（ＮＧＯ）、テロ組織、ゲリラ集団、宗教集団、エスニック・グループ等の亜国家主体を紛争主体として扱う多元論的紛争研究を区別し、低強度紛争研究を三番目の領域に位置づけている（加藤朗『現代戦争論――ポスト・モダンの紛争ＬＩＣ』中公新書、一九九三年、九―一三頁）。

（13） ＮＳＤＤ二一九の文書については次を参照されたい。Christopher Simpson, *National Security Directives of the Reagan & Bush*

Administration : the Declassified History of U. S. Political & Military Policy, 1981-1991, Boulder : Westview Press, 1995, p. 674. 経緯については次を参照のこと。David C. Miller, "Organizing for Operation Other Than War (OOTW) in the Post-Cold War Era", in : Max G. Manwarning and Wm. J. Olson eds., *Managing Contemporary Conflict : Pillars of Success*, Boulder : Westview Press, 1996, p. 154. ゴールドウォーター＝ニコルズ法については次を参照されたい。Simpson, *op. cit.*, pp. 639-640.

(14) Miller, *op. cit.*, p. 163.

(15) Richard A. Melanson, *American Foreign Policy Since the Vietnam War : The Search for Consensus From Nixon to Clinton*, Amonk, New York : M. E. Sharpe, 1996, Second Edition, p. 266 ; The White House, *A National Security Strategy of Engagement and Enlargement*, July, 1994, pp. 6-7.

(16) 『朝日新聞』一九九三年一月三〇日夕刊、一九九三年二月七日朝刊。

(17) Miller, *op. cit.*, pp. 166, 168.

(18) Michal T. Klare, "The Development of Low-Intensity-Conflict Doctrine (Doctrine)", in Peter J. Schraeder ed., *Intervention Into the 1990s : U. S. Foreign Policy In the Third World*, Boulder : Lynne Reinner Publishers, 1992, pp. 47-52. 麻薬撲滅政策に関しては、一九八九年八月の国家安全保障指令第一八号（NSD一八）が具体的な政策決定としてあげられる。このNSD一八は、南米における対反乱戦略と対麻薬キャンペーンを目的としており、ペルー、ボリビア、コロンビアのアンデス山脈一帯地域に対して、一九八九会計年度で二億六一〇〇万ドルを提供した。また、その後の五年間に米国の麻薬撲滅計画へ協力する資金として二〇億ドル提供を計画していた。米国側の作戦としては、ペルーのゲリラ支配地域を数百人の新グリーン・ベレー部隊員が巡回パトロールすることなどがあった。次を参照。Simpson, *op. cit.*, p. 895.

(19) ボブ・ウッドワード（石山鈴子・染田屋茂訳）『司令官たち』文芸春秋、一九九一年、三五九、四一三、四六五頁。

(20) ウッドワード、前掲書、四二四―四二五頁。

(21) Department of State, *Public Papers of the Presidents of the U. S. : Administration of George Bush*, April 13, 1991, p. 36 (以下 *Public Papers* と略す) ; Jane E. Stromseth, "Iraq's Repression of Its Civillian Population", in : Lori F. Damrosch ed., *Enforcing Restraint : Collective Intervention in International Conflicts*, New York : The Council on Foreign Relations, 1993, p. 78.

(22) *ibid.*, pp. 83, 85.

(23) Richard J. Payne, *The West European Allies, The Third World and U.S. Foreign Policy: Post-Cold War Challenge*, New York: Greenwood Press, 1996, pp. 133-135.

(24) 米国の国連外交については、次を参照。菅英輝「ポスト冷戦と米国の国連政策」『世界事情』第四三巻第四号、一九九五年四月、一七頁。

(25) *Public Papers: Administration of George Bush*, 21 September, 1992, pp. 1598-1600.

(26) Robert W. Gregg, *About Face?: The United States and the United Nations*, Boulder: Lynne Rienner Publishers, 1993, p. 103.

(27) ロバート・J・ドーニャ、ジョン・V・A・ファイン（佐原徹哉・柳田美映子・山崎信一訳）『ボスニア・ヘルツェゴヴィナ史』恒文社、一九九五年、二一八—二二〇頁。

(28) 柴宜弘「多民族国家ユーゴスラヴィアの解体」『国際問題』第三九三号、一九九二年一二月、四二—四四頁。ドーニャ、ファイン、前掲書、二二一—二二二頁。

(29) 定形衛「ユーゴスラヴィア」『国際政治』第八六号、一九八七年一〇月、五七—五八頁。ドーニャ、ファイン、前掲書、一八八—一八九頁。

(30) ドーニャ、ファイン、同、二二〇頁。

(31) Gazmen Xhudo, *Diplomacy and Crisis Management in the Balkans: A US Foreign Policy Perspective*, Houndmills: Macmillan Press & St. Martin's Press, 1996, p. 84.

(32) Warren Zimmerman, "The Last Ambassador", *Foreign Affairs*, March/April, 1995, p. 6.

(33) David Gompert, "How to Defeat Serbia", *Foreign Affairs*, July/August, 1994, pp. 32-33.

(34) Xhudo, *op. cit.*, p. 84.

(35) Zimmerman, *op. cit.*, p. 16.

(36) Gompert, *op. cit.*, pp. 32, 35-36.

(37) Xhudo, *op. cit.*, p. 89.

(38) Wayne Bert, *The Reluctant Superpower : United States Foreign Policy in Bosnia, 1991-1995*, Houndmills & London : Macmillan Press, 1997, p. 148.

(39) *ibid.*, pp. 151, 157-158, 162.

(40) *ibid.*, pp. 172-180.

(41) James B. Steinberg, “International Involvement in the Yugoslavia Conflict”, in : Damrosch ed., *op. cit.*, p. 65.

(42) *Public Papers : William J. Clinton*, 2 February, 1994, pp. 218-221.

(43) 『朝日新聞』一九九三年四月二五日朝刊。四月二四日に米国務省職員が軍事行動を要請。

(44) Bert, *op. cit.*, p. 174.

(45) 『朝日新聞』一九九四年一二月四日朝刊。

(46) *Public Papers : William J. Clinton*, 19 April, 1994, p. 728.

(47) Misha Glenny, “Heading Off War in the Southern Balkans”, *Foreign Affairs*, May/June 1995, pp. 98-108.

(48) *New York Times*, 15 November, 1994 (Douglas Jehle).

(49) Xhudo, *op. cit.*, p. 93.

(50) Xhudo, *op. cit.*, p. 145.

(51) Aspen Institute Berlin & Carnegie Endowment for International Peace, *Unfinished Peace : Report of International Commision on the Balkans*, Washington D. C. : The Brookings Institution Press, 1996, pp. 43-55.

(52) Richard K. Betts, “The Delution of Intervention”, *Foreign Affairs*, November/December, 1994, p. 26.

(53) United Nations ed., *The United Nations and Somalia, 1992-1996*, New York : United Nations, 1996, p. 91 ; Jeffrey Clark, “Debacle in Somalia”, *Foreign Affairs : America and the World, 1992/93*, pp. 111-112 ; Ioan Lewis and James Mayall, “Somalia” in : James Mayall ed., *The New Internationalism, 1991-1994 : United Nations Experience in Cambodia, former Yugoslavia, and Somalia*, Cambridge : Cambridge University Press, 1996, pp. 105.

(54) Clark, *op. cit.*, p. 119.

(55) Clark, *op. cit.*, p. 118; *The United Nations and Somalia*, pp. 18-19.

(56) Clark, *op. cit.*, p. 119.

(57) Clark, *op. cit.*, p. 118; Lewis & Mayall, *op. cit.*, p. 110.

(58) John Bolton, "Wrong Turn in Somalia", *Foreign Affairs*, January/February, 1994, pp. 58-60.

(59) *ibid*, pp. 60-61; *The United Nations and Somalia*, pp. 32-33.

(60) *The United Nations and Somalia*, p. 34; Lewis & Mayall, *op. cit.*, pp. 111, 116.

(61) *The United Nations and Somalia*, pp. 38-39.

(62) Bolton, *op. cit.*, p. 62.

(63) *ibid.*

(64) *The United Nations and Somalia*, p. 45.

(65) Bolton, *op. cit.*, p. 63; *The United Nations and Somalia*, p. 96

(66) *The United Nations and Somalia*, p. 45, 54.『朝日新聞』一九九三年七月二六日朝刊。

(67)『朝日新聞』一九九三年七月一四日、七月一五日、各朝刊。Bolton, *op. cit.*, p. 64.

(68) Bolton, *op. cit.*, pp. 63-64.『朝日新聞』一九九三年九月二〇日、一〇月七日、各朝刊。

(69) *The United Nations and Somalia*, pp. 61, 64-66.

(70) *ibid*, pp. 66, 68-70.

(71) *ibid.*, pp. 76-77.

(72) Ivo H. Daalder, "Knowing When to Say No", in: William J. Durch ed., *UN Peacekeeping, American Politics, and the Uncivil Wars of the 1990s*, Houndmills: Macmillan Press, 1997, p. 39.

(73) *ibid.*, pp. 42-43.

(74) *ibid.*, pp. 52-57.

(75) U. S. Department of State, *Presidential Dicision Directive 25: Executive Summary*, February 22, 1996, pp. 3, 4.

(76) *ibid.*, p. 4.

(77) *ibid.*, pp. 4-6, 12-13 ; Daalder, *op. cit.*, pp. 52-53.

(78) *Public Papers : William J. Clinton*, 5 May, 1994, p. 853.

(79) *Presidential Decision Directive 25*, pp. 4-14.

(80) Daalder, *op. cit.*, pp. 52-53.

(81) William J. Perry, *Annual Report to the President and the Congress*, Department of Defense, February, 1995, pp. 16-17.

(82) ウォルター・ラフィーバー（小川敏子ほか訳）『アメリカの時代——戦後史のなかのアメリカ政治と外交』芦書房、一九九二年、四九九頁。

(83) Andrew Kohut & Robert C. Toth, "Arms and the People", *Foreign Affairs*, November/December, 1994, pp. 50-55.

(84) Michal O'Hanlon, *op. cit.*, p. 81.

(85) Richard Sobel, "U. S. and European Attitude toward Intervention in the Former Yugoslavia" in : Richard H. Ullman ed., *The World and Yugoslavia's Wars*, New York : The Council on Foreign Relations, 1996, p. 146.

(86) Richard Payne, *The Clash with Distant Cultures*, Albany : State University of New York Press, 1955, p. 184.

(87) *ibid.*, p. 103.

(88) Kobut & Toth, *op. cit.*, p. 50.

(89) *Public Papers : William J. Clinton*, 1994, p. 133.

(90) *A National Security Strategy of Engagement and Enlargement*, pp. 18-20.

(91) *New York Times*, 5 February, 1994 ; *Public Papers : William J. Clinton*, 1994, pp. 776-780.

(92) David C. Hendrickson, "The Recovery of Internationalism", *Foreign Affairs*, September/October, 1994, pp. 29-30.

(93) John Sweeney, "Stuck in Haiti", *Foreign Policy*, Spring, 1996, pp. 146-150.

(94) Robert I. Rotberg, "Clinton was Right", *Foreign Policy*, Spring, 1996, pp. 136-137.

(95) Tony Smith, "In Defense of Intervention", *Foreign Affairs*, November/December, 1994, pp. 36-38.

(96) William Kristol & Robert Kagan, "Toward a Neo-Reaganite Foreign Policy", *Foreign Affairs*, July/August, 1996, pp. 27-28.
(97) Smith, *op. cit.*, p. 43.
(98) 『朝日新聞』一九九八年八月二一日朝刊。
(99) *A National Security Strategy of Engagement and Enlargement*, pp. 8-9.
(100) 『朝日新聞』一九九九年三月二五日朝刊。
(101) ロバート・S・マクナマラ（仲晃訳）『マクナマラ回顧録――ベトナムの悲劇と教訓』共同通信社、一九九七年、四二九―四三一頁。

第7章

「脆弱な国家」と日米安保体制

――ポスト冷戦下の地域紛争と安全保障

菅　英輝

はじめに

一九九〇年一〇月三日の東西両ドイツ統一に象徴される冷戦の終結は、冷戦とは何であったのかをめぐる関心と議論を呼び起こし、冷戦は「長い平和」の時代であったと論じる人たちが現われた。彼らは、冷戦の時期に米ソ間に戦争が起きなかった原因を、核兵器の存在によって核抑止機能が働いたこと、および国際政治が米ソを中心とする二極構造に分極化したことによって東西両ブロック間にある種の安定が保たれたことに求めた。このようなリアリストの立場からの紛争論は、冷戦の終焉は戦争を起こりにくくしていた冷戦構造の崩壊を意味するがゆえに、ポスト冷戦の世界は不安定となり、武力紛争が起こりやすい状況になったとみる。(1) しかし、このような見方では、以下に述べるような理由で、冷戦後の世界の紛争をうまく説明することはできない。

米ソ間に全面戦争が発生しなかったことを重視して、冷戦を「長い平和」の時代だと主張するのは、明らかに、冷戦や国際紛争に関する一面的な理解でしかない。というのは、この間、アジア、アフリカ、ラテン・アメリカの発展途上諸国においては、地域紛争や内戦は絶えることがなく、第二次世界大戦終結から一九八八年までに、武力紛争による死者は一七〇〇万人にのぼったからである。[2] つまり、リアリストが強調してやまない軍事力中心の抑止機能は働かなかったのである。

くわえて、脅威の源泉や性格も非常に多様化し、複雑になっている。潜在的紛争要因をかかえている国々のほとんどの場合、脅威は国境の外にあるのではなく、国境内に存在する。外敵の侵略ではなく、内なる敵に備えることがこれらの国々にとっての緊急課題なのである。外部の敵と国家間戦争を想定し、軍事力中心の抑止機能を重視するリアリズム論では、冷戦後の紛争を説明できなくなっている。[3]

それゆえ、「長い平和」論に納得できない人の一部は、米ソ冷戦の時代を、主として自由主義対共産主義のイデオロギー対立の時代であったとみなし、自由主義が共産主義に勝利したのであるから、ポスト冷戦の時代は自由主義的市場経済が支配的なリベラル・デモクラシーの時代である、と主張している。リベラリズムの紛争論は、ポスト冷戦の時代をリベラル資本主義の時代と認識し、少なくとも先進諸国間には戦争は起こりえないと考えている。彼らはまた、戦争が起こりえない理由として、民主化と自由貿易による経済的相互依存の進展を重視するので、民主主義体制を発展途上諸国のあいだに拡大していけば、紛争や戦争は封じ込められるとみなしている。[4] このような見方は、主権国家の基盤が比較的強固で、政府に対する国民の支持も高く、政治が比較的安定しているような欧州の国々の状況や先進工業諸国間の関係を説明するのには有効である。相互依存論および「デモクラティック・ピース」論は、先進工業諸国間の国家間戦争を抑止する力学の作用をうまく説明している。

このように、リアリズムの国際紛争論は、国家間戦争を想定している点で冷戦後の武力紛争の原因をうまく説明できないだけでなく、軍事力を増強すれば抑止力を強化できると考えている点で、武力紛争の抑止メカニズムをきわめて単純化している。国家間の武力紛争が著しく減少した背景には、相互依存の増大や民主化による政策決定過程における世論の発言力の増大があることに注目すべきだろう。すなわち、まず、冷戦後の世界においては、相互依存の深化にともない、戦争によって得られるものより失うもののほうが大きいという認識が人々のあいだに浸透するようになった。さらには、政策決定者は戦争で犠牲を強いられる世論の抵抗を無視できなくなっている。それは、ソマリアでの米国の平和維持活動において、一九九三年一〇月三日モガデシオ市街におけるアイディッド派との戦闘で米兵一四名が死亡しただけで、米国内世論からは批判の声があがり、米軍部隊の撤収を余儀なくされたことに示されている。これらのことは、軍事力以外の要因が武力紛争への抑止力としてより大きな意味を持ち始めていることを意味している。

他方、冷戦期を「世界戦争の時代の最終局面」と捉える見方も現われている。この立場に立てば、ポスト冷戦の時代においては、世界的規模の戦争は起こりえないとみなされ、冷戦の終焉は、同時に「世界戦争の時代」の終焉である、と考えられる。彼らは、兵器の破壊力が未曾有の増大をみたことにより、戦争は政治の手段としてもはや「時代遅れ」になった、と主張している[5]。大規模戦争が先進諸国間に起こらないとする論拠を、核兵器の存在や国際政治の二極構造に求めるのではなく、戦争技術の発達、戦争形態の変化、人々の意識や戦争観の変化といった、長期的な歴史的過程の帰結と捉えている点が注目される。「世界戦争の時代」の終焉論は、上述のリベラルの相互依存論や国内の民主化の観点からの説明を補完するものとみることができる。

これらの議論はいずれも、リアリズムの紛争論への有効な批判を提供しており、ポスト冷戦の世界の紛争を理解する手がかりを与えてくれる。そのことはまた、リアリズムの紛争論に基礎を置く日米安保体制の存在意義に疑問を投げかけるものである。冷戦終結後の世界は不安定で、紛争が起こりやすい状況が生まれている。しかしまた、ソ連型計画経済の破綻と冷戦終焉後は、グローバリゼーションが加速化し、相互依存もさらに深化した。その結果、北米大陸、日本、ヨーロッパ連合（European Union：EU）を中心とした地域においては、大規模戦争の可能性はほとんど考えられなくなっている。

くわえて、ポスト冷戦の世界を、長期的な視点から包括的に捉えようとする試みがなされている点が注目される。近代世界システムの変容という、長期的な視点から冷戦や冷戦後の世界を考察する必要性を重視する人たちは、冷戦自体の性格や特徴を論じるというよりむしろ、三〇年戦争をしめくくったウェストファリア条約（一六四八年）の成立を契機に誕生した国際政治体系（西欧国家体系）に大きな変化が生じているのではないかという点に関心を注いでいる。彼らは、「国民国家」の揺らぎや国民国家自体の存在意義が問い直されているとの問題提起を行なっている。紛争論との関連でいえば、こうした国家の揺らぎ現象は、国家間戦争に代わって内戦が増大していることと深く関わっていることを示唆している。

本論は、リアリズムの紛争論に対する上述のような批判や議論をふまえ、さらに、近代世界システムの変容という視点から、冷戦後の地域紛争と日米安保体制について考えてみるものである。そこで、まず第一節では、ポスト冷戦下で多発する地域紛争の根底には、「脆弱な国家」の存在があること、しかも「脆弱な国家」の出現は、主権国家から構成される近代世界システムに生じつつある根本的変化（「国民国家」の揺らぎと問い直し）を反映していることを明らかにする。また、そのような根本的変化が生じている状況のもとでは、脅威の性格と源泉も多様化し、安全保障概念の多次元化が不可避となっていること、したがって、リアリズムの紛争論が想定するような軍事力中心の抑止機能概念はその現実的意味を低下させていることを明らかにする。そのうえで、第二節では、第一節で検討してきた根本的システム変容およびそれを反映した地域紛争の原因と性格の変化という文脈のなかに日米安保体制を位置付けた場合、そこにどのような限界や問題点が浮び上がってくるのかを考察する。なかでも、安保再定義が行なわれることになった背景として考慮すべき重要な要素（米国の世界戦略と日米安保の位置付けや日本の役割についての米政府の見解、「同盟漂流」状況への対応、日本経済の長期不況下における経済界の日米安保への態度変化、官僚中心の再定義と安保の国内的レジティマシーの問題）が検討される。第三節では、日米安保の機能を整理したうえで、安保再定義が対象とした朝鮮半島「有事」と台湾海峡「有事」をめぐる諸問題を検証し、そこでどのような問題点や限界が存在するかを明らかにする。最後に、現在の日米安保体制が内包する限界や問題点を踏まえて、アジア太平洋における平和と安全にとっての望ましい枠組みと可能性を展望してみたい。

一　ポスト冷戦の世界と地域紛争――「脆弱な国家」をめぐる諸問題

冷戦後の国際システムと武力紛争

ポスト冷戦の世界がいかなる性格や特徴をもつかを理解するためには、戦後の冷戦期も含めて、近代以降の国際社会にどのような変化が起きており、その変化は冷戦後の地域紛争と安全保障にどのような意味をもっているのかを考えてみることが大事である。イギリスの国際政治学者ヘドレイ・ブルは、早くも一九七七年の著書のなかで、主権国家間の関係が優越する国際システムに代わりうる新たなモデルとして「新しい中世」の可能性を論じた。その特徴としてブルが挙げたのは、①国家が地域統合を通してより大きな単位を形成しようとする傾向、②分離主義運動などの結果、国家が分裂する傾向、③国家以外の集団による国際的暴力の行使の復活、④国境を越えて活動するトランスナショナルな組織の出現、⑤技術の発達による世界の統合、の五つである。ブル自身は、一九七七年の時点においては、国際システムは「新しい中世」の段階に到達していないとみなしていたが、同時に、これらの傾向がさらに進めば、主権国家体系に代わる新しい世界秩序が出現する可能性がある、と考えた。[6] 上述の五つの傾向はいずれも、国際社会にしめる国家の地位の相対的低下、行為主体（アクター）の多様化、アイデンティティの多次元化に関わる問題である。このことは、国家中心の安全保障概念そのものの問い直しを迫るものである。この節では、冷戦後の地域紛争と安全保障を考える場合に重要と思われる、上述の三点を念頭におきながら、冷戦後の世界の特徴を整理しておきたい。

A　地域統合と相互依存の深化――リアリズムの抑止概念の再検討

主権国家が内包する矛盾や限界を克服するために国家どうしが連合し、統一しようとする思想や運動は古くから存在したが、第二次世界大戦後は、それが明確な形となってヨーロッパに出現した。一九四六年九月、ウィンストン・チャーチルはチューリッヒでの演説のなかで、「ヨーロッパ合衆国」構想を提唱した。[7] 大戦後のヨーロッパ諸国のあいだでは、第二次大戦のような戦争の惨禍から将来逃れるためにはどうしたらよいか、大戦によって疲弊した経済をどうやって再建・復興させるか、いかにして国際政治におけるヨーロッパの地位の低下を回復し、再び国際政治の主要なアクターとして影響力を行使することができるようになるか、などへの関心が強く、チャーチルの「ヨーロッパ合衆国」構想はそうしたヨーロッパ諸国の「病」を解決しようとする人々の願望を代弁するものであった。戦後の欧州統合の軌跡は、ヨーロッパの「病」を解決したいというチャーチルの悲願が現実味を帯びてきたことを物語っている。

その第一歩は、一九五二年にヨーロッパ石炭鉄鋼共同体（European Coal and Steel Community：ＥＣＳＣ）が設立されたことによって踏み出された。これは、長年、ドイツとフランスの間の戦争事由となってきた両国の国境をまたぐ重要資源である石炭・鉄鋼を、共同体加盟国がプールして共同管理するというもので、まずは、ヨーロッパの大国である独仏両国が協力の基盤を固めることによって、将来的には、ヨーロッパに「不戦共同体」を創出するという統合の試みであった。その後、ヨーロッパにおいては、紆余曲折を経ながらも、主権国家の弊害を克服するために、「主権の制限」や、「主権の共有」をはかる努力が続けられた。このことは、五八年のヨーロッパ経済共同体（European Economic Community：EEC）、ヨーロッパ原子力共同体（European Atomic Energy Community：EURATOM）の発足、六七年のヨーロッパ共同体（European Community：EC）の実現、九二年のヨーロッパ連合条約（マーストリヒト条約）の調印という一連のプロセスに明らかである。同条約は、これまで国家主権の核心的部分をなすとみなされた領域にまで、主権の制限を及ぼそうというもので、「共通外交・安全保障政策」に関する規定では、将来の共通防衛政策を含めた共通外交・安全保障政策における加盟国間の協力を定めた。九九年一二月一〇日には、欧州連合首脳会議は、EU独自の平和維持活動を担う「緊急対応部隊」の創設で合意するまでになった。これは領土防衛を主任務とする欧州軍ではないが、共通防衛政策の初の具体化であり、米国の軍事力にたよらず、欧州の紛争予防や平和維持に責任をもてる体制作りを目指すものである。

ヨーロッパ統合運動の背景にはつねに、主権の制限や共有、経済的相互依存の増大を通して戦争を防止しようという動機が働いていた。すなわち、戦後のヨーロッパにおいては、一国の安全保障は一国主義や軍事力の強化によっては不可能だとの認識が広まり、その克服が目指されるようになったといえよう。

地域協力、地域統合の流れは、ヨーロッパに限定されたものではなく、世界の他の地域においても進展した。とくに、一九八〇年代の半ばに入って、米、加、墨三ヵ国間の経済協力の動きが活発化し、一九九二年一二月、北米自由貿易協定（North American Free Trade Agreement：NAFTA）が正式に調印された。NAFTAは、EUのように独自のアクターとして国家主権の制限を意図する超国家的存在ではないが、それでも、関税・非関税障壁の全廃を目指し、輸入禁止・制限措置の廃止などをうたっているように、これまで国家がコントロールしてきた、ヒト・モノ・サービス・資本の移動を自由にするための枠組みをつくったわけで、経済の領域においては、国家はその権限の行使を大幅に放棄することになった。グローバリゼーションの影響は、アジア太平洋地域においてもみられ、八九年にはアジア太平洋経済協力会議（Asia-Pacific Economic Cooperation Conference：APEC）が発足し、「ゆるやかな協議体」としてスタートしたAPECも徐々に制度化を進めつつある。九四年のインドネシアでの会議開催の折には、ボゴール宣言が発表され、先進国は二〇一〇年、発展途上国は二〇二〇年までに貿易・投資の自由化を目指すことで合意をみた。また、国家のみならず、国家以外の多様な行為主体が、経済、通信、文化、金融など、さまざまな分野における交流を増大させていった結果、国家は相互依存の網の目に組み込まれるようになり、かつ国家の相対化はいっそうすすむことになった。

その重要な帰結として、人々のあいだには、戦争は引き合わないという認識が浸透し、戦争や軍事力の行使が困難になる状況が生まれた。ホルスティは、国家間戦争が劇的に減少（戦後の事例をとってみても、これがすべての武力紛争に占める割合は一八パーセントにすぎない）したこと、しかも大国間の戦争はまったく起きていないことを指摘しているが、[8] この事実は、上述のような変化を反映したものであると考えられる。

冷戦後の上述のような現実は、リアリストの抑止概念の再検討を迫るものである。この点に関するミューラーの主張は傾聴に値する。彼は「全般的安定」と「危機における安定」を区別し、次のように述べている。「危機における安定」とは、危機に直面したとき、敵対する相手国を攻撃すればそれ以上の報復を相手から受けるという認識が、危機における相互の行動を慎重にするというものである。[9] そこでは、軍事バランスが一定の安定をもたらすとの考えがはたらく、という。これは、別のいい方をすると、まさにリアリストのいう軍事力中心の抑止機能のことである。日米安保はこのような抑止概念に立脚している。他方、「全般的安定」とは、多くの安定要素が秩序にビルト・インされていることによって維持されている安定である。すなわち、「全般的安定」とは、コスト、利益、リスクを考慮したとき、戦争よりも平和を選択したほうが得であるとみなされるような状況を指している。ミューラーは、戦後における安定はこのような性格のものであるという。冷戦後はそのような状況が先進国はもちろんのこと、他の国々においても生まれている。たとえば、米加関係においては、米国がカナダを攻撃するとは考えにくい。なぜならば、カナダを攻撃すれば、米国は経済的にはもちろんのこと、その他の面でも失うものが大きい。そのような認識が米国に対する抑止力になっている。その意味では、相互依存の世界においては、抑止の概念も軍事的要素に重点をおくこれまでの定義から、非軍事的要素を重視する定義に修正する必要がある。

B　分離主義運動とエスニシティ――「国民国家」の問い直し

地域統合の動きが国家主権に対する外からの挑戦であるとすれば、分離主義運動は国家の統一性、正統性に対する内側からの挑戦である。

大量運送手段の発達、グローバリゼーションの進行によって、ヒトの国際的移動が容易となり、今日、約八〇〇〇万人が国境を越える時代である。日本人の海外渡航者も、毎年一〇〇〇万人を越える。外国人労働者数は二五〇〇―三〇〇〇万人に達するといわれる。ヒトの大移動は、「国民国家」概念の問い直しを余儀なくしている。これまで、「国民国家」というとき、人々は「一民族・一国民・一国家」をイメージし、民族と国民とを区別することもなかった。しかし、現実には、「国民国家」は多民族によって構成されており、正確には、「多民族・一国民・一国家」というべきである。[10] ヒトの国際的移動の増大にともなって、異文化接触の機会も増大し、それはエスニシティの高揚を招いた。不法移民や外国人労働者は、送り出し国への帰属意識を弱めるだけでなく、受け入れ国の国家にも帰属しようとしない。彼らは、自己のアイデンティティをエスニック集団に求める。アメリカにやってくる移民は、同化を拒否し、文化的アイデンティティを求める運動を展開している。今日、さまざまなエスニック集団が、国家に対する帰属心を弱め、国家とは別の次元にアイデンティティを求めるようになっている。その結果、「国民国家」の危機が叫ばれるようになっている。ヨーロッパに出かけた外国人労働者のなかには、市民権はとるが、国籍は放棄しないという者が出てきている。こうした時代の流れを反映して、マーストリヒト条約はEU市民権を認めている。

民族、エスニック集団は国家に対して政治参加、自治の拡大、経済的福祉などの要求を行なうが、それらの要求が満たされない場合には、「国民」になることを拒否したり、「国民」からの分離を求める形での政治行動に出る。カナダのケベック州における分離運動は目下、文化的アイデンティティの要求にとどまっているが、新たな国家形成に向かう可能性を秘めている。フランス語系が人口の八割強を占める同州では、一九九五年一〇月の州民投票で分離・独立賛成が四九・四パーセントにも達した。この結果に危機感を抱いたクレティエン首相の連邦政府は、翌年九月、連邦最高裁に判断を要請したが、最高裁は九八年八月、「一方的な分離は認められない」との判断を下した。ただし、注目すべきことに、同最高裁はまた、「州民の明確な意志表示に基づいてケベック州が分離を求めること自体は認められる」とし、「連邦政府はどう分離するかについて交渉する義務がある」との全会一致の見解も示した。他方、ケベック州政府を握る分離派はこの判決に強く反発しており、再び統合問題が政治の焦点として浮かび上がってきている。また、旧ソ連邦が解体して共和国が独立し、新たな国家を形成するケースもみられる。

ユーゴスラビアの解体も同様のケースである。エスニック集団が同化を拒否し、独自の文化的アイデンティティを求める場合であれ、国家が解体して新たな国民国家形成に向かう場合であれ、いずれの場合も、国家の有り様が問い直されつつある。今日の地域紛争は、このような国民国家の問い直しのなかから発生している場合が多く、その場合、紛争の根源は内部にあり、外部からの脅威にもとづくものではないことに留意しておくべきである。ポスト冷戦の安全保障を考えるにあたっては、このような国際政治の潮流を踏まえた考察が必要である。

C　非国家集団による国際的暴力の復活――アクターの多様化

主権国家の著しい特徴のひとつは、強制力（軍隊、警察）の独占である。近代国家体系においては、強制力の正当な行使は公的な権力によってのみ行なわれるものであること、そして、その唯一の公的権力とは主権国家である、と主張されてきた。しかし、近年の特徴としては、国際的なテロ、大使館の占拠、武力による反政府闘争などにみられるように、国家以外の集団による国際的暴力の行使が目立つようになり、暴力機構の独占は国家の専売特許ではなくなってきた。一九九七年の事例をみても、ペルーの日本大使公邸人質事件（九六年一二月一七日―九七年四月二二日）、九二年以来続いているアルジェリアのイスラム過激派による住民襲撃事件、などは記憶に新しい。もっとも、非国家武装集団が政治目的を達成するために政府高官を人質にとる事件や、敵対国の船舶の拿捕といった行動に走るというケースはいつの時代にもみられた現象である。以前との違いは、それが散発的かつ限定的に発生するのではなく、頻繁かつ世界中のいたるところで発生するようになっていることである。すなわち、非国家集団による暴力の行使が珍しくなくなった点に特徴がある。

国家にとってさらに脅威であるのは、非国家集団による国際的暴力の行使は、それが植民地支配への抵抗（ベトナム民族解放戦線の武力闘争)、外国による占領支配への抵抗(イスラエルの占領支配に対するパレスチナ人の闘争)、人種主義的な政府に対する抵抗運動(南アフリカの反アパルトヘイト運動)、民族自決を求める闘争(パレスチナ解放機構の武装抵抗運動)という形態をとる場合、正統なものとして容認されるようになっていることである。一九九七年八月イギリス政府は、北アイルランド紛争の解決を目指す全当事者による和平会議に、カトリック系武装組織アイルランド共和軍(Irish Republican Army:IRA)の政治組織であるシン・フェイン党代表の参加を認める、と発表した。このことも、そのような流れを示すものであろう。これを受けて、同年一〇月には、IRAは武装停止を宣言、九八年四月には、シン・フェイン党も参加した会議で、紛争当事者らによる和平合意に達した。

したがって、国家は、国境の外から行使される国際的暴力に脆弱になってきているのみならず、国内の武装集団からも挑戦をうけるようになり、その結果、国家による国民の安全の確保という伝統的機能は相対的に低下している。国家は、その領域内に住む人々の安全を確保するために国内治安維持の手段としての警察力を独占してきた。しかし、日本のオウム真理教教団による地下鉄サリン事件(一九九五年三月二〇日)、米国オクラホマ州における連邦ビル爆破テロ事件(九五年四月一九日)、米国ジョージア州でのオリンピック開催中に起きた爆弾テロ事件(九六年夏)などにみられるように、国家は国内的暴力の行使から市民の安全を守る能力も低下させている。

D　脅威の源泉と性格の多様化――安全保障概念の多次元化

軍事的脅威(侵略)がポスト冷戦の世界から消滅したわけではないが、米ソ冷戦の終結によって、この脅威は低下した。代わって、今日においては、行為主体の多様化と脱国家的行動の拡大にともない、紛争の原因や脅威の性格は多様化している。非国家集団による国際的暴力の復活にともなう安全保障上の脅威については、すでに述べたとおりである。

また、地球環境汚染の問題は、環境破壊をめぐる地域紛争の可能性と環境安全保障の重要性を高めることになった。地球環境問題は「敵のいない脅威」ともいわれ、敵の存在が見えにくい。たとえば、地球温暖化の主因となっている二酸化炭素の放出は、国民のエネルギー消費量に深く関係しており、国民一人一人の生活スタイルが脅威の源泉である。米国は世界人口に占める割合は五パーセントであるが、世界の二酸化炭素放出量の二五パーセントを占めている。それは、クルマ社会米国のガソリン価格やガソリン税が、世界でもっとも安く、しかも火力発電所が多いことから、ガソリンや石炭の消費を抑制するどころか、奨励している結果になっているからである。ブエノスアイレスで開催された気候変動枠組み条約・第四回締約国会議の場に九八年の「世界エネルギー見通し」が提出されたが、それによると、エネルギー関連の二酸化炭素排出では、今後対策をとらなければ二〇二〇年に、地球全体で一九九〇年より七五パーセントも増える、としている。開発を優先する発展途上諸国と先進工業諸国とのあいだの削減問題をめぐる対立は根深く、今後の紛争要因として深刻さを増してくることも予想される。

環境破壊のほかにも、国家以外のアクターの比重が増大している紛争・安全保障問題としては、麻薬汚染、反政府活動、国際的テロなどが考えられる。米政府は一九八一年にレーガン政権のもとで、「低強度紛争」(Low Intensity Conflicts：ＬＩＣｓ)という新概念を用いて、この種の脅威に対する本格的な対抗措置をとりはじめた。それ以来、低強度紛争は米国の安全保障政策のなかでますます重要な意味をもつようになっているといえよう。低強度紛争の典型とされるのは、国際的テロであるが、その行為主体はしばしば個人あるいは小さな集団である。米国務省の年次報告書によると、一九九六年度の国際的テロの発生件数は二九六件で、三一四名の死者、二九一二名の負傷者を出し、九七年度は、三〇四件、二二一名の死者、六九三名の負傷者を記録したとされる。(11)

クリントン大統領は、一九九八年九月二〇日、ケニアとタンザニアでの米大使館同時爆破事件に絡み、スーダンの「薬品工場」とアフガニスタンのイスラム原理主義勢力（タリバーン）支配地域を攻撃した。一連のテロ事件の黒幕とされるオサマ・ビン・ラディン氏との関係を口実としたものであったが、この軍事攻撃は唐突で、冷戦後の低強度紛争への米国の対応のあり方に大きな疑問を投げ掛けたばかりでなく、さまざまな問題を残すことになった。第一に、ラディン氏の「関与」についての米政府の説明は曖昧で、国際世論を納得させるものではなかった。逆に、国際テロの首謀者の特定や関与の証明が厄介であり、その対策が困難であることを示した。第二に、この曖昧さを政治的に利用して、弱小国の主権侵害が行なわれる危険がある。タリバーン支配地域に対する米国による軍事攻撃は、国連安全保障理事会での審議も決議もなく、クリントン大統領の不倫疑惑に関心が集まっている最中に実施された。第三に、アラブ諸国二二ヵ国・機構でつくるアラブ連盟は米軍によるスーダンへのミサイル攻撃を非難する決議を全会一致で採択したが、彼らが懸念しているのは、米国の論法とやり方が、パレスチナ勢力に対する報復を繰り返しているイスラエルのそれときわめて似ていることである。このようなやり方が広がることになれば、それこそ、紛争や対立を泥沼化させることになりかねない危険をはらんでいる。

もう一つの低強度紛争といわれる麻薬取引の行為主体についても同様のことがいえる。ポスト冷戦下においては、麻薬紛争も、個人や小集団が個人の安全のみならず、国家の安全を脅かす事例として認識されるようになっている。たとえば、メキシコのエルネスト・セディージョ大統領は、麻薬取引は国家の安全にとって最も重大な脅威であると宣言しており、その影響を最も受けている米国もこの問題に真剣に取り組んでいる。クリントン大統領によると、世界人口の五パーセントを占めているにすぎない米国は世界全体の麻薬取引量の半分を消費しているという(12)。麻薬は、殺人、暴行、法の無視、腐敗などさまざまな犯罪の温床になっており、市民社会の組織をむしばむがゆえに、国内的安全を脅かす最も深刻な事例だと受けとめられている。
このように、ポスト冷戦の世界においては、脅威の源泉と性格が多様化、複雑化したことによって、冷戦型の国家中心・軍事力中心の安全保障観の見直しが求められているのである。

内戦の時代と「脆弱な国家」

発展途上諸国は国内にさまざまな問題や矛盾をかかえ、国内体制が脆弱であり、このことが紛争の源泉となり、安全保障の問題を提起している。このような「脆弱な国家」にとっての脅威の源泉は国家の内側に存在し、民族対立、宗教対立、貧困などが政治的対立を激化させ、内戦状態に発展するというケースが多くみられる(13)。

このような「脆弱な国家」が直面する緊急かつ最重要な安全保障上の課題は、国内体制の正統性を高め、政治・社会・経済システムを強化・安定させることであろう。そのためには、貧困の解決、エスニック集団間の対立と抑圧の除去、宗教・イデオロギーをめぐる対立の緩和と、それに代わる多文化主義、異質な価値との共存、宗教的寛容の促進、などが重要になってくる。その意味で、「南」の世界における「発展」の問題そのものが、安全保障の問題と切り離せないものになっている。強大な軍事力をもっていても、国内体制が脆弱であれば、旧ソ連のように、国家が解体する危険が待っている。発展途上諸国には、国内の分裂要因に悩まされる国々が多い。こうした不安定な国々が少なければ、それだけ国際システムも安定すると考えられるので、ポスト冷戦の世界が取り組むべき重要な課題として、先進諸国としても、「南」の世界の発展は避けて通ることのできない安全保障問題である。

ちなみに、一九九七年度の時点で、世界には未解決の「主要な紛争」が二五存在した。「主要な紛争」とは、二つあるいはそれ以上の政府が関与する軍隊相互間の長引く戦闘、ないしは一つの政府の軍隊と少なくとも一つの組織的武装集団とのあいだの長引く戦闘で、紛争期間中に少なくとも一〇〇〇名の死者を出し、紛争の原因が政府（統治）および／または領土に関する場合である。[14] 注目すべきは、これら二五の「主要な紛争」のうち、一つの例外を除くと、すべては国家内紛争であり、しかも紛争の争点はある国の内部における政府（統治）ないしは領土の支配をめぐるものであった。九七年における唯一の例外である国家間戦争とはインド・パキスタン間の紛争であり、争点はカシミール問題であった。外国の関与を招いた紛争が二つ存在した。コンゴ（ブラザヴィル）の場合アンゴラの介入があり、ザイールの場合ルワンダの介入があった。九七年度の時点でみると、紛争の原因として、領土支配よりも政府支配をめぐる紛争の方が、九〇年以来初めて上回ることになった。[15]

一九九七年度になって発生した新たな紛争は、ブルンディ、コンゴ（ブラザヴィル）、ザイール、セネガルであり、すべてアフリカで起こった。九六年度には紛争が続いていたが、九七年度開始前に終結した紛争は六つあった。そのうち、グアテマラ、ロシア、チェチェン、タジキスタンにおける紛争は、九六年末に和平協定が締結されて、戦闘の終結をみた。残り二つの紛争とは、イランとイラクにおけるクルド族が絡んでいる紛争と、ソマリア紛争であった。

アフリカを除くと、全体として、戦闘が続いている紛争の数は減少傾向にある。欧州では、北アイルランドの紛争が、上述のように当事者どうしの和平合意の成立によって終結したことから、一九九七年度末には、主要な紛争は存在しなくなった。しかし、その他の地域では戦闘をともなう主要紛争が継続しているが、その特徴として注目されるのは、ストックホルム国際平和研究所（Stockholm International Peace Research Institute：ＳＩＰＲＩ）発行の一九九八年度年報も指摘しているように、武力紛争と「脆弱な国家」との結びつきである。同年報はさらに、九七年度にアフリカで発生した新たな紛争はすべて「脆弱な国家」で起こった、と述べている。[16]

以上の検討から明らかなように、冷戦後の地域紛争は、ほとんどの場合、「脆弱な国家」に起因する。しかも、このような見方はアジア太平洋の場合についても該当する。そこで、以下の第二節では、日米安保「再定義」にみられるような、二国間軍事同盟の強化といった軍事力中心の対応は、第一節で明らかにした冷戦後の国際システムの特徴と傾向に適合的でないのみならず、「脆弱な国家」に起因する地域紛争の性格を踏まえたものになっていないことを検証してみたい。また、安保再定義という形をとって進行している、日米安保体制の再編と日本の安全保障上の役割拡大は、日本防衛が主目的であるというより、むしろ米国の世界戦略（米国のヘゲモニーの追求と維持）の要請に日本が同調するという対米協力的色彩が濃厚であること、しかも、そのような米国の戦略的要請を利用して特殊利益を追求しようとする日本の安保体制支持勢力の存在があることに注目したい。また、そのような検証を通して、第二節では、安保再定義が、この地域の安定要因としてよりはむしろ限界や不安定要因を内包していることが明らかにされるだろう。

二　アジア太平洋の紛争地域と日米安保「再定義」

アジア太平洋地域における紛争についてSIPRIの一九九八年度版が列挙している紛争は、アフガニスタン、バングラデシュ、スリランカ、インド、パキスタン、インドネシア、ミャンマー、フィリピン、カンボジアの九ヵ国に関するものであるが、そのうち南アジアの国々を除くと、東南アジア地域で進行中の紛争は四つであり、そのいずれも散発的なものか、停戦が実現しているものである。また、このうち国家間紛争はカシミールをめぐるインド・パキスタン間の紛争で、残りはすべて国家内紛争である。すでに検討してきたように、国家内紛争は「脆弱な国家」に根ざしており、この種の紛争においては、リアリストの国際紛争論や日米安保が想定するような、国家間紛争を前提とした軍事力中心の対応は効果的でない。

以上のほかにしばしば紛争の潜在地域として挙げられているのは、台湾海峡をめぐる中国と台湾の対立、朝鮮半島、南シナ海の南沙・西沙諸島の領有権をめぐる対立である。日米安保が想定しているのは、主として台湾海峡と朝鮮半島における有事であることから、両地域における潜在的紛争と日米安保との関係を検討することが必要になってくるが、この点を検討する前に、まず、安保「再定義」がいかなる意図のもとに行なわれたものであるのかを検討しておきたい。そこから浮かび上がってくる構図は、日米安保体制の効果的運用、そのための日本による対米協力のさらなる強化、さらには、日本の地域安保へのコミットメントの拡大と米国の世界戦略へのさらなる組込みということである。また、日本側の動きとの関連では、再定義の官僚中心主義的・エリート主義的性格、日本の特殊利益の擁護という色彩が濃厚で、日本の国民的利益や日本の安全保障の擁護という視点がきわめて薄弱であるという点であろう。

「関与と拡大」戦略のなかの安保再定義

周知のように、一九九四年一一月、冷戦後の新たな安全保障環境に対応するという名目のもとに日米安保の再定義が開始されたのに続いて、六〇年安保改定を上回る重要な変化を促す一連の決定が行なわれた。ジョセフ・ナイ国防次官補のイニシアティブのもとで九五年二月に第三次東アジア戦略報告が完成し、米国の考えがまとまったのに対応して、それを踏まえて日本側は新「防衛計画の大綱」の準備作業に取り掛かり、九五年一一月二八日には新「防衛計画の大綱」の閣議決定がなされ、日米安保体制の強化と防衛協力の強化が前面に打ち出された。すなわち、七六年一〇月に閣議決定された「防衛計画の大綱」（旧大綱）は、「限定的かつ小規模な直接侵略に対しては、原則として独力で排除する」との表現にみられるように、安保条約第五条の規定する日本有事に力点があった。これに対して、新大綱は、「直接侵略に対しては、米国の協力の下、防衛力の総合的・有機的運用で排除する」とうたい、日米間の防衛協力の強化を前面に打ち出すとともに、「わが国周辺地域」における「平和と安全」のために、「日米安保体制の効果的運用」によって事態に対処する、とした。新大綱が「周辺有事」を重視する考えを明確に打ち出したことは、旧大綱が想定していた日本有事、本土防衛とは違い、地域紛争に自衛隊がより直接的な形で参加することを意図するもので、安保条約第五条から第六条（「極東」の平和と安全）重視への転換を目指すものであった。この意味で、新大綱は安保の「再確認」ではなく、「再定義」という性格をもっている。

さらに、以上のような政府決定を踏まえて、「日米安全保障共同宣言」の内容に関する協議が行なわれ、一九九六年四月一七日にはクリントン大統領の訪日にあわせて同宣言が発表された。同宣言のなかで注目されるのは、新大綱を反映したガイドラインの見直しが明記されたことである。

日米安保共同宣言が、両国政府は「過去一年余り」「集中的な検討」を行なってきたと述べているように、この共同宣言は一九九四年一一月に公然化した安保再定義をめぐる日米両国間の協議内容の集大成（到達点）であり、同宣言に盛られた基本方針が日米関係およびアジア・太平洋の平和と安全に長期にわたって及ぼす影響という点で、きわめて重要な意味をもっている。

第一に、この宣言は、副題が「二一世紀に向けての同盟」となっていることからも窺えるように、冷戦後の日米関係の基礎となる政治的・安全保障的枠組みに関する合意を示している点で、二一世紀の日米関係の方向を決定づけるものである。この宣言は冷戦後に漂流しているとみなされた日米関係の安定化をはかることを重要な課題としていた。しかし、この点に関しては、後述するように、再定義後の安保が日米双方の国内的支持基盤を強化したとはいえず、依然として問題を残している。

第二に、そうした長期的な日米関係の枠組み形成という文脈でみたときに注目されるのは、日米安保の対象地域を、日米安保条約第六条にいう「極東における国際の平和および安全の確保」から「アジア・太平洋地域の平和と安全の確保」に拡大していることである。この宣言を踏まえて、その後、日米間の具体的な防衛協力をすすめるためのガイドラインの見直しが行なわれた。一九七八年一一月に決定された「日米防衛協力のための指針」が改定され、九七年九月二三日には、新ガイドラインについて日米両政府間で合意された。新ガイドラインは、新大綱に対応するもので、当然のことながら、専守防衛、本土防衛、日本有事重視という日本政府のこれまでの立場を転換し、「周辺有事」の考えを打ち出している。その論理は、「日本周辺有事が日本有事につながる、だから日本としても周辺有事において何とか米軍を支援しなければならない」といういきわめて曖昧な状況認識を基礎としながらも、「周辺有事」の際の日本による米軍支援を定めた[17]。このように、日米安保共同宣言は、新ガイドラインと一体であり、六〇年安保改訂のとき以上の役割変化を日本および自衛隊の役割にもたらすものであるといえよう。この意味でも、日米安保は「再確認」されただけではなく、「再定義」されたのである。

第三に、同宣言は、より長期的には、米国の世界戦略のなかに安保再定義をしっかりと組み込むというクリントン政権の東アジア戦略との関連で重要であった。クリントン政権は一九九四年七月に「関与と拡大の国家安全保障戦略」を発表したが、同戦略は「市場民主主義」諸国の強化と、「市場民主主義」の他の地域への拡大を目指すものであった。九五年二月に発表された第三次東アジア戦略報告は、同政権の「拡大と関与」戦略のなかに日米安保をどう位置付けるかを重要な課題とした。なかでも、中国のパワーの台頭に備えるために日米安保を再定義し、日米が協調して中国を東アジアの秩序に取り込むというのがナイ・イニシアティブの重要な狙いであった。この点についてはは日本の外交・防衛担当者も共通の認識に立っているとはいえ、重要なのは、米国の東アジア戦略が日本と組むことで中国のパワーの台頭を管理していこうとする意図を明確にもっているということである。米国の中国「関与」政策も、そのような戦略的文脈で理解すべきものである。したがって、後述するように、日米中のトライアングルという構図のなかで、こうした米国の安保再定義の意図が日中関係にとってもつ意味を十分吟味する必要がある。

第四に、この宣言の情勢認識によると、冷戦後の世界では「世界的な規模の武力紛争が生起する可能性は遠のいている」として、冷戦後の紛争で重要なのは地域紛争であるとの認識が示されている。このことは、米国が冷戦後の軍事戦略として、冷戦時代の世界戦争に代わり、二つの地域紛争に同時に対処する方針を採用してきていることに対応する。[18] その紛争地域として米国が具体的に想定していたのは、朝鮮半島とペルシャ湾であった。これにともない、日本を母港とする第七艦隊の主要な任務の一つに中東紛争への対処が加えられ、第七艦隊をペルシャ湾まで派遣する作戦が開始されることになった。その場合、沖縄を中心とする在日米軍基地は死活的な役割を果たすものと位置付けられていた。米国の軍事戦略において、韓国の防衛を主たる任務とする在韓米軍の役割と在日米軍の役割は、決定的に異なっているのである。[19]

この点は、日米安保の議論においてしばしば見過ごされていることである。しかし、米国側からすれば、日米安保条約の意義は、冷戦下においても、日本の本土防衛を規定した第五条にではなく、「極東」の平和と安全という第六条の地域的安全保障にあったのであり、[20] 米国はそのような観点から、自国の国益および安全保障を優先する政策を追求してきた。しかも、上述のような米国の世界戦略の変化に対応して、米国政府は在日米軍基地の役割を実質的に変化させてきたのである。同様に、安保再定義をめぐる日米両国政府による一連の決定と合意は、日米安保条約締結時に米国が同条約に期待した地域の安全保障の確保という目的に、日本政府を公然とコミットさせることを明確にしたものである。一九九六年四月の日米安保共同宣言が日米安保の対象地域を「アジア・太平洋地域の平和と安全の確保」に拡大していることも、また、九七年九月二三日に日米両国政府が合意した新ガイドラインが「周辺事態」という曖昧な、拡張的概念を使用しているのも、さらには、九九年五月二四日に国会で成立した「周辺事態法案」が、「周辺事態」なるものを、同じように「わが国周辺の地域におけるわが国の平和および安全に重要な影響を与える事態」と定義しているのも、いずれも、冷戦後の米国の軍事戦略（二つの地域紛争に同時に対処する能力）のなかに日本の安全保障上の役割を位置付け、米国の世界戦略のために在日米軍基地を利用するという意図を明確にするものであった。このように、日本を米国の国益促進のために奉仕させるという米政府の方針は一貫したものである。

日米安保「再定義」とレジティマシー

冷戦後の日米安保「再定義」と地域紛争との関係を考察するにあたって不可欠なことは、国内世論の変化と日米安保のレジティマシーをめぐる問題である。日米安保をめぐる戦後の政治過程において安保体制支持勢力にとっての最大の課題は、安保反対勢力とのあいだのせめぎあいのなかで、国内世論の反対をいかに克服し、その定着化をはかるかという点にあった。それは、米政府にとっても最大の問題であったといってよいだろう。佐藤栄作首相の訪米を前にして一九六七年一一月中旬に作成された米政府文書「日本の防衛」は、「戦後の時期において日本の防衛力増強を加速させるのに障害となってきた諸要因」として、①ソ連や中国から攻撃されるという意識の欠如、

②憲法上の制約、③国民のあいだに浸透した広範な平和主義、④アジア諸国からの反発への懸念、⑤日本国民の「核アレルギー」感情、⑥資源を経済的目標から防衛目的に再配分することへの反対、を挙げていた。興味深いことに、この文書は同時に、こうした障害は「重要性の度合いを減少させている」、と述べている。安保再定義が、日本の国内世論のこうした変化を見極めたうえで行なわれたことは明らかである。米外交問題評議会研究グループ報告はこの点について、「それ以上に劇的だったのは、なんといっても、国家安全保障の選択肢についての真面目な論争を阻んできた長年にわたるタブーが急速に取り払われたことである。日米同盟の役割についての議論はいまや闊達で現実的であり、それが外務省の専門家による内輪の議論にとどまることもない」、と述べている。[21]

米外交問題評議会研究グループが「タブー」と呼んだ国内の制約要因が弱体化したとはいっても、安保再定義のために世論を説得するには、「敵」や「脅威」を発見することが必要であった。ソ連崩壊にともなう「ソ連脅威論」の消滅は、ソ連に代わる新たな脅威の発見を必要とした。日米安保が漂流しているという状況のもとではなおさらであった。

ところが、ブッシュ政権のもとで作成された一九九三年度米国防報告においては、ポスト冷戦の世界の「不確実性」や「不安定性」が強調されていたが、世界戦争や核戦争につながる危険は当面存在しないし、西側と敵対する重要な同盟も存在しないと述べるなど、深刻な危機は存在しないという論調であった。また、潜在的大量破壊兵器拡散国として、北朝鮮、イラク、旧ソ連国内の共和国を挙げてはいたものの、とくに北朝鮮を脅威として重視するというものではなかったことに留意する必要がある。また、コリン・パウエル米統合参謀本部議長も北朝鮮はソ連の脅威には代わりえない、との認識を示していた。[22]

アジア太平洋地域は、冷戦後も不安定であり潜在的紛争要因を抱えていると主張されたものの、とくに北朝鮮の脅威が突出しているとの見方であったわけではない。ブッシュ政権のもとで発表された一九九〇年四月の第一次東アジア戦略報告は、日本、韓国などからの段階的兵力削減計画を盛り込み、アジアに展開している一三万五〇〇〇人のうち約一万五〇〇〇人を九二年末までに削減するとしていた。九二年七月の第二次東アジア戦略報告では、朝鮮半島情勢の不安定性を理由に、韓国からの追加的撤退は延期されたが、中止ではなかった。クリントン政権の「ボトム・アップ・レビュー」(一九九三年九月)は、二つの主要な地域紛争への同時勝利能力を維持するとしたものの、この戦略は二〇〇二年に連邦予算の財政均衡を目指す議会の国防費削減圧力のもとでは実現不可能とされ、議会の求めに応じて再度、九六年一一月から『四年ごとの国防計画見直し報告』作業が開始された。その結果、九七年五月一五日に議会に提出された同報告において再度「二正面対応能力」が確認されることになったが、この間、九五年二月に発表された第三次東アジア戦略報告は初めて、それまでの段階的兵力削減計画を停止する方向を明確にし、「一〇万人体制」を打ち出した。その重要な狙いは、冷戦後の米国のコミットメントの縮小への不安と懸念がアジア諸国間に広がったため、これを否定することであった。

しかし、「不確実性」論や「不安定性」論は、新たな抑止の対象としては曖昧であり、冷戦後に強まった防衛力削減圧力に歯止めをかけたり、安保再定義の世論への浸透をはかるという観点からは十分ではなかった。冷戦後における国民の最大の関心事は、日米両国において国内問題であったからである。日本では、介護保険、年金法の改正、日本経済の長期不況、失業、老後の生活の不安などに国民の関心が向けられていた。米国でも国民の関心は国内問題にあり、議会の国防費削減圧力は高まる一方であった。

こうした流れに歯止めをかけるために、まず白羽の矢が立てられたのは北朝鮮であった。九〇年代初めから、ヨンビョンの核施設疑惑は取りざたされていたが、国際原子力機関(International Atomic Energy Agency:ＩＡＥ

A）が一九九二年二月になって、未申告の核施設に対しても現行の核保障措置協定の「特別査察規定」を適用して査察が行なえるとする新解釈を打ち出した。その後、六回にわたり申告施設に対する特定査察を実施し、その結果を分析したところ、申告結果と分析結果とのあいだに「重大な相異」が発見されたとして、未申告サイトへの「特別査察」を要求することになった。問題の発端は、一九九三年三月IAEAが北朝鮮に対して、同国が査察対象として申告していなかった二施設の「特別査察」を要求したことにある。IAEAがなぜこの時期に未申告の施設に対する「特別査察」を要求することになったのか、偵察衛星を通してこの間の北朝鮮の状況を把握していた米国からIAEAにどのような情報がもたらされたのか、その動機は何なのかなど、この間の経緯についての詳細は依然として明らかになっていない。朝鮮半島の緊張が高まったのはこのIAEAの要求に始まる。北朝鮮はこれを拒否し、三月一二日、核不拡散条約（Nuclear Nonproliferation Treaty：NPT）からの脱退を通告した。これに対して、一九九四年に入って、米国は国連の経済制裁をテコにNPT脱退の撤回と査察受け入れの圧力をかけ、六月一五日には、北朝鮮制裁の国連安全保障理事会決議案の草案を他の理事国に示した。このような米国の圧力外交は北朝鮮の強い反発を招き、朝鮮半島の緊張を一挙に高めることになった。ジミー・カーター元米大統領が平壌を訪問し金日成国家主席と会談した結果、九四年六月一七日に「核開発計画」の現状維持、国連制裁の一時停止で合意したことによって、緊張は緩和されることになった。しかし、これ以降、「北朝鮮脅威論」は存続しつづけることになった。

一九九四年六月に北朝鮮の核開発疑惑が米国によって本格的に問題にされはじめてから九八年八月の「テポドン発射実験」にいたるまでの朝鮮半島をめぐる緊張は、「ソ連の脅威」に代わる「敵」の発見の模索の過程であった。北朝鮮の核開発疑惑問題とその後の朝鮮半島の緊張は日米安保を正当化するのに相当の効果をあげたが、パウエル統合参謀本部議長も指摘したように、それだけでは十分でなかった。そこで今度は、中国のパワーの台頭が問題にされることになった。もっとも、中国は北朝鮮とは異なり大国であり、中国を孤立化させたり中国の反発を招くのは得策ではなく、そのためのさまざまな道具立てが考案された。クリントン政権の中国関与政策は、中国を封じ込めるのではなく、国際システムへの編入を目指すものだと説明された。また、ガイドライン関連法案審議の際には、「周辺事態」の定義は状況概念であり地理的概念ではないとされ、台湾海峡が含まれるのか否かの問題を回避するという方法がとられた。反面、日本政府や日本国民の抗議を無視して繰り返された中国の核実験の強行、そして、九六年三月に予定されていた台湾の総統選挙期間中、台湾独立の憶測が飛び交うなかで行なわれた台湾海峡沖での中国海軍の軍事演習と台湾への軍事的威嚇、それに対抗するための米政府による空母二隻の台湾海峡地域への派遣と米中関係の緊張などは、「中国脅威論」を世論に印象づけるのに大きな効果をもったことは確かである。

安保再定義の過程で注目されるのは、敵の発見の模索にくわえて、日本の経済界の日米安保体制に対する態度変化であった。ここでの疑問は、「ソ連の脅威」が消滅し、日本を取り巻くアジアの安全保障環境が大きく変化し、日本の安全に対する脅威も大幅に低下したにもかかわらず、なぜ日米安保の再確認ではなく、その強化と適用範囲の拡大が必要だとされているのか、という点である。外交問題評議会研究グループが一九九五年五月にまとめた日米安保に関する報告書は、そのような疑問を生じさせる。同報告は、「同盟関係にとっての外敵の脅威は薄らいだ。ソ連は崩壊し、もはや地域的脅威でも、グローバルな脅威でもない。北朝鮮は崩壊寸前である。また、中国を敵対的であるとみなすのは必ずしも定まった評価ではないし、少なくとも中国が日米安全保障に対する侮れない脅威となることは今後十年はありえない」と述べ、さらに、「日本は世界第二の経済力を擁し、あまり気づかれていないが、いまでは世界でもっとも充実した防衛的通常戦力をもつ国の一つである」、との認識を示している。周知のように、安保「再定義」の開始は、冷戦後の日米安保体制が漂流しはじめているという日米の外交・防衛担当者たちの危機感に端を発しており、[23] また、上記報告書も述べているように、日本の安全が脅かされているという認識にもとづくものではなかった。このことは、今回の再定義においては、軍産官学複合体勢力の既得権益の擁護という性格が強く働いていたということを示している。

経済同友会は一九九四年に同友会内に安全保障問題調査会を設置し、経済界として冷戦後の安全保障問題についての考え方をまとめる検討作業を開始している。その結果、九六年四月に同調査会は、集団的自衛権に関する政府見解の見直しなどを求める報告を行なった。さらに、安保再定義および日米防衛協力のための指針の策定作業が進行するなか、同調査会は九七年に安全保障問題委員会と改組され、九九年四月からは経済外交委員会と合同して外交・安全保障委員会（メンバーは五一名）となり、現在にいたっている。この間、九九年三月には、経済同友会としての緊急提言を発表し、①必要不可欠な有事法制の整備、②集団的自衛権行使の見直し、③ガイドライン関連法案の早期成立、④紛争防止に向けたさらなる努力（情報収集衛星の早期開発・実用化、沿岸警備強化、戦域ミサイル防衛構想の日米共同技術研究）、を求めている。

そのこととの関連で注目すべきは、一九八〇年代半ば以降、アジアの平和と安定に対して有する日本経済界の利益が増大したことである。この時期、日本経済のグローバリゼーションが急速に進行し、米国をはじめとして、ASEANやNIEsへの日本の海外直接投資も急増した。このため、日本の多国籍資本にとってこの地域の平和と安定が重要になっており、日米安保はそれを提供するものとして、再定義されるようになった。

伊藤忠商事常務取締役でもある近藤剛経済同友会安全保障問題委員会委員長代行は、同友会内における安全保障問題への関心の高まりの背景について、「世界各地で冷戦構造下ではなかったさまざまな安全保障上の問題が頻発するようになっており、それが直接経済活動にも大きな影響を及ぼしています。インドネシアの問題しかり、イラクの問題もそうです。経済界としても関心をもたざるをえないということです」、と語っている。[24] 日本の経済界が上述のような提言を公然と行ない、日米安保の再定義を正当化するようになったのは、一九八〇年代半ば以降、日本の多国籍資本が海外直接投資を急増させたことによって、海外での権益を擁護する必要が高まったことに注目する必要がある。その結果として、後述するように、日米安保の抑止力を高め、この地域の秩序を日米の多国籍資本の進出と活動にとって有利な形で管理・維持・支配していくための機能がますます重要視されるようになった、とみることができよう。

近藤氏が「各界の意見を幅広く聞き」、「安全保障問題についての議論を呼び起こす」ことを緊急提言の狙いだと述べていることはまた、安保のレジティマシーを国民世論のあいだに浸透させようとする意図をにじませたものといえる。換言すると、冷戦後、防衛予算が伸び悩むなかで予算削減を阻止し、既得権益を確保していくための論拠を提示するということが、これら特殊利益集団による安保再定義のもう一つの重要な眼目であったと考えられる。

経済界にみられる上述のような日米安保認識の変化という文脈でみるとき、民生用技術の開発を最優先してきた日本の経済界のなかに軍事技術開発に対するポジティブな見方が生じてきていることにも注目する必要がある。周知のように、冷戦後の米国社会では、一九九〇年代の米国経済の長期好況を支えているのが情報・通信革命にあること、そのこととの関連で軍事技術開発のスピル・オーバー効果への再評価が生じている。そのような技術がペンタゴンによる冷戦期の軍事技術開発から派生してきたことを踏まえて、七〇年代から八〇年代にかけて軍事技術開発に向けられた膨大な防衛予算が浪費であったとする批判は誇張されていた、という認識が広まっている。バブル経済の破綻以降の長期不況から脱出の糸口を見出せず、しかもグローバリゼーションの重圧に苦しむ日本経済界や軍需関連産業にとって、このような米国内における軍事技術の再評価は無視できないものであろう。

冷戦後、米国の装備品調達額は半減したが、日本の場合、依然として横ばい状態にある。しかし、航空機、艦船、大砲、機関砲など正面装備に限ると、新規契約はピークだった一九九〇年度が約一兆七〇〇〇億円で、九八年度は二五パーセント減となっている。こうした状況を背景に、日米の防衛産業でつくる日米安全保障産業フォーラムは九七年末、日米で共同開発した装備品については米国への輸出を認めるよう両政府に提言した。また、日本の防衛産業界は、紛争国やその恐れのある地域への武器輸出を禁ずる武器輸出三原則の見直しを政府に要求するようになっている。(25) 上述の経済同友会の提言が、情報収集衛星の早期開発・実用化、戦域ミサイル防衛構想の日米共同研究を盛り込んでいることは、防衛予算を利用しながら軍事技術開発から民生用技術への移転を期待する経済界の意図を示すものといえる。しかも、北朝鮮による「テポドン発射騒動」(九八年八月三一日)、「不審船」事件(九九年三月二三日)によってつくり出された国内世論を背景にそのいずれも予算化が実現している。

日本の経済界を巻き込む形で日米安保の正当化キャンペーンが繰り広げられているにもかかわらず、安保再定義の過程は安保のレジティマシーに疑問を投げかけるものであり、そこには冷戦後の日米安保の問題点や限界が露呈している。

安保「再定義」は、日米両国の外交・防衛担当者間で協議が行なわれたものの、依然として米側の主導権のもとにすすめられ、米国の世界戦略の要請に応えるという対米協力の色彩が濃厚であり、逆に日本の自主外交が発揮されたとの印象は薄い。なかでも注目されるのは、米国は一九九〇年代に入って、冷戦後の軍事戦略の見直し(たとえば、九三年九月に発表されたボトム・アップレビュー)を迫られるなかで、国防費の大幅削減に直面しており、したがって日本側の役割分担の増大による米国の負担の軽減が、安保再定義の不可欠の一部をなしていることである。

戦後の日米関係において、米国は日本を日米安保の枠のなかに閉じ込めておくことを重視してきた。日本外交のドゴール化（自立化）を阻止するという発想は米政府内に一貫して存在してきた。そうした認識は、たとえば、一九六八年一二月に国務省政策企画会議によって作成された文書（「アジアにおける日本の安全保障上の役割」）にも示されている。[26] その上でなおかつ、米政府は「片務性の論理」を前面に打ち出すことによって、米国の世界戦略のなかで日本の役割分担の増大を要求し続けてきた。この交渉過程において日本の外交・防衛担当者たちは、「五分五分の論理」（西村熊雄外務省条約局長は、日本国内の安保批判への反論という文脈においてではあるが、同条約は「物と人との協力」であり、「相互性は保持されている」と主張した）を通すことに失敗してきた。[27] 安保再定義の過程も、まさにこの延長線上にあるといえよう。その結果、日米安保関係の非対照的構造は従属的性格を帯び、役割分担は増大し続けながらも、他方では日本外交の選択の幅を狭め、そのことが、日本の自主外交の欠如や外交構想の貧困の原因ともなってきた。

それだけではなく、日本の自民党保守政権は、冷戦期を通して米国の対ソ封じ込め戦略への協力を優先させ、アジア諸国とのあいだの戦後処理問題の解決や歴史認識への対処を曖昧にしたり、おろそかにしてきた。その結果、日本は対米自主外交を展開する「場」をアジアにおいて形成することができなかった。投資政策はあっても外交政策はなかったともいえる吉田茂首相のアジア外交は、その対米基軸外交と表裏一体の関係にあった。アジアに外交の基盤を形成することを怠ったことは、吉田ドクトリンを継承した自民党保守政権の外交にみられる最大の「負の遺産」である。日本のアジア外交の貧困は、冷戦後の日本外交がリーダーシップ不在のまま、対米依存度をますます強めていることと無関係ではない。

一九九九年三月に実施された日米共同世論調査結果は、そうした日本の自主外交の貧困に対する不満を反映したものになっている。それによると、日本政府は米国に対して日本の立場や考え方を十分主張していないと考える日本人は五九パーセントにものぼる。このことは、日本の外交・防衛エリートと草の根レベルの人々とのあいだに大きな認識のズレが生じてきていることを示している。こうした認識のズレの背景には、日本の自主外交の遂行を拘束する日米安保の非対照的・従属的構造の影響を否定できないであろう。(28)

くわえて、今回の世論調査でも確認できる問題点は、日米安保に関する日米両国民間のパセプション・ギャップである。(29)「日本の憲法に戦争放棄と軍事力は自衛のためのみ使うことを定めた条文があることを知っていますか」との問いに、米国人の回答者の七七パーセントがまったく知らない、と回答しただけでなく、日米安保条約は日本の軍事大国化を防ぐためと考える者は四九パーセントにのぼった。このような見方の裏返しでもあるが、同条約が、米国の戦略のためとみる米国人は三四パーセントであるのに比べて、日本防衛のためと考える者はわずか一二パーセントである。逆に日本人の回答は、それぞれ、日本防衛のため三一パーセント、米国の戦略のため三八パーセント、となっている。驚くべきことに、日本の軍事大国化阻止のため、と回答した日本人は一九パーセントにのぼった。この世論調査結果は、日米両国民のあいだで、日米安保の存在意義が非常に多様化していると同時に、支持基盤は薄く・浅くなってきていること、また、日米両国民のあいだの認識ギャップも依然として大きく、不安定要因を抱えていることを示している。

このような日米安保再定義にみられる問題は世論レベルに限られない。米国の場合は世論レベルに限らず、政府や議会レベルでも関与が限定されていた。クリントン政権一期目の外交政策のメンバーを見渡すと、東アジアや日本に関する専門家は、国務省ではウインストン・ロード国務次官補、国防省ではナイ国防次官補、カート・キャンベル次官補代理、ポール・ジアラ日本部長、国家安全保障会議ではスタンレー・ロス アジア部長であった。二期目のメンバーとなると、日本や東アジアの専門家はさらに減り、国防省のキャンベル次官補代理とR・サコダ日本部長のみである。安保の再定義の過程では議会の関与もほとんどなかったといってよい。このことは、米国の場合、世論や議会の関与もほとんどないまま、ごく限られた担当者によって再定義がすすめられたということを意味する。その意味で、日米安保の米国における支持基盤は、政権交代によって実務担当者が代われば日米安保についての態度も変化する可能性を秘めており、不安定要因を抱えているのである。

三　日米安保の機能と「周辺有事」をめぐる諸問題

日米安保の機能をめぐる問題点

それでは、冷戦後の日米安保が対象とする「周辺有事」とは、具体的には何を指すのだろうか。また、日米安保は冷戦後の地域紛争に有効に対処できるのであろうか。以下、これらの点について検討することにする。

そのために、まず、日米安保の機能について整理しておくことが必要であろう。日米安保の機能は三つに集約できる。第一は、紛争解決機能である。第二は、紛争防止、紛争抑止機能である。第三は、地域秩序を維持・管理・支配する機能である(30)。

第一の紛争解決機能のなかには、紛争発生後に紛争が拡大しないように管理する機能も含まれる。自衛隊は、これまで日本区域以外での紛争解決能力を想定しておらず、このような機能は、在日米軍を含む米国の軍事力に依存してきた。憲法第九条によって、自衛隊の海外派遣は集団的自衛権の行使として禁止されていると解釈されてきたからである。

それゆえ、米国の側からは、日米安保の実効性に疑問が投げかけられ、強い不満の意志が表明されてきた。一九九〇年夏のイラクによるクウェート侵攻から翌年一月の多国籍軍による軍事介入にいたる危機への対応をめぐって、米国は日本の後方支援に不信をいだくことになった。ブッシュ政権は、ペルシャ湾岸地域への石油依存度の高い日本に対して、資金的な貢献ばかりでなく、人的な貢献を強く要求してきた。海部内閣は国連の平和維持活動（PKO）に自衛隊を参加させるために、法案を国会に提出して米国の要請に応えようとしたが、世論の反対で実現できなかった。このことは、米政府に日米安保の実効性への不満と疑念を植え付けることになった。さらに、九三年三月一二日、北朝鮮が核不拡散条約（NPT）からの脱退を宣言し、その後核開発疑惑問題が浮上して朝鮮半島情勢の緊張が高まった。核開発疑惑問題をめぐる米朝交渉が決裂すると、米国側は北朝鮮の核施設にたいする予防的攻撃を検討するにいたったが、その際在日米軍が自衛隊に掃海艇の派遣を打診してきたのに対して、自衛隊は決定する権限がないことを理由に断った。このため、米国側には再び、日米安保体制の有事における実効性に疑問が高まった[31]。

安保再定義では、こうした米国の不満を緩和し、米軍のプレゼンスを確保し、日米安保体制の安定化をはかるという日米両国の外交・防衛担当者の利害が一致したこと、さらには、こうした米国の要求と、自衛隊の海外派兵を実現したいという日本の防衛担当者の思惑とが一致した結果でもある[32]。冷戦後の日米安保再定義のプロセスで明らかなことは、日米の外交・防衛担当者の観点からすれば、自衛隊による後方支援という形での直接参加を通して、日米両国の軍隊が共同して地域紛争に対処することによって、安保の紛争解決・管理能力を高めることを目指すものである、と考えられる。

第二の機能としては、紛争防止、抑止機能である。ジョセフ・ナイ国防次官補は、日米安保は「この地域における米軍の前方プレゼンスの要」であり、四万五〇〇〇人の駐留米軍は「目に見える信頼できる抑止力」である、と述べている。

第三の機能として指摘すべきは、アジア太平洋地域の秩序を管理・支配する機能である。この機能はしばしば、日米安保はアジア・太平洋の「平和と安定に貢献する」というきわめて抽象的な形で表現される。このため、このオブラートに包んだような表現は、日本の軍事力増強を正当化する上で効果を発揮してきた。しかし、このような表現で正当化される安保の実質的機能とは、秩序を管理・支配する機能である。

この機能が他国にとって問題とされるのは、日米安保が基本的には日米両国の国益実現の手段であるという点にある。反面、各国の利害は多様であり、利害が一致することは少なく、そのため、異なる利害を交渉によって調整する必要がでてくる。しかし、交渉による解決が行き詰まった場合、国家はしばしば、軍事力や力を背景に、自国の利益を最大限確保しようという誘惑にかられがちである。日米安保は、日米両国の軍事力を背景に、両国の国益に合致した地域秩序を形成していく手段としても位置付けられている。このような安保の機能については、もっと注意を払う必要がある。

他のアジア諸国が、日米中心に形成された地域秩序を両国の管理・支配下にあると感じるか否かは、二つの要因に左右されると考えられる。第一には、対話や交渉を通して相手国の同意を得ながら利害の調整がはかられるのではなく、軍事力を背景とした力の外交が展開されていると受け止められるかどうかである。第二は、地域秩序の性格による。形成される地域秩序が、すべての参加国が均しく利益を得ていると感じるような性格のものであるのかどうかである。すなわち、地域秩序が国際公共財中心型か国益中心型のいずれであるかによる。しかし、現実には、国家は自国の国益を他国の利益よりも優先する。国際政治理論でいう相対的利得の追求を目指す。この点は、米国や日本も例外ではない。したがって、日米安保のように、軍事力を基礎に二国間で秩序を形成、維持、管理し、場合によっては、支配する手段を提供する軍事同盟に依存するというやり方は、共通の利益を追求する信頼醸成型秩序形成とはなりにくい。

このように、日米安保は、力による管理・支配機能をもっているがゆえに、アジアの他の近隣諸国のあいだでは、疑心暗鬼と反発を生み出すという問題をはらんでいる。このような傾向は、潜在的紛争要因と歴史問題を抱えている中国や南北両朝鮮の場合にはとくに顕著である。日米安保はアジアの平和と安定に貢献するというのが安保体制支持派の主張であるが、そうした人たちは、日米安保のもつ管理・支配機能が潜在的紛争相手国に与える影響を考慮していないのである。このような意味で、日米安保は相互不信を増幅する危険性を内包しており、この地域の平和と安定を促進する手段としては、限界があることを認識しておく必要がある。

日米安保という二国間同盟の限界を踏まえるならば、それを補完・克服する方法を検討する必要がある。第一は、日米安保には紛争の解決・抑止機能のほかに、秩序を管理・支配する機能が付与されているため、他国とのあいだに相互不信と対立を生み出しやすい。したがって、二国間同盟が作り出す対立と相互不信の増幅を緩和するために、多国間安全保障協力の枠組みをこれまで以上に重視し、信頼醸成措置や協調的安全保障を強化すべきだという考えである。(33) 第二に、日米安保のような軍事同盟は、主権国家としての基盤が安定している国家間の紛争には一定の抑止力としての効果をもちうるが、第一節で検討したように、冷戦後の主要紛争は、国家が安定した政治・経済システムをもっていない「脆弱な国家」ないしは、システムが機能不全に陥っている「破綻国家」であることに由来する。したがって、冷戦後の国際紛争のほとんどは、国家内紛争の形をとり、日米安保が第一義的に想定するような国家間紛争の形態をとらない。冷戦後の紛争に有効に対処するためには、おのずと、予防外交重視の、非軍事的アプローチが必要である。

以下に検討するように、日米安保は信頼醸成や協調的安全保障にむしろ逆行する結果を招いており、この点はとくに、中国の反応に顕著である。また、北朝鮮の場合は、後述するように破綻国家の例であり、日米安保の強化によっては有効に対処しえない。むしろ、体制崩壊にともなう予測しがたい事態を未然に防ぐ措置が求められる。

他方、台湾海峡有事が想定する脅威は破綻国家のそれとは異なる性格をもっているとはいえ、台湾と中国との関係は当事国双方のみならず、日米両政府によって中国の内政問題であるとみなされており、日米安保を台湾海峡有事に適用することには、原則論的には無理がある。くわえて、すべてのアジア諸国は中華人民共和国だけを承認しているという現実もある。また、実際に有事となった場合、現実には、在日米軍基地を使用する米軍が危機に対処するということになる。しかも、これまでも、米国の地域紛争への軍事介入において、日米安保の事前協議制が機能してこなかったという過去の経緯を考えると、今後とも、日本の国民的利益や日本側の要求を無視して介入が行なわれる可能性も残っている。「周辺有事」を認定する実質的主体は情報を有する米国にならざるをえないことから、必ずしも日本が「有事」と認定しない状況で米国の軍事行動に巻き込まれるという事態を想定しなければならない。日本政府はそうした事態に陥るのを回避し、日米安保の強化によって、平時における地域秩序の管理・支配を米国と共有し、台湾海峡有事を未然に防止すること（抑止機能）を期待しているのであろうが、現実的問題としては、米国が地域紛争に介入するか否かは米国の国益という観点から決定されるのであって、日本が影響を及ぼしうる余地はきわめて少ない、という点が重要である。

そこで、上述のような問題点を念頭におきながら、以下、朝鮮半島「有事」と台湾海峡「有事」の事例を検証することにしたい。というのは、日米安保の再定義において、日米両国の外交・防衛担当者の念頭にあったのは、これら二つの有事への対処だからである。[34]

朝鮮半島有事の本質

一九九八年五月の米外交問題評議会研究グループ報告書に示されている朝鮮半島有事とは、「脆弱な国家」ないしは「破綻国家」の脅威認識である。他方、「同盟関係にとっての外敵の脅威は薄らいだ」し、日本は「世界でもっとも充実した防衛的通常戦力をもつ国」となっており、日本の本土防衛は日本の軍事力で十分との認識である。(35)このことからも、日米安保の再定義が日本の本土防衛に主眼があるのではなく、その世論への定着化（日米安保のレジティマシーをめぐる問題）や、軍産官学の既得権益の擁護および地域紛争の抑止、ないしは地域秩序の管理・支配機能にあることが分かる。

南北朝鮮間の現在の戦略バランスは、韓国にはるかに有利なものである。韓国の人口は北の倍、国民総生産は約一八倍と推定され、国力の差は日米間のそれよりも大きい。また、米国とメキシコとの国民総生産の格差は二三倍である。北朝鮮の国民総生産は沖縄の県民総所得の五分の一で、近代兵器の輸入能力も乏しい。したがって、戦闘機や戦車においても、韓国の最新鋭の装備と比べると旧式のものが多く、総合的な戦略バランスは韓国にはるかに有利になっている。このような状況のもとでは、メキシコが米国を攻撃したいとは夢にも考えていないのと同様、北朝鮮が朝鮮半島を武力統一するための軍事行動をおこす危険はきわめて低くなっているというのが、現実的かつ合理的な見方であろう。(36)

したがって、「テポドン」の発射テストが日米の脅威だとする主張は、北朝鮮と日米韓の圧倒的な軍事力の格差に目をつぶる議論である。

朝鮮問題専門家スナイダーは、一九九四年以降の「最も驚くべき事態の展開」として、北朝鮮の脅威が、「その強さというよりその弱さ」に起因するものとみなされている、と述べている。この指摘は正しいとみるべきだろう。

スナイダーはさらに、韓国はもちろんのこと、日米ロ中の周辺諸国も北朝鮮の崩壊ではなくソフトランディングを望んでいると指摘している。[37]「脆弱な国家」としての北朝鮮が内部崩壊するのは望まないというのが、クリントン政権も含めた関係諸国の一致した見方である。

このような状況のもとでは、武力紛争発生の防止という点では、韓国の軍事力と在韓米軍の抑止力で十分だと思われる。このことはまた、日米安保再定義や戦域防衛ミサイル（Theater Missile Defense：ＴＭＤ）研究の開始が、北朝鮮の行動を抑止することを第一の主眼とするという主張が相当に誇張されたものであることを示している。のみならず、その当面の狙いが、軍事技術の開発のための予算獲得と民生技術への移転に対する産業界の期待にあることを物語るものであろう。また、「脆弱な国家」である北朝鮮に日米同盟の強化で対処しようとするのは効果的であるとは考えられない。したがって、当面の課題が北朝鮮体制の崩壊による混乱を防ぐことであるとすれば、より重要なことは、核拡散防止への取り組みにくわえて、北の体制の存続を保証しながら、北朝鮮を地域秩序に誘い込み、対外政策の転換を促すことである。そのためには、北朝鮮との対話、交流を拡大し、信頼醸成措置を強化することがむしろ効果的であろう。

この方向に向けてのいくつかの注目すべき動きが認められる。まず、核開発疑惑をめぐる問題については、一九九四年の米朝間のジュネーヴ枠組み合意にもとづき、北朝鮮が核開発を中止する代わりに、原子力発電用の軽水炉二基を提供することになり、合意を実施するための機構として朝鮮半島エネルギー開発機構（Korean Peninsula Energy Development Organization：ＫＥＤＯ）が設置されたことによって、核開発の危険度は低下した。軽水路建設事業の拠出金をめぐる三国間の調整は、紆余曲折を経ながらも、九八年一〇月二二日のＫＥＤＯ理事会決議署名によって、韓国が約三二億ドル、日本が一〇億ドル、残りは米国が「拠出を探求する」ことになった。

この間の核開発をめぐる交渉において注目されるべきは、ジュネーヴ枠組み合意は制裁や制裁の脅しによってではなく、経済的インセンティブの提供によって実現した点である。このことは、北朝鮮との関係改善において、制裁や力による外交だけでなく報奨によって相手の譲歩を引き出す、あるいは北の対外行動の変化を促すアプローチの方がむしろ有効であることを示している。

また、一九九八年二月、韓国に金大中政権が誕生し、北朝鮮に対する「太陽政策」を追求していることも緊張緩和に貢献している。太陽政策は南北間対話を促すのに効果をあげているのみならず、米朝、日朝間対話を促進する環境作りにも貢献している。たとえば、クリントン政権はワシントンと平譲に政府連絡事務所の開設を働きかけていたが、ニューヨークの米国連代表部で九八年八月二一日から断続的に行なわれている両国の政府高官協議で、北朝鮮側は事務所開設に前向きであると報道された。また、多国間安保協力による信頼醸成としては、同年一〇月九日の小渕恵三首相と金大中大統領との会談において、小渕首相は、先のニューヨークでの日米首脳会談に続いて、南北両朝鮮、米国、中国による四者協議に日本とロシアを加えた会合を提案したのに対して、金大統領は、「六ヵ国協議構想は自分ももっていた。首相がイニシアチブをとるなら同調する」と答えたのが注目される。金泳三前政権は、日朝関係や米朝関係が南北関係に先行することに強い警戒心をいだき、事実上、日朝関係の進展にブレーキをかけてきた。しかし、金大中政権は米朝、日朝の国交回復に向けた進展を肯定的にとらえている。金大統領が、同年六月の米韓首脳会談で、米国が対北朝鮮制裁を解くなら協力すると述べたのも同様の文脈にある。これに対して、米政府側も金大統領が「南北対話の呼び水」として要請するなら、一部解除も検討するとして、韓国政府の姿勢に歓迎の意を表した。[38]

他方、クリントン政権の「米朝枠組み合意」への前向きの対応に対して、問題は、米議会の対応にある。米議会内には、共和党議員を中心に北朝鮮に対する厳しい対応と「米朝枠組み合意」の見直しを求める声が根強く、クリントン政権の前向きの対応を困難にしている。一九九五年一一月の米中間選挙での共和党の勝利と共和党多数派議会の出現後、共和党内保守派はクリントン政権の「枠組み合意」に対する非難・攻撃を強め、同政権が「枠組み合意」で約束した毎月四万四〇〇〇トンの重油の供給に予算面から制限を加えるようになり、九七年からは重油の供給の遅延が常態化するようになった。さらに、「枠組み合意」のもう一つの約束である軽水炉二基の建設も大幅に遅れ、九七年八月にようやく建設が開始されたものの、目標とされた二〇〇三年の完工は困難となった。それだけでなく、核兵器の開発への固執、および九三年三月一二日のNPT脱退宣言の背景にあった北朝鮮の重要な狙いの一つである米国との関係正常化と経済制裁の解除は、一九九五年一月の行政命令できわめて限定的な制裁の一部緩和を発表した以外は、議会の抵抗でその後まったく前進しなかった。くわえて議会は、制裁緩和のためには、「テロリスト国家」としての指定解除を必要とするとの口実をもうけて、新たに北朝鮮のミサイル開発中止や輸出の禁止を要求するようになった。このため、クリントン政権は「枠組み合意」にはなかったこの問題を北朝鮮に要求するようになり、九六年四月から米朝ミサイル協議が開催されるようになった。

上述のような米政府の対応の遅れや新たな条件の提示に対して、北朝鮮は不満や苛立ちを表明しながらも忍耐強く交渉の継続を選択してきた。北朝鮮は一九九七年秋頃から九八年にかけて、「枠組み合意」の不履行に対する不満を強め、対米非難をエスカレートさせ、燃料棒封印作業の中止や原子炉封印解除などの行動に出たが、他方では、九八年八月に予定されていた米朝会談の結果を注視するとの態度を示した。このような微妙な状況にあったとき、今度は、「アメリカ政府情報筋」の話として、北朝鮮が地下施設（金倉里）を利用して核開発を再開した可能性が高いとする『ニューヨーク・タイムズ』（八月一七日）の報道がなされ、北朝鮮がこれに反発し、二一日からの会談は物別れに終わった。八月三一日の「テポドン発射」はこうした米側の対応に対する北朝鮮の回答であるとみられている。しかし、米朝両政府は、この危機を乗り切るために、九月に米朝高位級協議を再開することで同意し、九月一〇日、朝鮮半島の平和についての中、韓、米、朝の四者会談や米朝ミサイル協議の再開、ヨンビョンにある核施設の使用済み燃料の密封作業再開、米国による重油供給の再開と軽水炉本格工事の一一月開始を内容とする合意を発表した。

以上のような経過は、北朝鮮が「枠組み合意」の存続に利益を見出していることを物語っている。その意味で、米朝高位級協議の米国側主席代表ロバート・ガルーチ国務次官補が記者会見で「枠組み合意」の性格について、「北朝鮮の履行の担保は信頼に基礎を置くものではない。何に基礎をおくかといえば、それは北朝鮮がもし違反をすれば利益を失う危険があることを彼らが実感するところにある」と述べたことを改めて確認しておくことは意味のあることだろう。「枠組み合意」は北朝鮮を信頼してつくられたものではない。違反をすれば失うかもしれない利益を基礎としてつくられている。「失うかもしれない利益」とは、重油の提供の停止、軽水炉二基の供給のキャンセル、米朝関係改善の停止、経済制裁などである。北朝鮮は、これらの「失うかもしれない利益」を考慮して、自分たちの利益のためにこの合意を遵守するだろうとみなされているのである。北朝鮮側のこれまでの対応は、枠組み合意の存続に利益を見出しているとみることができる。

ところが、一九九八年九月一〇日の合意に対しては議会内の反発が強く、一〇月一五日に米議会とクリントン政権のあいだで合意した九九会計年度予算案で、北朝鮮向けの重油供給費用三五〇〇万ドルについて、九九年三月一日まで拠出を凍結、大統領が特使を新たに任命して北朝鮮政策を見直したうえで、「地下施設」の核疑惑の解明や弾道ミサイル規制などでの進展を条件に、段階的に拠出を認めると定めた。この結果、クリントン政権は今度は、

「枠組み合意」の見直しに着手すべく、一一月二日、新たに北朝鮮政策調整官にウィリアム・ペリー元国防長官を任命し、その見直しを開始することになった。「包括的アプローチ」という考えにもとづいてすすめられたこの見直し作業をまとめたペリー報告は九九年一〇月に概要が発表された。他方、「地下施設疑惑」問題は九九年三月一六日の米朝共同声明で北朝鮮側が米側代表団による金倉里への訪問を認め、五月に訪朝した米代表団が、この地下施設は核開発が可能な状況にはないとの報告を行なったことから、一応の決着をみることになった。

一九九九年三月一六日の米朝共同声明はまた、「米朝枠組み合意」を再確認したが、「枠組み合意」が危機に陥る背景として、北朝鮮の対応以上に問題とされるべきは、米国内政治力学がクリントン政権の前向きの対応を困難にしているという事実である。九八年八月の「テポドン発射」を契機に米議会内には下院議長の要請にもとづき九名の共和党議員から構成される「北朝鮮問題諮問グループ」が結成されたが、同グループが同年一一月にまとめた「米下院議長宛て報告書」はきわめて党派的な観点から、「一九九四年以来、わが国の国家安全保障に対する北朝鮮の包括的脅威は増大した」との結論を打ち出している。スナイダーも述べているように、皮肉にも、「ジュネーヴ枠組み協定に違反する危険に直面しているのは北朝鮮ではなく、米国である」[39]。こうした議会内の政治力学が「枠組み合意」に対する脅威となっていることもまた、明らかだろう。

日本は、米朝枠組み合意の崩壊によって北朝鮮の核開発疑惑問題に直面するという立場にある。日本はこの間、新たな「地下施設」の核疑惑が解消されないかぎり枠組みの棚上げもやむをえないとする米政府と、韓国の「太陽政策」とのあいだで板挟みの状況に陥った。それだけではなく、「地下施設」の「核疑惑」問題が表面化すると、北朝鮮による枠組み合意違反がないことを大統領が証明することができなければKEDOへの資金の拠出を一九九九年三月一日以降は禁止するとした議会の付帯条件の期限が近づくにつれ、日本国内では「三月危機説」が流布され、米国による地下施設の爆撃の憶測まで飛び交うというフィーバーぶりであった。他方、九八年一一月下旬のクリントン大統領の韓国訪問にタイミングを合わせるかのように、「作戦計画五〇二七」が米国によってリークされたことは、北朝鮮の対米非難をエスカレートさせることになった。というのは、この文書は「北朝鮮が攻撃を準備しているという明確な兆候」が得られた場合には、米軍による先制攻撃を想定していたからである。(40) それゆえ、この文書の存在がこの時期にリークされたことは北朝鮮の激しい対米非難を惹起し、「三月危機」説を煽る結果を招いた。

にもかかわらず、米政府が「三月危機」説を否定し、冷静な対応に終始したのに比して、日本では、ガイドライン関連法案の国会審議や戦域防衛ミサイル（ＴＭＤ）に関する日米共同研究の着手に有利な国内世論を作り出すことを意図して「三月危機」説が喧伝された。防衛庁が一九九九年三月二三日に北朝鮮の「不審船」について発表するまでの経緯と、その後の防衛庁・海上自衛隊・日本政府の対応は、そのような意図を感じさせるに十分なものであった。

「テポドン騒動」や「不審船」事件に対する日本政府の対応は、金大中政権の「太陽政策」やクリントン政権の「枠組み合意」維持の方針とのあいだにズレを生じさせた。とくに日米両政府間で目立ったのは、北朝鮮のミサイル開発問題をめぐる対応の差であった。北朝鮮の「テポドン発射」をめぐっては、韓国政府や米政府が最終的には「人工衛星打ち上げ失敗」説をとったのに対して、日本政府や防衛庁は最後まで「ミサイル発射」説に固執し、さらにＫＥＤＯへの拠出金の凍結措置を発表した。また、米政府の優先目標は核兵器を含む大量破壊兵器の不拡散であり、ミサイルの開発や実験そのものを脅威だとする日本政府と、ミサイルの輸出の阻止を重視する米政府との間にも、考え方にズレがみられた。日本政府や日本の外交・防衛担当者の立場はむしろ、米議会内の共和党保守派議員や情報・国防筋の立場に近いものであった。

このように、日米安保再定義以降の日本の外務・防衛担当者たちは、ガイドライン関連法案の国会での成立を容易にするために「テポドン発射」問題を利用し、さらには「不審船」事件を喧伝して、北朝鮮の「脅威」を印象付けようとした。その意味で、「三月危機」は政治的に作られたのである。日米安保再定義とその強化は、そうした「想像上の危機」に対応するものであり、北朝鮮問題の本質的な性格、すなわち体制崩壊にともなう混乱の発生に備えることを目的としたものであったとはいいがたい。

しかし、日米安保の拡大強化や戦域防衛ミサイル開発といった力の外交路線は、体制崩壊を未然に防ぐという点では逆効果だと思われる。しかも、抑止力の強化に依存する力の外交や制裁は国家間の関係改善にとっては、しばしばマイナスに作用する結果を招く。力の外交は逆に北朝鮮の反発を招くだけであろう。また、KEDOへの資金提供の拒否といった制裁措置をとり米朝枠組み合意が崩壊すれば、それは北朝鮮による核開発計画の再開を意味し、日本の安全にとっても脅威となるだけでなく、ミサイル発射阻止その他の問題の解決にも悪影響を及ぼすことになる。制裁とインセンティブの研究を行なったコートライトは、「インセンティブは協調と善意を育成し、他方、制裁は敵意と離反をもたらす」と結論付けている[41]。これらの研究は、信頼醸成や対話の環境作りこそ重要であることを示している。

金大中政権の「太陽政策」は、こうした信頼醸成を促進するものとなっている。現代グループによる北朝鮮との広範な経済協力事業構想合意への支援表明（一九九八年一一月二日）、前提条件なしの肥料支援方針発表（九九年二月一八日）などは、その具体的現われである。金大統領はまた、「六ヵ国協議構想」に対する支持を表明しているが、こうした多国間協議に向けた努力も信頼醸成に役立つ。その意味で、小渕首相が、九九年三月二〇日の日韓首脳会談で、金政権の「太陽政策」を「理解する」から明確な支持へと姿勢を変えたことは、望ましい方向である。また、「不審船騒動」では、テポドン発射のときの対応と違って、この問題とＫＥＤＯを切り離し、後者への資金面での支援は継続するとしたことも、この地域の信頼醸成にとって好ましい措置であった。われわれは、ＫＥＤＯが信頼醸成という面ですでに一定の成果を挙げてきたことを看過すべきではない。第一に、金泳三政権の下で南北間の有効な対話のチャンネルが存在しなかった時期に、両政府の代表者間の接触に非公式ルートを提供した。第二に、四者協議に示されるように、北朝鮮との多国間対話の場を提供してきた。これは、日韓両国政府も支持する「六ヵ国協議構想」の実現に向けた重要な一歩となるかもしれない。

金大中政権の「太陽政策」は一方的な協力政策ではなく、「確固たる安保」を基礎として「挑発には断固とした態度で対処し」、「間違った動きに対しては不利益を与え」、「肯定的な変化に対してはインセンティブを提供する」(康仁徳韓国統一部長官) ことによって、南北関係を漸次改善していくというものである。制裁とインセンティブの組み合わせにもとづく政策は、制裁のみの政策や報奨のみの政策よりも効果的であることをこれまでの研究は示している。しかも、アプローチの特徴として重要なのは、その一方的イニシアティブにある。はじめに制裁や抑止ありきではなく、まず報奨を与え、それに相手が応えれば関係が改善されるというアプローチである。基本的に、信頼醸成に力点が置かれている。その意味で、制裁と報奨の組み合わせを基礎に信頼醸成を促進するというのが太陽政策のアプローチと特徴である。それは、反発や不信感を増幅しがちな軍事同盟の強化という二国間アプローチに比べて、半島の平和と安定にとってより賢明なアプローチである。

発を生み出してきた。

台湾海峡有事と日米中のトライアングル

台湾海峡有事への対応問題にしても、日米同盟の強化という二国間アプローチは、これまで、中国の警戒心と反発を生み出してきた。

中国側には、日米安保についての次のような警戒心が認められる。第一には、日米安保は日本の軍事大国化を防ぐ歯止めの役割を果たしているかぎりにおいて、その存在自体には反対しない。しかし、安保再定義にみられるような形での日本の安全保障上の役割拡大は、日米安保を隠れ蓑にした日本の軍事力の強化につながっているとみなされ、日本独自の軍事力が強化されることに対する警戒心が強い。たとえば、ジョセフ・ナイは一九九五年一一月に中国を訪問したとき、何人かの軍人から「日本の軍国主義の復活についてのレクチャー」を受け、その執拗さに、「軍国主義復活」に対する中国の「恐怖感」を思い知らされた、と述べている。[42]「ビンの蓋」論が実質的に機能しなくなってきていることに対する警戒心である。第二に、米国は、すでに日米安保の再定義を通して、「柔らかな封じ込め」を採用しているという警戒心である。クリントン政権の中国「関与」政策は新手の中国封じ込めではないかという疑心暗鬼が中国側には渦巻いている。中国・新華社系の時事週刊誌『瞭望』（九五年一二月一一日号）に掲載された論文が、米国の「関与」政策を「柔らかな封じ込め」政策だとして非難したのはその例である。同論文は「米国人は中国に対し『対抗、孤立、封じ込めという選択をしない』と語るが、やすやすと信じられない」と述べ、「関与」政策に警戒心を示した。[43]第三に、日米安保に対する中国の評価は米国の対中国姿勢に左右されることを念頭におく必要がある。中国の立場は、米国が中国敵視政策をとらないかぎり、さらには、「日米両国が台湾など中国の主権にかかわる問題で中国の内政に干渉しないかぎり、反対しない」というものである。しかし、米国は台湾問題を対中国政策のカードとして使う傾向がある。そのような場合、米中関係が悪くなると、日米安保への中国の反対は強くなるという側面に留意する必要がある。対中政策で日米の利害が一致するとは限らないのである[44]。しかも、日本は、米国の対中国政策を管理する能力をもっていないことを銘記すべきである。

他方、米国や日本の側には、中国の「軍事大国」化への懸念があり、日米安保再定義が中国の将来の脅威への対処の必要という点を念頭においていたことが明らかになっている。米国議会内のタカ派のみならず、国防総省、国務省内にさえ、そのような警戒心が存在する。中国問題専門家ロバート・サッターらは、一九九四年一月の議会内の動向を分析した論文のなかで、議員、メディア、その他世論のなかに「中国の軍事活動に危険な傾向」を読み取る人たちが著しく増大した、と分析している。また、九五年の国防総省の議会報告書は、「中国の指導者たちは中国の軍事力は防衛的なものであり、中国の全般的な経済成長に見合ったものであると主張するが、この地域の他の人々は、とくに中国指導部の交代期を迎えていることから、中国の意図に安心感をもつことができないでいる」と述べたし、東アジア担当国務次官補ウインストン・ロードも同年七月の議会証言のなかで、「中国が二一世紀にどのようなパワーとなるか予測できない。われわれは他の国々と一緒に中国封じ込め政策に転換しなければならないかもしれない。そうならないことを望むし、われわれはそのような事態の出現を阻止しようとしているのだ」、との不安を隠さなかった[45]。

くわえて、クリントン政権の八年間に限らず、米中関係はブレが大きいことを指摘しなければならない。クリントン政権の対中国政策は、第一期目においては人権・民主化の問題を中国への最恵国待遇更新問題とリンクさせたため、一九九四年五月に両者を切り離すというクリントン大統領の決定が下されるまでは、更新の時期がやってくると米中間には激しい非難の応酬が交わされた。両者を切り離すという決定の後も、人権・民主化が両国間の争点でなくなったわけではないし、その後も米中関係は安定しなかった。とくに、米政府がそれまでの姿勢を転換し、李登輝台湾総統の九五年五月の訪米を認めたことは、米国の台湾政策が変化してきているとの疑念を中国に抱かせ、米中関係は悪化した。さらに、九六年三月の台湾の総統選挙と台湾独立の憶測、中国海軍による軍事演習と台湾への威嚇、米政府による空母二隻の台湾海峡派遣、四億二〇〇〇万ドル相当の台湾への武器売却の政府発表（同年六月）などが続き、この時期、米中関係は天安門事件以来最悪の状況に陥った。米議会や世論のあいだには「中国脅威論」が台頭した。こうした米中関係の悪化を止めたのが、九七年一〇月の江沢民国家主席の訪米、および九八年六月のクリントン大統領の訪中であった。しかし、この関係改善もつかの間、今度は、中国国内での民主活動家たちの逮捕・重刑判決（九八年一二月）や、中国系米国人による核弾頭小型化技術「スパイ疑惑」の報道（九九年四月）、安保再定義に続くガイドライン関連法案の国会成立による日本の軍事的役割の拡大・強化やＴＭＤに関する日米共同研究開始に対する中国の反発、中国が七〇年代以降核兵器技術をスパイし続けていたとする内容の「コックス委員会」報告の公表（九九年五月）、コソボ問題でのＮＡＴＯ軍によるユーゴスラビア空爆開始に対する中国の強い非難、ベオグラードの中国大使館「誤爆」事件（九九年五月）の発生などが続き、米中関係はまたもや冷却化した。中国の朱鎔基首相はワシントン訪問の際、事態の打開を図ろうとしたが、九九年四月八日のクリントン・朱首脳会談は、中国側がもっとも強く希望していた世界貿易機関（World Trade Organization：ＷＴＯ）加盟をめぐる二国間交渉において、中国側の譲歩にもかかわらず包括的合意にいたらず、中国側に大きな失望感を残すことになった。

一方、中国に対する警戒心や不信感は、一九九四年の秋頃から日本国内においても目立つようになった。中国の度重なる核実験の強行と、南シナ海や台湾海峡での軍事力による威嚇的行為は日本人の対中感情を悪化させた。その結果、「日本国内で一定の政治力を維持してきた親中国派は政界でも実業界でも影が薄くなった」といわれる。

また、マスコミの親中国的調子の論調も八六年六月四日の天安門事件以降変化し、その後次第に批判的になってきた。エズラ・ボーゲルは、国家情報会議（ＮＩＣ）上級分析官のポストにあったときの九五年秋、日本で政官の指導者と接触した際、九四年の秋からの一年間に日本の対中国観が大きく変化し、九五年一〇月にペリー国防長官が訪日した頃には、「日本の指導者は中国の台頭を相当懸念するようになっていた」、と述べている。ナイ・イニシアティブに一貫して携わってきた日本の政府担当者によると、安保再定義において日本側の動きには米側以上に中国封じ込め的意図が込められていた、といわれる。また、九九年四月朱溶基首相が訪米した折、米中双方が中国のＷＴＯ加盟問題で合意に達しなかったことを、日本政府内には歓迎する向きさえある、と報道された(46)。また、歴史認識の問題、新ガイドライン関連法案の国会審議、ＴＭＤの日米共同研究開発の開始決定などに中国が批判の度合いを強めたのに対して、日本側は、こうした中国の批判に苛立ちや不満を募らせるという状況に陥っている。

日中関係の悪化は日本の米国への依存度を高めることになる。かつて、日本は日米安保条約の締結によって米ソ冷戦の一方の当事者になり、日ソ関係が敵対関係になったことによって対米依存度を高め、日本外交の自立化を困難にした。同様に、中国のパワーの台頭を懸念して行なわれた再定義は日本の対米依存からの脱却を困難にするものであり、冷戦後においても同様のディレンマを再び抱え込むことになる。

以上の検討からいえることは、日米安保の強化は、日米中トライアングルの構図のなかで、日本の対米依存からの脱却を困難にするだけでなく、信頼醸成という面でも逆の効果をもたらしているということである。というのは、三国間には以下のような複雑な関係が存在するため、日米安保の強化は米中関係よりは日中関係によりマイナスに働く可能性が高いと思われるからである。一九九七年九月の日中共同世論調査によると、軍事的脅威を感じる国を自由に挙げさせた場合、中国では、米国五四パーセント、日本二一パーセント、ロシア三パーセントとなっている。

逆に、日本に対しては、中国人は、歴史認識や償いの問題で厳しい認識を示している。過去の償い問題については、日本では「十分」二六パーセント、「不十分」五八パーセントに対して、中国では「十分」四パーセント、「不十分」八六パーセントとなっている。[47] このような現実を踏まえたとき、日米同盟の強化と日本の役割の拡大は、中国の対米警戒心の強さと歴史問題をめぐる日中両国民間の認識ギャップのゆえに、逆に不信と警戒の念をもって受けとめられることから、日中関係にマイナスに働き、逆に日本の対米依存度を高める結果となり、日本外交のイニシアティブはさらに狭められることになる。くわえて、中国においては、近年、共産主義のイデオロギーが国民を統合する力を失ってきていることから、中国のナショナリズムが意識的に国民統合のイデオロギーとして利用されるようになってきている。日本の対中国外交は、歴史認識の問題を抱える日本がそのターゲットとなりやすいことも念頭におく必要があろう。

それゆえ日本は、信頼醸成よりも不信や警戒心を生み出しやすい三角関係のディレンマから脱却する外交戦略をもつことが必要である。その一つの方法は、多国間安全保障協力に力を入れ、日本と他のアジア諸国との間の信頼醸成措置を強化することであろう。確かに、中国側には、多国間安保協力の枠組みに対する警戒心もある。その理由としては、①多国間安保の枠組みは、この地域の安全保障問題で日米が結託して他のアジア諸国を支配する手段となる、②ASEAN諸国の一部は、この枠組みによって、米国と協調して、人権や南沙諸島問題で中国に圧力をかけてくるかもしれない、③台湾もこのような場を「二つの中国政策」を追求するために利用するかもしれない、④中国の軍事力増強に対する批判の場を提供するかもしれない、などが指摘されている。[48] このような中国側の懸念や不安を和らげるという観点からは、日米安保の強化や日本の軍事的役割の拡大は逆効果であり、中国側の不信を増幅することになる。そうした中国の反発はガイドライン関連法案の国会審議中も見られたし、またTM

Ｄの日米共同研究は中国の強い反発を招いている。唐家璇外相は一九九九年三月八日の記者会見で、ＴＭＤ研究開発は「自衛の必要性を超えている」と批判し、さらに、台湾がＴＭＤシステムに組み込まれた場合、中国は軍事行動も含めた対応をする可能性を示唆するほどであった。このように、日米安保という二国間同盟の強化と多国間安保対話や協力の促進とのあいだには矛盾が存在するのであり、これらの二つの相反する目標を追求することには相当の困難を覚悟しなければならない。

他方、中国側には、多国間安保協力の枠組みのなかに日本を組み込むことが必要との考えが存在することに注目したい(49)。それは、ちょうど、ドイツを北大西洋条約機構に組み込み、ドイツの軍事力を封じ込めることにより、ドイツ軍国主義復活に対する他の西欧諸国の恐怖感を緩和してきたことと似た考えである。現在のところ、中国は日本の軍国主義復活の歯止めを日米安保につなぎ止めておくことに一定の意味があるとして、日米安保そのものには反対しないとの立場であるが、同時に、多国間安保協力の枠組みで同様の目的を達成すべきだ、との意見も出てきている。

また、多国間安全保障対話の枠組みの強化と信頼醸成の育成はアメリカ単独主義に対する将来の防壁にもなりうるし、それ以上に、安保再定義の前後に米社会内に出現した次のような考えに対する対応という意味でも重要である。一九九二年にアスペン戦略グループ報告が作成されたが、この報告の作成には国防次官補として第三次東アジア戦略報告（九五年二月）の作成に中心的役割を果たしたジョセフ・ナイも参加していた。このアスペン報告は冷戦後の安全保障に関する提言を行なっているが、そのなかで注目されるのは、この報告が、ドイツに対して行なってきたようなマルチの安全保障枠組みに日本を組み込む努力を怠ってきたことを批判し、そのような枠組みなしには「日米関係が深刻な危機に陥った場合に、地域の安定が崩れ、米国の利益に反するようなやり方で日本が一方的な行動に出る可能性を増大させる危険がある」、と述べていることである。[50] クリントン政権は「積極的多国間主義」を打ち出したが、ブッシュ政権のとき以上に東アジアにおける多国間安全保障対話を強調するようになった。第三次東アジア戦略報告にもそれは反映され、「新たな多国間安全保障イニシアティブを模索することの望ましさ」という項目を設け、この点を同政権のアジアに対する安全保障政策の「新しい要素」として強調し、ASEAN地域フォーラム（ASEAN Regional Forum：ARF）への積極的支持を表明している。米政府にとって、多国間枠組みは日米安保条約という二国間枠組みが崩壊したときの安全弁でもある。第三次東アジア戦略報告の作成時は、冷戦後の日米安保が漂流しているとの危機感が日米双方の外交・防衛担当者のあいだに広がっていた時期と重なっていることに留意する必要がある。

その意味で、このような多国間安全保障枠組み形成を米政府の外交オプションとして検討したダグラス・パールの提言は注目される。パールは現在ワシントンDCにあるアジア太平洋政策センター長であるが、レーガン、ブッシュ両政権のもとで国家安全保障会議（National Security Council：NSC）上級スタッフの一員としてアジア問題を担当したことがある。彼は、この提言のなかで、さまざまな障害があることを認めながらも、日米安保を多国間安保の枠組みで補強する必要性について論じている。列挙されている理由のひとつとして注目されるのは、米国の同盟諸国が大きな変化を体験している最中であり、将来の不安定要因となっていること、したがって、たとえば、北朝鮮の突然の崩壊や日本外交の引き続く漂流によって突然国内が緊張に見舞われ、国内問題に関心とエネルギーを振り向けざるをえないという状況が出現するかもしれない、と述べている点である。パールは、そのような事態に対する防護措置として多国間安全保障枠組みの構築が必要であるとする。[51]

米国内の一部にみられる以上のような見解と中国側の日米安保再定義に対する反発を考えると、信頼醸成措置と多国間安全保障枠組み構築に向けた努力を重ねることの必要性は明らかであろう。その意味で、一九九八年七月一五日、日米中三国の学識経験者による安全保障問題を協議する初会議が東京で開催されたことは、マルチの枠組み構築にとって不可欠な信頼醸成措置として評価される。三国間の安保対話については、当初、米中両国は慎重な姿勢を示していたが、九七年七月に日本国際問題研究所の松永信雄元駐米大使が北京で銭其琛副首相兼外相と会談した際に提案され、銭氏がこれに同意したこと、四月に日本側が提案したときには冷淡だった米政府も同年八月初め、米中首脳会談をまえに同様の考えを中国に打診するという方向転換を行なったことによって、実現することになった。さらに、九八年一〇月には、日米中の官民専門家による三国シンポジウムが上海で開かれた。そこでは、人民解放軍国防大学の潘振強少将が、北朝鮮が八月末に行なったテポドン試射にふれ、「日本ははるかに強力な人工衛星打ち上げ能力をもっている。なのに北朝鮮に一切もつなとは言えない」と発言したのに対して、日本の専門家は「北朝鮮のミサイル実験は地域の安保環境を不安定にし、大量破壊兵器や運搬手段の拡散への懸念をかきたてる」と発言した、と報じられた(52)。

一九九九年一二月二八日には、マニラで開かれたASEAN非公式首脳会議の開催中、日・中・韓三国の首脳会議が実現した。話題は経済に限定され、中国にとって神経質な問題である朝鮮半島情勢や台湾問題などの政治分野についてはまったく話し合われなかったが、この三国間協議の枠組みが「制度化」されることになれば、東アジアにおける多国間協議の枠組みの出発点になる可能性はある。中国側は、「今後のことはわからない」(唐家璇外相)と述べるなど、制度化には慎重な姿勢を崩していない。その最大の理由は、「北朝鮮が非常に不利な立場になると感じる」(銭其琛副首相)点にある。ただし、北朝鮮は二〇〇〇年七月下旬のARF閣僚会議に初めて参加することを正式に表明したことから、この点は大きな障害ではなくなると考えられる。他方、中国側としても、今回の三国間協議は、北朝鮮の核・ミサイル開発阻止に対し日米韓の協力が緊密化の度合いを増していることから、そうした動きを中和する意味で必要な存在であろう。また、日米韓の同盟関係の外におかれている中国としては、米国を除外したこの三国間協議の場は米国に対する牽制ともなりうる。中国にとっても意味のある三国間協議であるだけに、一二月に入って開始された日朝国交正常化に向けた政府間予備会談の成り行きが注目されるところである。

政府レベルでの「第一トラック」方式に比べて、非公式レベルの「第二トラック」方式では、より率直に意見の表明ができること、しかも二国間方式に比べて、三国間方式や多国間方式は隠し事がしにくくなり、透明度が増すことが指摘されており、こうした議論の積み重ねが信頼醸成に役立つと考えられる。そうした信頼醸成と対話の蓄積のうえに、東アジアにおいてもまずは、現実的なステップとして、欧州の「平和のためのパートナーシップ」(Partnership for Peace：ＰＦＰ)のような枠組みの構築を目指すべきであろう。

おわりに

元来、信頼醸成措置(Confidence-Building Measures：ＣＢＭｓ)は、①安全保障問題に関して不安定要因をかかえる国家間で行なわれ、同盟国間の軍事協力や経済・社会協力とは異なる、②当事国の合意にもとづき、またその合意内容の範囲内で実施される、③当事国の軍事能力を直接制限することなく国家の「意図」を扱うものであり、軍縮や軍備管理とは異なる、などの特徴をもち、その狙いは相互の意図に関する認識(不信、疑心暗鬼、恐怖)を安心へと変化させるプロセスである。[53] その意味では、日米中、日朝関係に適用されれば効果をあげることが期待される。もちろん、ＣＢＭｓと軍縮・軍備管理とは次元の異なるものであるとの反論もあろう。しかし、そうした抽象論よりも、肝心なのは、両者が密接な関係にあり、ＣＢＭｓなくして軍備管理・軍縮は進展しないという事実から出発することが重要である。

これに比べて、二国間同盟のような日米安保の一方的な強化は、信頼醸成措置の性格とは相反するものであり、逆に相手国の軍事力増強を招くという安全保障のディレンマに陥りやすいということを想起すべきである。したがってまた、多国間安保対話や協調の枠組み形成にはマイナスに作用する、と考えられる。

一九九四年に発足したＡＲＦとアジア・太平洋の信頼醸成措置の歴史的歩みを研究した論文によると、ＡＲＦが実現するまでには、二国間・サブリージョナルレベルでの長年の信頼醸成措置の蓄積があったことが実証されている。著者は、信頼醸成措置が発展していく過程については、「重層的発展構造」、「補完的発展構造」、「補強的発展構造」の三つの過程が存在するとし、第一の「重層的発展構造」は、すでに二国間・サブリージョナルレベルで進展している分野に関して、全域レベルでも同内容のＣＢＭｓに取り組むことが合意され、その結果ＣＢＭｓが二国間、サブリージョナル、および全域の三つのレベルで重層的に発展するもので、軍事交流・安全保障対話がほぼこの構造に該当することを明らかにしている。第二の「補完的発展構造」は、二国間・サブリージョナルレベルでは進展してこなかったＣＭＢｓに全域で取り組むことが合意され、この合意を基盤としてＣＢＭｓが発展する場合で、国防白書の発行、軍備登録制度、緊急通信手段の整備などがこれに該当する。また、合同軍事演習のように、すでに二国間、サブリージョナルレベルで進展しているＣＢＭｓを全域で「支持する」ことが合意された結果、二国間・サブリージョナルレベルでさらに飛躍的に進展するというパターンもみられる。[54] 第二トラック方式をとるにせよ、第一トラック方式をとるにせよ、対決や力の外交ではなく、安全保障対話、交流、協力の拡大によって、信頼醸成措置を重層的、補完的、補強的に発展させていくことが必要である。

最後に、すでに検討したように、冷戦後の紛争の性格についての現実的認識が必要であることが強調されねばならない。第二次世界大戦後に発生した一六四の武力紛争の事例のうち約七七パーセントは内戦型の紛争である。しかも、冷戦後の世界では、この傾向はますます強まっている。「脆弱な国家」に起因するこの種の紛争に対する有効な措置は単純なものではないが、ホルスティが指摘するように、「問題の解決策は圧倒的に国家自体の内部に存在する」のである。したがって、国家間の関係や国際システムの「状態」よりもむしろ、「国家の状態」に関心が向けられるべきである[55]。すでに検討してきたように、国家間紛争を前提とした日米安保体制を強化することによっては、「脆弱な国家」に起因する武力紛争に有効に対処することはできない。北朝鮮はこのケースに該当するだろう。また、中国の反応に明らかなように、この地域の安定要因としての日米安保という考え方には限界がある。中国のような大国を管理したり、抑止したりするようなやり方はうまくいくとは思われない。かりにそのようなやり方を採用するとすれば、米ソ冷戦の歴史が示すように、多大なコストを必要とするだろう。また、日米安保はさまざまな不安定要因や問題を内包している。したがって、日米安保という二国間安全保障関係を突出させるよりは、予防外交や信頼醸成をより重視する協調的安全保障や多国間安全保障協力の枠組み構築に向けた取り組みをさらに強化することこそ、日本外交の選択の幅を広げることにつながり、かつまた、日本および地域の安定と安全にとって望ましい環境を生み出すことにつながると思われる。

注

（1） John L. Gaddis, *The Long Peace*, Oxford : Oxford University Press, 1987 ; John L. Gaddis, *The United States and the End of the Cold War*, Oxford : Oxford University Press, 1992. John I. Mearsheimer, "Back to the Future," in Sean M. Lynn-Jones, Jr., ed.,

The Cold War and After, Cambridge, Massachusett : MIT Press, 1991, pp.141-192. この問題は以下の拙論でも論じた。「冷戦史研究とポスト冷戦の世界」『大阪外国語大学アジア学論叢』第五号、一九九五年三月、三一―三二頁。

（2） 『朝日新聞』一九八八年四月二〇日。

（3） Kalevi J. Holsti, *The State, War, and the State of War*, Cambridge : Cambridge University Press, 1996, p.25.

（4） Arthur Schlesinger, Jr., “Some Lessons from the Cold War,” in Michael Hogan ed., *The End of the Cold War*, Cambridge : Cambridge University Press, 1992, pp.61-62. Francis Fukuyama, “The End of History”, *The National Interest*, Summmer, 1989. 同『歴史の終わり』三笠書房、一九九二年。また、デモクラティック・ピースの考えに関しては、以下を参照。Michael W. Doyle, “Kant, Liberal Legacies, and Foreign Affairs”, *Philosophy and Public Affairs*, Part 1, Vol. 12, No. 3, Summer, 1983, pp. 205-235, Part 2, Vol. 12, No. 4, Fall, 1983, pp. 323-353. Bruce Russett, *Grasping the Democratic Peace*, New Jersey : Princeton University Press, 1993.

（5） John Muller, “The Essential Irrelevance of Nuclear Weapons”, *International Security*, Fall, 1988. Sean M. Lynn-Jones ed., *op. cit.*, p. 46. John Muller, *Retreat from Doomsday : The Obsolescence of Major War*, New York : Basic Books, 1989, pp. ix-xii, ff.

（6） Hedley Bull, *The Anarchical Society*, New York : Columbia University Press, 1977, pp. 264-277. 田中明彦『新しい「中世」』日本経済新聞社、一九九六年。

（7） Karl W. Deutsch, *The Analysis of International Relations*, New Jersey : Prentice-Hall, 1978, p. 230.「主権の制限」、「主権の共有」に向けた欧州統合の軌跡については、以下を参照されたい。鴨武彦『ヨーロッパ統合』日本放送出版協会、一九九二年。

（8） Holsti, *op. cit.*, p. 25. なお、地域統合については、以下を参照されたい。L・フォーセット／A・ハレル編『地域主義と国際秩序』（菅英輝、来栖薫子監訳）九州大学出版会、一九九九年。

（9） Muller, “The Essential Irrelevance of Nuclear Weapons”, *op. cit.*, p. 60.

（10） 平野健一郎「民族・国家論の新展開ーヒトの国際移動の観点から」『国際法外交雑誌』第八八巻第三号、一九八九年八月。初瀬龍平編『エスニシティと多文化主義』同文館、一九九六年。Myron Weiner, *The Global Migration Crisis : Challenge to States and to Human Rights*, New York : Harper Collins College Publishers, 1995. 畑中幸子『リトアニア』日本放送出版協会、一九九六年。

（11）　LICについては、拙論「アメリカ合衆国と戦後の国際紛争」『北九州大学外国学部紀要』第七八号、一九九三年一〇月、一七—一三三頁。U. S. Department of State, *Patterns of Global Terrorism, 1997*, USGPO, April 1998, p. 1.

（12）　*The Boston Globe*, 5 May, 1997 and 7 May, 1997.

（13）　「脆弱な国家」、「破綻国家」については、以下を参照。K. J. Holsti, *op. cit.*, chapter 6, esp. pp. 99-122. Barry Buzan, *People, States & Fear*, Boulder, 2nd edition, Colorado: Lynne Rienner Publishers, 1991, pp. 96-107.

（14）　*SIPRI Yearbook* 1998, Oxford: Oxford University Press, 1998, p. 17.

（15）　*ibid.*, pp. 17-18.

（16）　*ibid.*, p. 23.

（17）　日米安保についての他の議論や問題点については、以下を参照されたい。拙論 "The Clinton Administration and Regionalism-Security Linkages in the Asia-Pacific Region",（『比較社会文化』第三巻、一九九七年）pp. 117-130. 関連資料に関しては、『外交フォーラム』緊急増刊号（一九九六年六月二日）の巻末資料、一四二—一七三頁を参照されたい。

（18）　*New York Times*, 17 February, 1992.『朝日新聞』一九九二年二月一八日。

（19）　五十嵐武士「日米安保体制の再定義とアジア・太平洋地域」『アメリカン・スタディーズ』第二巻（一九九七年）、五四頁。『朝日新聞』一九九六年三月一一日。

（20）　拙論 "U. S. Government's Conception of Japan's Role and Regionalism in the Asia-Pacific,"（『総合研究所報』第二〇四号、一九九八年三月）pp. 1-4.

（21）　米外交問題評議会研究グループ報告「有事の試練と平時の緊張—日米安全保障同盟への提言」『論座』一九九八年五月号、三〇一頁。

（22）　拙論「湾岸戦争後の米国の軍事戦略」『九州の平和研究』第二集、一九九二年四月、三一—四二頁。また、一九九〇年頃から「脅威の空白」を埋めるためペンタゴンを中心に新たな敵の発見が模索され、冷戦期と同じ規模の軍備の温存を正当化する戦略の青写真を作成しはじめたこと、その結果、二正面対応能力戦略が採用されるようになったことについては、マイケル・クレア『冷戦後の米軍事戦略』（かや書房、一九九八年）、第一章を参照されたい。

（23）　船橋洋一「日米安保再定義の全解剖」『世界』一九九六年五月号、一二一―一二七頁。

（24）　八〇年代半ば以降の日本の直接投資の東アジア地域への急増については、以下を参照。Richard F. Doner, "Japanese Foreign Investment and the Creation of a Pacific Asian Region," in Jeffrey A. Frankel and Miles Kahler eds., *Regionalism and Rivalry*, Chicago: University of Chicago Press, 1993, pp. 170, 180. Kent E. Kalder, "Japan and NIEs: The Political Economy of Rising Interdependence", in Harry H. Kendall and Clara Joewono eds. *Japan, ASEAN, and the United States*, Berkeley, California: University of California Press, 1991, pp. 222-243. 経済同友会の緊急提言および近藤剛へのインタビューに関しては、以下を参照。「日本の経済界は建設的役割を果たしたい」『外交フォーラム』（一九九九年特別編）、六三頁、緊急提言、六八―六九頁。

（25）　『朝日新聞』一九九八年八月二四日。

（26）　詳細は、以下の拙論で展開されている。「日本の役割に関する米国の見解とアジア太平洋の地域主義」（菅英輝、G・フック、S・ウェストン編著『アジア太平洋の地域秩序と安全保障』ミネルヴァ書房、一九九九年、所収、第三章）、五〇―八二頁。

（27）　このような米国の論理に対する批判的検討については、以下の拙論を参照されたい。"The Significance of the U. S.-Japan Security System: A Japanese Perspective", *Peace and Change*, Vol. 12, No. 3/4, 1987, pp. 11-28. 同様の問題意識にたって吉田外交の再評価を行なっている論稿として、豊下楢彦「安保条約の論理」（同編『安保条約の論理』柏書房、一九九九年、所収、第一章）も参照されたい。

（28）　『朝日新聞』一九九九年四月一三日。

（29）　日米パセプション・ギャップは今回の世論調査で初めて出てきたものではない。それ以前のギャップを論じたものとしては、以下の拙論を参照されたい。「米国にとっての日米安保」（初瀬龍平編『内なる国際化』［増補改訂版］三嶺書房、一九八八年、所収）、一三一―一五五頁。

（30）　マイケル・ブラウンは、今日、平和の創造に取り組むにあたって、われわれが直面する主要な課題として、「紛争予防」、「紛争管理」、「紛争解決」を挙げている。ただし、ここで彼がいうところの「紛争管理」は、紛争発生後の紛争拡大をどう管理するかを念頭においており、この意味での「管理」は「紛争解決」機能のなかに含めることができる。むしろ、本稿では、秩序の維持・管理・支配機能を重視する。Michael Brown ed., *The International Dimensions of Internal Conflict*, Cambridge, Massachusett: MIT

Press, 1996, pp. 2, 28-29.

(31) 米外交問題評議会研究グループ報告「有事の試練と平時の緊張——日米安全保障同盟への提言」『論座』一九九八年五月号、二九九頁。「東アジア安保と日本」(下)『朝日新聞』一九九九年四月一六日。ドン・オーバードファー『二つのコリア』共同通信社、一九九八年。

(32) マイケル・モチヅキ「日米安保を強化する道」『世界週報』一九九六年二月六日号、六頁。船橋論文、前掲、二七、四六—四七頁。船橋洋一『同盟漂流』岩波書店、二五八—二六一、二六二—二六三、三〇六—三〇八頁。

(33) なお、「脆弱な国家」や「破綻国家」がもたらす脅威に対処する安全保障としては、「人間の安全保障」概念が重要であるというのが筆者の考えである。この点に関しては、以下を参照されたい。拙論「ポスト冷戦の安全保障——国家中心から人間中心の安全保障へ」(高田和夫編『国際関係とは何か』法律文化社、一九九八年、所収)、四六—七〇頁。栗栖薫子「人間の安全保障」『国際政治』一一七号、一九九八年、八五—一〇二頁。また、協調的安全保障については、以下が参考になる。Janne E. Nolan, ed., *Global Engagement*, Washington D.C.: The Brookings Institution, 1994.

(34) 船橋論文、前掲、三一、四〇頁。

(35) 米外交問題評議会研究グループ、前掲、三〇〇頁。

(36) 『アエラ』(臨時増刊号)一七号(一九九九年四月一五日)、二八頁。五十嵐、前掲、五六頁。

(37) Scott Snyder, "North Korea's Nuclear Program: The Role of Incentives in Preventing Deadly Conflict", in David Cortright ed., *The Price of Peace*, Lanham: Rowman & Littlefield Publishers, 1997, pp. 71, 76.

(38) 『朝日新聞』一九九八年六月九日、九月七日、一〇月九日。

(39) 『朝日新聞』一九九八年九月一一日、同夕刊、一〇月一七日、一〇月一九日。North Korea Advisory Group, *Report to the Speaker*, U. S. House of Representatives, November 1999. Snyder, *op. cit.*, p. 76.

(40) *Far Eastern Economic Review*, 3 December, 1998.

(41) Cortright, "Introduction", in Cortright ed., *op. cit.*, p. 10.

(42) 船橋論文、前掲、三〇頁。『朝日新聞』一九九五年一一月三日、一九九七年一〇月二〇日、一九九八年五月二七日。

(43)『朝日新聞』一九九五年一二月一二日。*International Herald Tribune*, 10 July, 1995.

(44)『朝日新聞』一九九五年一一月三日。

(45) Robert Sutter and Shirley Kan, "China as a Security Concern in Asia", *CRS Report for Congress*, 94-32S, 5 January, 1994, pp. 1-2. DOD, *U. S. Security Strategy for the East Asia-Pacific Region*, Report to Congress, Washington D. C., 27 February, 1995. *International Herald Tribune*, 7 July, 1995.

(46) 船橋論文、前掲、三〇—三一頁。船橋洋一『同盟漂流』、三〇二頁。『朝日新聞』一九九九年四月一〇日。

(47)『朝日新聞』一九九七年九月二二日。

(48) Banning Garrett and Bonnie Glaser, "Multilateral Security in the Asia-Pacific Region and its Impact on Chinese Interests: Views from Beijing", *Contemporary Southeast Asia*, Vol. 16, No. 1, June, 1994, pp. 25-27.

(49) *ibid.*, p. 25.

(50) 詳細は以下の編著所収の拙論（第三章）、七八—七九頁を参照されたい。菅英輝、G・フック、S・ウェストン編著『アジア太平洋の地域秩序と安全保障』ミネルヴァ書房、一九九九年。

(51) Douglas Paal, *Nesting the Alliances in the Emerging Context of Asia-Pacific Multilateral Processes: A U. S. Perspective*, Asia-Pacific Research Center, Stanford University, July, 1999.

(52)『朝日新聞』一九九七年一〇月二八日、一九九八年七月一六日、一〇月三〇日。

(53) 山元菜々「アジア・太平洋地域における信頼醸成措置」『国際関係論研究』第一一号、一九九七年三月、六七頁。

(54) 同、八五—八六頁。

(55) Holsti, *op. cit.*, pp. 183, 209.

第8章

複合的グローバル化
——競争国家とリスク社会の成立

原田　太津男

はじめに

たとえば、モンゴルのマンホール・チルドレンたちにとって「グローバル経済」とは何を意味するか想像してみよう。それは、瀟洒な外国人向けのホテルのことかもしれないし、自分たちが毎日あさっているゴミ箱のフライド・チキンのことかもしれない。あるいは、ボスニア内戦で両親を失ったストリート・チルドレンたちは、どんな時代を生きていると感じているのだろうか。かれらは、世界から陸続と集まってくる種々の銃器を通じて、「グローバル化」を経験しているのかもしれない。

グローバリストたちはいう。グローバル化の過程にともなって、人権思想と民主主義を承認する、ボーダレスな自由社会が出現し、世界中で消費者利益を享受できる階層が確実に拡大しつつある、と。だが、地球上の圧倒的大多数の人びとにとって、グローバル化は依然として自分とはほとんど無縁な富や権力を象徴する言葉でしかない。なぜならばグローバル化の恩恵は、字義通り地球全体に行き渡っているどころか、先進国と途上国の一部地域の限られた階層にしか行き渡っていない、という意味で、せいぜい局所的で不均等なものにすぎないからである。要するに「ＩＢＭに象徴されるグローバル化された世界は、グローバルな水準でもローカルな水準でも、同じように生きられ、あるいは経験されているのではない[1]」。

グローバル化という、いわば時代の「キャッチフレーズ（buzzword）[2]」に多少なりとも意味のある定義を与えようとするなら、経済のグローバル化からグローバルな文化の出現を説いたり、グローバルな金融市場の出現が国家の衰退を一方的に招来するとみなす、といった、単一の因果連鎖を想定する単純化は避けなければならない。そこで、われわれは、グローバル化を「本質的に、予期せぬ、しばしば矛盾し両極端の結果をもたらす経済的、政治的、社会的、イデオロギー的現象[3]」と定義しておこう。そして、その各分析レベルを「累積的循環的因果連鎖」（Ｇ・ミュルダール）の論理が貫通していることを確認しておこう。

本稿は、Ｐ・サーニーのいう「複合的グローバル化（complex globalization）」論に基本的な着想を得ながら、経済的・政治的・社会‐文化的次元の相互的なフィードバック・ループからなる現象として、グローバル化を把握する。本稿の関心は、グローバル化の経済的作用が、国民国家／社会編成の再編をもたらしている独特の在り方に向けられている。だが、こういうからといって、グローバル経済の成立が国家の衰退と縮小を招いた、というところに本稿の主眼は置かれているのではない。国家は、グローバル経済に対して受動的・消極的な主体であるにとどまるのではなく、グローバル経済の能動的・積極的主体である。したがって問題は、国家自身がグローバル化を推進する決定や非決定を繰り返しつつ、自らその形態と機能を変化させているところにある。ここには、当然のことながら、この二十数年間に急進展したグローバル化の過程で、先進国におけるケインズ主義的な福祉国家がいかに変化をとげ、いかなる社会変動が生じたか、という論点が含まれることになるだろう。そしてまた、先進国とは異なり、政府による上からの国民的な福祉制度が最初から欠落していた多くの途上国では、家族、親族、同郷集団といった枠組みに立脚する、インフォーマルは互助的ネットワークが下から発達してきたが、市場経済化の進行とともに、これらのネットワークも大きな変容を余儀なくされている。本稿では、それらの構造変化の背景を、競争国家とリスク社会の出現に見出す。[4] さらに、本稿の問題関心から、グローバル化と地域紛争の関係を論ずるためには、競争国家の成立にともなうソーシャル・セーフティ・ネット[5]の弱体化とリスク社会の出現が、紛争激化の遠景に見据えなければならないものなのである。

そこで本稿では以下の手順で議論を展開する。まず、第一節では、グローバル経済と国家の関係をめぐる論争を整理し、現在の理論的係争点を明らかにする。ここでは、「反グローバリズム」の立場に立つS・ストレンジに依拠して議論が総括される。第二節では、サーニーの「複合的グローバル化」論に依拠しつつ、「福祉国家」から「競争国家（competition state）」が成立していく過程が説明される。ここでの狙いのひとつは、規制緩和論に対する批判を通じて、市場と国家の複雑な相互作用を明らかにすることである。最後に検討されるのは、グローバル化の社会的帰結である。ここでは、世界的規模での経済競争が激化し、リスク社会が拡大・深化する過程に人間が巻き込まれ、自らを市場の猛威を制御していたソーシャル・セーフティ・ネットの網の目がゆるんでいくなかで、人間集団の国際的・国内的不均等と対立関係が深化していく事態に、紛争の根本的な原因があることが指摘される。さらに、国民国家／社会編成が再構築されるにともなってそれと一体化していた国民的アイデンティティが再解釈にさらされ、その成員資格である市民権が再考されつつある現状を考察する。

表8-1　グローバル化論争：論者の整理

	肯定的評価（グローバリスト）	否定的評価（反グローバリスト）
グローバル化は現実である	大前研一，R. ライシュ，R. ライタン，D. ヤーギン，P. ドラッカー？，英エコノミスト誌，A. ギデンズ？ほか	S. ストレンジ，P. サーニー，J. グレイ，D. コーテン，仏ル・モンド・ディプロマティーク誌ほか
グローバル化は神話である（非グローバリスト）	P. ハースト＆G. トンプソン，R. ボワイエ，L. ウェイス，R. ウェイド，L. ポリィほか	

一　グローバル経済と国家の衰退――神話か現実か

本節では、グローバル化をめぐる個別的論争[6]それ自体というよりは、国際政治経済学の観点から、それらに共通する問題設定を浮き彫りにしていきたい。それは、経済（市場）と国家（政府）の関係がグローバル化のもとでどう変化したのか、という問題として整理できるだろう。

各論者の立場は、グローバル化を「現実」とみなすか、「神話（イデオロギー）」とみなすかによって、まず大別される。「現実」派は、また、それを肯定的に受け止めるか、否定的に受け止めるかによって立場が分かれる（表八‐一）。前者を「グローバリスト」、後者を「反（アンチ）グローバリスト」と呼ぼう。そして、「神話」派のことを「非（ノン）グローバリスト」と呼ぼう。

あくまでも区別は理念型的類型化にすぎないが、三者の関係をあらかじめ簡単に整理しておけば、次のようになるだろう。「グローバリスト」は、おおむね、市場の有する資源の効率的配分機能に関して深い信頼を寄せると同時に、経済管理機構としての国家（政府）に対しては強い不信を抱いている。「市場の失敗」より「政府の失敗」の方が深刻なのだから、公共部門をできるかぎり縮小し、民間部門の拡大と充実につとめるべきだと考える傾向にある。経済のグローバル化によって国境を越えて繰り広げられる競争を勝ち抜くためには、国民経済と国民国家という枠組みは不適合であるから、市場の機能を最大限に生かすべく政府が制度の調整（規制緩和や自由化）を行なうことが要件となる。このマーケット・フレンドリーな政策主体としての政府（市場型国家）は、社会保障のあり方も保護型から市場ベース型の支援型へと変更する。「グローバリスト」は、個人や社会全体を市場動向に合わせて調整することの遅れに危機意識を抱いている。そしてその実現が二一世紀の国家の政策課題という認識に立つ。主流派国際経済学、国際経営論、金融実務家に多い立場である。

さて、これに対し、「非グローバリスト」は、「グローバル経済の成立を原則的に認めない」立場にたち、とりわけ「グローバリスト」に対して批判的である。かれらはあくまでも、グローバル経済が本当に成立しているのか（国民経済の重要性は低下したのか）、国民国家の果たす役割は一般に衰退したのか（各国民国家にどんな能力があるのか）という点に問題関心を集中させている。伝統的国際関係論と国際政治学に多く見られる立場である。

「反グローバリスト」は、グローバル市場のもつ「波及効果」よりも「逆流効果」を重視する立場である。「グローバリスト」に反対する「非グローバリスト」の論拠を一部共有しつつも、彼らの方法論的ナショナリズムに対しては懐疑的である。(7) その主体は必ずしも国家でもある必要はないが、市場を制御し、社会的分裂（情念の爆発）を抑制するという発想をもつ。非主流派国際政治経済学、開発NGO、あるいはナショナリストなどが主張する立場である。

以下では、「グローバリスト」に対する「非グローバリスト」の反論から始め、続いて「反グローバリスト」の代表的論客の一人S・ストレンジの議論を取り上げていきたい。

ボーダーレス・エコノミーの「神話」――非グローバリストの反論

①グローバル化は歴史的に新しい現象か

非グローバリストによるとグローバル化は必ずしも新しい現象ではない。歴史的に見ると、OECD諸国平均で一九一三年の貿易依存度（推計一六パーセント）の水準を上回ったのは、第二次大戦後も七〇年代に入ってからのことである。一九九一―九二年の水準でも、一七・九パーセントとかろうじて当時の水準を上回るにすぎない。(8)

②貿易と投資の規模は拡大したか

そもそも貿易取引は、企業内貿易、再輸出などによって過大評価されるなど、計測上の困難がある。(9) これを差し引いても、貿易による統合はむしろ弱まっている。一九八〇年代から九〇年代にかけて生産成長率に比べて貿易成長率は減速してきた。これは一部には一九七〇―八〇年代の世界経済の減速に起因するものであるが、同時に、OECD諸国のGDPに占める製造業の比率が、一九六〇年代の二九パーセントから八〇年代には二三パーセントに緩やかに下落し、非貿易集約的なサービス業の比率が高まっているという趨勢から明らかなように、長期的な構造的変化が作用している。われわれは、世界経済の成長が加速するにつれて貿易の統合が深化し続ける、と想定すべきでない。というのは、急速な成長が製造業からサービス業へのシフトを加速させるからである。(10)

海外直接投資（FDI）の伸びも、「生産の国際化」といったグローバル化の指標としては不適切である。まず、全世界の投資の2／3は非製造業向けである。次に、製造業向けFDIにおけるM&Aの伸びは、新規ではなく既存の設備を購入している比率の上昇を示している。また、一九九一―九二年までの一〇年間に、FDIが総額で低下し、全長期資本移転に占めるその割合は一八―二一パーセントだったのに対して、証券投資は二八パーセント増加し、後者のうち半分の比重を占めるに至っている。[11]

③貿易・投資パターンの変化はグローバル化を示しているのか

それでは生産面での国際化は本当に進展したのだろうか。実際のところ、第二次大戦後も、最小規模の国を除けば、貿易依存度は依然として大きくはない。アメリカ、日本、ヨーロッパ（総計）において輸出はGDPの一二パーセントかそれ以下を占めるにすぎないし、アジアやラテンアメリカでも一〇パーセントをはるかに下回る水準にとどまっている。要するに、「これらの経済の九〇パーセントかそれ以上が国内市場向け生産を行なっており、消費の九〇パーセントは国内で生産されたものである[12]」。

しかも、世界貿易における南北格差は依然著しい。一九七〇年には世界貿易に占める先進国（OECD）の比率は八一パーセントであったが、八九年にはそれが八四%に増加した。南北間貿易も世界貿易に占める比重を低下させている。アジアNIEsを除く非産油途上国と先進国との貿易比率は、七〇年の七・一パーセントから九〇年の六・二パーセントに低下した。こうした南の諸国全体の貿易比重低下は一次産品輸出価格の下落によるところが大きい。八〇年以降、平均商品価格は実質タームで半分以下に下落した。一九七〇年から八九年にかけて対先進国輸出に占める途上国の製造業輸出比率は急激な伸び（一六パーセントから五三パーセントへ）を示したが、それは出発点が低かったことの反映にすぎない。世界の製造業輸出に占める途上国の比率は、わずか一六パーセントにとどまった。製造業輸出品目の価格の伸び率を比較すれば、南から北への場合、微増にとどまったのに対し、北から南への場合、その四倍の伸びを示したのであった。期待されるアジアNIEsですら、北の輸入に占める比率は九〇年で五・五パーセントにすぎない。しかも対先進国といっても、ラテンアメリカは北米と、東欧・アフリカ・中東は西欧と、東アジア・南アジアは北米・日本と、といったように、途上国の取引先は地域的に特化しており、グローバル化にはほど遠い。[13]

したがって、グローバリズムは、投資、金融、貿易のネットワークの形態における市場の相互関連の拡張を意味する表象(emblem)にすぎない。むしろ実際に進展しているのは、アジア、北米、ヨーロッパからなる、「グローバルな地域主義(global regionalism)」の台頭である。そこでは、世界のGDPの七〇パーセントが占められ、国際取引の圧倒的比重が各地域内でなされる。たとえば、過去二五年間で飛躍的に増大したアメリカの貿易取引の相手国は、依然として、カナダ、日本、メキシコの順であるし、ヨーロッパとアジアでは、域外より域内貿易の比重の方が大きい。

これら三地域のそれぞれには、ひとつのグローバルな論理が存在するというよりも、明確な地域的ダイナミクスが作用している。たとえば、ヨーロッパでは政治的統合を推進することによって、国家間紛争解決の枠組みが発展したが、アジアでは安全保障体制の分断と国家主導型の経済対立のゆえに地域的制度の多様性が形作られてきた、という具合にである。[14]

④金融市場における可動性(mobility)の問題

グローバリストの想定する完全資本移動の世界とは異なって、各国の資金調達コスト(金利)、貯蓄率・投資率については、依然、収斂が見られない。投資資金の源泉も、先進国中アメリカを例外として、国外ではなく国内の貯蓄にある。

しかも金融市場には二重性（duality）が存在する。株式が相対的に非可動的であるのに対し、債券、通貨、先物市場は超国籍化している。ボーダレスな金融の「シンボル」経済とナショナルな「実体」生産経済が、乖離・並存しているのが実状なのである。

⑤多国籍企業（ＭＮＣｓ）ははたしてグローバル企業なのか

ここでもまた、グローバリストの「フットルースな多国籍企業」という想定とは異なり、主要な指標（資産、所有、経営、雇用、Ｒ＆Ｄ）を見た場合、本国ベースのウェートの高さは一目瞭然である。一九八八年に、米系多国籍企業（製造業）の総資産、総売上、総雇用に占める本社の割合は、それぞれ七八パーセント、七〇パーセント、七〇パーセントであった。多国籍企業総付加価値生産額の七〇―七五パーセントも本国に集中している。ＦＤＩの八一パーセントは、低賃金国ではなく高賃金（あるいは相対的高課税国）に集中している。[15]

ではなぜこうした地域的・国民的ベースが多国籍企業にとって重要なのか。第一に、技術革新が、生産コストに占める可変費用（賃金、原材料費）の比重を低下させ、固定費用（設備費、知識集約型労働者に払う賃金を含むＲ＆Ｄ費）の比重を増大させた結果、発生した巨額のサンク・コストが企業のフットルース化を押しとどめている。第二に、生産者とサプライヤーの近接性が重要となり、「最適地生産」を実行するための地域生産ネットワークが形成された。第三に、高等教育を支える国家のサポート・システム、ひいては「イノベーションの国民的体系」が企業の競争力育成にとって不可欠である。したがって、多国籍企業は、グローバル企業というよりも「国際的業務を行なう国民的企業」と考えた方が正確である。[16]

国家の衰退——スーザン・ストレンジの再反論

こうして「非グローバリスト」は、グローバル化（ただしかれらが言うのはボーダーレス化という意味に近い）の成立に対し反証を加え、国民経済やそれを支える国家の能力（state capacity）、そしてその制度的多様性を強調したのであった。

ストレンジはグローバル経済下における国家の衰退を精力的に論じてきたが、最近の論文のなかで、次のように「非グローバリスト」を痛罵した。「『グローバル化の戯言』学派（'globaloney' school）はただ誤っているだけではなく、人々に何も変化していないと説得を試みることで、世界経済における近年の変化に現実逃避の対応を促している(17)」。

彼女は、「非グローバリスト」のハーストとトンプソンを念頭に置きながら、こうした批判を行なったようであるが、その論拠は何だろうか。それを理解するためには、まず、『国家の退場（The Retreat of the State）』で集約された彼女の議論全体を踏まえておくことが必要だろう(18)。

ストレンジによれば、グローバル化とは、第一に、企業ではなく市場のグローバル化を意味する。国内ではなく他国の複数市場向け生産が急増し、生産の国際化が進展している。第二に、国民的通貨と国民的規制の障壁が部分的に消去され、資本移動の可動性が高まった。第三に、労働を含む生産要素の可動性が高まった。第四に、技術革新が、運輸とコミュニケーションの飛躍的発達を促した。

それらグローバル化の政治的帰結として、まず、国家の権威や正統性の衰退と拡散がある。第一に、「国家の権威に関する非対称性」が拡大した。「アメリカ政府が幾ばくかの権威の喪失に苦しんでいるが、その喪失分は他の国家ではなく市場に向かった。これとは対照的に、他の国家は、世界市場諸力のみならずアメリカの権威のグローバルな支配圏の拡大にたいして脆弱性が著しく高まった」(権威の横滑りシフト)。

第二に、それほど政治的に敏感でない問題に対する何らかの権威が、国民国家から(国家間の制度だけでなく、民間のまたは商業的な組織を含む)多様な国際的組織へと移った(権威の上方シフト)。これに付随して、中央政府から地方政府へ、地域的政府への権威のシフトも生じた(権威の下方シフト)。

第三に、生産とならんで金融、運輸、通信の分野で世界経済の統合が深化した結果、領域的国家システムのなかのどの国家も、政治的権威として果たすべき責任を完全には果たせなくなってしまった、ということである[19]。国家からの権威の拡散は、ゼロ=サム・ゲーム式に進むのではなく「ある国家の喪失分を他の国家は手にできない」形で進展し、しかもそこには権威なき空白がぽっかりと口を開けている[20]。

さらに、国家から市場へと権力のシフトが生じた結果、「国家〈対〉国家」に加えて、「国家〈対〉企業」、「企業〈対〉企業」の次元からなる「新しい外交トライアングル」が生まれた。国家間では領土獲得ではなく世界市場シェアの獲得を追求し、そのために国家は企業=外資誘致のために門戸を開放するだけではなく、「ドアマットに『いらっしゃいませ』と大書しなければならない」。そこで企業は、事業の国際化に応じて戦略的提携など複雑な対応策を選んでいく[21]。

分野別で見れば、国家は、国防、金融、福祉の三つの領域で権威を衰退させてきた。とくに金融、とりわけ国際通貨システムの領域のそれをストレンジは重視する。「通貨システムは、どの通貨を使わなければならないか、あるいはどの通貨を使ってよいかを定め、合意された貨幣取引の執行を強制する国家権力が存在しない限り、効率的に作動できない」し、「通貨システムの重大な決定は、国家間の権力のバランスよりも、市場と国家(あるいは他の政治権力)との間でのバランスに左右される」ものであるが、国家の衰退は上述したような決定的なアンバランスを生起せしめた。一つには、国家に対する市場の優位であり、二つには、決定・非決定の積み重ねを通じて、他国に対する構造的権力上の圧倒的優位をアメリカが獲得したということである。[22]

ストレンジの厳しい眼差しは、アメリカのもつこの「非対称的な構造的権力」に向けられる。よりよいガバナンスを妨害する形で、現在のアメリカが発揮している、ヘゲモニー的で何もしないための拒否権（do-nothing veto）を打ち砕くためには、ヨーロッパと日本が協調しつつ、アメリカに対して強制力をもつ反対活動を少しずつ積み重ねていくしかない。社会と経済に対する権威は「新しい中世」のように分散しているが、問題は権力の分散そのものではなくて権威の空白にある。それを埋め合わせる見通しは今のところ立っていない。[23]

国家の衰退に関して、ストレンジはこう要言する。「私が論じているのは、国家そのものが廃れた、ということではない。集合体として、諸国家は依然世界システムのなかでもっとも影響力の大きい、したがってもっとも重要な権威の源泉である。しかし、それらはますます内容に乏しくあるいは欠点だらけの制度となりつつある。対外的には表面的な変化が見られないとしても、社会における、そして国境内における経済取引に対する、その内部的な権威の核心は、ひどく損なわれている。国家は、古木のようなものである。真ん中は空洞で、嵐や干魃や病気に弱く脆弱になった兆候を示しているが、葉は育ち、新芽が出、枝は伸び続けているのだ。社会的な役割を果たす能力の点で、欠点を数多く抱え、衰退が著しい国家もある。しかし国家の権威の空洞化を引き起こす構造的諸力はすべての国家に及んでおり、流れが逆流する様を思い浮かべるのは難しい[24]」。

論争の争点

論争の経緯を整理し、争点を明確にしておこう。まず、「非グローバリスト」は、グローバル経済をボーダーレスと認識する「グローバリスト」に対して、次のような徹底的な批判を加えたのであった。すなわち、グローバル経済下でも、国民的・地域的基盤が存在する。むしろ正確には、この政治が創出した制度的基盤に市場は依存するのであって、グローバル時代といえども市場は国家の代替物たりえない。市場は、政策の代役を果たせず、あくまでも政策の道具である。したがって、民営化や規制緩和という経済開放・自由化政策に対する各国・各地域の取り組みも多様であって、収斂しているのは政策スローガンにすぎない。そして各国民的システムはその制度構造に規定される。経済発展にとって重要な制度とは、国家の適応能力、労働関係システム、金融組織システム、法的・規制システムなどである、と。[25]

市場が制度に依存するとみなす「非グローバリスト」は、意外にも、「市場は国家権力の下に、国の認可の下に存在し、国が命じ、許可した条件の下で営まれるのだということはいとも簡単に忘れられている[26]」と指摘したストレンジと、制度派的な市場認識を共有している。

では、両者の相違はどこにあるのか。それは、両者の権力観とそれにもとづく国家の機能変化の評価にある。「非グローバリスト」はこう指摘する。たしかに、国家間の大規模戦争が不可能になり、文化的同質化の強制力や国境管理能力は、情報技術革命の結果、著しく衰退し、国家の主権は弱体化し、多層的なガバナンスが生まれつつある。しかし、「新しい中世」論のイメージとは異なり、国家はその権力を国際機関に上方シフトさせ、地方的組織に下方シフトさせても、その多層的ガバナンスを「縫合」する中心的な役割を担っている。[27]

このように「非グローバリスト」が個別の国民的制度の在り方、各国の有するパワー・リソースから生まれる関係的権力の強弱を重視し、各国別あるいは地域別の国際体制類型論を展開する傾向があるのに対して、ストレンジは、アメリカが各国政府に対して有する構造的権力とともに、国家から市場へ、あるいは他の権威へ向けて生じたパワーシフトを重視する。

ここでの係争点は、もうひとつある。それは、「結果に対する権力」としての構造的権力に付随する不確実性をどう理解するか、という点にかかわる。ストレンジがいうように、「〜に対するパワー」は、意図した結果、あるいは慎重に追求された結果に限って理解される必要はない。「アメリカは構造的パワーをもつがゆえに、他国との関係を支配することにならざるをえない。単に存在するだけで、アメリカ自身も結果に影響を与える」というような理解が可能であるが、注意を払うべき要点は、権力を発揮するアメリカも結果を完全に支配できず、不確実性からは逃れられない、というところにある。「この構造的パワーの主たる結果とは、国家から市場へとパワー・バランスがシフトしたという点にある。アメリカは、アメリカの企業に便益と新たな機会をもたらすことを意図し、ヨーロッパ、ラテン・アメリカ、そして今やアジア、アフリカの諸経済を開放市場経済につなぎとめるために、その構造的パワーを用いたのは確かである。政策決定者が……じゅうぶんに意図していなかったのは、そのことが自らをも含む政府へと及ぶことになるパワーの増進を市場にもたらしたことであった」[28]。グローバリズムに対する抵抗戦略があるとすれば、それは、ナショナリスト的反感と権力政治に振り回されない形で、このアメリカの構造的権力の在り方に向けられなければならない。

ところで、グローバル化と国家の緊張関係（tension）は、複雑な相互作用的プロセスである。グローバル経済下では、「大きな政府」がそのまま存続したり、「小さな政府」が多数生まれているのではなく、国家は、むしろ自ら進んでグローバル競争に踏みだし、制度的自己変革を迫られるなかで、延命の条件を自ら創出し、場合によっては規制権力を拡張しているのではないか。国家衰退のプロセスを認めたとしても、規制緩和を推進するためには場合によっては権力の強化を図る必要すら出てくるのではないか。次節で掘り下げていきたいのは、こうした疑問である。

二　グローバル化と国家――衰退か適応か

「グローバル化と国家」というテーマに対して、国際政治経済学の立場からもっとも鋭敏な問題関心を抱き、包括的検討を加えているように思われる一人に、P・サーニーがいる。かれは、ストレンジと同様に、金融構造の分析を中心に据えて、市場と権力の複雑な相互関係を論じた。以下では、かれの議論を主として援用しながら、前節から引き継いだ問題の総括と整理を行なっていこう。

複合的グローバル化とは何か

グローバル化は、それ自体としては大変捉えにくい現象である。だがそれは、しばしば収斂と均質化の強い傾向をもつ過程として捉えられる。たとえば、主流派国際関係論（ネオリアリズム、制度派ネオリベラル、相互依存論）を例にとれば、グローバル化は「ヤヌス神の顔をした（Janus-faced）」、つまり国家中心の国内・国際といった二レベル・ゲームの枠内で捉えられる。経済的な意味を中心に「複合的相互依存」が提起される場合でも、結局は国家の相互依存が主要な関心事である。したがって、かれらにとってはグローバル化と国際化・相互依存の本質的な区別はつけられない、ということになる。[29]

これに対してサーニーは、グローバル化を「経済的、社会的、政治的に、少なくとも三レベル・ゲームを含んだ現象」として、「その本質と帰結において、根本的に複雑で異質化する――両極化しさえする――全体的過程」として捉えなければならないという[30]。そこでかれが提唱したのが、「複合的グローバル化」(complex globalization) という概念であった。グローバル化は、「経路依存的な過程であり、実際の歴史的決定と非決定、危機的な転換点に根ざしている」という意味で、まずは歴史の再考を促す。さらにまた、「グローバル化そのものに関する新しい社会‐科学的言説の登場」を通じて、とりわけ社会科学研究における「方法論的ナショナリズム」に対して批判を喚起するのである[31]。

さて、サーニーがグローバル化を「複合的 (complex)」と呼んだのは、ひとつには、コヘイン＝ナイの「複合的相互依存 (complex interdependence)」を念頭においてのことだが、実質的な理由は、グローバル化の理解に「複雑系 (complex system)」の着想を取り込んだところにある。その中核に据えられるのは、「構造化 (structuation)」理論[32]、あるいは「構造的差異化 (structural differentiation)」理論である。ここでいう「複合性／複雑性 (complexity)」とは、まず数多くの入れ子状の構成要素 (component parts) が存在することを意味する。それは、「美しく見事に調和した構造と同時に、多様な構成要素が上手くかみ合わず、摩擦やエントロピーが生じる過程も意味する。グローバル化する世界は、多くのレベルで入れ子状に構造化されているが、それはすでに複雑な社会的、経済的、そして政治的コンテクスト内で発展する。多くの多様な収斂と分岐が共存しうるし、事実また共存している[33]」。

ここでまず注目すべきは、二つの「差異化」概念である。ひとつは、当の構造がもっている内的な複雑さ、各構成要素の異なる在り方から構造の内部で生じる「内生的差異化」であり、もうひとつは、分析されている構造が相互作用している他の構造とは大きく異なっていることから生ずる「外生的差異化」である。

この二つの「差異化」過程に対応する形で、二つの「構造的複雑性」が生み出される。それは、第一に、ある構造そのものがどれほど複雑なのか、第二に、当の複雑性はどんなタイプのものなのか、という二つのレベルで区別される。前者は、特定の構造を支えている副次的構造（あるいは副‐副次的な構造）の「数」に依拠し、後者は、さまざまな副次的構造どうしが相互作用を起こす「様式」に依拠する。

差異化概念の理論的意義は、何が主要な構造変数なのかを確定できるにとどまらず、変数間のいろいろな関係がいかに質的に相違しているかを理解できるところにある。それは社会変動の理解に決定的な重要性をもつ。特定の構造が特定のシステムをいかにして形成するか、そうしてそれがまた翻って、いかにして行動と結果の双方を形成するか、に関する理論と仮説が構築できるかどうかは、差異化の理解にかかっている。「あるレベルでは、共時的あるいは『瞬間写像的』に見られた、差異化の特定のパターンがさまざまな帰結を生み出しうる。別のレベルでは、それは単なるパターンではなく、差異化が進展する通時的な過程である」。こうしてみると、ダーウィンからスミス、コント、デュルケーム、マルクス、ウェーバーに至る社会科学の先達たちの理論的格闘は、差異化の変動パターンが時間の経過にともなっていかに変化するか、そしてそうした差異化の変動パターン自体がいかにしてさらなる社会的構造転換を引き起こすかを説明する試みであった、とすらいえよう[34]。

福祉国家から競争国家へ

① 政治現象としてのグローバル化

「複合的グローバル化」のひとつの次元である「政治的現象としてのグローバル化」は、「政治という競技場そのものが、隔離された単位内で、つまり、相対的に自律的な、階層的に組織された国家という構造内で、ますます形成されなくなったことを意味する。むしろ、それは、多層化された制度的競技場で行なわれる多レベルのゲームの複雑な集合体から引き起こされる。これらのゲームは、市場アクターや文化アクターとならんで国家アクターによって行なわれる。かくしてグローバル化は、政治的な構造化の過程となるのである」[35]。

したがって、われわれは、政治的過程としてのグローバル化のなかには、官僚的権力構造としての国家が衰退するという、何らかの単線的な過程が包摂されているとみるべきではない。「事実、矛盾したことに、グローバル化しつつある世界においては、国家はグローバル社会のルールと慣行を安定化させ強化する重要な役割を果たすのである」。市場が政府を凌駕する、との一般的なイメージとは異なり、市場が強力になると同時に、政府もある点で強大化した、とみなければならない。政府と市場とはゼロ＝サム関係にはなく、市場競争の激化と政府規制の増大という現象は両立しうる、いやむしろ両立せねばならない現象なのである[36]。

②福祉国家の危機と競争国家への転換

さて、戦後長らく先進国の安定的成長軌道（フォード主義）を支えてきた中心的政治制度は、福祉国家であった。福祉国家は、対市場という点から見れば、根本的に矛盾した体制であった。福祉国家は、市場の機能を制限すると同時に、それが機能麻痺しないように救済する必要があったからである。逆に市場の側からすれば、福祉国家は、「(a)市場に適合する範囲内に拘束されねばならない、と同時に、(b)スタグネーションをもたらす『ラチェット効果』、国家の財政危機、そして需要リフレーションの増大、国家の機能拡張などを回避するために、規則的に再構築（規制緩和）されねばならない」体制であった[37]。

トランスナショナルな諸要因と三レベル・ゲームが作用した結果、福祉国家と経済の関係が変化し、四つの政策変化が政治のアジェンダに上らざるをえなかった。第一に、経済政策の介入方針がマクロからミクロ的なものへとシフトした。これは皮肉なことに、規制緩和と産業政策の双方が進展した結果である。

第二に、主要部門における最小限の自給自足を保持するために、一連の「戦略的」あるいは「基本的」経済活動を発展させ維持するという手段から、一連の多様化し急速に進化する国際市場における競争条件に対してフレキシブルに対応していく手段のひとつへと、国家介入政策の位置づけがシフトした。要するに、国家は、「比較優位」とははっきり区別される「競争優位」を追求するようになったのである。第三に、国家の経済運営と介入政策の試金石としての、インフレ管理、ならびに一般的な意味での新自由主義的マネタリズム（非インフレ的成長）が重視されるようになった。第四に、一国内での一般的な福祉（完全雇用、再分配的移転支出、社会的サービス供給）の最大化から、民間・公共両部門における企業家活動、イノベーション、収益性の促進へと、政党ならびに政府の政策の焦点がシフトした。

こうした政策手法と課題の変化に対応して、福祉国家は「競争国家（competition state）」へと転換する。[38] 競争国家は、たとえば人的資本、インフラ、大規模なR＆Dへの支援、他国へと移動してしまう「シンボリック・アナリスト」に対する基本的な公共サービスの提供、投資や事業活動にとって好ましい公共政策環境の維持など、国民的公共財、あるいは「非可動的資本」の充実を図り、特定の超国籍資本に対して相対的に好ましい投資環境を整備する役割を担う。[39]

今日支配的な競争国家の形態は、かつての日仏のような「開発主義的国家」や「戦略国家」とは異なる。それは、典型的には英米型の「新自由主義的国家」を指す。国家というのは今までもつねにある程度は市場の促進者だったが、今日の国家構造はますます市場志向になり、それどころか自らが市場に依拠した組織にまで変貌を遂げてきた。こうして公共財と私的財が供給される在り方も変化した。国家は、分配的＝生産的・規制的・再分配的という三つの伝統的公共財の供給能力を著しく低下させたが、その一方で、競争優位を高めるための公共投資は拡大せねばならなくなったのである[40]。

要言すれば、伝統的な国民国家が生存（をかけた戦争）と国内的統合を主目的としており、福祉国家の中核には、国民的経済成長のために、国内政策と経済諸要素を操作し接合し調合するという役割があったとすれば、現代の競争国家は、グローバル市場における競争優位上のシフトに迅速に適合することを必須の存立条件としているのである[41]。

「規制緩和」と「再規制」——「競争国家」の核心

競争国家は、福祉国家のように特定の経済的諸活動を市場取引とは切り離し、「脱商品化（decommodify）」するよりも、むしろ国際的・超国際的観点から国境内にある（あるいは国富を生み出すのに貢献する）経済諸活動により競争力をもたせるよう市場化に拍車をかけようとする。競争国家は、市場化の促進者である。この過程の主要なダイナミクスのなかには、国家の消費による私的投資の「クラウディング・アウト」を最小化するために政府支出を削減し、同時に、経済的諸活動、とりわけ金融市場の規制緩和を実行することが含まれていた[42]。

だが、はたしてこの金融規制緩和は国家の縮小を生んだのだろうか。一九八〇年代以来、規制緩和（deregulation）という用語は、大部分の政治家、ジャーナリスト、学者によって、非常に単純化されて用いられてきた。「規制緩和とは、資本主義経済に関する古典的理論におけるように、市場がより自由に作動できるように一連の経済活動に対する政府規制の解除や廃止することを意味している。この規制緩和のイメージの賛同者は、別個の、だが相互に関連する理由から、政府規制が市場の効率的な作用を歪めるようになった、と信じている[43]」。

この種の規制緩和には、第一に、規制を確認するコスト（書類審査など）を引き下げる狙いがある。第二に、それほどコスト高ではない規制も、ミクロレベルでの配分効率に関する市場参加者の計算を歪めるという意味で、反生産的とみなされる。最後に、この結果、市場効率が改善されれば利潤が上昇し、再投資が増加するという好循環が創出され、一九七〇―八〇年代にかけてダイナミックな資本蓄積が衰弱化し、景気が後退した悪循環を相殺するだろう、と想定されたのである。[44]

規制緩和（deregulation）という用語は、いくつかのレベルで進展する規制変化の複雑な過程を覆い隠してきた。いわゆる規制緩和はただもろもろの規制や国家の介入政策の全般的比重を減少させるだけではなく、実は、同時に一般的に新たな規制システムを再設計していく矛盾を孕んだ過程でもあった。それは、むしろ「再規制」(reregulation) と呼ぶにふさわしい過程だったのである。[45]

この再規制は、①業際規制の撤廃、②非金融仲介化と証券化、③金融イノベーション、④政府関与そのものの市場化、⑤グローバル化という五本柱からなる。これらの変化は、どれも政府規制全体の枠組みのなかで生じた他の領域での変化と密接に絡み合っていた。

再規制は、二つの局面に大別される。第一局面では、古い規制が取り払われ、市場化促進型の規制の枠組みが新たに設計された。国家はまず、市場効率を無視して行動しがちな組織化された市場アクターに対して、いわば「自由になることを強制した」。続いて、企業グループを形成したり国家との関係を深めていた市場アクターに新たな規制を課した。最後に、国家自身にも新たな規制を課し、自ら「市場化」と「商品化」を図り、他のアクター同様「国家アクター」にも市場規律に従うよう促し強制した。

第二局面では、市場の失敗などの構造変化がもたらした「意図せざる」結果に対応するためのものであった。たとえば、一九七〇年代末から八〇年代初頭にかけて、アメリカ航空業界で競争力改善のために実施された規制緩和は、安全規制、破産法、労働規制などに関する複雑な諸問題を発生させ、その結果、多かれ少なかれ新たな方法で競争を制限することに利害をもつ一連の独占的市場アクターを生みだしてしまったのである。(46)

金融分野では、個人投資家に対する保護を目的として、自主規制に代わる健全性規制を導入したために、監督業務を中心に拘束がかえって増大した例も見られる。いわゆる「ビッグ・バン」の先駆であるイギリスでも、一九八六年金融サービス法のもとで国家が課した金融市場の規制に関する規則は、以前の居心地のよい自主規制体制のもとで存在していた以上に、はるかに複雑な手続きを要するようになった。多くの市場参加者は、重要な分野ではかえって拘束がきつくなった、とまで感じたという。(47)

今やわれわれにとって確認するまでもないことだが、規制緩和は単純に国家の管理能力の後退を意味するのではない。そしてより重要なことに、超国籍的な政治経済のもとでは、あのアメリカですら、ある国における規制緩和が別の国の規制緩和の原因や結果となるフィードバック・ループからは逃れられない。「累積的循環的因果連鎖」は、さまざまな「予期せざる」帰結をもたらす。そうして規制緩和は、グローバル化の諸力にも反作用し、多様なレベルで多様な帰結を取り扱うための多様なアプローチを要請するだろう。このもっとも重要な規制緩和の帰結は、国内から超国籍的な領域へと主要な規制の重点をシフトさせ、「ブレトンウッズ体制がまるで児戯のように見えるほど複雑で問題だらけの方法で、経済政策と政策立案の本質を変える」ところにあった。(48)

最後に、競争国家への転換を通じて国家が直面してきたパラドクスをいくつか取り上げて、次節への課題を明らかにしておこう。グローバル化は、第一に、単純に国家の衰退を招いたのではなく、むしろ事実上の国家介入と規制を拡大した。第二に、そうしたグローバル化の現実に適応しようとして、国家は自ら再構築を図り、複合的グローバル化を推進する。アングロサクソン型への制度転換圧力という形で出現する市場からの同質化圧力にたえずさらされ続けることによって、リスク社会が出現する。最後に、グローバル経済と国家／社会編成に埋め込まれた諸実践の対立関係の深まりは、競争国家内／間の政治的コンフリクトの源泉となって、「より深い正統性、制度化された権力、そして社会的組み込みを国家に付与してくれるような、共同体的な一体感、あるいはゲマインシャフト」を国家が具現化する能力に制約を加えてしまう。そしてフォーマルならびにインフォーマルな社会保障制度が提供してきた対内的・対外的なリスク低減機能が市場諸力に侵食されていくにつれて、社会的不安定性が増大する。新しい社会政策に関する国民的・国際的合意は確固たる制度的な基盤をいまだ得ておらず、散発的なアイディアにとどまっている[49]。

次節では、「社会現象としてのグローバル化」の観点から、この最後の問題、つまりグローバル経済と国家の変質がもたらした社会的・現実的影響を考えてみることにしよう。そして、この次元で、紛争発生の背景が明らかにされるであろう。

三　グローバル化の社会的帰結——分裂と対立の深化

不均等の増幅——散在する「南」

①国際的不均等の現状

グローバリストは、グローバル化が戦争を抑制し、世界の平和をもたらすと信じているようにみえる。たとえば、

T・フリードマンは「一九九九年の半ばの時点で、マクドナルドを有する任意の二国は、それぞれにマクドナルドができて以来、互いに戦争をしていない」というデータにもとづいて、「紛争防止の黄金のM型アーチ理論」なるものを提唱する。「当理論では、ある国の経済が、マクドナルドのチェーン展開をささえられるくらい大勢の中流階級が現われるレベルになると、そこはマクドナルドの国になる、と規定する。マクドナルドの国の国民は、もはや戦争をしたがらない(50)」。

この背景には、非国家領域の経済主体が自己利益を貫徹し、貿易と投資が相互浸透することにより、利益の共有が世界的規模で進み、その結果、恣意的な国家の横暴が抑制され、情念の暴発が抑制される、という「暗黙知」が前提される。こうした認識は、ハーシュマンがいうように、モンテスキューによって最初に体系的に表明されたものであるが、主流派＝リベラル派経済学の骨格の一部として引き継がれてきた。

だが、こうした夢は現実によって裏切られている。そもそも、この「理論」には、国家間の戦争が激減した代わりに、なぜ冷戦後に内戦がやまないかという面の説明が欠如しているからだ。マンスフィールドとシュウナイダーが指摘するとおり、B・ラセットの議論も同じ欠点を抱える(51)。前出のフリードマンも、コソボ紛争の動向を見て、「マクドナルド」理論を修正した。「マクドナルドの国の国民は、もはや戦争をしたがらない。むしろハンバーガーを求めて列に並ぶほうを選ぶ——そして、これを無視する指導者や国民は、自分が思ったよりもはるかに高い代償を払うことになる(52)」。

いったい問題は、どこにあるのか。第一に、すでに見たとおり、新自由主義的改革は、自由経済が国家の横暴を抑制する構図を思い描いたはずなのに、これが、逆説的に新たな国家介入を招く、と同時に、国際的な合弁などを通じて誕生した国際寡占企業が、各国市場への参入自由化を推進することで、国内外で利害対立の恐れがかえって高まり、競争と淘汰のプロセスが激化している、という点である。

そして、第二に、本節で検討していくとおり、グローバリストは、グローバル化が個々の経済主体にとって好機である面のみを強調するが、国際的な自由市場化と競争が引き起こす「結果の不平等」が、個人のアイデンティティにも悪影響を及ぼす面を軽視してきた。リスク社会と不安心理の増大がそうである。この結果、グローバル化が、国民国家レベルでも地域レベルでも深刻な社会的緊張を生み出しているのである[53]。

グローバル経済がもたらした現実的帰結のひとつに、社会的不均等の拡大がある。グローバル化を通じて、特定の国・地域・社会集団のあいだと内部に、強力な競争力学が発現し、優勝劣敗が明確になりつつある。あらゆるレベルで、ソーシャル・セイフティ・ネットに庇護されない弱者に、矛盾は集中する。

まず、主として国連開発計画の『人間開発報告書一九九七年版』から、いくつかの印象的な数値を借りて、国際的不均衡の現状を確認しておこう[54]。

本報告書によると、乳児死亡率、初等教育を受けていない児童の割合などの指標がほとんど世界中で改善されたにもかかわらず、依然世界には極端な不平等が残存し、拡大を続けている。途上地域の人口の四分の一はいまだに貧困状態にあり、約三分の一にあたる一三億人は一日一億ドル未満の所得で暮らしている。「富めるものはますます富み、貧しきものは子供をもつ」という「貧困の悪循環」にとらわれた結果、世界人口の八〇パーセントを占める途上国は世界の総所得の二〇パーセントを占めるにすぎなくなった。所得貧困者のうちの九億五〇〇〇万人は、南アジア、東アジア、東南アジア・太平洋地域に集中している。サハラ以南アフリカの所得貧困者数は二億二〇〇〇万人で、人間貧困指数（ＨＰＩ）ももっとも高いだけでなくもっとも急速に上昇している。ラテンアメリカ・カリブ諸国では所得貧困層が一億一〇〇〇万人、東欧やＣＩＳでも人口の約三分の一、一億四〇〇〇万人が一日四ドルの貧困ラインを下回る生活を送っている。先進国ですら、所得の中央値の半分に設定された貧困ライン以下で暮らす人の数は一億人に上り、三七〇〇万人が失業している[55]。

こうした不均衡は、女性、子供、高齢者という社会的弱者にさらに集中する。ここでは「貧困の女性化」について指摘しておこう。一九九〇年の国連統計ほかのデータによると、世界全体で男性一〇〇人に対して女性は七四人しか識字能力がなかった。初等教育年齢（六―一一歳）にある男子のうち通学機会に恵まれていない児童が五二〇〇万人であるのに対して、女子の場合は七七〇〇万人であった。女子の退学率や欠席率、入退学を繰り返す比率を考慮すれば、この格差はより拡大するはずである。不衛生な環境、低栄養状態に加えて、出産に関する女性の権利剥奪状態は、とりわけ貧困地域において顕著である。スカンジナビア諸国では出産時に二万人につき一人しか女性が死亡しないのに対して、サハラ以南アフリカではその割合がわずか五〇人につき一人であり、しかも、平均七人かそれ以上の子供を出産するにもかかわらず、出産適齢期を終えて生き延びることのできる女性の数は、わずか六人につき一人である[56]。

こうした社会的不均等の拡大に対して、グローバル経済はいかなる影響を及ぼしているのだろうか。長期的に見ても過去一〇〇年間世界貿易に占める第一世界、第二世界、第三世界の占めるウェートはほとんど不変であり、第一世界はつねに世界の貿易総額の三分の二程度を占め続けてきた。この背景には、途上国政府のマクロ経済運営や個別企業の戦略といったミクロ経済的な要因があるが、それとともに（あるいはそれ以上に）、途上国にとって世界貿易制度が不利に形成されている側面に注意を向けなければならないだろう。政府や企業がとりうる政策オプションは、国際的制度環境によって大きく制約されるからである[57]。

ここで重要なことは、貿易自由化に関する南と北の非対称的な政治力学の存在である。たとえば、絶対的には関税や輸入規制は南の方が依然高いが、その変化の方向は対照的である。先進国の大部分では、一連のGATT協定により関税を引き下げながらも非関税障壁（数量割当制、反ダンピング措置、自主貿易規制など）を高め、管理貿易化を進めている。非関税障壁は先進国全輸入品の四分の一に及んでいる。

これに対し、真の意味で貿易自由化が進んだのは南の国々である。そこでは、輸入品に対する直接規制が弱まり、為替レートの過大評価が修正されてきたのである。先進国が競争優位にある製品の関税が四五パーセントも引き下げられたのに対して、途上国の場合は二〇—二五パーセントにとどまった。加工品よりも原料に対して関税を高める関税のエスカレーションは、交易条件が不安定な一次産品輸出に途上国を閉じこめ、一次産品に付加価値を加えて販売する方途を奪う効果をもっている。NIEOの挫折以来、途上国は政治的集団交渉力を喪失し続けている。(58)

繊維衣料製品、農作物、あるいは近年とみに国際貿易交渉の場でイシューとなる知的所有権などをめぐる貿易取り決めを見てみよう。多くの国々の工業化の出発点となってきた繊維製品に関しては、一九六一年の多国間繊維取り決め（MFA）に始まる輸出制限のもとに管理されてきた。途上国は年四〇から一五〇億ドルの損失を被っていると推定されている。GATTウルグアイ・ラウンドにおける繊維と衣料に関する協定においても、割り当て撤廃と関税の段階的引き下げ（平均一二パーセントまで）が決定されたが、これは依然先進国の平均輸入関税の三倍という高関税である。農作物市場において途上国の価格競争力を喪失させている最大の理由のひとつは、輸出大国であるアメリカとEUが自国農産物に支払っている補助金である。その結果、途上国では輸出生産者のみならず国内食糧生産者も安価な食糧輸入というダンピングにさらされる不利益を被っている。

ウルグアイ・ラウンドにおいて特許その他の知的所有権に関する期限が延長されたことで、途上国への技術移転費用はいっそう上昇するだろう。先進国がキャッチアップを図りえた時期とは異なり、技術に関する国際移転の経路は管理され、またそれによって変貌した。世界市場における競争優位が技術集約型製品に移行した現在、途上国の追跡はいっそう困難になる可能性が高い。貿易、労働、金融に関する不平等な機会しか与えられないことから生ずる途上国の損失は、『人間開発報告書一九九二年版』の概算では五〇〇〇億ドルにも達する。[59]

②国内的不均等の現状

不均等の拡大は、国際的現象であるにとどまらず、一国内でも、職種、人種、地域によって著しい不均等がみられる。グローバル経済と結びつき、それによって発展したとされる新興工業途上地域にも、首位都市と他都市、農村との著しい格差が見られる（それは逆にいえば、国民的資源の首位都市への集中的投資を通じて成長に成功した結果でもある）。だが、グローバル経済最大の皮肉のひとつは、グローバル化の進展を誰よりも望み、どの国よりも利益を得ているはずのアメリカが、そうした国内不均衡を増幅させている代表的な国のひとつであるということである。

R・ライシュによると、大量生産型企業がピラミッド型組織形態をとったのとは異なって、現在の高付加価値型企業は「グローバル・ウェブ」と呼ばれる企業間ネットワークの組織網をもち、権力と富の源泉を所有権の集中から問題の発見・解決とそれらを戦略的に媒介させる能力へとシフトさせた。そうした活動を行なう「シンボリック・アナリスト」と、ルーティン生産労働者、対人サービス労働者との格差が、現在のアメリカの国内不均衡の背後にある。[60]

所得を上位から五分位に分けた階層分布で見た場合、一九七九―九〇年に最下位層の所得が五パーセント減少したのに対して、最上位層のそれは九パーセント上昇した。同時に国民所得全体に占める割合も、前者が三・七パーセントで一九五四年来の最低を記録したのに対し、後者では五〇パーセントをわずかに上回る水準に達し、過去最高を記録した。一九九〇年代の低失業、インフレ抑制基調、ダウ平均の急上昇といった好調さにもかかわらず、所得不平等のトレンドには変化がない。

現代の特徴は、第一に、所得格差が就業層内部で拡大している、ということである。とくに経営層の膨大な所得が拡大を生んだ原因のひとつである。第二に、学歴別所得格差が二倍にまで拡大している。いずれの要因も、組織労働者の中核であるルーティン生産労働者、対人サービス労働者の地位の悪化、交渉力の低下に求められる。(61)

競争イデオロギーの隆盛とともに形成された「ひとり勝ち（winner-take-all）」市場は、ソーシャル・セーフティ・ネットを剝ぎ取り食い破りながら、こうした不均衡を社会の隅々にまで浸透させていく。こうして同種の人間だけが住む新しいコミュニティ＝エンクレーブが都市の内部に、あるいは郊外に形成されつつある。シンボリック・アナリストの所得から拠出される税金は、自らの居住地域向けの公共財の創出に当てられる。いくつかの高所得者地区では土地所有者に相互課税の権限を与えており、ゴミ収集や街路清掃、治安維持などの費用として特別税の徴収が許されている。ニューヨークの二番街から三番街のあいだ、三八丁目から四八丁目までの高級住宅街では、一九八九年に住民から四七〇万ドルを集め、うち一〇〇万ドルを私設警備組織の費用に充当した。シンボリック・アナリストを中核とする高所得層のコミュニティが蓄積する固定資産税は、彼ら向けに対人サービスを提供する業者には、公共サービス施設やサービスの恩恵をもたらさない。そうした業者たちは別の居住地域に属しているからである。(62)

しかも高所得者層と低中所得者層の区分線には、新たに人種的な分断も折り重なっている。一九六五年以降アメリカで進展してきた新しい移民流入の波は、こうした高所得者層向け対人サービスを提供する労働需要が都市部で拡大してきた結果生じたものである。シンボリック・アナリストの好む、グローバル・ウェブに結びついたライフスタイルは、こうした移民たちの低賃金サービス労働ぬきには語れないものである。こうした人的な流動性は、コミュニティに新しい緊張の種を生み出す。そのひとつの例が、アメリカでいえば一九九二年韓国人移民と黒人住民の間で勃発したロス暴動であった。(63)

紛争の性格変化——開発不全との関係

①旧来型紛争解決メカニズムの機能不全——国内紛争の増大

H・アミルの比較研究が明らかにしたように、領土や資源などをめぐる国際的な利害上の紛争は、価値観や相互関係に関わる紛争（たとえば、宗教的対立や民族紛争など）や国内の権力闘争よりも、平和解決が容易である。集団安全保障体制は、前者のような有形の資産に関わる交渉には長けている。(64)

だが、現代の紛争は、よく知られているとおり、まず国家間紛争というよりは国内紛争の形で発生しているところに、その特徴がある。スウェーデンのウプサラ大学平和紛争研究所によれば、冷戦終結後、一九八九—九六年にかけて生じた一〇一件の紛争（年間戦死者が二五名以上）のうち、国際紛争はわずか六件にすぎず、残りはすべて国内紛争である。また、ストックホルム国際平和研究所（SIPRI）では、累計で死者が一〇〇〇名を越える紛争を武力衝突とみなしているが、一九九九年度版のSIPRI年鑑によると、一九九八年に全世界で発生した武力衝突は二七件で、二件をのぞけばすべて国内紛争であった。

だが、このように国内紛争が増加しているにもかかわらず、国際社会には、集団安全保障をはじめ国民国家を基本とする紛争解決体制しか存在してこなかった。こうしたメカニズムは、国内紛争に対しては、国家主権、内政不干渉の壁に阻まれ、(なおさら)うまく機能しない。同じように、冷戦終結後は、抑止や勢力均衡といった旧来型のメカニズムの発動に頼って安全保障を実現することは、もはや困難になりつつある。こうして、一九九一年四月にクルド人虐殺防止のための安保理決議六八八号が採択されたのを契機に、国連憲章第二条七項をこえて、国際法上「人道的介入」が容認される時代に突入した。[65] くわえて、国連は、冷戦後、五年間で五倍に急増した平和維持活動のコスト負担にあえいでいる。また、情報革命を技術的背景として確立してきた、冷戦後の国内外の世論と新たな倫理観は、大国といえども容易に武力行使を紛争解決の手段として行使することを禁じている。[66] したがって、緊急の事態に対応した政治的・軍事的アプローチ、つまり「施策的な予防」と並んで、民主的政治経済体制を構築する基盤づくりを行なうために、トップダウンとボトムアップ・アプローチを組み合わせた「構造的予防」が求められるようになったのである。[67]

② 総合的予防外交と予防開発の重要性

こうした情勢の変化を背景に、一九九二年一月に開かれた国連の安全保障理事会サミットの要請を受けて、同年六月にB・ガリ国連事務総長が提出したのが「平和への課題」であった。そのなかで注目を集めたのが、紛争抑止のための「予防外交」の提案である。そこでは紛争管理の四段階区分が提案された。暴力行為が発生する以前の紛争解決をめざす「予防外交」、武力紛争を停止させるために発揮される外交的手段である「平和創造」、いったん回復された平和を国連の存在によって維持する「平和維持」、紛争再発を防止する平和強化策としての「紛争後の平和構築」がそれである。[68]

この一〇年余りの期間に国際社会が得た苦い教訓は、いったん起こってしまった紛争、とりわけ国内紛争の解決と和解には、長い時間と莫大な金銭的・心理的コストがともなう、ということであった[69]。したがって、上記の四段階において、何より重視されるのは「予防外交」段階における「紛争前の平和構築」ということになろう。とすれば、そこでとりうる手段は、通常の紛争予防措置のイメージからは大きく離れた広範なものになるはずである。広義に解釈すれば、予防外交あるいは紛争予防措置は、社会秩序安定のための政策手段をすべて含む、ともいえるからだ。たしかに、納家政嗣が述べたとおり、「予防外交」を無制限に拡大解釈すると、実質的な議論は進められなくなるだろう。そこで以下では、納家と黒田の簡潔な整理[70]に従って、今しばらく、この概念の発展とその背景にある紛争の形態変化について論及しておこう。

予防外交という言葉の使用は、第二代事務総長D・ハマーショルドに始まる。事務総長の権限行使による周旋活動は、紛争予防・解決に有効であったが、冷戦後の安全保障体制の機能不全を背景に、PKOの一環として予防外交論が構想された。続くH・デクエヤル事務総長は、周旋活動をつぎつぎに実践に移していく。かれにとっては、八〇年代前半のアフリカの旱魃や内戦に対応する形での「早期警報システム」として、それは構想されていたのであった。

だが、サミットの要請を受けて、予防外交に関する報告書（『平和への課題』）を提出したB・ガリは、国連の機能拡大の一環として予防外交を構想するようになる。その背景には、冷戦終結後の国際環境の変化に対応して、PKO活動が単なる停・休戦監視にとどまらず、生活インフラの整備や難民の帰還・定住などに拡大していく経験を重ねたことがあげられよう。さらに、湾岸戦争での多国籍軍の勝利によって、事後的であるはずのPKOを事前に実施することを通じて国連の平和維持機能は実現できる、という楽観論が広がっていく。

だが、今日の予防外交論は、こうした楽観論の嫡子ではなく、ボスニア、ソマリアでのＰＫＯ軍の強制措置の失敗から苦い教訓を得て、発展してきたものである。コソボの空爆に代表されるような現実的・事後的な強制措置における地域組織や同盟関係が再評価されるなか、予防外交論は、ＮＧＯらを巻き込んだ非公式・多元的な人道的関与体制の構築に向かう方向に進展しはじめたのである。

ここで重要なのは、予防外交の対象としている紛争の性格そのものの変化である。実は、国家間戦争から内戦へ、というだけでは十分ではない。そこで、納家が注目したのは、紛争の当事者による分類である。冷戦終結期以降に国家間紛争から内戦へと紛争の型が変化してきた。具体的には、冷戦から膠着してきた内戦が国際化したアンゴラ、ニカラグア、カンボジアなどのケースがある。そこでは、「政府軍と反政府軍があり、紛争当事者に国家再建の意欲がある権力闘争だった」からこそ、ＰＫＯが有効に機能した。対応策も、基本的には関係国家間外交の枠組みのなかで処理されてきた。現在の解決困難な内戦は、「必ずしも既存の国家再建をめざさない勢力がかかわっている場合」と考えてよい。国際社会が無政府状態というときには、国家制度からなる社会であるがゆえに、無秩序ではないが、いわゆる「破綻国家」のなかでは、無秩序な無政府状態が出現する。ここまで事態が悪化すれば、予防外交の出番はもうない。

だが、Ｋ・アナン事務総長が「健康的でバランスのとれた開発こそ紛争防止の長期的な最善の方法である」と述べたように、包括的な予防外交アプローチは、実践を積み重ねるうちに、現在の国連に定着しつつある。

そこでわれわれは、「平和への課題」を補完するものとして、一九九四年一一月に国連が発表した「開発への課題」に注目しよう。これで示されたのは、紛争の根本的な原因が、貧困や失業といった開発の不全・失敗からくるという「予防開発 (preventive development)」概念であった。平和維持活動すら、紛争の再発防止を目的としている限りでは、「予防的平和構築（preventive peace-building）」とみなされ、人権、経済、社会開発といった分野までもが予防外交に含めて議論されるに至ったのである[71]。

ここに至れば、紛争研究と開発研究が抱える課題が共通していることは明らかであろう。紛争研究における予防外交から予防開発への流れは、軍事的から社会的・人間的への安全保障概念の拡張と対応している。これはまた、開発概念が、経済開発から社会開発、人間開発へと拡張していくのと相即的であった。

人間の社会が紛争から逃れられないとすれば、紛争解決とは、まともな人間の社会生活とは何かを根本から問い直すものとなる。その紛争を命のやりとりにまで悪化させず、かつそれほど人間性を辱められたり虐げられたりせずに、そこそこまともな暮らしを大多数の人間が平和に営んでいくための条件が、根本から問い直されているのである。「安全、豊かな生活、正義」という三つの主要なニーズを満たそうとする人々の非暴力的な努力に報いる体制づくりこそ、平和構築の出発点に据えられねばならないのである[72]。

ところが、こうして紛争の背景と課題が明らかになりつつある今まさに、その安定した社会生活実現の土台を浸食しきるような勢いで、グローバル化は進展している。すでに見たように、個人主義的な競争原理の徹底を通じて社会的な分裂が促進されていくのである。

ハイブリッド社会と市民権をめぐる闘争

①アイデンティティの同質化と異種混交化

グローバル社会は、すでに見たような分極化と並んで、高い流動性（mobility）に特徴づけられる社会でもある。

資本や情報とならぶ、人の移動性の高まりと複雑化は、均質な国民経済モデルでの把握を容易には許さない。移民の流出と受け入れを同時に行なう階段状労働移動パターンの出現からもわかるように、われわれは国境が幾重にも折り重なった超国籍的な政治経済地図を描かねばならない。皮肉なことに、グローバル化は地球を「縮小」させるにつれて、異種混交性（hybridity）を消滅させるどころか、むしろ世界中にまき散らしているのだ。(73)

この異種混交性は、グローバルな消費経済の拡散とともに、人々の経験やアイデンティティにも深く浸透する。S・ホールはいう。「社会生活が、生活様式、場所やイメージのグローバルなマーケティングによって、また国家間の旅行、グローバルにネットワーク化されたメディアのイメージやコミュニケーション・システムによって媒介される度合いを深めるにつれて、アイデンティティがますます特定の時間や歴史や伝統からは切り離され、つまりは離床（disembedded）し、『自由変動』するように見える。われわれは様々なアイデンティティに直面しているが、どれもががわれわれにとっては、あるいはむしろ、われわれの様々な側面にとって、魅力的である。そこからいろいろなアイデンティティの選択が可能なように見えるからだ。現実なのか夢なのかは別にして、消費者主義の広がりこそ、この『文化的なスーパーマーケット』効果に寄与するものである。グローバルな消費者主義の言説の中では、従来はアイデンティティを定義した差異や文化的区別が、国際的な共通語あるいはグローバル通貨の一種に還元され、あらゆる種類の伝統や明確なアイデンティティを翻訳可能なものにしている。この現象が『グローバルな同質化』として知られているものである」。

これに対して、反作用する傾向が三つある。第一に、「グローバルな同質化」とは別に、差異にも魅力が備わっているがゆえに、エスニシティと「他者性」のマーケティングも存在する。「グローバルなもの」の衝撃とならんで、「ローカルなもの」への新たな関心もまた存在する。この「（フレキシブルな特化と『ニッチェ』マーケティングの形態での）グローバル化は、実際には、ローカルな差異化を開発する。グローバルなものがローカルなものに置換されるのではなくて、『グローバルなもの』と『ローカルなもの』が新たに接合されると考える方が正確であろう」。第二に、グローバルな同質化が不均衡な「グローバル化の『権力幾何学』によって進展していること、しかもそれが文字通りの意味ではなく『西側の現象であること』」をわれわれは見逃すことはできない。第三に、誰がそれにもっとも影響を受けるのか、という問題がある。その流れに向かう不均衡な方向性があるから、そして、「西欧」と「それ以外」のあいだに文化的な力の不均等な関係が継続しているから、グローバル化は——本質的に全地球に影響を及ぼす何かであるけれども——本質的に西欧の現象であるように見えるかもしれない。(74)

②市民権概念の再生と拡張

この分断化され多層化されたアイデンティティの編成は、従来国民国家と結びついてきた統一的なそれとは大きく異なっている。西側社会のなかに形成された移民社会が定着の度合いを深めるにつれて、旧来の国民的帰属と異なる新たな政治的帰属の基準を模索する営みが、われわれに要請されているのだ。

その焦点となるのが「市民権」概念である。近年の市民権概念再考は、現実的には西欧内部の移民社会の構造的定着化と、理論的にはT・H・マーシャルの古典的著作『シチズンシップと社会階級』の再評価と結びついている。かれは、「国民国家の一員としての成員資格」、すなわち「国籍や参政権に象徴される『形式的』な市民権」をこえて、「実質的な諸権利のセット」、つまり「公民的権利」「政治的権利」「社会的権利」の三つを含んだ市民権概念を提唱したのであった。ベンディックス＝ロッカンは、このマーシャルの立場をいっそう深化させ、一八世紀以降西欧社会において進展した、国民国家形成と市民権拡張の過程を関連づけた。市民権の下層階層への拡張過程を「平

等化」と「全国民的な政府の権威」形成という二重過程として把握したのである。(75)

李の秀逸な整理によると、国民国家は、三つの制度的ゲートを通じて市民権をもつ市民（＝国民）と外国人との選別を図ってきた、という。第一に短期滞在を許可するゲート、第二に、長期滞在を許可するゲート、第三に市民（＝国民）になるためのゲートである。だが、移民社会が拡大している現状のもとでは、この政治的な成員資格を厳格にコントロールすることは事実上の居住者を社会から排除する結果を招いてしまう。日本やEUなどいくつかの国々では、居住地域が変わらないのに、国籍法の修正によっていったん獲得されたメンバーシップが剥奪されることすらありえた。新しい市民権の提唱は、こうした国家の恣意的な選択のもとで構成された疑似エスニック集団の集合体を批判するところから出発しなければならないのである。(76)

B・アンダーソンは「遠隔地ナショナリスト」の出現を論じながら、大量移民の発生が、旧来の市民権が政治的価値を空洞化させている結果となり、またそれが原因となっていっそうの移民活動を促進する様をこう描いている。すなわち、二〇世紀に入って運輸とコミュニケーション手段の飛躍的な技術進歩が加速した結果、周辺部から中心部へと移民の流れが逆流し、かつて「想像」された祖国との主観的距離感は、著しく圧縮され変質した。こうして、異国に住まいながら母国の政治活動に積極的に関与する「遠隔地ナショナリスト」たちが大量に生まれた。かれらの活躍する時代においては、市民権付与の条件であった出生証明も（あるいはそれに比して闇市場での市場価値が高かったはずの偽造パスポートですら）、市民権も、国民国家への忠誠心も証明するものではなくなり、たんなる労働市場への参加証明書になったという意味で、ニセ金化しつつある。出生証明、市民権、パスポートのもつ政治的重要性が低下する事態の裏側では、「古い国民国家でのエスニシティの勃興」あるいは人種差別主義の勃興が進展している。ルペンが排撃するフランスの「よそ者」とは、「アルジェリアのパスポートをもつ移民」ではなく、「政治

的な意味でのフランスにおける『非フランス人』フランス市民」なのだ、と。(77)

さて、武川正吾によれば、二〇世紀後半に成立した「福祉国民国家」の市民権は、三つの特徴からなっていた。すなわち、まず、社会的市民権の適用範囲を自国民に限定する「国民主義」、次に、市民権の保護は国家が行なうという「国家主義」、最後に、市民間の対内的平等化を図るために「単一で均質の身分としての市民権」を国民規模で確立するという「同化主義」がそれである。

グローバル化の進展は、この三つの特徴に変質を迫っている。第一に、「脱国民主義」の二つの流れがある。ひとつには、国民国家内部における外国人の市民権が、「形式的」市民権（成員資格としての国籍）から「実質的」市民権（市民権獲得によって保障される生活機会）へとシフトした。もうひとつには、地域主義的な市民権、たとえばヨーロッパ市民権の確立である。

第二に、「脱国家主義」の流れである。社会的市民権がもつ国家主義は、実質的な保障とともに、国家の生活世界への介入と硬直的なサービス体系という代償を払って獲得されていた特質であったが、一九八〇年以降、福祉国家の危機と連動する形で弱体化する。それは、ひとつは、社会保障の放棄をともなう新自由主義的な福祉国家政策として現われたが、他方では、市民社会の再生と結びつき、福祉社会の形成をめざす動きに連動していく。

第三に、「脱同化主義」の動きである。グローバル化の内部で均質化と同時に再発見される差異化の動向を背景に、国民国家内部のマイノリティは、普遍的で均質的なアイデンティティにもとづいて形成される市民権から自らの文化的アイデンティティが排除されている状態に抵抗し、ますます「差異への権利」「承認の政治」を主張するようになったのである。

最後に、これらの三つの対抗原理として武川が挙げたのは、地球市民権、消費者主義とエンパワーメントの原理に立つ市民権、多文化主義的な市民権であった。[78]

③市場による「経済的市民権」の行使

さて、こうした人的流動性の高まりは、近代国家の成立条件である主権、排他的領土性、市民権のセットにも動揺をもたらし、その結果、曖昧化した国民的帰属に対して、この面からも新しい定式化が図られざるをえなくなった。S・サッセンは、この状況を「経済的市民権（economic citizenship）」という問題提起的な概念で分析しようとした。

この経済的市民権という概念は、伝統的に理解されてきた市民権概念とはまったく別種のものである。「経済的市民権」は、市民に帰属するのではなく、企業や市場、とくにグローバルな金融市場に帰属するものだからだ。グローバルな金融市場は、現在、説明責任を政府に要請し、政府の経済政策に対して投票（投資や投機）を通じて却下や承諾の意思表明を行ないうる。この意味で、グローバルな金融市場は、グローバルに越境する経済的選挙民の一種として立ち現われてきたのである。資本登記がグローバルな金融市場では選挙人登録にあたる。

なるほど、これらの市場は多様な投資家による多様な判断の積み重ねにもとづいているがゆえに、民主主義的な手続き上の体裁を整えてはいるが、あらゆる「投票者」は、資本を所有せねばならず、しかも小口の投資家たちは、通例、年金基金、銀行、ヘッジ・ファンドといった機関投資家を通してしか機能しえない。個人投資家ですらない一国の大多数の住民はなおのこと、何の発言権もないまま、実質上、意思決定のプロセスから排除されてしまうのである。こうして「よき」国民の条件であるはずの市民権は、政治的価値を低下させ、同時に市場に収奪されつつある。[79] マーシャルが想定したような、市民権の進化と福祉国家の拡充が手をとりあって進む時代は、終わりを告げようとしている。

おわりに

本稿がサーニーの議論を援用して「複合的グローバル化」の観点を強調してきたのは、グローバル化が経済・政治・社会の各階層で旧来の国家／社会編成を揺さぶり再編し、リスクを高めつつ個人のアイデンティティの分裂にまでその運動を投錨していたからであった。そうした状況に対応した個人の行動が、今度はグローバル化の新しいダイナミズムを生み出す。こういった螺旋状の反復的増幅運動こそ、グローバル化を捉えにくく、かつ矛盾をはらんだ過程にする動因である。統合と分裂、均質化と差異化が結合を深め合うような二面性こそ、グローバル化の本質であった。

われわれはグローバル化の当事者である。われわれにとってグローバル化とは与件ではなく、生きられる現実である。いうまでもなく、グローバル化のもたらす「社会的分裂は、観るだけのスポーツと同じではなく、サイドラインの近くにいる人間もまたグラウンドの土をかぶってしまう。結局のところ、社会的亀裂が深まれば社会の成員みなに被害が及んでしまう(80)」。

先進国における福祉国家から競争国家への変質、ならびに途上国におけるインフォーマルな互助的ネットワークの弱体化によって、社会はセーフティネットを喪失し、リスク社会へと変貌しようとしている。われわれは、リスク社会に投げだされ、グローバル化の多元的亀裂のなかを生き抜かなければならない。

本稿が、グローバル化する世界に見出したのは、ひとつには、多国籍企業、金融機関などの新しい競争環境で活動する非国家的なアクターであり、もうひとつには、この環境に適合するにとどまらず、これを積極的に創出する国家の新しい姿であった（競争国家の成立）。そして、とりわけ技術革新と金融市場の自由化を通じて、他国に対するアメリカの構造的権力上の優位が高まった。この過程で、国家はますます非国家的アクターと権威を共有するようになったが、国民国家と一体化していた市民社会においても、同様に、その組織原理が家庭や福祉国家から市場へと急激にシフトした（リスク社会化）ために、社会的リスクを分散し、諸社会集団をまがりなりにも統合してきた福祉体制は動揺する。先進国のみならず、世界的規模で諸原理間のアンバランスが発生した結果、人々の社会生活の将来的基盤に対して不透明感が高まるとともに、諸帰属集団におけるアイデンティティ危機が折り重なってしまった（市民権の再編要求）。ここに、われわれは地域紛争のひとつの淵源を見出したのであった。したがって、われわれは、安定した社会生活を送るための新しいガバナンスの仕組みを構想し直す作業（予防開発）を通じて、この問題の根本的な解決に向かわなければならない。

とはいえ、本稿は、グローバル化の鳥瞰図を描いたささやかな出発点にすぎない。グローバル化と政治制度ならびに政治的選択との相関関係を強調してきたのは、その人為的な性格を改めて浮き彫りにする作業を通じて、その変更可能性を確認したかったからでもある。グローバル化は運命ではない。われわれに何らかの政治的選択と行動が可能であり、またそれが必要であるとするならば、このグローバル化の矛盾した現実を認識するところから、さしあたり始めるほかない。

注

（1） Claire Turenne Sjolander, "The Rhetoric of Globalization : What's in a Wor (l) d ?", *International Journal*, Vol. 51, No. 4, 1996,

p. 603. バーガーの指摘によれば、公的・私的領域への二分化を根本とする、近代社会に特有な「生活社会の複数性」が、マス・コミを通じた情報やコミュニケーションの複数化（意識の都市化）を通じて、自我形成（近代社会への第一次社会化）の過程に侵入しており、その結果、人々は安定的な「安住の地」を喪失してしまう。たとえば、人生の長期的計画を立てる場合も、社会関係の複数性に加えて仕事の複数性に影響を受け、人々は「多相関同時性」に曝される。こうした「生活歴の設計」は、未決定な選択部分を含んだ形で長期にわたって組織化されているが、近代生活においては「寄せ木細工的」アイデンティティの第一次的な源泉となる。

　福祉社会の弱体化とリスク社会における不安心理を考える上で、この「生活歴の設計」とアイデンティティの関係を論じたバーガーの慧眼は注目に値する。だが、多くの人間が、生まれた環境から根こぎにされるばかりか、その後の環境を「安住の地」にできず、弁神論を喪失した近代人はアノミーに苦悶する、というストーリーを受け入れるには、留保が必要だろう。ギデンズがいうように、バーガーも含む伝統的社会学はテンニース以来「伝統的秩序の共同体的特質と近代的社会関係の非人格性を対置させてきた」が、むしろ、現代の共同体的関係には、人格的な信頼関係に依拠し、場所に埋め込まれた親密な関係が弱体化する面と、「再埋め込み」が抽象的システムに対する信頼に依拠しながら、それを再編する面の双方が含まれるからである。Peter Berger et al., *The Homeless Mind*, N. Y.: Random House, 1973（高山真知子ほか訳『故郷喪失者たち』新曜社、一九七七年、三章）、ならびに Anthony Giddens, *The Consequenses of Modernity*, Polity Press, 1990（松尾精文ほか訳『近代とはいかなる時代か?』而立書房、一九九三年、邦訳一四三、一四五、一七七頁）を参照せよ。

（2）グローバル化の定義については、さしあたり、Jan Aart Scholte の次の手際よい整理を参照せよ。“Global Capitalism and the State”, *International Affairs*, Vol. 73, No. 3, 1997; “The Globalization of World Politics” in: John Baylis & Steve Smith eds., *The Globalization of World Politics: An Introduction to International Relations*, N. Y.: Oxford U. P., 1997; “Beyond the Buzzword: Toward a Critical Theory of Globalization”, in: Eleonore Kofman & Gillian Youngs eds., *Globalization: Theory and Practice*, N. Y.: Pinter, 1996. また、邦語文献では、櫻井公人・小野塚佳光編『グローバル化の政治経済学』（晃洋書房、一九九八年）、田口富久治・鈴木一人『グローバリゼーションと国民国家』（青木書店、一九九六年）などを参照のこと。

（3）Sjolander, *op. cit.*, p. 604.

（4）本文でいうリスクとは、ケインズ的な意味合いにおいて、すなわち、確率が「将来事象の確率に関する信念の度合い」を反映し、

「予測が過去の発生の数学的頻度」に依存せず、したがって「確率、加重値およびリスクの認識は、ことごとく高度に判断に依存している」という意味で、用いられている（Peter Bernstein, *Against The Gods*, N. Y.: John Wiley & Sons, Inc.1996（青山護訳『リスク』日本経済新聞社、邦訳三〇三 - 三〇四頁））。そうすると、システムに対する信念のゆらぎや不安が投影して、システムに関するリスクが高まることになる。

ところで、ギデンズたちがいうとおり、単純的近代化の社会学が、科学的原理の統制に関する楽観論に支配されているのに対し、「再帰的近代化」の社会学においては、科学的原理の適用は後続の科学的原理の適用をむしばむ点を強調する。つまり、リスクの内在的複雑化がリスク計算の合理性に疑義を差し挟むがゆえに、不確実性が増大した状況に対して説明責任の増大がともなう一方で、「社会は、目に見えるものや意図されたことがらによって変化していく……。道具的理性ではなく、副作用が、社会の歴史の原動力になりはじめているのである」。

啓蒙主義者たちが、世界について認識が深まれば、生活条件に関する確実な知識を得られると考えたのとは異なって、われわれが今日直面している不確実性の多くは、人間の知識の増大それ自体の産物である。われわれの生活は「大量生産された不確実性」に支配されており、「シナリオ思考」、つまり起こりうる将来の結果についての仮定法的構成によって、特徴づけられている。「生の叙述による自己の構築」のなかに「リスクが中心軸となる行動様態」が持ち込まれ、「確率計算的な規制のあり方がライフコースに物語性を加えていく」のである（Ulrich Beck, Anthony Giddens & Scott Lash, *Reflexive Modernization*, Cambridge: Polity Press, 1994（松尾精文ほか訳『再帰的近代化』而立書房、一九九七年、邦訳三三〇、三三六、一五八頁））。注（1）のバーガーの議論も参照せよ。

（5）　本稿ではソーシャル・セーフティ・ネットを広義に用いているが、この用語については、金子勝が明快な説明を与えている。「市場競争の世界には、信頼や協力の制度が奥深く埋め込まれており、相互信頼を前提とする『協力の領域』があってはじめて『市場競争の領域』もうまく働くのである。この信頼や協力の制度に当たるのが、リスクを社会全体でシェアする（分かち合う）セーフティネットである」（『セーフティネットの政治経済学』ちくま新書、五七頁）。

新古典派経済学者を含む多くの論者は、通例、「例外論」（市場競争を原則とし、セーフティネットを最小化するか、例外的な弱者救済にその発動を限定する）、ならびに、これから派生する「使い分け論」（新古典派総合のように好況期の市場原理と不況期のセーフティネット発動を使い分ける）のどちらか、ないしは双方にもとづいて、この用語を理解している（同上、六四 - 七〇頁）。

なお、セーフティネットに関しては、立場は異なるが、橘木俊詔『セーフティネットの経済学』（日本経済新聞社、二〇〇〇年）の整理も参照せよ。

（6）グローバル化をめぐっては、いくつかの論争が存在する。A・ギデンズとR・ロバートソンの論争はその代表例であろう。その係争点は、グローバル化の始まった時期区分にある。前者がグローバル化を近代的現象と考えるのに対して、後者は近代に先行する数世紀にわたる現象とみなすのである。ロバートソン対ギデンズ論争については、Roland Robertson, *Globalization: Social Theory and Global Culture*, Sage, 1992（阿部美哉訳『グローバリゼーション』東京大学出版会、一九九七年）、ならびに、Anthony Giddens, *op. cit.* を参照せよ。

（7）英エコノミスト誌はグローバリストの代表誌である。反グローバリストの仏ル・モンド・ディプロマティーク誌とグローバル化論争を繰り広げた。典型的なグローバリストの議論としては、中谷巌『ボーダーレス・エコノミー』（日本経済新聞社、一九八七年）、Omae Kenichi, *Borderless World: Power and Strategy in the Interlinked Economy*, 1990（田口統吾訳『ボーダーレス・ワールド』プレジデント社）などを参照。グローバル経済という「新しい現実」を受け入れつつも、国家衰退論とは一線を画する議論として、Peter Drucker, "The Global Economy and the Nation-State", *Foreign Affairs*, Vol. 76, No. 5, 1997（「グローバル・エコノミーと国民国家」『中央公論』一九九七年一一月号）は注目に値する。

（8）反グローバリストの論集として、Jerry Mander & Edward Goldsmith eds., *The Case against the Global Economy: and for a Turn toward the Local*, San Francisco: Sierra Club Books, 1996（小南祐一郎・塚本しづ香共訳『グローバル経済が世界を破壊する』朝日新聞社、二〇〇〇年）を参照。個人史的観察と社会学分析にもとづいた秀逸なグローバル経済批判として、Richard Senett, *The Corrosion of Character*, New York: W. W. Norton & Company, 1998（斎藤秀正訳『それでも新資本主義についていくか』ダイヤモンド社、一九九九年）がある。また、William Greider, *One World, Ready or Not: The Manic Logic of Global Capitalism*, N. Y.: Touchstone Book, 1997 は、米国のベストセラーとなった反グローバリズムの大著である。これについては、P・クルーグマン（「偶然の理論家」三上義一訳『グローバル経済を動かす愚かな人々』早川書房、一九九九年、所収）、D・ロドリック（Dani Rodrik, *Has Globalization Gone Too Far?*, Washington, D. C.: Institute for International Economics, 1997a）が国際経済学の立場から批判的論評（後者は問題意識については好意的評価を下しているが、前者の評はほとんど侮蔑に近い）を加えている。

(9) Linda Weiss, *The Myth of the Powerless State: Governing the Economy in an Global Era*, Cambridge and Oxford: Polity Press and Blackwell Publishers, 1998, p. 171. なお、一九世紀末から一次大戦勃発までの時期と現在のグローバル化との異同については、以下のバイロックによる経済史研究を参照せよ。Paul Bairoch, "Globalization Myth and Realities: One Century External Trade and Foreign Investment", in: Robert Boyer & Daniel Drache eds., *States and Markets: the Limits of Globalization*, London and N. Y.: Routeledge, 1996; Paul Bairoch & Richard Kozul-Wright, "Globalization Myths: Some Historical Reflections on Integration, Industrialization Growth in the World Economy", *UNCTAD Discussion Paper Series*, No. 113, 1996.

(10) Weiss, *op. cit.* またウェイドによると、企業内貿易についても、過大評価すべきではない。貿易に占める企業内貿易比率が世界最高水準を誇るアメリカでも、一九七七―八九年にかけて、およそ三三パーセントと一定で、増加傾向は認められない。Robert Wade, "Globalization and Its Limits: Reports of the Death of the National Economy Are Greatly Exaggerated," in: Suzanne Berger & Ronald Dore eds., *National Diversity and Global Capitalism*, Ithaca and London: Cornell U. P., 1996, pp. 66-67.

(11) Wade, *ibid.*

(12) Weiss, *op. cit.*, pp. 172-176.

(13) Wade, *op. cit.*, pp. 66-67.

(14) John Zysman, "The Myth of a 'Global' Economy: Enduring National Foundations and Emerging Regional Realities", *New Political Economy*, Vol. 1, No. 2, 1996, pp. 154-158, 164. さらに、レギュラシオン理論の観点から「収斂仮説」について批判的検討を加え、国民的制度諸形態の重要性を指摘したのは、Robert Boyer, "The Convergence Hypothesis: Globalization but Still the Century of Nations", in: Berger & Dore eds., *op. cit.* である。同じ筆者の "State and Market: A New Engagemet for the 21st Century", in: Boyer & Drache eds., *op. cit.* も併せて参照せよ。

(15) Paul Hirst & Grahame Thompson, *Globalization in Question*, Cambridge and Oxford: Polity Press and Blackwell, 1996, pp. 96-97; Paul Hirst," The Global Economy—Myth and Realities", *International Affairs*, Vol. 73, No. 3, 1997.

(16) Weiss, *op. cit.*, Wade, *op. cit.*, pp. 80-81. また拙稿「東アジア地域主義の政治経済学――地域生産ネットワークの形成と展開」『国際関係学部紀要』(一九号、一九九七年)も参照。ちなみに、ドアマスたちによる日米独の多国籍企業に関する比較研究によると、企業構造と戦略行動を規定するのは、歴史的に形成された多様な国民的制度とイデオロギーであって、グローバル企業としての収斂は見られない、という。「自由貿易」「規制緩和」「グローバル化」という用語も各国の制度的コンテクストによって含意が異なる。国民的コーポレート・アイデンティティの形成の困難は、米国の歴史に規定された米系多国籍企業に固有のものである。したがって、「グローバル企業というのは主としてアメリカの神話である」（Paul N. Doremus, William W. Keller, Louis W. Pauly & Simon Reich, *The Myth of Global Corporation*, New Jersey : Princeton U. P., 1998, p. 143. 藤田隆一訳『グローバル経営の神話』トッパン、一九九九年）。

(17) Susan Strange, "The Erosion of the State", *Current History*, Vol. 96, No. 613, 1997, p. 369.

(18) Strange, *The Retreat of the State : the Diffusion of Power in the World Economy*, N. Y. : Cambridge U. P. 1996（櫻井公人訳『国家の退場』岩波書店、一九九八年）。

(19) Strange, "The Defective State", *Daedalus*, Vol. 124, No. 2, 1995a, pp. 63-64.

(20) Strange, *op. cit.*, 1996, p. 14.

(21) Strange, *op. cit.*, 1997, pp. 368-389. ; Strange, 1995a, p. 61 ; Strange, "The Limits of Politics", *Government and Opposition*, Vol. 30, No. 3, 1995b.

(22) Strange, *Casino Capitalism*, Blackwell, 1986（小林襄二訳『カジノ資本主義』岩波書店、一九八八年、三六―三七頁）。

(23) Strange, *op. cit.*, 1995a, pp. 70-72. 強制的に意思決定を押しつけるために行使できる「関係的権力」とは区別された「構造的権力」とは、「世界市場経済に参加するなら、選択の余地なくその中で生きていかなければならない生産、知識、安全および信用の構造を形どる権力」のことであり、無意識的に発揮され、非決定の形でも行使しうる。いうまでもなく、これはストレンジの重要な分析概念のひとつである（Susan Strange, *States and Markets : an Introduction to Political Economy*, 2nd. ed., London : Pinter, 1988, 西川潤・佐藤元彦訳『国際政治経済学入門』東洋経済新報社、一九九三年、九三頁）。ストレンジの構造的権力論については、本山美彦『国際通貨体制と構造的権力』（三嶺書房、一九八九年）の紹介が先駆的業績である。また、同じ筆者による「スーザン・ストレンジ」（『大航海』一九九九年七月号）は、ストレンジの理論的意義を知るには必読である。

(24) Strange, *op. cit.*, 1995a, p. 57. ところでストレンジは、必ずしもグローバリストを明示的に批判していないが、かれらの理論的支柱である正統派国際経済学の資本移動論については、ジョン・イートウェルの研究を援用しながら、次のように論難を加えている。まず第一に、理論とは異なり、資本過剰国から資本不足国へと資源が効率的に配分されておらず、むしろ逆に資本過剰国に資本が集中するという現象が生じている。第二に、理論上は自由化が借り手のコストを下げるはずだったが、実際には、借り手は支払い、貸し手が儲かる仕組みになっている。第三に、デリバティブズや他の手法を見出し、リスクの軽減に成功したという理由で、市場を賞賛するが、実際には、デリバティブズの成長は、理論上も前代未聞の新たなシステミック・リスクを生み出してきた。第四に、理論上は、資本や他の資源のより効率的な分配は、成長の加速と投資の増大をもたらすはずだったが、それは生じなかった。最後に、市場諸力の原理に従えば、国家は、成長と安定性の双方を促進する諸政策をとらざるをえないはずだったが、実際には、そうならなかった（Susan Strange, "What Theory ? The Theory in Mad Money", *CSGR Working Paper*, No. 18/98, 1998, p. 24）。

（25） Zysman, *op. cit.*, pp. 164-181 ; Doremus et al., *op. cit.*, p. 146.

（26） Strange, *op. cit.*, 1986, 邦訳四二頁。

（27） Hirst & Thompson, *op. cit.*, pp. 178-185. 国際政治学、国際関係論の分野を中心に近年多用されるガバナンスという用語については、Cynthia Hewitt de Alcantara, "Uses and Abuses of the Concept of Governance", *International Social Science Journal*, No. 155, 1998. が注目に値する批判的検討を行なっている。ちなみにこのガバナンス特集号には、興味深い論考が数多く集められている。

（28） Strange, 1996, 邦訳五三、五四、五八頁。

（29） こうした国際関係論主流派のグローバル化理解を示す典型例として、古城佳子「国際政治経済学の動向――『経済のグローバル化』と国家、国家間協調の分析視角（上・下）」、（『国際問題』四五六―七号、一九九八年、三―四頁）を参照のこと。なお私は、ストレンジのいう意味で国際政治経済学を理解している。

（30） 「三レベル・ゲーム」とは、本稿でも触れたストップフォード＆ストレンジの「新しい外交」から着想を得た表現である。John Stopford & Susan Strange, *Rival States, Rival Firms : Competition for World Market Shares*, Combridge U. P., 1991（江夏健一監訳『ライバル国家、ライバル企業』文眞堂、一九九四年）。これを踏まえて、サーニーは、「複合的グローバル化」は少なくとも三レベル・ゲームを含む構造として、しかも「第三のレベル、つまり超国籍的なレベルのゲームには、『企業対企業』だけでなく、超政府的（transgovernmental）ネットワークや政策共同体、国際化された市場構造、超国籍的な運動集団、多くの他の連動し相互浸透した市場、ヒエラルヒー、そしてネットワークを含んだゲームが含まれなければならない」と考える（Philip G. Cerny, "Paradoxes of the Competiton State : The Dynamics of Political Globalization", *Government and Opposition*, Vol. 32, No. 2, 1997, p. 271)。

(31) Cerny, "Globalization and Other Stories : the Search for a New Paradigm for International Relations", *International Journal*, Vol. 51, No. 4. 1996a, pp. 619-624 ; Cerny, *op. cit.*, 1997, pp. 254-257. 同様の着想はJ・トムリンソンにも見られる。彼は、グローバル化を、「制度的再帰性」（ギデンズ）を通じた「複合的結合性」（多元的な相互結合性と相互依存性の拡大と深化）の発現として定義した（John Thomlinson, *Globalization and Culture*, Polity Press, 1999. 片岡信訳『グローバリゼーション』青土社、二〇〇〇年)。

(32) Cerny., *The Changing Archtechture of Politics*, Sage, 1990 ; Cerny, "Plurilateralism : Structural Differentiation and Functional Conflict in the Post-Cold War World Order", *Millennium*, Vol. 22, No. 1, 1993a.

(33) *Cerny, op. cit.*, 1997, p. 256.

(34) *Cerny, op. cit.*, 1993a, pp. 29-31.

(35) *Cerny, op. cit.*, 1997, pp. 257-258.

(36) Steven K. Vogel, *Freer Markets, More Rules : Regulatory Reform in Advanced Industrial Countries*, Ithaca and London : Cornell U. P., 1996 , pp. 2-3. サーニーによる国家 - 市場論については、Cerny, *op. cit.*, 1997, pp. 261-262 ; Cerny, "The Limits of Deregulation : Transnational Interpretation and Policy Change", *European Journal of Political Research*, Vol. 19, No. 2/3, 1991, p. 181. などを参照のこと。また、市場と制度に関する理論化は、現代経済学の緊要の課題である。そのなかでも金子勝の作業は、新古典派経済学と異なる視点を一貫して追求した、もっとも説得的な試みの一つである。かれの『市場と制度の政治経済学』（東京大学出版会、一九九七年）、『反経済学』（新書館、一九九八年）はこの分野の必読文献に数えられるだろう。なお、本稿と関連する新古典派制度経済学の研究としては、青木昌彦・奥野正寛・岡崎哲二編著『市場の役割、国家の役割』（東洋経済新報社、一九九九年）を挙げておきたい。ジャーナリストの分析については、Daniel Yergin & Joseph Stanislaw, *The Commanding Heights : the Battle between Government and the Marketplace That Is Remaking the Modern World*, N. Y. : Simon & Schuster, 1998（山岡俊一訳『市場 対 国家（上・下)』TBSブリタニカ、一九九八年）を参照せよ。

(37) Cerny, *op. cit.*, 1997, p. 260.

(38) サーニーと類似の関心から、B・ジェソップは、「ケインズ主義的福祉国家」（フォード主義国家）から「(空洞化した) シュムペーター的ワークフェア国家」（ポスト・フォード主義国家）への転換を、J・ヒルシュは「安全保障国家」から「国民的競争国家」への転換を定式化している。なお、サーニーは「競争国家」の「残余国家」(residual state) への変質も指摘しているが、本稿では取り上げない。以下の文献を参照のこと。Cerny, *op.cit.*, 1997, p. 265 ; Cerny, "What Next for the State ?" 1996b, in : Eleonore Kofman & Gillian Youngs eds., *op. cit.* ; Joachim Hirsch, *Der Nationale Wettbewerbsstaat*, Edition ID-Archiv, 1995（木原滋哉・中村健吾訳『国民的競争国家』ミネルヴァ書房、一九九八年）; Bob Jessop, "Post-Fordism and the State", in : Ash Amin ed. *Post-Fordism : A Reader*, Oxford and Cambridge : Blackwell, 1994 ; Jessop, "Towards a Schumpeterian Workfare State ? : Preliminary Remarks on Post-Fordist Political Economy", *Studies in Political Economy*, No. 40, 1993.

(39) Cerny, "Globalization and The Changing Logic of Collective Action", *International Organization*, Vol. 49, No. 4, 1995, p. 611 ; Robert Reich, *The Work of Nations*, Vintage Books, 1991（中谷巌訳『ザ・ワーク・オブ・ネーションズ――二一世紀資本主義のイメージ』ダイヤモンド社、邦訳第一〇・一四章）。

(40) Cerny, *op. cit.*, 1997, p. 265 ; Cerny, *op. cit.*, 1996b, pp. 124-129 ; Cerny, *op. cit.*, 1995, pp. 608-612.

(41) 競争優位概念の解釈にもとづいて、サーニーは非グローバリスト（明示的にはハースト&トンプソン）らの議論を批判する。競争優位が企業形態、最適な規模の経済、領土的ベースを問わずに生み出されることに着目して、サーニーは、多国籍企業の活動の本国比重の高さに関して、「さまざまなタイプの企業組織は、いったん『ロック・イン』されれば、競争している特定の市場や部門で競争優位を提供し続けるかぎり、一定程度存続しうる、という事実の反映にすぎない」と述べている (Cerny, *op. cit.*, 1996a, pp. 626-627)。

(42) Cerny, *op. cit.*, 1996a, p. 634.

(43) Cerny, *op. cit.*, 1991, pp. 173-174.

(44) ヴォーゲルは、サーニー同様、「規制緩和」の通説を批判し、その語には再規制と自由化という二つの意味が含まれていること、その再規制の在り方は各国によって異なっていること、国家そのものが規制緩和の推進者であったこと、そしてこれらは推進論者が意図したのとは正反対の帰結であったことを指摘している（Vogel, *op. cit.*, 1996, pp. 3-4）。なお以下の文献を参照せよ。Cerny, "International Finance and the Erosion of State Policy Capacity", in : P. Gummett ed. *Globalization and Public Policy*, Elgar, 1996c ; Cerny, "The Dynamics of Financial Globalization : Technology, Market Structure, and Policy Response", *Policy Science*, No. 27, 1994a ; Cerny, "The Infrastructure of the Infrastructure ? : toward 'Embedded Financial Orthodoxy' in the International Political Economy", in : Ronan P. Palan & Barry Gills eds., *Transcending the State-Global Divide : A Neostructurist Agenda for International Relations*, Boulder : Lynne Reinner, 1994b ; Cerny, "The Deregulation and Re-regulation of Financial Markets in a More Open World", in : P. G. Cerny ed., *Finance and World Politics*, Hampshire : Edger Elger, 1993b.

（45） Cerny, *op. cit.*, 1991, pp. 177-178.

（46） Cerny, *op. cit.*, 1997, p. 177. ; W. A. Thomas, *The Securities Market*, Philip Allan, 1989（飯田隆他訳『イギリスの証券市場』東洋経済新報社、一九九一年、邦訳一七七頁）。

（47） Cerny, *op. cit.*, 1991, p. 179. これに関連して、サッチャリズムに関するジョン・グレイの次の指摘は注目に値しよう。「国家資産の民営化とならび、地方自治体政府の機構と中間機構が広範にわたって国有化された……権力が分散していたイギリスの多様な統治機関は、平時には前例がないほど国に集中された。市場メカニズムあるいは市場の類似物がこれらすべてに押しつけられた」（John Gray, *False Dawn*, London : Granta Publications, 1998. 石塚雅彦訳『グローバリズムという妄想』日本経済新聞社、四〇頁）。

（48） Cerny, *op. cit.*, 1997, p. 251.

（49） グローバル・ガバナンスの再構築のために、国連開発計画（ＵＮＤＰ）は、『人間開発報告書一九九九年度版』のなかで、次のような制度構想を提言している。すべての国の参加が得られる、より強力で一貫した国連システム、グローバルな中央銀行、再分配機能と移転機能を備えた世界投資信託、世界環境機関、より公正で大きな権限が与えられたＷＴＯ、人権侵害に対してもっと広範囲の権限を与えられた国際刑事裁判所、市民組織の代表が参加できる二院制の総会をもつ国連などである。そのほかの点でも、同書、とくに第五章は参考になる。

（50） Thomas Friedman, *The Lexus and The Olive Tree*, N. Y. : Farrar, Straus & Giroux, 1999（東江一紀ほか訳『レクサスとオリーブの木（下）』草思社、二〇〇〇年、邦訳八―九頁）。

(51) Edward D. Mansfield & Jack Snyder, "Democratization and War", *Foreign Affairs*, Vol. 74, No. 3, 1995（「民主化は本当に世界を平和にするか」『中央公論』一九九五年七月号）。また、ラセットについては、Bruce Russett, *Grasping the Democratic Peace*, Princeton U. P., 1993（鴨武彦訳『パクス・デモクラティア』東京大学出版会、一九九六年）を参照。

(52) Friedman, 邦訳一五―一六頁。

(53) エスピン-アンデルセンがいうとおり、リスク・シェアリングあるいはリスクの管理が福祉レジームや社会政策を規定する。社会的リスクは「階級間リスク」「ライフ・コースにおけるリスク」「世代間リスク」に分類されるが、これを福祉国家、家族、そして市場といった三つの組織が管理する。このそれぞれが、支配関係、互恵性、そして金銭関係という異なる配分原理に依拠している。個人の福祉実現は、三つの構成要素からのインプットをどのように総合化（パッケージ）できるかにかかっているのであるが、このバランスが市場へと急激にシフトすることから発生するのが、リスク社会であり、現在のアイデンティティ危機、福祉国家の危機の背景をなすといえる（Gøsta Esping-Andersen, *Social Foundations of Postindustrial Economies*, N. Y.: Oxford U. P., 1999（渡辺雅男ほか訳『ポスト工業経済の社会的基礎』桜井書店、二〇〇〇年、六二、六五、七一頁））。

(54) UNDP, *Human Development Report 1997*（『ＵＮＤＰ人間開発報告書一九九七　貧困と人間開発』国際協力出版会）。とくに本巻は、「貧困と人間開発」をテーマにしており、社会生活の内容（つまり「我慢しうるまずまずの生活を営むために必要な選択の幅と機会」）とその水準を理解にするのに有益な記述に富んでいる。ここでいう「人間貧困指数」（ＨＰＩ）とは、「人間開発指数」（ＨＤＩ）と同様、「人間の三つの基本的側面（寿命、知識、生活水準）をとおして各国の平均的達成度を測定したもの」である。その目的は所得貧困と区別される貧困を問題にするところにあるが、一国平均値であるため特定集団や人数との関連が表現できない難点をもつ（邦訳一七―二三頁）。さらに、このＨＤＩの問題点については、佐藤元彦「貧困緩和・解消アプローチの新たな展開と課題（上・下）」『愛知大学経済論集』一四四巻五・六号、一九九七―九八年、が詳細な検討を加えている。

(55) ＵＮＤＰ前掲邦訳一―二頁、Nancy Bardsall, "Life Is Unfair: Inequality in the World", *Foreign Policy*, No. 11, 1998.

(56) Mayra Buvinic, "Women in Poverty: A New Global Underclass", *Foreign Policy*, No. 108, 1997, pp. 39-40.

(57) Michael Barratt Brown, *Fair Trade*, London: Zed Books, 1993（青山薫・市橋秀夫訳『フェア・トレード』新評論、一九九八年、邦訳六八―六九、八九―九三頁）。

(58) Wade, *op. cit.*, 1996 , pp. 69-70 ; UNDP, *op. cit.*, 邦訳一〇三頁。

(59) UNDP, *op. cit.*, 邦訳一〇三―一〇五頁。ロドリックは、開放経済が増加させる外的リスクを政府支出の拡大が吸収するバッファー（セイフティ・ネット）の役割を果たしてきた点に注目し、小さな政府ではなく大きな政府こそ貿易拡大を支えてきたということを実証した。Dani Rodrick, *op. cit.* ; Rodrick, "Sense and Nonsense in the Globalization Debate", *Foreign Policy*, No. 107, 1997b ; Rodrick, "Why Do More Open Economies Have Bigger Government ?", *NBER Working Paper Series*, No. 5537, 1996.

(60) Reich, *op. cit.*, 1991, ch. 10, 14.

(61) *ibid.*, pp. 272-273. 資本と労働のあいだでは資本に、また、資本のなかでは金融資本に有利な形で生じた、諸階級間、あるいは権力集団間に生じたパワーバランスの変化こそ、グローバル化の重要な帰結のひとつである。これについては、立場の異なる以下の文献を参考にせよ。Gary Burtless, Robert Z. Lawrence & Robert E. Litan, *Globaphobia : Confronting Fears about Open Trade*, Washington D. C. : the Twentieth Century Fund & the Progressive Policy Institute, 1998, ch. 1, 4 ; Thomas I. Palley, *Prenty of Nothing : the Downsizing of the American Dream and the Case for Structural Keynesianism*, Princeton, : Princeton U. P., 1998. また、W・グライダーも、組織労働者と賃金稼得者を含む労働者、各国政府、多国籍企業、金融資本間の権力ブロック間のバランスシートを興味深く描いている（Greider, *op. cit.*, 1998, pp. 24-25）。

(62) Reich, *op. cit.*, 1991, ch. 23 ; Robert Frank & Philip J. Cook, *The Winner-Take-All Society*, Free Press, 1995（香西泰監訳『ウィナー・テイク・オール』日本経済新聞社、一九九八年）。

(63) Reich, *op. cit.*, 1991, ch. 24 ; 原田太津男「アメリカの韓国人移民――都市産業再編下の移民企業化」『大阪市大論集』七二号、一九九三年。

(64) ヒュー・アミル「紛争の平和的解決に関する比較研究」（クマール・ルンペシゲ、黒田恭子共編『地域紛争解決のシナリオ』スリーエーネットワーク、一九九四年、所収）、一四二―一四三頁。

(65) 堂之脇光郎「予防外交とは何か（その理論）」（同編著『予防外交入門』日本国際フォーラム・フォレスト出版、一九九九年、所収）、一七―一八頁；平井照水「冷戦終結後の新たな紛争管理――予防外交――」（加藤朗編『脱冷戦後世界の紛争』南窓社、一九九八年、所収）、二〇一―二〇五頁。豊下楢彦「地域紛争と『予防外交』」（木畑洋一ほか編『南からみた世界〇六：グローバリゼーション下の苦悩』大月書店、一九九九年、所収）二〇九頁。

(66) むろん核の脅威が去ったわけではないが、紛争地域で核兵器以上に直接的日常的な脅威となっているのは、戦車や飛行機といった大型の通常兵器ではなく、機関銃などの軽装備武器・小火器の拡散である。それにともない戦闘の犠牲者は非戦闘員に大きく広がってしまった。カンボジアとルワンダでは九〇パーセント以上が一般市民である、といわれている。そのなかでもとりわけ女性や子供たちに被害が集中している。たとえば一九八七―九七年の一〇年間では武装抗争によって、約二〇〇万人の子供が死亡している。軍人としてかりだされている子供も二〇万人に上るとみられている。

(67) D・ハンバーグ&J・E・ホール「第八章　紛争予防」(Inge Karl et al. eds., *Global Public Goods*, UNDP, 1999.　FASID国際開発センター訳『地球公共財』日本経済新聞社、一九九九年、所収）邦訳一七六頁。

(68) 平井前掲書、二〇九―二一一頁。

(69) UNDP, *op. cit.*, 邦訳七八―七九頁。ルワンダでの大量殺戮に関するある研究によると、殺戮後の人道的活動の費用が四五億ドルであるのに対し、予防費用は一三億ドルだといわれる（Karl et al. 前掲邦訳一七六頁）。

(70) 納家政嗣「予防外交論の展開と射程」『国際問題』四七七号、一九九九年、三―一二頁、黒田順子「国連における予防外交」同上所収、二〇―三五頁。

(71) 堂之脇前掲書、二四―二五頁。

(72) Karl et al. 前掲邦訳書一七六頁。

(73) Sjolander, *op. cit.*, pp. 615-616.

(74) Stuart Hall, "The Question of Cultural Identity" in : Stuart Hall, David Held & Tony McGrew eds., *Modernity and its Future*, Cambridge : Polity Press, 1992, pp. 303-305. 注(31)で触れたトムリンソンも、このグローバル - ローカルの接合について次のように指摘している。「個人の行動が、大きな社会の構造的・制度的特徴と、再帰性によって密接に結びつけられているという事実は、グローバリゼーションが、ひとかたまりのグローバルな構造によって物事が決定される『一方通行』的なプロセスではなく、グローバルなプロセスの中に少なくともローカルなものが介入する可能性だけでも残したものだということを意味する。グローバルな文化政治学というものが存在するが、それは、ローカルな行動が生態系に及ぼす影響の例を見続けていくことによって理解できるものである」（邦訳五四頁）。

(75) 李光一「デニズンと国民国家」『思想』八五四号、一九九五年、四八―四九頁。T. H. Marshall & Tom Bottomore, *Citizenship and Social Class*, Pluto Press, 1992（岩崎信彦ほか訳『シチズンシップと社会階級』法律文化社、一九九三年）。ラディカル・デモクラットによる市民権概念の再検討については、Chantal Mouffe, *The Return of the Political*, Verso, 1993（千葉眞ほか訳『政治的なものの復権』日本経済評論社、一九九八年）、David Trend ed., *Radical Democracy : Identity, Citizenship and the State*, New York and London : Routledge, 1996（佐藤正志ほか訳『ラディカル・デモクラシー』三嶺書房、一九九八年）などを参照のこと。また、国民的市民権を批判してポストナショナルな市民権を唱えるものに、Yasemin N. Soysal, *Limits of Citizenship : Postnational Membership in Europe*, Chicago : Chicago U. P., 1994. がある。新しい市民権概念の限界を指摘したものに、たとえば Christopher Pierson, *Beyond the Welfare State ?*, Basil Blackwell, 1991, ch. 6（田中浩・神谷直樹訳『曲がり角に来た福祉国家』未来社、一九九六年）を見よ。武川正吾「第六章　市民権の構造転換」（大山博ほか編『福祉国家への視座』ミネルヴァ書房、二〇〇〇年、所収）一二六頁。

(76) 李光一「今なぜ市民権か」『現代思想』一九九五年一一月号、七八頁。

(77) Benedict Anderson, "Exodus", *Critical Inquiry*, No. 20.（永山博之訳「エクソダス」『みすず』、第四〇一号、一九九四年八月号、邦訳一一―一三頁）。

(78) 武川前掲論文、一三七―一四二頁。

(79) Saskia Sassen, *Losing Control ? : Sovereignty in an Age of Globalization*, Columbia U. P., 1996, pp. 51-52（伊豫谷登士翁訳『グローバリゼーションの時代』平凡社、一九九九年）。このサッセンの問題提起は、近年の「市民権」概念再考の潮流を踏まえてのことである。注(75)も参照。

(80) Rodrick, *op. cit.*, 1997a. 裏表紙より。

あとがき

中部大学国際地域研究所の共同研究を始めるにあたって、メンバーが二〇世紀末から二一世紀に向かう世界の現状を議論しているうちに、「人の移動」、「地域紛争」、「多民族国家」という三つのテーマが出てきた。私たちは、この三つを柱に二年間にわたり研究発表を続け、国の内外の研究者を招き研究会で討論会を重ねた上で執筆にかかった。

執筆者の専門は、政治学、法律学、経済学、歴史学、文化人類学と多岐にわたる。私たちが調査に通ってきたフィールドもさまざまであっただけに、比較研究という立場で議論はつきなかった。メンバーはそれぞれ一つのテーマを選び、研究発表を重ねていくうちにテーマの内的な関連も少しずつ浮き彫りになってきた。

執筆者はそれぞれの専門分野について自由に執筆しながらも、互いに他の執筆者の論理の運びを暗黙のうちに意識しつつ自説を展開している。平均して月一度の研究会では、メンバーの相互の発表を素材として率直な討論が行なわれてきた。今回第六章に寄稿していただいた九州大学の菅英輝教授にも、研究会で貴重な報告を行なっていただいた。また北アイルランドの和平問題を長く研究されてきた元中部大学国際関係学部の堀越智先生にも執筆を願った。その他にも学外・学内から貴重なコメンテーターのご参加を得た。この度の出版にあたり、京都大学学術出版会に御推薦いただいた京都大学経済学部本山美彦教授に一同感謝申し上げるとともに、原稿全体を通して、的確なコメントをいただいた京都大学学術出版会の小野利家氏に、執筆者一同を代表して御礼を申し上げたい。

私たちは共同研究を成功させることが容易でないことを痛感させられたが、今は成果をまとめることができた喜びをかみしめるとともに、新たなエネルギーを得た思いである。ささやかなものであるが、本書の出版が幅広い読者によって受け入れられるとともに、これから中部大学の内外の共同研究によって乗り越えられていく「一里塚」を標するものとなれば、研究所として無上の喜びである。峯陽一助教授は現在、南アフリカ共和国で客員教授として多忙な日々にもかかわらず、編集作業にあたって大変な時間をさいていただいた。

本書の出版にあたって中部大学より一部援助をいただいたことに、執筆者一同、感謝している。

中部大学国際地域研究所長

畑中　幸子

索引／略語一覧

事項索引

〔サ行〕

〔タ行〕

〔ナ行〕

〔ハ行〕

人名索引

略語一覧

ANC（アフリカ民族会議）
APEC（アジア太平洋経済協力会議）
APNI（北アイルランド連合党）
ARENA（国民共和連合）
ARF（ASEAN地域フォーラム）
ASEAN（東南アジア諸国連合）
CD（民主連合）
CIRA（闘争継続派IRA）
COSATU（南アフリカ労働組合会議）
CPA（包括的行動計画）
DP（民主党）
DUP（民主ユニオニスト党）
EC（欧州共同体）
ECSC（石炭鉄鋼共同体）
EEC（欧州経済共同体）
EU（欧州連合）
EURATOM（ヨーロッパ原子力共同体）
FMLN＝FDR（ファラブンド・マルティ民族解放戦線＝民主革命戦線）
GATT（関税と貿易に関する一般協定）
GNU（国民統合政府）
IAEA（国際原子力機関）
IFOR（停戦協定実施軍）
IFP（インカタ自由党）
INLA（アイルランド民族解放軍）
IOM（国際移住機構）
IRA（アイルランド共和軍）
IRO（国際難民組織）
KEDO（朝鮮半島エネルギー開発機構）
KGB（国家保安委員会）
LICs（低強度紛争）
NAFTA（北米自由貿易協定）
NATO（北大西洋条約機構）
NGO（非政府組織）
NIEO（新国際経済秩序）
NP（国民党）
NPT（核不拡散条約）
NSC（国家安全保障会議）

NSD（国家安全保障指令）
NSDD（国家安全保障決定指令）
OAU（アフリカ統一機構）
OOTW（通常戦争以外の場面への軍事展開）
PDD（大統領決定指令）
PFP（平和のためのパートナーシップ）
PKO（国連平和維持活動）
PRD（大統領再検討指令）
RIRA（真のIRA）
SACP（南アフリカ共産党）
SDLP（社会民主労働党）
TMD（戦域防衛ミサイル）
TRC（真実和解委員会）
UCA（中米大学）
UDA（アルスター防衛協会）
UDF（統一民主戦線）
UKUP（イギリス・ユニオニスト党）
UNDP（国連開発計画）
UNHCR（国連難民高等弁務官事務所）
UNPROFOR（国連保護軍）
UNRRA（国連救済復興機関）
UNSOM（国連ソマリア活動）
UUC（アルスター・ユニオニスト会議）
UUP（アルスター・ユニオニスト党）
UUUC（ユナイテッド・アルスター・ユニオニスト会議）
VUP（ヴァンガード・ユニオニスト党）
WTO（世界貿易機関）

第8章
原田太津男（はらだ・たつお）
中部大学国際関係学部助教授（開発経済学，世界経済論）
1964年　京都府生まれ
1988年　同志社大学法学部政治学科卒
1995年　大阪市立大学経済学研究科後期博士課程単位取得退学
1995年　中部大学国際関係学部専任講師
1998年より，現職
主要業績
「『新・新国際分業』とアジア経済」（本多健吉・坂田幹男編『アジア経済を学ぶ人のために』世界思想社，1996年，所収）
「東アジア地域主義の政治経済学——地域生産ネットワークの形成と展開」（『国際関係学部紀要』18号，1997年）
イマニュエル・ウォーラーステイン『脱＝社会科学』（共訳，藤原書店，1995年）。

主要業績
『アイルランド・イースター蜂起1916』（論創社，1985年）
『アイルランド独立戦争1919-21』（論創社，1985年）
『北アイルランド紛争の歴史』（論創社，1996年）
J. コノリー『アイルランド・ナショナリズムと社会主義』（共訳，未来社，1986年）
P. B. エリス『アイルランド史――民族と階級』（上・下）（共訳，論創社，1991年）

第６章
小川　敏子（おがわ・としこ）
中部大学国際関係学部助教授（国際政治学，アメリカ外交）
1950年　名古屋市生まれ
1973年　名古屋大学法学部法律学科卒
1982年　同大学院法学研究科博士過程単位取得満期退学
1983年　中部工業大学国際地域研究所講師
1991年より，現職
主要業績
「冷戦後のアメリカ外交の枠組み」（『国際研究』第９号，1995年）
「冷戦後の地域紛争とアメリカの国防政策」（『国際研究』第13号，1997年）
ウォルター・ラフィーバー『アメリカの時代――戦後史のなかのアメリカ政治と外交』（共訳，芦書房，1994年）

第７章
菅　英輝（かん・ひでき）
九州大学大学院比較社会文化研究科教授（アメリカ政治外交，国際関係論）法学博士
1942年　熊本県生まれ
1967年　オレゴン大学政治学科卒
1979年　コネチカット大学大学院歴史学研究科博士課程単位取得退学
1977年　北九州大学外国学部助教授
1990年　同教授
1994年より，現職
主要業績
『米ソ冷戦とアメリカのアジア政策』（ミネルヴァ書房，1992年）
『国際関係とは何か』（共著，法律文化社，1998年）
『アジア太平洋の地域秩序と安全保障』（編著，ミネルヴァ書房，1999年）
L. フォーセット／A. ハレル『地域主義と国際秩序』（共訳，九州大学出版会，1999年）

第 3 章・序章
峯　陽一（みね・よういち）
　　ステレンボッシュ大学助教授（開発経済学，アフリカ地域研究）
1961年　熊本県生まれ
1987年　京都大学文学部現代史学科卒
1993年　同大学院経済学研究科博士課程単位取得退学
1996年　中部大学国際関係学部助教授
1999年より中部大学を休職し，現職
主要業績
『南アフリカ――「虹の国」への歩み』（岩波新書，1996年）
『現代アフリカと開発経済学――市場経済の荒波のなかで』（日本評論社，1999年）
レナード・トンプソン『新版南アフリカの歴史』（共訳，明石書店，1998年）

第 4 章
田中　高（たなか・たかし）
　　中部大学国際関係学部教授（国際関係論，中南米地域研究）
1957年　大阪府生まれ
1981年　早稲田大学政治経済学部経済学科卒
1983年　筑波大学大学院地域研究科修了
1983年　国連開発計画ホンジュラス事務所（プログラムオフィサー）
1984年　同エルサルバドル事務所（同）
1985年　在ニカラグア日本大使館専門調査員
1989年　四日市大学専任講師
2000年より，現職
主要業績
『中米・カリブ危機の構図』（共著，有斐閣，1987年）
「ニカラグアの農地改革」（『アジア経済』第28巻第 8 号，1987年）
『日本紡績業の中米進出』（古今書院，1997年）

第 5 章
堀越　智（ほりこし・とも）
　　岐阜大学名誉教授（アイルランド現代史）
1930年　奈良県生まれ
1953年　東京大学文学部西洋史学科卒
1975年　岐阜大学教養部助教授
1978年　同教授
1998年　中部大学国際関係学部教授
2000年　退職

執筆者略歴

第1章

畑中　幸子（はたなか・さちこ）

中部大学国際関係学部教授（文化人類学）社会学博士

1930年　大阪市生まれ
1957年　早稲田大学文学部史学科卒
1965年　東京大学大学院社会学研究科博士課程文化人類学専攻満期退学
1968年　オーストラリア国立大学・高等研究所太平洋地域研究所リサーチ・フェロー
1973年　金沢大学法文学部助教授
1981年　金沢大学文学部教授
1984年より，現職

主要業績

Leadership and Socio-economic Change in Sinasina, New Guinea Highlands, Canberra : ANU Press, 1972.
『ニューギニア高地社会』（中央公論社，1982年）
『リトアニア――小国はいかに生き抜いたか』（日本放送出版協会，1996年）
ニコライ・ミクロホ－マクライ『ニューギニア紀行――19世紀ロシア人類学者の記録』（共訳，平凡社，1989年）

第2章

滝澤　美佐子（たきざわ・みさこ）

中部大学国際関係学部助教授（国際法）学術博士

1963年　山形市生まれ
1987年　津田塾大学学芸学部国際関係学科卒
1996年　国際基督教大学大学院行政学研究科博士後期課程修了
1995年　中部大学国際関係学部専任講師
1997年より，現職

主要業績

「世界人権宣言と国連機関」『国際問題』（1998年6月号）
『国際機構入門』（共著，国際書院，1999年，編者横田洋三）
「世界人権宣言の法的性質に関する新しい視点」『国際人権』No. 459（第10号，1999年）
モーリス・ベルトラン（横田洋三監訳）『国連再生のシナリオ』（共訳，国際書院，1992年）

憎悪《ぞうお》から和解《わかい》へ　地域紛争を考える

二〇〇〇年九月二十五日　初版第一刷発行

編著者　峯《みね》　陽《よう》一《いち》
　　　　畑《はた》中《なか》幸《さち》子《こ》

発行者　佐藤文隆

発行所　京都大学学術出版会
606-8305 京都市左京区吉田河原町一五-九 京大会館内
電話 〇七五-七六一-六一八二
FAX 〇七五-七六一-六一九〇

印刷・製本　内外印刷株式会社

ISBN 4-87698-404-2

定価はカバーに表示してあります